Barbara Beuys

FLORENZ
Stadtwelt – Weltstadt

Urbanes Leben
von 1200 bis 1500

Rowohlt

1. Auflage September 1992
Copyright © 1992 by Rowohlt Verlag,
Reinbek bei Hamburg
Alle Rechte vorbehalten
Printed in Germany
ISBN 3 498 00563 4

Gerade der Historiker liefert nie umwerfende
Enthüllungen, die unsere Weltsicht von Grund
auf verändern. Die Banalität der Vergangenheit
besteht aus unbedeutenden Besonderheiten,
die in ihrer Häufung zuletzt doch ein sehr
unerwartetes Bild ergeben.

Paul Veyne, französischer Historiker

Inhaltsverzeichnis

Den wohl schönsten Blick auf Florenz hat man vom Kloster San Francesco in Fiesole. Hoch über der Stadt sieht man von den Hügeln auf das rötlichbraune Meer der Dachziegel im weiten Tal. Die Markierungszeichen der Arno-Metropole sind schnell erkannt: der schmale Turm der Badia und der wuchtige des Palazzo Vecchio, links davon ragt Santa Croce weit über die Häuser hinaus, und zur Rechten liegt der weite Komplex von Santa Maria Novella. In der Mitte, direkt neben dem marmornen Leuchtturm des Giotto, lagert der Dom mit seiner Kuppel. Mächtig, selbstbewußt und doch weder aufdringlich noch himmelstürmend. Terra, terra, wie die Italiener sagen. Entschieden diesseitig, erdverhaftet.

Im Zentrum nagen die Gifte der Busse, Autos und Vespas weiterhin an den steinernen Skulpturen, den bronzenen Türen, dem Mauerwerk der Fassaden. Rund sechseinhalb Millionen Besucher kommen jährlich nach Florenz. Auf den Stufen von San Lorenzo sieht der Tourist in der Saison von Frühjahr bis Herbst so manchen, der kein Obdach für die Nacht gefunden hat. Wer allerdings Florenz im Dezember besucht, ist wirklich ein Fremder, dem die Stadt dennoch Einblick gewährt. Das alte centro storico, das historische Zentrum, ist am Sonntagnachmittag bis weit in den Abend ein einziger, großer salotto. Dicht an dicht flanieren die Florentiner durch die Straßen, stehen in Grüppchen an der Piazza della Repubblica. Die Kleidung ist sonntäglich, von konservativer Eleganz, Pelzmäntel sind keine Seltenheit. Die Luft ist frisch. An den Straßenkreuzungen, wo die Maronenverkäufer die Glut unter den braunen Kugeln schüren, steigt ein süßlicher Duft in die Nase.

Ob aus der Vogelperspektive oder mitten im Herzen der Stadt – der Eindruck ist der gleiche: ein Bild von Wohlhabenheit und Schönheit, von Weltläufigkeit und lokalem Stolz, von Gediegenheit und Sinn für das Machbare. Eine bürgerliche Welt.

Die Florentiner waren immer ihre besten Propagandisten. Chronisten schrieben über diese Stadt, lange bevor man anderorts zum eigenen Ruhm zur Feder griff. Dantes Zeitgenosse Giovanni Villani, der 1348 an der Pest starb, begründete seinen Drang, die Geschichte seiner Vaterstadt aufzuschreiben, mit der Erkenntnis, daß die große Zeit Roms vorbei sei und die goldene Epoche von Florenz begonnen habe. Er hatte so unrecht nicht. Zu seinen Lebzeiten noch überflügelte Florenz andere, bis dahin führende Städte der Toskana, vor allem Pisa, Siena und Lucca, und wurde eine europäische Metropole. Florentiner Bankiers machten die Stadt am Arno zur finanziellen Drehscheibe des Kontinents, Könige und Päpste waren ihre Gläubiger. Als Klemens V. 1309 mit seinem gesamten Hofstaat das päpstliche Domizil von Rom nach Avignon verlegte, wurde die Kolonie der Florentiner Bankiers, Kaufleute, Handwerker, Agenten, Gastwirte und Polizisten – insgesamt weit über 500 Personen – bald die größte am Ort.

Florentiner Unternehmer beherrschten den Handel mit importierten, veredelten Tuchen und kostbaren, am Arno gewobenen Stoffen zwischen Lissabon und Konstantinopel. Florentiner Arbeiter waren Experten in der Bearbeitung von Wolle. Handwerker schufen Waren, deren Qualität auf den internationalen Märkten heiß begehrt war – weshalb die wirtschaftliche Potenz der Stadt den 1252 erstmals geprägten Goldflorin, fiorino d'oro, sofort und über Jahrhunderte zur europäischen Leitwährung machte. Aber Florentiner Kaufleute steckten ihr Geld nicht nur in finanzielle Transaktionen und günstige Schiffsladungen. Sie waren von zwei Dingen überzeugt: daß für den ewigen Ruhm ihrer Stadt und ihrer Person nichts eine bessere Rendite versprach, als in Bauten und Kunstwerke zu investieren; und daß zu Lebzeiten der Geldgeber die eindrucksvollen Kirchen, Skulpturen und Fresken den Stolz aller Bewohner auf ihre Stadt mehrten und in den gar nicht so seltenen Krisenzeiten den Willen zum Widerstand gegen eine Welt von Feinden entschieden förderten. Nicht Furcht und Schrecken hielten die Kommune am Arno im Innern zusammen, sondern gemeinsame Überzeugungen, die die Künstler durch ihre Meisterwerke propagierten und öffentlich machten.

Von dieser glorreichen Vergangenheit reden noch heute die Steine in Florenz. Die Touristen kommen nicht nur, weil clevere Reiseveranstalter die Trommel rühren. Trotzdem: Heute ist Florenz eine Stadt in der Provinz, wo arbeitslose farbige Flüchtlinge im Straßenverkauf ihr Glück versuchen; eine Stadt, geplagt von Abgasen, einem verseuchten Fluß und musealen Reichtümern, deren Konservierung Unsummen verschlingt. Wen interessiert da die Vergangenheit? Und außerdem: Füllen die Bücher über Florenz und seine große Zeit nicht Bibliotheken? Ist über diese Stadt nicht mehr geschrieben worden als über jede andere?

Als Florenz seinen Aufbruch zur Metropole begann, an der Wende vom 13. zum 14. Jahrhundert, lebten in der Toskana gut 26 Prozent aller Bewohner innerhalb von Stadtmauern. Wie ein Magnet zog die Stadt am Arno die Landbewohner aus der Umgebung an: Um 1200 hatte Florenz rund 40000 Einwohner, um 1300 waren es 110000 Menschen. Nur Flandern konnte es mit einer solchen Konzentration städtischen Lebens aufnehmen. Überall sonst in Europa prägte zu 90 Prozent eine agrarisch-feudale Gesellschaft die Landschaft und die Bewohner. Heute ist es genau umgekehrt. Und dazwischen liegt jener Prozeß der Zivilisation, der ohne Verstädterung, ohne städtische Kultur undenkbar ist und auch in der Sprache seinen Niederschlag gefunden hat: civitas – civiltà – cittadino. Der Bürger ist Städter – cittadino – und lebt im Gegensatz zum contadino, dem Landmann, dem Bauern. Die städtische Kultur ist auch immer eine bürgerliche Kultur.

Kein Zweifel: Die moderne, europäische Welt brach sich endgültig in höfischer Epoche auf dem Umweg über den Absolutismus Bahn. Aber das war eine Ära, in der geistige Enge, staatliche Willkür und Unfreiheit in einem Ausmaß regierten, das den vorangegangenen Zeiten fremd war. Leicht wird darüber vergessen, wie viele Wurzeln unserer Zivilisation zurückreichen in jene Jahre, als die beiden Amerikas noch nicht entdeckt waren und Europas Grenzen, bei aller konfliktträchtigen Vielfalt, ohne Paß überschritten werden konnten.

Die Städte Oberitaliens und der Toskana sind – neben Flandern – Vorreiter der bürgerlichen Politik, Lebensart und Kultur gewesen und Florenz schließlich allen voran. Wie in einem Laboratorium der Moderne haben hier – nach dem Untergang der antiken Welt – Menschen erstmals den Versuch gemacht, auf engem Raum miteinander auszukommen und neue Formen des politischen, sozialen und religiösen Lebens auszuprobieren. Die Aufgabe ist, unter sehr veränderten Bedingungen und Einsichten, gleichgeblieben: Wie schafft man es, daß Menschen unterschiedlicher Gruppierungen, mit sehr verschiedenen Gewohnheiten, Überzeugungen und Lebenszielen auf einem umgrenzten Areal frei zusammenleben und doch aus Überzeugung einen Sinn für Solidarität und Gemeinschaft entwickeln? Wie können sich die Wünsche des Individuums und die Interessen des Ganzen ohne Schaden und Zwänge zusammenfügen? Über diese mittelalterliche «Bürgergesinnung» schreibt der Historiker Arno Borst, sie schaffe «den Raum der Freiheit eines sich selbst beherrschenden Verbandes durch Überordnung des gemeinen Besten über das Eigeninteresse, durch stolze Verwurzelung in der heimatlichen Genossenschaft und, über alle Grenzen hinweg, durch Mitverantwortung für ein menschenwürdiges Dasein aller».

Während im deutschen Reich Bürger und Adlige sich in getrennten Welten entwickelten und selbst jene Städte, die ihren geistlichen oder weltlichen Grundherrn abgeschüttelt hatten, sich ihre Freiheiten immer wieder als Privilegien von diesem – oder dem Kaiser, ihrem Verbündeten – teuer erkaufen mußten, war die Kommune am Arno seit 1250 eine Republik aus eigenem Recht. Schon im Frieden von Konstanz hatten die Städte des Lombardischen Bundes im Jahre 1183 gegenüber Kaiser Friedrich Barbarossa nach blutigen Kämpfen de facto ihre Selbständigkeit errungen. Nun nutzten sie den Kampf zwischen Kaiser Friedrich II. und den römischen Päpsten und das Machtvakuum nach Friedrichs Tod 1250, um sich endgültig aus diesen reichsrechtlichen Fesseln zu befreien. Die Republik, die 1250 in Florenz ausgerufen wurde, hatte – bei allen gravierenden Einschränkungen, besonders zur Zeit der Medici – über 250 Jahre Bestand.

Zu Beginn des 15. Jahrhunderts schreibt Leonardo Bruni, einer der führenden Humanisten und von 1427 bis 1444 Kanzler der

Republik Florenz: «Achtsam trägt man dafür Sorge, daß in dieser Stadt die heilige Gerechtigkeit herrscht... daß man an diesem Ort die Freiheit wahrt, ohne die dieses Volk nicht bereit ist zu leben...» Große Worte, von denen die Realitäten weit entfernt waren. In der Republik Florenz regierten die reichsten und wirtschaftlich mächtigsten Geschlechter, das waren 60 bis 70 Familien. Hinter ihnen standen jeweils Cliquen und Parteiungen, die sich die Führenden verpflichtet hatten. Der Florentiner Klüngel, in keinem Gesetz vorgesehen, war die wichtigste Institution am Arno. Die höchsten und hohen, nur kurzfristig bemessenen Ämter in Politik und Verwaltung teilten sich maximal 3000 männliche Florentiner. Doch ein ganz so leeres Wort war die immer wieder beschworene libertà in Florenz trotzdem nicht. So unerreicht die republikanischen Ideale auch blieben, schon ihre beständige Beschwörung hat ihre Wirkung getan.

Als Michel Montaigne 1581 Florenz besuchte, die Kapitale des absolutistisch regierten Großherzogtums Toskana, scheint ihm in den Florentinern ein Abbild der «libertà perduta» auf, jener «verlorenen Freiheit», die längst das Merkmal einer verlorenen Zeit geworden ist. Die freie Kommune am Arno, 1530 endgültig untergegangen, war keine Demokratie im Verständnis des 20. Jahrhunderts. Im Florenz des späten Mittelalters und der Renaissance herrschten soziale Ungerechtigkeit und Unterdrückung. Nur eine Minderheit besaß das Bürgerrecht. Von den allermeisten Bewohnern dieser Zeit ist keine Spur, kein Hinweis auf ihr Leben, auf ihre Gefühle geblieben. Das ist die eine Seite. (Worüber man nicht vergessen soll, daß in Deutschland die Frauen erst seit 1919 wählen dürfen, und in Köln zum Beispiel zwischen 1288 und 1396 nur rund 15 Patriziergeschlechter die Macht in den Händen hielten, die Kaufleute und Zünfte hatten nichts zu sagen. 500 Jahre später, so belegen es die Soziologen Ute und Erwin Scheuch 1992 in einer Untersuchung, haben rund 200 Personen, der parteiübergreifende Kölner Klüngel, die Stadt am Rhein fest im Griff.)

Trotz solcher Einschränkungen schlägt Gewichtiges zu Buche, ohne das Florenz nicht jene prototypische Rolle in Europa gespielt hätte. In dieser Zeit entwickelte sich am Arno eine für damalige Verhältnisse erstaunlich offene, tolerante Gesellschaft. Die Inquisition kam hier weniger als anderswo zum Zuge. Fremde Künstler waren willkommen, während sie zum Beispiel in Siena eine extra hohe Zunftgebühr zahlen mußten. Arnolfo di Cambio, Bildhauer und Dombaumeister, oder Giotto di Bondone kamen von außerhalb, wurden zu Lebzeiten schon hoch geehrt und selbstverständlich im Dom begraben. Coluccio Salutati und Leonardo Bruni, die berühmtesten Kanzler der Florentiner Republik, aber nicht dort geboren, verkehrten in den höchsten Kreisen der Stadt, wurden zum Motor neuer Entwicklungen. Niemand kam auf die Idee, sie als «Fremde» auf Distanz zu halten. Wenn sich auf der Piazza della Signoria Palla Strozzi, einer der reichsten Bürger von Florenz, Coluccio Salutati und Lorenzo Ghiberti trafen – und bei der Kürze der Wege begegnete man sich ständig irgendwo –, dann diskutierten alle zusammen fachmännisch über das Programm für die neue Bronzetür des Baptisteriums, die gerade in Ghibertis Werkstatt entstand. Oder Palla Strozzi lud die beiden ein, sich bei ihm ein griechisches Manuskript aus klassischer antiker Zeit anzusehen, das er gerade erstanden hatte.

Der Dominikanermönch Girolamo Savonarola war in Ferrara zu Hause. Sein Erfolg in Florenz zwischen 1494 und 1498 beruhte nicht auf finsterer Magie, war kein «Betriebsunfall» in der Florentiner Geschichte. Die Bewohner, quer durch alle sozialen Schichten, begeisterten sich für den Prior vom Kloster San Marco, weil er die Verwirklichung jener utopischen republikanischen Sehnsüchte versprach, die unter den Medici offiziell nicht angetastet, aber doch verleugnet wurden und keine Verteidiger mehr hatten. Die Zünfte besetzten seit 1282 die obersten politischen Ämter. Doch ein rigides, knöchernes Zunftregiment konnte sich am Arno nicht durchsetzen. In zwei Zünften gleichzeitig zu sein war nichts Besonderes, und wer auf dem Markt handelte und verkaufte, ohne Zunftmitglied zu sein, mußte auch nichts befürchten. Die verschiedenen sozialen Schichten lebten nicht im Getto, sondern Tür an Tür. Zwar drängten sich in manchen Gegenden – um Santa Croce und San Frediano vor allem – mehr Arbeiterwohnungen als sonstwo in der Stadt. Aber insgesamt verteilten sich arm und reich gleichmäßig in den Stadtvierteln.

Vernunft heißt die Tugend der Kaufleute, mögen sie noch so oft dagegen verstoßen. Nur wenn Konsens innerhalb der Stadtmauern herrscht, kann die Wirtschaft prosperieren, können Handel und Wandel gedeihen. In Florenz knüpften städtischer Adel und führende bürgerliche Geschlechter schon im Laufe des 13. Jahrhunderts familiäre Bande, taten sich geschäftlich zusammen und hatten so allen Grund, die gleiche Interessenpolitik im Stadtregiment zu vertreten. Mehr als anderswo gelang es dann nach 1350 auch der gente nuova, den neureichen, aus der Toskana eingewanderten Bürgern, zu Ansehen und Ämtern zu kommen.

Die Florentiner Republik hat sich von Anfang an auf das Vorbild aus antiker römischer Zeit berufen. Auch darum ist es wichtig, bis in ihre Anfänge ins 13. Jahrhundert zu leuchten. Der Notar Brunetto Latini, aus angesehener bürgerlicher Familie, wurde 1274 erster Kanzler der Republik. Aus dem Exil in der Provence zurückgekehrt, hat er die Vorliebe für französisch-provenzalische Lebensart an den Arno gebracht, und sein «Tesoretto», eine enzyklopädische Mischung aus Naturwissenschaft, Geschichte, Moral und Politik in Versen und auf italienisch, war eine beliebte Lektüre der Florentiner Kaufleute und Bankiers (die des Lesens und Schreibens sehr viel früher kundig waren als ihre Kollegen nördlich der Alpen). Wie sein Zeitgenosse Remigio de' Girolami, Dominikaner und Professor an der Klosterschule von Santa Maria Novella, begeisterte sich Latini für das klassische Altertum, besonders die Stoa, Cicero war sein Favorit. Beide predigten als überzeugte Republikaner ihren Landsleuten, das Gemeinwohl über das individuelle Glück zu stellen. Und Remigio, der Mönch, stellte eine provokante, höchst irdische These auf: «Wer kein Bürger ist, ist auch kein Mensch.»

Das junge Christentum hatte in den Städten der Antike die Völkerwanderungen der germanischen Stämme überlebt. Seine Bischöfe kamen aus städtischem Adel und retteten aus Überzeugung das antike heidnische Bildungsgut hinüber in eine neue Zeit. Thomas von Aquin, Landsmann und Zeitgenosse von Latini und Fra

Remigio, schuf aus der Synthese von Christentum und aristoteli-scher Philosophie ein Lehrgebäude, auf das sich die römische Kir-che bis heute beruft. Kaum einer nahm Anstoß daran, als im letz-ten Drittel des 14. Jahrhunderts in Florenz eine Entwicklung begann, zu deren grundlegenden Stiftern und Förderern Luigi Marsili, Mönch im Kloster Santo Spirito, und Ambrogio Traver-sari zählten, Mönch – später Abt und enger päpstlicher Berater – im Kloster Santa Maria degli Angeli. Im Gegenteil: Alle Gebil-deten in Florenz waren stolz auf diese geistlichen Führer und drängten sich zu ihren Diskussionsrunden und Kolloquien in en-gen Zellen und stillen Klostergärten. Damals begann am Arno eine Bewegung, die unter dem Etikett «Humanismus» in die Ge-schichte eingegangen ist.

Diese frühen Florentiner Humanisten vertraten – im Gegensatz zu ihren privatisierenden Nachfolgern in den Jahren der Medici-Herrschaft – einen engagierten bürgerlichen Republikanismus, der die Mitglieder der städtischen Elite zu einem aktiven Leben im Dienst der res publica aufforderte. Wie Remigio de' Girolami ein Jahrhundert zuvor waren Coluccio Salutati und Leonardo Bruni überzeugt, daß nur *der* wirklich Mensch sei, der sich – gemäß den Idealen der römischen Republik – über die Bildung die bürger-lichen Tugenden angeeignet habe. Der Glanz der Medici-Jahre und ihre gefeierten Nachfolger wie Marsilio Ficino oder Giovanni Pico della Mirandola haben diese frühen Humanisten ins Abseits gera-ten lassen. Ein Teil ihrer politischen Werte und ihr fester Glaube an die Erziehbarkeit des Menschen finden sich fast 400 Jahre später bei den Vätern der amerikanischen Verfassung wieder.

Es gab nicht wenige Tage im Jahr, an denen Wollarbeiter und Unternehmer, Weber und Maurer ihre Arbeit beiseite legten und auf die Straßen und Plätze gingen. Festlich und fröhlich ging es zu, wenn die Einwohner von Florenz feierten. Es waren religiöse Fe-ste, an denen sich die Stadt ihrer Identität vergewisserte, allen voran der 24. Juni, Namenstag von Johannes dem Täufer, dem Stadtpatron. An solchen Tagen gab es feierliche Prozessionen, in denen religiöse Bruderschaften Szenen aus der Bibel nachstellten, die schönsten Waren kamen in die Auslagen der Geschäfte, kostbare Tücher überdachten die Plätze als Sonnenschutz, und am späten Nachmittag traf man sich zu aufregenden Pferderennen quer durch die Stadt. Das Ensemble der Bauten war Kulisse, und alle Florentiner waren Mitspieler auf öffentlicher Bühne, jeder an seinem Platz. Die Menschen südlich der Alpen lieben das theatralische Spiel, das Drama vor aller Augen mehr als ihre nördlichen Verwandten. Fare bella figura, gute Figur zu machen ist Teil ihres Wesens. Und ganz besonders der Florentiner: «Aus der Fülle zeitgenössischer Nachrichtenquellen, aus Beschreibungen, Traktaten, Biographien, Novellen und Chroniken läßt sich stets die gewichtige Bedeutung herauslesen, welche die Florentiner (übrigens bis heute) der äußeren Erscheinung, Haltung und Kleidung, dem Betragen, den Worten und Gebärden beimaßen, wie sehr sie auf diese Dinge achteten und über deren Beobachtung die eigene und fremde Macht – oder Ohnmacht – erfuhren.» (Volker Breidecker: «Florenz oder: Die Rede, die zum Auge spricht».)

Religiöse Feiertage als politische Demonstrationen, nüchternes kaufmännisches Kalkül und ein unerschütterlicher Glaube an die Kraft der heiligen Bilder und Reliquien, Liebe zum großen Auftritt und tiefes Mißtrauen in die Menschen, städtische Freiheit als Anspruch und Zunftverbot für die unentbehrlichen Wollarbeiter, Begeisterung für die antiken heidnischen Autoren, Auflehnung gegen die päpstliche Autorität und doch keinerlei Zweifel an der alleinseligmachenden römischen Kirche, unbändiger Lokalstolz und kosmopolitische Lebensart, feste Verwurzelung im heimatlichen Stadtviertel und internationales Flair – auch die Welt der Florentiner vor sechs-, siebenhundert Jahren war voller Widersprüche. Das Panorama dieser urbanen, widersprüchlichen Welt chronologisch auszubreiten ist das Ziel dieser Stadtgeschichte.

Sie will nicht die Diskussionen über vermeintliche Mythen, angezweifelte Realitäten, falsche Periodisierungen, so wichtig alle diese Themen sind, fortführen. (Gab es die Renaissance nur im Kopf der Zeitgenossen? Wann hat sie begonnen, wann endete sie?) Natürlich kann dieses Panorama nicht vollständig sein. Es ist ein Versuch, die Fülle der unterschiedlichen Lebenswelten in einem anregenden und aufregenden Zeitabschnitt anzudeuten.

Und je größer die Zeitspanne ist, desto mehr muß aussortiert werden. Doch hinter dem Rückgriff bis weit ins 13. Jahrhundert steht die Überzeugung, daß die so vieles überstrahlende Epoche der Medici nicht der absolute Aufbruch in die Moderne ist, als die sie Jacob Burckhardt definiert hat. Die Florentiner Bürger der Renaissance waren tief in der Gedankenwelt und Kultur des späten Mittelalters verwurzelt, jene Epoche, in der die Geschichte ihrer Republik begann.

Revolutionäre Thesen werden in diesem Buch nicht aufgestellt, keine grundsätzlich neuen Antworten auf alte Fragen nach Ursache und Wirkung im Verlauf eines historischen Prozesses gegeben. Vor allem eine Frage scheidet in bezug auf Florenz die Experten: Ist die Krise Produkt einer Entwicklung oder – wie es in Florenz scheint – Motor für Umbruch und Dynamik? Das Knäuel von traditionellen Gegebenheiten und Aufbrüchen zu neuen Ufern bleibt unentwirrbar. Es gilt, keine falschen Ansprüche an die Vergangenheit und ihre Chronisten zu stellen. Wo es um Menschen geht, regieren nicht nur eherne Gesetze, sondern auch Zufall und Freiheit, Eitelkeit und Überschwang. Um noch einmal Paul Veyne, Historiker am Collège de France in Paris, zu zitieren, der jedes Geschichtsbuch ein «Gewebe aus Inkohärenzen» nennt: «Für einen logischen Geist ist dieser Stand der Dinge gewiß unerträglich, doch damit wird zur Genüge deutlich, daß die Geschichte nicht logisch ist. Dagegen gibt es kein Heilmittel und kann es auch keines geben.» (Daß, wer sich an Florenz heranwagt, bei aller Bemühung um mildernde Umstände bitten muß, liegt auf der Hand.)

Was die «unbedeutenden Besonderheiten» betrifft, die die Geschichte ausmachen, so versucht dieses Buch allerdings auch, eine Lücke zu schließen und dem interessierten Florenzliebhaber, der sich jedoch nicht in Spezialliteratur vertiefen kann, Neues zu bieten. Denn die umfassenden Forschungen und Beschreibungen englischer und amerikanischer Experten über die Florentiner Gesellschaft eben jener Epoche zwischen 1200 und 1500 – über Alltag, Familie, Feste – sind in den bisher vorliegenden deutschen Werken in ihrer Breite nicht berücksichtigt. (Gene A. Bruckers solider, nach Themen geordneter Überblick «Florenz in der Renaissance», auf deutsch 1990 erschienen, datiert aus dem Jahre 1969.)

Die neueren Forschungen versuchen, dem Leben der Frauen, Männer und Kinder in Florenz ein wenig mehr auf die Spur zu kommen, auch wenn es sich aufgrund der überlieferten Dokumente fast ausschließlich um die Mitglieder des mittleren und oberen Bürgertums handelt. Ein Mythos ist dabei zerronnen, zumindest was Florenz betrifft: Es war eine männliche Gesellschaft. Frauen hatten in dieser Stadt auch in der Renaissance wesentlich weniger Möglichkeiten, selbständig und eine Person aus eigenem Recht zu sein, als zur gleichen Zeit etwa in Köln, Paris oder Regensburg. Weibliche Berufstätigkeit – als Kauffrau, Unternehmerin oder leitende Zunftmeisterin – war am Arno undenkbar. In den unteren Schichten mußte die Frau dazuverdienen – als lohnabhängige Arbeiterin mit Spinnen oder Weben –, in den oberen regierte sie im Hause, erzog die Kinder, sollte auch gebildet sein, ihren Vergil gelesen haben, und verkörperte mit Schmuck und kostbaren Kleidern das Ansehen der Familie in der Öffentlichkeit. Mehr war nicht drin bei den klugen, aufgeklärten Florentiner Männern, den weitgereisten Bankiers, den humanistischen Gelehrten. Nannina de' Medici, eine Schwester des großen Lorenzo, heiratete 1466 mit fürstlichem Aufwand Bernardo Rucellai. Die Hochzeit versöhnte die Familie Rucellai, eine der reichsten der Stadt, mit der herrschenden ersten Familie. Für solche hochpolitischen Zwecke waren Töchter, über deren Mitgift sonst die Väter stöhnten, ein ideales Mittel. Dreizehn Jahre später schrieb die ernüchterte Nannina an ihre Mutter: «Wenn man nach eigenen Vorstellungen leben will, darf man nicht als Frau geboren werden.»

Solche direkten Aussagen von Florentiner Frauen sind die absolute Ausnahme. Ungewöhnlich zahlreich jedoch haben sich die Männer in Erinnerungen, Tagebüchern und Notizen verewigt. Und da taucht immer wieder der gleiche, schwerwiegende Vorwurf auf. Das Bild von der «grausamen Mutter» wird beschworen, die das Leben ihrer Kinder emotional und finanziell zerstört habe. Und das ist die Realität: So strikt männerorientiert war die Florentiner Gesellschaft, daß mit dem Tod des Ehemannes die Familie auseinanderbrach. Die Frau unterstand als Witwe wieder ihrer Herkunftsfamilie, die sofort alles tat, um sie erneut zu verheiraten. Die Kinder dagegen gehörten automatisch in den Familienverband des Vaters. Da half kein Bitten und kein Flehen: Es gab fast nur Stiefmütter in Florenz, aber keine Stiefväter und viele Waisenkinder, deren Mütter noch lebten, aber keinen Kontakt zu ihren Kindern haben durften. Die Regeln der Gesellschaft mußten eingehalten werden, auch wenn jene, die sie aufgestellt hatten – die Männer – die Schuld bei den wehrlosen Opfern – den Frauen – suchten und sich als Erwachsene bitter über diese «grausamen Mütter» beklagten. Das durchschnittliche Heiratsalter der Frauen lag bei 17, das der Männer bei 32 Jahren. So waren zerrissene, durch den Tod oder rigorose, ungeschriebene Gesetze zerstörte Familien die Regel, was nicht ohne schwere psychische Verletzungen für alle Beteiligten bleiben konnte.

Die Männer der bürgerlichen Oberschicht heirateten so spät, weil über Jahrhunderte Jugend nichts galt am Arno. Sie hatte Narrenfreiheit, durfte sich bei Prostituierten die Hörner abstoßen und brave Bürger erschrecken, bevor sie mit dreißig Jahren erwachsen wurde und würdig, politische Ämter einzunehmen. Doch mit dem Beginn des 15. Jahrhunderts wurden die bisherigen Maßstäbe auf den Kopf gestellt. In eigenen religiösen Bruderschaften für Jugendliche und in den traditionellen lebenden Schaubildern während der Prozessionen präsentierten sich die Söhne den gerührten Vätern als Vorbilder. Ein Jugendkult entwickelte sich in Florenz, der unter Lorenzo de' Medici – selbst ein jugendlicher Held – seinen säkularen Höhepunkt erreichte. Savonarola, der anschließende Herr der Stadt, hat diesen Kult geschickt aufgegriffen und mit neuen, religiösen Inhalten gefüllt.

Gino Capponi, aus altem Florentiner Geschlecht, der am 9. Oktober 1406 nach langer, erbitterter Belagerung Pisa eroberte und damit die aggressive Außenpolitik der Florentiner Republik zu ihrem größten Sieg führte, sagte seinem Sohn: «In den Wäldern gewinnt man keine Ehre, die gibt es nur in der Stadt.» Es lag gerade hundert Jahre zurück, daß die Bürger von Florenz beschlossen hatten, mit ihrer Stadt Geschichte zu machen. Der Dom Santa

Maria del Fiore, dessen Grundstein am 8. September 1296 unter großer Anteilnahme aller Florentiner gelegt wurde, sollte der ganzen Welt davon künden. Am 25. März 1436 – Mariae Verkündigung und Beginn des neuen Jahres nach dem traditionellen Florentiner Kalender bis 1750 – war es ein Papst, Eugen IV., der die endlich vollendete Kathedrale samt ihrer Kuppel von nie gekannten Ausmaßen in feierlichem Hochamt weihte und mit seiner Präsenz krönte. Mußte es den Bewohnern am Arno nicht wie eine göttliche Bestätigung ihrer Auserwähltheit erscheinen, daß der neue Dom des Todfeindes Siena, einst ausdrücklich als Kontrastprogramm begonnen, seit fast hundert Jahren als Ruine verkümmerte?

An Größe und Ehre ist kein Mangel in der Geschichte von Florenz. Das erweckt auch bei den Nachgeborenen Bewunderung. Aber das Tempo und die Dynamik erschöpfen sich keineswegs in äußeren Zeichen, sondern korrespondieren mit einer inneren Entwicklung. In relativ kurzer Zeit hat sich am Arno eine «zivile» Gesellschaft gebildet. Auch wenn sie sich am Anfang wortwörtlich zusammenraufte, weshalb man neben dem Erfolg der Bürgerkommune die blutigen innerstädtischen Kämpfe aus den ersten Jahrzehnten der Republik nicht ausblenden darf. Am Ende jedoch siegte bei der bürgerlichen Elite – trotz aller Ungerechtigkeiten, allen Klüngels, allen Hochmuts – die Vernunft.

Mit dem Beginn der neuen, modernen Zeit schien die mittelalterliche europäische Stadt untergegangen, ihre «verlorene Freiheit», der Montaigne noch nachtrauerte, obsolet geworden. Die Industrialisierung schuf Massenelend in den Städten und einen urbanen Moloch, zu dem man vergeblich Alternativen suchte. Die «Charta von Athen» deklarierte in den vierziger Jahren die «Gartenstadt» als neues europäisches Ideal. Doch die Flucht in die Peripherie, in die gesichtslosen Vororte brachte nur Verödung, Langeweile und Gewalt. In den sechziger Jahren dann machte der Slogan von der «Unregierbarkeit der Städte» die Runde. Nun, mit dem letzten Jahrzehnt des zweiten Jahrtausends, kommen vertraute Argumente in die Diskussion. Nicht mehr das Ende der Stadt wird ausgemacht, sondern eine «neue Urbanität».

Das World Watch Institute in Washington propagiert die traditionelle europäische Stadt aus der Zeit vor der Industrialisierung als die ideale, ökologisch vertretbare Siedlungsform der Zukunft: Sie biete auf überschaubarem Raum dem Menschen Kommunikation, kulturelle Vielfalt, Pluralität der Lebensformen und – wenn man es denn endlich will – ein Minimum an Energieverschwendung. Im Sommer 1991 hat die Kommission der Europäischen Gemeinschaften in Brüssel ein «Grünbuch über die städtische Umwelt» herausgebracht, das sich mit seinem neuen Konzept «an dem althergebrachten Leben der europäischen Stadt» ausrichtet. Es sind nachdenkliche Stimmen, die nicht verschweigen, daß genug Probleme bleiben, um nicht in nostalgischer Sehnsucht nach dem Mittelalter zu schwelgen. Dafür wäre Florenz in der Zeitspanne von 1200 bis 1500 auch ein untaugliches Beispiel. Die Menschen damals lebten nicht in einer heilen Welt, sondern in einem Kosmos voller Widersprüche.

Freiheit, Gerechtigkeit, Gleichheit waren die Ideale der Florentiner Bürger, seit sie sich 1250 aus der Macht von Kaiser und Papst befreiten und eine Republik aus eigenem Recht erstritten. Bürgerliche Humanisten, Mönche und Gelehrte, die sich in der Stadt am Arno zu Hause fühlten, haben diese Utopie in pathetische Worte gefaßt. Auch bei nüchterner Betrachtung verlieren diese Werte über die Jahrhunderte nichts von ihrer Kraft und Herausforderung, unabhängig, wie viele Wünsche die Realität offen ließ.

Doch wie kann man etwas vom Wesen jener Menschen, die damals in Florenz lebten, die die Straßen und Plätze bevölkerten, begreifen und überbringen? Von jener widersprüchlichen Mischung, die den Geist dieser Stadt ausmacht? Gibt es etwas, das typisch ist? Liest man in den «Trecentonovelle», den Novellen des Franco Sacchetti, dann sind es vor allem die Lust am Schabernack, die gekonnte Pointe, der Sinn für Ironie, die den Florentiner auszeichnen. Sacchetti, der im Jahre 1400 starb, war ein erfolgreicher Kaufmann und Beamter seiner Vaterstadt Florenz und schrieb in seiner freien Zeit Geschichten aus dem Alltag jener «lebendigen, flexiblen, urbanen Gesellschaft, die in Florenz aus der historischen Prägung der Kommune entstanden war» (Alice Vollenweider).

Es war eine typische Karriere, und sie beleuchtet noch einmal das Miteinander vieler Welten am Arno: Man lebte nicht im Elfenbeinturm, konnte es gar nicht auf diesem gedrängten Schauplatz zwischen Baptisterium und Ponte Vecchio, zwischen Dom und Priorenpalast, heute der Palazzo Vecchio. Und vielleicht ist die Grundlage für Aufstieg und Erfolg vor allem jener nüchtern beobachtende Blick, dem auch die größten Autoritäten nichts vormachen können. Es war im Jahre 1459, als Papst Pius II. Florenz einen Besuch abstattete. Der Gast wurde mit höchsten Ehren empfangen, seine Sänfte mit Brokat ausgeschlagen, die schönsten Kurtisanen zierten die städtischen Bankette für den Heiligen Vater. Auf der Piazza Santa Croce gab es ritterliche Turniere, auf der Piazza della Signoria sah der Papst mit seinem Gefolge aufwendigen Hetzjagden zu. Als alles vorbei war, schrieb ein Florentiner Chronist: «Die Angelegenheit war von Hoffart gezeichnet, nicht von Heiligkeit. Sie hat uns ein Vermögen gekostet.»

Die Geburt der freien Kommune
oder Gegen Kaiser und Papst

Viva il popolo!» Die engen Straßenschluchten ließen den Ruf widerhallen. Keinem konnte er entgehen. «Viva il popolo!» Immer mehr riefen es sich zu. Der Zug der Menschen schwoll an, jeder gab die Neuigkeit an seine Nachbarn weiter: Wenige Kilometer vor der Stadt waren die Anhänger des Kaisers in erbitterter Schlacht geschlagen worden. Es lebe das Volk! Die Bürger hatten ihn satt, den Kampf zwischen dem Papst und jenem Kaiser aus schwäbischem Geschlecht, dem Staufer Friedrich II., nach der Rechtslage Herr der Stadt. Ein halbes Jahrhundert schon ging dieses Ringen um die Herrschaft über die Welt und die Seelen, für das die Untertanen mit Tod und Zerstörung, Hunger und Armut zahlen mußten. Den Betroffenen bedeutete das Datum der Schlacht nichts, in den Geschichtsbüchern schreibt man 1250.

Florenz war eine Stadt im Bürgerkrieg. Die Mauern und Tore schützten eine Gemeinde, deren Zerstörung im Inneren unübersehbar war. Ganze Häuserblocks und mächtige Wohntürme lagen in Trümmern. Berge von Schutt blockierten die Straßen, Schweine wühlten in verkohlten Resten, die Menschen hatten Mühe, sich ihren Weg zu bahnen. Wer hatte der Stadt solche Zerstörung angetan? Es waren wenige, einflußreiche Familien, die vor allem in den letzten zehn Jahren gegeneinander gewütet hatten, weil sie auf verschiedenen Seiten der Barrikaden standen – hier für den Papst, dort für den deutschen Kaiser. Wurde das Morden zu toll, demonstrierten sie durch Heiratspakte und öffentliche Friedensküsse Versöhnung, um schon beim Festmahl von neuem übereinander herzufallen. Aus steinernen Wohntürmen gossen die Männer Pech und Schwefel auf die Straßen; zu Pferd und Mann gegen Mann bekämpften die Gegner sich in klirrender Rüstung von Häuserblock zu Häuserblock und hatten keine Scheu, selbst auf dem alten Friedhof neben dem Dom sich letzte Gefechte zu liefern.

Die Mehrheit der Florentiner hielt die Türen verrammelt, suchte verzweifelt, nicht hineingezogen zu werden in die Händel der Herrschenden. Und wenn eben möglich, mied man die Stadtviertel – die in dieser Epoche «Sechstel», sestiere, waren –, in denen gerade die ärgsten Kämpfe tobten. Die Schlachtordnung in Florenz wie in ganz Italien teilte die Gegner in zwei feindliche Lager: Guelfen und Ghibellinen. Traditionsbeladene Schlagworte, hinter denen sich mannigfache Motive und Interessen verbargen. Guelfen nannten sich jene, die die Partei des Papstes ergriffen, und Ghibellinen jene, die im Dienst des Kaisers handelten. Dabei waren es nicht einzelne, die für diese oder jene Sache standen und starben, sondern ganze Familien und ihr Anhang. Um im groben Raster zu bleiben: Die Ghibellinen fanden sich vor allem unter den aristokratischen Geschlechtern, die zum Teil aus der Toskana in die Stadt gezogen waren. Die Guelfen vertraten das städtische Großbürgertum, Richter und Notare, aufstrebende Kaufleute und Händler und die geistliche Gemeinde. Diese Elite bildete nach eigenem Verständnis – und dem der Zeitgenossen – il popolo, das Volk von Florenz. Die große Mehrheit der Florentiner, die Arbeiter, Tagelöhner und Handwerker, zählte nicht dazu. Sie alle waren nach mittelalterlichem Recht keine vollwertigen Bürger, egal, ob Frauen oder Männer.

Jetzt, im September 1250, wollte dieses Volk, die tonangebende bürgerliche Schicht der Stadt, kein stummer und verschüchterter Zeuge mehr sein. Die Gelegenheit schien günstig, die alten Parteiungen aus der Stadt zu bannen, den geschlagenen kaisertreuen Ghibellinen die Tore zu verschließen und der Kommune eine neue, unabhängige, republikanische Ordnung zu geben.

Viva il popolo! Vertrauensmänner versammelten sich in San Firenze, draußen vor der Kirche standen Bürger in Waffen, um ihre Vertreter zu schützen. Trotzdem schien es bald ratsam, den Versammlungsort zu wechseln, zu nahe war man den Häuserblocks der adligen Streithähne. So zogen sie hinaus vor die Stadtmauern nach Santa Croce, in die kleine Kirche der Franziskaner. Die Bettelmönche öffneten bereitwillig ihre Tore, denn sie waren als treue Söhne der römischen Kirche nicht nur Feinde des verhaßten Kaisers. Vor allem standen die Jünger des Franz von Assisi mitten im Leben der Kommune, hatten sich nicht zurückgezogen wie die etablierten Orden. Die junge Gemeinschaft der Franziskaner, erst seit knapp dreißig Jahren in den Städten Oberitaliens zu Hause, schickte ihre Jünger in den braunen Kutten zum Predigen auf die Plätze und Straßen. Die Bettelmönche nahmen Anteil an den Sorgen aller Bewohner, trieben erstmals eine ernsthafte Seelsorge, während der traditionelle Klerus nur auf seine Pfründe bedacht war. Die Mönche hatten auch keine Hemmungen, sich handgreiflich in das Getümmel der Straßenschlachten zu stürzen und so die Sache der Guelfen zu verstärken. Und seit jeher waren die Kirchen von Florenz Foren der Öffentlichkeit, geheiligte Räume, in denen man sich in Zeiten der Not versammelte und heftig die unterschiedlichen Meinungen austauschte.

Diesmal ging es erstaunlich einmütig zu. Schon Ende Oktober 1250 wurde die neue Verfassung von Florenz verkündet: il primo popolo wird man diese frühen republikanischen Jahre nennen, «das erste Volk». Der Kaiser, bisher immer noch offizielles Stadtoberhaupt, verlor endgültig alle Rechte am Arno. Das Volk hatte nun alle Gewalt. Allerdings: Am Arno entwickelte sich keine Republik gemäß dem Demokratie-Verständnis des 20. Jahrhunderts. Es herrschte in dieser ersten Republik von Florenz nur eine Minderheit, jene oberste soziale Schicht, die sich kraft Herkommen, Reichtum und Ellenbogen an die Spitze der Gesellschaft gesetzt hatte. Aber sie war zu zwei Dingen entschlossen: diese Position freiwillig nicht mehr abzugeben und Frieden in der Stadt zu halten. Eine Miliz wurde gebildet, in der jeder Florentiner im Alter von 15 bis 70 Jahren dienen mußte. Sie wurde organisiert in zwanzig gonfaloni, Genossenschaften oder Nachbarschaftsverbänden, die seit Urzeiten den sozialen Kern von Florenz bildeten. In den Nachbarschaften kannte jeder jeden – mit seinen Stärken und seinen Schwächen. Diese Miliz sollte die Bürger vor der Willkür der Mächtigen schützen, neue Kämpfe nach dem alten Muster im Keim ersticken und die Stadt gegen Angriffe von außen verteidigen.

Wenn die Glocke der Kirche im sestiere auf die verabredete Weise schlug, erschien ein jeder Mann mit Schild, Helm und

Waffe bei seinem Nachbarschaftsverband, durch ein gemeinsames phantasievolles Abzeichen deutlich gekennzeichnet. Da gab es den grünen Drachen im roten Feld, die weiße Leiter auf schwarzem Grund, eine grüne Schlange auf gelbem, ein springendes Pferd auf grünem Feld. An der Spitze aller Verbände stand nach der neuen Verfassung der Capitano del Popolo, der immer von auswärts kam, um nicht durch familiäre Bande innerhalb der Stadt verführbar und erpreßbar zu sein. Er hatte im Machtspiel der Kommune die Aufgabe, die Einhaltung der Verfassung und die neuen Rechte der Bürger zu gewährleisten, und führte, wenn nötig, das Volk von Florenz in den Krieg.

Ebenfalls von außerhalb kam der Podestà, seit Jahren schon eine beliebte Institution der Kommunen Norditaliens, um den inneren Frieden zu wahren. Er war – neben dem Capitano – der oberste Beamte der Stadt und repräsentierte sie. Er sprach Recht, lebte in einem eigens gemieteten Haus, um von keiner Partei vereinnahmt zu werden, brachte seine eigenen Diener und Notare mit. Als Zeichen seines Amtes trug der Podestà eine rote Samtkappe und ein langes Gewand aus kostbarem Brokat.

Als feste städtische Institutionen gab es die Räte, außerdem größere und kleinere Versammlungen. Die eigentliche Regierungsgewalt im Primo Popolo von 1250 aber lag bei den zwölf anziani, den Ältesten, die alle zwei Monate neu gewählt wurden. Auch sie mußten sichtbar Abstand von der Menge und den Mächtigen halten: Sie wohnten alle zusammen im Stadthaus und durften nur gemeinsam ihren Amtssitz verlassen. Die Anzianen bildeten das beschlußfassende Organ der Stadt. Ohne sie lief nichts in diesen Jahren. Die Ältesten entschieden über jede Ausgabe, jedes Bündnis, jeden Heereszug. Jedes Gerichtsurteil konnten sie nach Belieben mildern oder verschärfen. Von diesem entscheidenden Machtzentrum waren die Mitglieder der städtischen Adelsfamilien, die mit Argwohn auf die neue Verfassung sahen, die die bürgerliche Elite sich gegeben hatte, ausgeschlossen. Sie durften nur im Generalrat der Dreihundert und im Spezialrat der Neunzig ihre Stimme erheben. Doch dort kam nichts auf die Tagesordnung, was die Anzianen nicht zuvor gebilligt hatten.

Die Ältesten trafen sich zu ihren Beratungen manchmal dort, wo lange schon in Florenz Politik gemacht worden war, im Baptisterium, der Taufkirche San Giovanni, gleich neben der alten Kathedrale, die der heiligen Reparata gewidmet war. Damals herrschte drangvolle Enge im Herzen der Stadt. Westlich vom Baptisterium stand der bischöfliche Palast, im Osten war der schmale Raum zur Kathedrale von einem Hospital verbaut, daneben lag ein innerstädtischer Friedhof. Im Innern von San Giovanni hatten Meister aus Venedig gerade die Gerüste verlassen, denn ihr prächtiges Rundum-Mosaik in der Kuppel war fertig geworden.

Viva il popolo! Das Volk hatte gesiegt, kein Blutstropfen war beim Umsturz im Innern verloren worden. Und damit den Mächtigen von gestern bewußt wurde, daß die Willkürherrschaft verfeindeter aristokratischer Familien über die Stadt für alle Zeiten vorbei war, wurden sogleich Zeichen gesetzt. Die neue Regierung erließ eine Verordnung, nach der kein Geschlechterturm in Florenz höher als 29 Meter sein durfte. Was darüber lag, mußte auf dieses Maß geschleift werden.

Die alten Geschlechtertürme prägten unübersehbar die Silhouette der Stadt. Wohl dreihundert an der Zahl waren bis zur Mitte des 13. Jahrhunderts in den Himmel von Florenz gewachsen. Trutzige Bauten, von Turmgesellschaften organisiert, zu denen sich mehrere Familien, manchmal ganze Straßenzüge zusammenschlossen. Der Adel aus dem Contado, dem toskanischen Umland von Florenz, der schon vor Generationen in die Stadt gezogen war, hatte die Symbole einer feudalen Zeit mit hinüber in die städtische genommen. Viele andere Kommunen der Toskana zeigten ein ähnliches Profil. Die Wohntürme waren immer mehr zu Fluchtburgen im innerstädtischen Krieg geworden. Hier konnten die verfeindeten Familien über Wochen und Monate aushalten, Pfeile und Wurfgeschosse auf den Gegner schleudern. Doch nun hatte das Volk gesiegt, hatten die Machtsymbole von gestern ihre Schrecken verloren. Viva il popolo!

Der Stadt schien das neue Regiment gut zu bekommen. Gerade zwei Jahre war die Volksverfassung alt, da erfuhr die Welt, wer in Florenz die Herren waren, was die Kommune am Arno so kräftig

28

am Leben hielt und was sie wert war. Florenz nahm sich heraus, was eigentlich nur dem Kaiser zustand: Die Kommune prägte eine goldene Münze, den fiorino d'oro, und sie wußte, was sie tat. In kürzester Zeit wurde der Florin aus Florenz Europas Währung Nummer eins und blieb es über Jahrhunderte. Denn dahinter stand nicht nur strengste Kontrolle, so daß die Arbeiter bei Herstellung der Münzen kein Gramm für die eigene Kasse unterschlagen konnten. Vor allem fußte der goldene Florin (Abkürzung fl.) auf der Kraft einer städtischen Wirtschaft, die dabei war, alle italienischen und alle europäischen Konkurrenten, die bislang weit vor Florenz gelegen hatten, zu überrunden. (Gulden wurde der adäquate Begriff für den fiorino, und noch heute ist hfl. die offizielle Abkürzung für den holländischen Gulden.)

Mit der Verfassung des Primo Popolo von 1250 hatten die vornehmsten und gewichtigsten, die sieben «größten Zünfte» der Stadt, die arti maggiori, das Heft in die Hand genommen. Aus ihren Reihen kamen die Ältesten, vor allem aus der einflußreichen arte di calimala. In der Calimala hatten sich Großhändler und Unternehmer, die einfache Tuche nach Florenz importierten, dort veredeln und färben ließen und dann wieder ausführten, zusammengetan. Meist waren sie zugleich auch Bankiers. Vom Prestige her wurde die Calimala nur übertroffen von der Zunft der Richter und Notare. Es folgte die arte di cambio, die Zunft der Geldwechsler, deren Arbeitsplatz die Tische am Alten und am Neuen Markt waren. Später, unter veränderten wirtschaftlichen Bedingungen, bildeten Wollhändler und Produzenten von einheimischen Tuchen die Wollzunft, arte della lana, die Seidenhersteller versammelten sich in der arte di Por Santa Maria, der Seidenzunft. Ärzte und Apotheker trafen sich in einer gemeinsamen Zunft, und schließlich gab es noch eine Zunft für die Kürschner und Pelzhändler, die gut im Geschäft waren. Die feinen Leute am Arno trugen mit Vorliebe Hermelin, Fischotter und Marder, die man bei den Pelzgroßhändlern in Pisa einkaufte und in Florenz aufs schönste und beste verarbeitete.

Die Kaufleute der Calimala kamen aus Familien, die seit langem in der Stadt am Arno lebten wie die Cavalcanti, Pazzi, Bardi oder

Acciaiuolo, die Cerchi, Mozzi und die Frescobaldi. Kraft ihres Reichtums bildeten sie quasi ein bürgerliches Patriziat, und es war nicht ungewöhnlich, daß sie in die adligen städtischen Geschlechter einheirateten. Das neue Geld paarte sich gerne mit dem alten Ansehen und umgekehrt. Nicht ohne Spott berichtet der Chronist: «Jeder Tag erlebt einen gemeinen, aber reichen Mann, der eine arme, aber adlige Frau heiraten will.»

Die adligen Familien der Donati, Buondelmonti, Adimari, Tornaquinci (später Tornabuoni) und Uberti ließen sich an Stolz und Hochmut von niemandem übertreffen. Vielleicht war es gerade das Selbstbewußtsein dieser magnati, das ihnen die Freiheit gab, sich den neuen städtischen Wirtschaftsformen zu öffnen, als sie sahen, wie erfolgreich man auf diese Weise zu Geld kommen konnte. Und die Bürgerlichen hatten nichts dagegen. So wurden in Florenz auch Männer von Adel, die innerhalb der Mauern lebten und die Arbeit nicht scheuten, als Bankiers und Kaufleute in die Zünfte, vor allem die Calimala, aufgenommen. Wer nicht gänzlich verarmt war, konnte seine Erträge mit den ererbten Gütern im Umland durch städtische Gewinne komplettieren. So vermischten sich in Florenz mit den Generationen zwei Gesellschaftsschichten und Kulturen. Stadt und Land tauschten Menschen, Waren und Ideen aus. Ritter und Kaufmann, Bürger und Adlige sahen sich nicht nur täglich in den Straßen, sondern machten zusammen Geschäfte, verheirateten Söhne und Töchter miteinander. Oft taten sie es nicht aus Überzeugung, sondern aus Kalkül, nicht selten mit scheelen Blicken. Doch auch das streitbare Miteinander prägte und veränderte beide Lager, ganz im Gegensatz zu ihren Standesgenossen nördlich der Alpen, die in unfruchtbarer Isolation fern voneinander auf Burgen und hinter städtischen Mauern ihre jeweilige Lebensart kultivierten.

Es war gar nicht so leicht, auf den rund 75 Hektar innerhalb der florentinischen Mauern miteinander auszukommen. Die ritterlichen Vorstellungen von Ehre, Standesbewußtsein und Faustrecht wurden von der bürgerlichen Elite teils belächelt, teils gierig übernommen. Aber mit dem Andauern der blutigen innerstädtischen Fehden in den ersten Jahrzehnten des 13. Jahrhunderts waren die magnati, die Großen der etablierten Adelsfamilien, immer verhaßter geworden. Der Primo Popolo, die erste Regierung des Volkes, griff deshalb scharf durch. Es schien ihr nicht genug, die Geschlechtertürme kurz zu halten. Im Rahmen der Verfassung von 1250 erließen die Anzianen Gesetze, die die Willkür des Adels ein für allemal brechen und an der Vorherrschaft der popolani, der Bürger, keinen Zweifel lassen sollten. Wer als Magnat einen Bürger, den die Glocke zum Versammlungsort seines Nachbarschaftsverbandes rief, beschimpfte, mußte diese Beleidigung mit einer hohen Geldstrafe sühnen. Wer von seinem Turm aus einen popolano mit Steinen bewarf, dessen Hand wurde vom Scharfrichter abgehackt. Umgekehrt war den Bürgern streng verboten, sich an den Kämpfen der Magnaten zu beteiligen.

Es erhob niemand Einspruch gegen diese rigorosen Verfügungen. Allerdings hatten die größten Feinde der Republik nach der Niederlage von 1250 das Weite gesucht. Alte Adelsgeschlechter wie die Uberti, deren entschiedene Parteinahme für den Kaiser und gegen eine republikanische Kommune in weitem Umkreis bekannt war, hatten sich gar nicht erst zurück in die Stadt begeben. Sie warteten auf ihren Gütern in der Toskana oder in kaiserlich gesinnten Städten auf den Tag der Rache. Andere, die blieben, beugten sich den Machtverhältnissen: Die Verflechtungen zwischen den bürgerlichen und adligen Eliten waren schon so dicht, daß man zu viele gemeinsame Interessen hatte. Warum sollte man nicht auch unter republikanischen Vorzeichen zusammen Geschäfte machen? Und die ließen sich glänzend an unter der neuen Regierung, wie die Prägung des goldenen Fiorino unübersehbar kundtat.

Mit dem 13. Jahrhundert, dem der Kalabreser Abt Joachim von Fiore an seinem Anfang das Ende aller Zeiten und den Jüngsten Tag prophezeit hatte, begann langsam, aber stetig ein bisher nie gekannter wirtschaftlicher Aufschwung in Europa. Und mit dem sehr irdischen Hunger nach Waren und Konsum, nach Luxusartikeln und Qualitätserzeugnissen wurde der Kaufmann, der meist auch Bankier war, zum wichtigsten Vertreter und Katalysator einer neuen Zeit. Als die Geschicktesten, mit Freude am Risiko und kühlem Unternehmergeist, erwiesen sich die führenden Männer von Florenz. Günstige äußere Umstände kamen ihrem Können und Talent zugute: Norditalien und die Toskana lagen fast im Mittelpunkt eines Kreises, in dem zwischen Kairo und London, zwischen Orient und Skandinavien die Güter zirkulierten. Florenz, das bislang im Schatten berühmter und reicher toskanischer Kommunen – Pisa, Lucca und der Todfeind Siena – der Entwicklung hinterhergehinkt war, zeigte kämpferische Qualitäten und begann, seine geographischen Vorteile zu nutzen. Erfolg und Wohlstand des Newcomers gründeten auf zwei Säulen. Erstens waren es Florentiner Großhändler, die in wenigen Jahren selbst das Monopol der berühmten flandrischen Tuchunternehmer brachen. Zweitens stellten die Handwerker am Arno erstklassige Waren her, spezialisierten sich immer mehr, verlegten sich auf die Methode der Verfeinerung, egal in welchem Bereich. «Aus Florenz» wurde zum Gütezeichen überall in Europa, bei Pelzen und Goldschmiedearbeiten, bei Waffen und Rüstungen jeder Art, von denen die kriegswütige Welt gar nicht genug bekommen konnte.

Ein Geheimnis des Wirtschaftswunders lag in der Mobilität der Beteiligten. Europas führende Unternehmer und Kaufleute machten sich auf lange, gefährliche Wege, um sich mit ihren Waren auf den großen internationalen Messen, vor allem in Frankreich, zu treffen. Was Florenz und seine aufstrebende, dynamische Wirtschaftselite betraf, gab es bald nur noch ein Gesprächsthema: Stoffe und Wolle und alles, was damit zusammenhing. Denn die Florentiner Kaufleute hatten erkannt, daß mit diesen Bedarfsartikeln – in Florenz, der Stadt am Wasser, nach den neuesten Moden verarbeitet – exzellente Geschäfte zu machen waren. Sie kauften auf den Messen der Champagne rauhe graue Wollstoffe ein und ließen sie nach Florenz transportieren. Dort am Arno wurden sie gefärbt und veredelt und anschließend als preisgünstige panni franceschi wieder auf den europäischen Markt geworfen, wo die «französischen Tuche» reißenden Absatz fanden. Und das war nur der Anfang.

Wenn Heizungen und Öfen unbekannt sind und selbst die Häuser der Reichen ohne schützendes Glas in den Fensterluken auskommen müssen, ist nichts so wichtig wie ein warmes Stück

Stoff am Leib. Verdient man genug, um sich mit dem Nötigsten zu versorgen, und sind Hunger und Armut keine ständigen Gäste mehr, regen sich neue Empfindungen: der Schönheitssinn, die Freude an Farben und Formen, der Mensch bekommt Lust am Überflüssigen. Mochte auch die Zahl jener, die sich bessere und modische Kleidung leisten konnten, äußerst gering sein im Verhältnis zur Gesamtbevölkerung, so war sie doch um so zahlungskräftiger. Die Bekleidungsindustrie verzeichnete im Laufe des 13. Jahrhunderts gewaltige Wachstumsraten. Nicht mehr karges grobes Tuch sollte es sein, Qualität war gefragt, Samt, Seide und Brokat. Und Florenz verschlief die Trends der Zeit nicht. Die Kaufleute setzten auf die Fähigkeiten, die Florentiner Arbeiter beim Veredeln und Färben der ausländischen Tuche gewonnen hatten, und begannen, statt der Stoffe gleich den Rohstoff – Wolle – an den Arno zu schaffen und die begehrten Stoffe dort herstellen zu lassen.

Um Wolle zu bearbeiten, zu zupfen und zu reinigen, zu walken und zu färben, braucht man viel Wasser und viele Menschen. Florenz hatte beides im Überfluß. An den Ufern des Arno entstanden weiträumige, luftige Holzhallen, unter deren Dächern die gefärbten Tuche zum Trocknen ausgespannt wurden. Ein unerschöpfliches Reservoir an Arbeitskräften aus dem Umland gehörte zu den idealen Voraussetzungen für die Perfektionierung und Vereinheitlichung der Wollproduktion. Ein weiterer Vorteil lag in der Organisation: Die Florentiner Kaufleute behielten das Geschäft vom Einkauf der Rohstoffe bis zum Verkauf der Tuche in der Hand. Sie importierten die Wolle; sie finanzierten die Florentiner Werkstätten, den Bau von Waschanlagen und Trockenhallen, verteilten die Ware nach der ersten Verarbeitungsphase weiter an Spezialisten, übernahmen en gros den Einkauf von Öl und Farbstoffen für die Zunft der Wollkaufleute, die immer mächtiger wurde. Sie exportierten das Endprodukt unverzüglich auf den europäischen Markt, nach Afrika und Kleinasien, wo sie dank ihrer Reisen oder ihrer Agenten überall beste Beziehungen hatten.

Und das war die dritte Säule des Florentiner Aufschwungs: Der finanzielle Einfallsreichtum dieser Unternehmer war ihrem kaufmännischen ebenbürtig. Schon im Jahrzehnt der ersten Volksregierung nach 1250 begann der Aufstieg Florentiner Sozietäten zu den führenden Bankhäusern in Europa. Sie entwickelten, neben ihren Kollegen in Genua und anderen Städten Norditaliens, Methoden des Geldgeschäfts, die bis ins 20. Jahrhundert im weltweiten Handel selbstverständlich blieben. Florentiner Bankiers, die zugleich Kaufleute waren, legten nicht nur das finanzielle Fundament für den internationalen Handel mit Wolle und Stoffen. Ihr Reichtum und ihre Geschäftstüchtigkeit machten die Mozzi und Frescobaldi, die Falconieri und della Scala gegen Ende des 13. Jahrhunderts zu Geldgebern und unentbehrlichen finanziellen Beratern von Königen und Päpsten. Kaufleute und Bankiers aus Florenz erhielten europaweite Privilegien, beeinflußten politische Entscheidungen und verschafften ihrer Heimatstadt ein solches Übermaß an Vorteilen, daß Florenz schließlich allen Konkurrenten – nicht nur in Italien, sondern in ganz Europa – überlegen war.

Schon seit den zwanziger Jahren des 13. Jahrhunderts saßen permanente Agenten von Florentiner Handelshäusern in London, Paris und den flandrischen Städten. Sie kauften und verkauften an Ort und Stelle, ohne daß die geschäftlichen Eigentümer ständig selber auf Reisen gehen mußten. Als der päpstliche Hof in der Mitte des Jahrhunderts begann, seine Steuern im nördlichen Europa durch die Kaufleute aus Florenz eintreiben zu lassen, fiel diese zusätzliche Aufgabe den Florentiner Agenten zu. Sie nutzten sie ohne Skrupel, um den Gewinn ihres Hauses und ihrer Gesellschafter zu mehren. Hatte doch auch der Papst in Rom keinerlei Bedenken, laufend neue Steuern auszuschreiben, um die Unkosten der Kurie oder die Ausgaben für seine teuren politischen Schachzüge zu finanzieren.

Die Abwicklung solcher internationalen Geschäfte auf Gegenseitigkeit war denkbar einfach. Kam der Papst in Geldnöte, belegte er zum Beispiel die englischen Klöster mit einer Sonderabgabe. Als sein Bevollmächtigter spricht wenig später der Londoner Agent einer Florentiner Handelsgesellschaft bei den Äbten vor. Meist kann der geistliche Herr nicht bezahlen oder will es gar nicht. Entweder stellt er dem Mann aus Florenz die exzellente Wolle seiner guten englischen Schafe zur Verfügung, die nun statt nach Flandern nach Florenz auf die Reise geht. Oder er nimmt bei dem Bankagenten einen Kredit auf, für den dieser gerne die Zinsen einbehält.

Die Florentiner Zweigleisigkeit, als Kaufleute und als Bankiers zu arbeiten, wirft andere angesehene Händler und Bankhäuser – vor allem aus der Toskana – aus dem Rennen. Es sind Florentiner, die die weltweiten Handelswege durch bargeldlosen Transfer überbrücken, indem sie das Kreditwesen entschlossen ausbauen. Mit ihrer Finanzkraft und ihren Verbindungen über den ganzen Kontinent können sie als erste in Europa im großen Stil für bargeldlose Wechsel garantieren, ihren Kunden ein Konto einrichten und sich darauf spezialisieren, mit den unterschiedlichen Wechselkursen in Europa Geschäfte zu machen. Die Stärke der Florentiner Sozietäten lag auch darin, daß angeheiratete Verwandte oder Geschäftsfreunde zwar Gesellschafter werden konnten, das Kapital aber immer in der Familie blieb.

Das große Geld, das die Mitglieder der Großhändlerzunft und dann der Wollzunft repräsentierten, machte sie zu den mächtigsten in der Stadt. Dem Geist aber ließ man in Florenz gerne den Vortritt. Die Zunft der Richter und Notare übertraf alle anderen an Ansehen, und auch in der Realität war es mit der Macht und dem Einfluß ihrer Mitglieder nicht schlecht bestellt. Für Juristen gab es in Florenz seit langem viel zu tun, selbst für jene, die kein Vollstudium aufweisen konnten, wie die Notare. Das römische Recht war in Italien mit dem Römischen Reich nicht untergegangen. Und erhalten hatte sich ein Sinn dafür, das Leben von Gemeinschaften – ob Familienverband oder städtische Kommune – auf rationale Weise und nach verbindlichen, schriftlichen Ordnungen zu regeln. Deshalb gab es für unzählige Vorgänge im Leben der Florentiner Dokumente und Verträge. Sie mußten ausgefertigt, beglaubigt, im Streitfall auf ihre Gültigkeit geprüft und ausgelegt werden. (Und die Florentiner stritten sich gerne.) Für wichtige private Briefe, für Kaufabschlüsse und Testamente ließen die Bürger den Notar ins Haus kommen.

Alle Statuten und Aufzeichnungen der städtischen Regierung, die Protokolle von Ratssitzungen und Gerichtsverhandlungen lagen in den Händen der Notare. In den Ausschüssen, Sitzungen und Kommissionen waren diese Experten unentbehrlich. Die Dokumente wurden in lateinischer Sprache abgefaßt, denn eine verbindliche italienische Umgangssprache, volgare genannt, bildete sich und setzte sich, von der Toskana ausgehend, erst gegen Ende dieses Jahrhunderts durch. Das große Latinum hatten die Notare sicher nicht, aber ihre Kenntnisse reichten aus, daß Kommunen und Privatleute sich auf sie verließen und nicht – wie nördlich der Alpen – nach dem Priester riefen, wenn es darum ging, schriftliche Geschäfte abzuwickeln.

Das städtische Bildungsbürgertum südlich der Alpen war erstaunlich wenig auf die Wissensvermittlung durch Kleriker angewiesen. Wer studieren wollte, konnte seine Kenntnisse an den einheimischen städtischen Universitäten erwerben. Während in Paris und Oxford, in Köln oder Cambridge vor allem Theologen ausgebildet wurden, gab es im Land des Papstes berühmte Lehranstalten mit gefragten weltlichen Fächern, die geistlichen Lehrstühle dagegen hatten einen miserablen Ruf. Nach Padua ging man, wollte man ein guter Mediziner werden, und niemand konnte in Italien als Jurist reüssieren, der nicht in Bologna Recht studiert hatte. Dann allerdings war er ein angesehener Mann. Und wenn er in Florenz als Richter in der Zunft eingeschrieben war, hatte er Anspruch auf den Titel Messer, den sonst nur die Ritter führten. Mit Ser wurden die Notare angesprochen. Ser Brunetto Latini zum Beispiel kam aus einer Florentiner Familie, deren männliche Mitglieder den Beruf des Notars seit Generationen ausübten. Er war wohl schon über dreißig Jahre alt, als er einen ehrenvollen Ruf erhielt. Die Anzianen, die seit nunmehr vier Jahren erfolgreich die Politik der ersten Republik bestimmten, hatten stets einen Notar ihres Vertrauens zur Seite, der ihre Sitzungen protokollierte und alle Beschlüsse festhielt. Im Jahre 1254 wurde Brunetto Latini von den Anzianen zum obersten Notar von Florenz bestellt. Wir werden noch von ihm hören.

Wer reich oder gebildet war, erfüllte zwei wesentliche bürgerliche Tugenden. Doch dann erschienen Männer am Arno, die beides in Frage stellten. Als ein Florentiner Kaufmann eines Abends zu später Stunde nach Hause kam, sah er unter den Arkaden neben dem Backofen zwei armselige schlafende Gestalten. Verwundert fragte er seine Frau: «Warum hast du diesen Landstreichern gestattet, sich unter den Arkaden unseres Hauses einzunisten?» Sie antwortete ihm, daß die beiden um Unterkunft gebeten hätten. Die wollte sie ihnen nicht verweigern, und außer dem Holz neben dem Ofen könnten sie nichts entwenden. Sehr erstaunt war die Frau des Hauses, als sie am nächsten Morgen, wie gewohnt, zur Frühmesse ging. Da knieten die unerwünschten Gäste schon, in tiefer Andacht versunken, in der Kirche.

Nein, Diebe und Landstreicher waren die beiden nicht, sondern Gefährten des Franziskus aus Assisi, und auf sie traf zu, was ein zeitgenössischer Chronist an diesen neuen Christen bewunderte: «Erwärmt von der göttlichen Glut und gehüllt in die Decken der Frau Armut.» Il poverello, der kleine Arme, ist vielleicht die beste Charakterisierung für den Kaufmannssohn aus Assisi, der als ein ganz Großer in die Weltgeschichte eingegangen ist, verkitscht, verklärt, vergoldet. Aber Bruder Franz hat davon keinen Schaden genommen, seine Zärtlichkeit für die Menschen und alle anderen Geschöpfe auf dieser Erde war stärker als alle Heiligenscheine, die man ihm verpaßte. Viel schmerzlicher war für ihn, was ihm zu Lebzeiten die römische Kirche, die er stets aus Gehorsam und Überzeugung geliebt hat, und einige seiner Brüder im Herrn zufügten.

Als Franziskus sich im Oktober 1226 in Assisi auf dem kalten Boden seiner geliebten kleinen Portiunkula-Kirche zum Sterben legte, war sein Traum einer armen, fröhlichen Gemeinschaft schon zerstört, sein Lebenswerk eigentlich gescheitert. Eine brüderliche Gemeinschaft hatte Franziskus aufbauen wollen, nur eine Kutte sollte jeder Bruder tragen und als wandernder Prediger über Land ziehen, ohne jeden Besitz – an Geld und an Bildung – und verachtet wie einst Jesus mit seinen Aposteln. Keine Regeln wollte er und keine Klöster gründen und beugte sich am Ende doch der Mutter Kirche. Bruder Franz gab schließlich seine Zustimmung zu einer Ordensregel, die nicht seinen ursprünglichen Zielen entsprach, und mußte zusehen, wie feste Ordenshäuser und klösterliche Strukturen entstanden und aus seinem Kreis ungebundener Männer ein neuer Priesterorden wurde.

Die Zeitgenossen jedoch wußten nicht, daß der Gründer anderes im Sinne hatte. Die Bettelmönche des Franziskus schienen ihnen wie ein Wunder, wie ein Unterpfand für gute, vertrauenswürdige Zeiten. Sie ahnten nicht, daß gerade dieser Ruhm der Welt die Ideale der Bettelmönche schon bald zunichte machen würde. Das 13. Jahrhundert, voller Kriege, geldgierig und geschäftstüchtig, sog die Botschaft der neuen Mönche auf wie ein Verdurstender das Wasser: Friede sollte allenthalben sein, Solidarität mit den Ärmsten und Schwächsten. Keine Herren sollte es mehr geben, sondern nur noch Freunde und Freundinnen in Christus – in der Welt und in der Kirche.

Als Franziskus starb, war Dominikus, der Ordensgründer aus spanischem Landadel, schon fünf Jahre tot. Kompromißlos wie der Mann aus Assisi hatte Dominikus seinen Jüngern Armut gepredigt und einen vorbildlichen Lebenswandel. Der vor allem sollte die Kirche wieder glaubwürdig machen. Im Gegensatz zu Franziskus gründete Dominikus sehr bewußt einen Priesterorden, der durch beste Schulung und überzeugende Argumente die Ketzer, die erstmals den festen Bau der römischen Kirche ins Wanken gebracht hatten, von ihrem Irrglauben abbringen sollte.

Florenz war den Ketzern ein sicherer Hort. Die Katharer, die Reinen, die sich im Süden Frankreichs entwickelt hatten, besaßen hier einen geheimen Bischofssitz und lebten ohne Furcht unter den Bürgern, von denen sie etliche einflußreiche gewonnen hatten. Der Bannstrahl des katholischen Bischofs richtete nicht viel aus, seine Autorität galt den Bürgern nicht allzuviel, und seine Strenge hielt sich auch in Grenzen. Dem machte der Papst 1232 ein Ende. Die Ordensbrüder des Dominikus, der in aller Eile 1234 zur Ehre der Altäre erhoben wurde, jagten nun als Inquisitoren im päpstlichen Auftrag die Ketzer überall in Europa wie die Hunde das Wild.

Florenz war 1244 an der Reihe. Am Arno erscheint der gefürchtete Ketzerverfolger und Dominikanermönch Petrus von Verona. Zusammen mit seinem Florentiner Ordensbruder Ruggero de

Calcagni führt er – mitten im Bürgerkrieg zwischen Guelfen und Ghibellinen – einen Prozeß nach dem anderen, werden die Geständigen von den geistlichen Brüdern dem Arm der weltlichen Gerichtsbarkeit ausgeliefert. Die ist in diesen wirren Jahren vor der ersten Florentiner Republik prokaiserlich und damit antipäpstlich. Doch es macht den Dominikanern kein Kopfzerbrechen, am Morgen zum Unheil der Ketzer mit den Kaiserlichen zu paktieren und ihnen am Nachmittag auf den Barrikaden blutige Händel zu liefern. Als Bruder Petrus nach zwei Jahren Florenz verläßt, sind die wenigen überlebenden Ketzer in den Untergrund gedrängt. Sie werden sich nicht mehr erholen, und die Bürger brauchen ihre Energien für andere Kämpfe.

Nach dem Sieg der Volksregierung 1250 sind die Ketzer kein Thema mehr und die Bettelmönche in den einfachen Kutten werden ein vertrauter Anblick in der Stadt, auch wenn Santa Croce und Santa Maria Novella, die beiden kleinen Kirchen der Franziskaner und Dominikaner, außerhalb der damaligen Mauern liegen. In Florenz müssen die öffentlichen Plätze erweitert werden, um die Menge der Menschen zu fassen, die zu den Predigten der Bettelmönche strömen. So beliebt ist das neue Armutsideal, daß es bald ein halbes Dutzend neuer Gemeinschaften von Bettelmönchen gibt, die alle ihren willkommenen Platz in der Bürgergemeinde finden.

Stolz ist man auf den einheimischen Orden der Serviten, der im Cafaggio, dem Gebiet nordöstlich von Dom und Baptisterium, seinen Klosterkomplex errichtet. Die Geschichte dieses eigenständigen Florentiner Ordens beginnt mit sieben Laien, wohlhabenden Kaufleuten, denen in den unruhigen vierziger Jahren die himmlischen Güter plötzlich wichtiger werden als die irdischen. Sie gründen eine klösterliche Gemeinschaft, um die römische Kirche im Kampf gegen die Ketzer zu unterstützen. Im Jahre 1251 können die Serviten neben ihrem Kloster den Grundstein für eine Kirche legen, geweiht ist sie Santissima Annunziata, der allerheiligsten Gottesmutter. Im gleichen Jahr ziehen Augustinereremiten, die in der Umgebung von Florenz ihr Kloster hatten, auf ein innerstädtisches Grundstück am südlichen Arnoufer, das ihnen ein reicher Bürger stiftet. Dort entstehen Kirche und Kloster Santo Spirito in ihrer ursprünglichen, längst zerstörten Gestalt.

Die Attraktivität und Glaubwürdigkeit der neuen Orden besteht gerade darin, daß sie ihr rigoroses Ideal nicht allen aufzwingen wollen, sondern die Bürger in ihren weltlichen Funktionen ernst nehmen. Wer es sich nicht leisten kann, alles hinter sich zu lassen und nur noch Gott zu dienen, dem bieten die Bettelmönche eine bis dahin undenkbare aktive Teilnahme am geistlichen Leben, verknüpft mit einem selbstlosen Engagement für das Wohl der Kommune. Es ist Petrus von Verona, der 1244 die ersten beiden bedeutenden Bruderschaften von Florenz ins Leben ruft. Gedacht sind sie als weltliche Verstärkung der geistlichen Führer im Kampf gegen die Feinde der römischen Kirche. Die eine – Gesellschaft des Glaubens genannt – löst sich folgerichtig auf, als knapp zwei Jahre später die Ketzer besiegt sind. Die andere – die Compagnia maggiore della Vergine Maria – spaltet sich. Es entsteht die Bruderschaft von Santa Maria del Bigallo, aus der sich die berühmte Misericordia-Bruderschaft mit ihrem traditionsreichen Bau südlich des Baptisteriums entwickelt. Bis zum heutigen Tag ist es für Florentiner Ehrensache, sich als Mitglieder der Misericordia in ihrer freien Zeit um Kranke und Sterbende zu kümmern. Die zweite dieser ältesten Bruderschaften – die Compagnia delle Laudi di Santa Maria Novella – läßt noch die enge Verbindung zum Kloster der Dominikaner erkennen.

Beide Bruderschaften sind beispielhaft für eine Institution, die – unter der Leitung der Dominikaner und Franziskaner – immer zahlreichere Männer aus den führenden Kreisen der Stadt fasziniert. Die Bruderschaften sind nach dem Vorbild der städtischen Verwaltung organisiert, ein Mikrokosmos mit Prioren, Kapitänen, Räten, Schatzmeistern, mit Wappen und eigenen Prozessionen. Jede Bruderschaft hat ihre besonderen Heiligen, ihre Kirche, wo man sich täglich trifft. Aber nicht als stumme Teilnehmer beim Meßopfer, vom Priester durch eine hohe Chorwand getrennt, sondern näher dem Altar als das einfache Kirchenvolk und wirklich beteiligt. Die Compagnia delle Laudi verrät in ihrem Namen,

men, was auch die anderen Bruderschaften auszeichnet: Man singt in gemeinsamen Andachten die Laudes, uralte Hymnen zum Lob der Jungfrau Maria und aller Heiligen. Es sind kirchliche Gesänge, die bisher nur den Geistlichen vorbehalten waren und die nun, da Laien sie anstimmen, noch vor dem Ende des 13. Jahrhunderts aus dem Lateinischen in die italienische Umgangssprache übertragen werden.

Gemeinsame geistliche Übungen zu festgelegten Zeiten sind nur eine Aktivität der Bruderschaften. Denn ihre Mitglieder sollen nicht ausschließlich ans Jenseits denken, sondern es sich mit guten Werken schon auf Erden verdienen. Es macht diese Vereinigungen gerade so attraktiv, daß sie ihren Mitgliedern eine Gemeinschaft bietet, in der man außerhalb der Kirchenräume und außerhalb des Familienverbandes tätig sein kann. Die Bruderschaften übernehmen immer mehr öffentliche, vor allem soziale Aufgaben. Die eine pflegt Kranke oder kümmert sich um die zum Tode Verurteilten; eine andere hilft armen Mitbürgern oder begräbt die Toten. Es gibt viel zu tun in einer Kommune, die kein soziales Netz außerhalb der Familie und der kirchlichen Nächstenliebe kennt. Stirbt ein Mitglied der Bruderschaft, wird es von den Mitbrüdern im Schein der Fackeln und Kerzen zu Grabe getragen, eingewickelt in die Fahne der Bruderschaft. Und die Gebete der Gemeinschaft werden jeden, der zu ihr gehört, lange über den Tod hinaus in Erinnerung halten.

Zu Lebzeiten forderten die Statuten der Bruderschaft ein frommes und diszipliniertes Leben: keine Karten- oder Würfelspiele, kein regelmäßiger Gang in die Taverne, keine heimlichen Liebschaften, Gehorsam gegenüber den Seelenhirten. Oberstes Gebot war es, keine Zwietracht mit dem Nachbarn, keine blutigen Händel in den Straßen zu suchen. Immer mehr Bürger trafen sich als Mitglieder einer Bruderschaft zu regelmäßigen Messen für den Frieden. Nahtlos gingen die geistlichen Tugenden und die Ideale der neuen Bürgergemeinde ineinander über. Noch greifbarer, noch lebensnaher als die Gemeinschaften der Bettelmönche wurden die Bruderschaften zum Modell für die von Zwietracht und Haß zerrissene Stadt. Auf religiöser Grundlage stifteten sie gesellschaftliche Identität. Sie demonstrierten, daß Brüderlichkeit, Frieden und Eintracht keine weltferne Utopie, sondern lebendige, praktizierbare Alternative sein konnten.

Die Faszination der Utopie ist um so stärker, je breiter sich die Kluft zur Wirklichkeit auftut. Oder ist das eine zu optimistische Deutung der Motive, die Menschen umtreiben, antreiben und verändern? Sind die Spiegelbilder eines anderen, besseren Lebens vielleicht nur Teil jedes Alltags, einkalkulierter Widerspruch, entlastende Zeugen einer allzu menschlichen Gesellschaft? Der Siegeszug der Bettelmönche, die neue, aktive Religiosität der Bürger in den Jahren des Primo Popolo, der ersten Republik, geht unangefochten einher mit einer aggressiven Politik gegen jene Städte in der Toskana, die sich dem Herrschaftsanspruch von Florenz nicht beugen wollen. Martinella nannte man die Kriegsglocke, die einen Monat lang bei Tag und bei Nacht nahe dem Ponte Vecchio geläutet wurde, während die Herolde der Stadt immer wieder verkündeten, gegen wen es diesmal in die Schlacht gehen sollte. Entscheidend für den Zeitpunkt und den Ort des kriegerischen Beginns war der Rat des Stadtastrologen, im rationalen Florenz Geometer oder Mathematiker genannt. Er wurde allerdings zum beliebten Sündenbock, wenn am Ende die reitenden Boten oder die nächtlichen Signalfeuer schlechte Botschaft meldeten.

Soldat im Kriegsfall war jeder männliche Bürger zwischen 15 und 70 Jahren. Die meisten gehörten zum Fußvolk, ein Pferd konnten sich die wenigsten leisten. Nicht mit ins Feld ziehen mußte der Wärter des städtischen Löwenkäfigs, in dem sich die erste Republik das neue Wappentier der Kommune hielt, das den kaiserlichen Adler abgelöst hatte. Auch die Ärzte durften bleiben und in den Mühlen am Arno jeweils ein Müller, der die lebenswichtige Mehlproduktion am Laufen hielt. Und weil in Florenz nichts ohne die Notare ging, machten sie auch in Kriegszeiten gute Geschäfte. Alle Befehle der zwölf capitani des florentinischen Heeres wurden schriftlich ausgegeben, jeder Soldat von den Notaren registriert, Entschuldigungen für das Fehlen im Krieg penibel aufgeschrieben. Im Vergleich zu den Juristen waren die Musiker, die die Truppe begleiteten, nur eine kleine Schar, allein mit Trommeln und Becken ausgestattet. Auch ein Henker fehlte nicht im Troß, um Verrat und schwere Vergehen sofort und abschreckend zu sühnen.

Gleich mit dem Beginn der Republik hatte Florenz seinen Nachbarn im Contado, dem toskanischen Umland, mit Gewalt gedroht oder unverzüglich seine Krieger ausgeschickt. 1254 wurde das erfolgreichste Jahr einer brutalen Außenpolitik: Pistoia, Poggibonsi, Volterra waren teils besetzt, auf jeden Fall fest unter florentinischer Kontrolle; Pisa und Siena hatten sich einem Friedensdiktat beugen müssen. Stolz hängten die Heimkehrer die Trophäen der Geschlagenen an die Wände von San Giovanni. «Denn das, was sie mit besagtem Heer unternahmen», schreibt der Chronist im folgenden Jahrhundert, «gelang ihnen gut und mit viel Sieg und Ehre… und Liebe zu ihrer Gemeinschaft…» Und die Sieger sorgten schon zu Lebzeiten für die Verbreitung ihrer ruhmreichen Taten.

Gab es in der Stadt ein wichtiges öffentliches Ereignis, dann boten die Kirchen von alters her Raum und Würde. Der Capitano del Popolo und der Podestà wurden in der alten Kathedrale Santa Reparata vereidigt, zu größeren Versammlungen trafen sich die Bürger mit Vorliebe in San Piero Scheraggio. (Ihre Mauerreste sind längst in das Erdgeschoß der Uffizien integriert.) Nach dem siegreichen Jahr 1254 beschloß die Kommune mit Nachdruck den Bau eines Palastes für den Capitano del Popolo. Bauherr dieses Palazzo del Popolo an der Via del Proconsolo (seit dem 16. Jahrhundert Bargello genannt) war nach der Inschrift vom Jahre 1255 der «triumphierende und allermächtigste popolo». Er tat dort außerdem in Stein gemeißelt kund, daß Florenz wie einst Rom Triumphe feiere, seine Feinde im Kampf besiege und daß ihm das Land ebenso wie das Meer und der gesamte Erdkreis gehöre. 1261 zog der Podestà in den Palast, der dann bis ins 16. Jahrhundert Palazzo del Podestà hieß.

Die Stadt am Arno holte sichtbar auf, im Vollgefühl ihrer Wirtschaftskraft und ihres politisch-militärischen Durchsetzungsvermögens, aber auch bedrängt von den unzumutbaren innerstädtischen Verhältnissen. Wie ein Magnet zog Florenz die Menschen aus dem bäuerlichen Umland an. Die Bevölkerung hatte sich seit Beginn des Jahrhunderts gut verdoppelt und lag nun, um die Mitte, bei über 60 000 Einwohnern. Die engen und krummen Straßen konnten die Menschen und den Verkehr nicht mehr fassen. Es gab vereinzelte Versuche, das Abwässersystem zu kanalisieren, um die katastrophalen hygienischen Verhältnisse ein wenig in den Griff zu bekommen. Zwar leerten die Bürger ihre Nachttöpfe immer noch in die Straßen. Aber es mehrten sich die Proteste gegen stehendes stinkendes Wasser in den Gräben – vor allem in der Arbeitergegend um Santa Croce – und gegen die Angewohnheit der Färber, ihr Schmutzwasser in die Straßen zu schütten. Es gab Ansätze, für diese Industrieabwässer ein eigenes Kanalsystem anzulegen. Mit Verboten versuchte man, die Schweine aus den Straßen zu entfernen und die Bauern an den Markttagen von Knotenpunkten des städtischen Verkehrs fernzuhalten.

Die Vorstädte, vor allem im Süden jenseits des Arnoufers, vergrößerten sich täglich. Mit dem Ponte a Santa Trinità wurde 1252 nach dem Ponte alla Carraia und dem Ponte a Rubaconte (heute Ponte alle Grazie) die dritte steinerne Brücke in diesem Jahrhundert errichtet. Sie trugen kleine Läden und Handwerksbetriebe, wie der schon mehrmals umgebaute Ponte Vecchio aus Römerzeiten. Was jetzt an neuen Häusern entstand, wurde nicht mehr aus Holz, sondern aus Ziegeln gebaut. Florenz war auf dem Wege, sauberer, gesünder und schöner zu werden. Alle schienen ein Herz und eine Seele zu sein. Schon in den nachfolgenden Generationen würde der Chronist mit Wehmut auf die goldenen fünfziger Jahre blicken: «In quel tempo che il popolo tenea il regimento con grande fede ed amore al suo commune... in jener Zeit, als das Volk mit großem Vertrauen und großer Zuneigung zu seiner Kommune die Regierung in den Händen hielt.»

Doch es waren nicht die Bürger allein, die über das Geschick ihrer Stadt entschieden. Florenz war zu erfolgreich und zu gewichtig geworden, um unabhängig und ungestört von den großen Mächten Italiens Politik zu machen. Der entscheidende Faktor auf der Halbinsel nach dem Tod Friedrichs II. im Dezember 1250 war der Papst in Rom. Er hatte den Vorteil, auch über die Seelen der

Menschen zu gebieten, und kannte keine Skrupel, seinen geistlichen Einfluß für sehr weltliche Dinge zu nutzen. Die Entwicklung in Florenz seit 1250 gefiel dem Heiligen Vater gar nicht. So
hatte er nicht gewettet, daß nach der von ihm begrüßten Niederlage der Kaiserlichen die neue Volksregierung alles tat, um sich
nicht in die Abhängigkeit der päpstlichen Partei zu begeben. Florenz war eine treue Tochter Roms, daran gab es für die Bürger und
ihre Regierung keinen Zweifel. Vor allem die Partei der Guelfen,
die gegen die Kaiserlichen gekämpft und jetzt in der Republik das
Sagen hatte, ließ sich in ihrer Treue zur römischen Kirche von
niemandem übertreffen. Doch ebenso selbstverständlich wollte
die Regierung des Volkes selber Politik machen, und zwar eine,
die im Interesse der Stadt und ihrer Bürger lag. War Florenz nicht
mächtig genug geworden, um sich als eigene Kraft auf der politischen Bühne Italiens zu behaupten?

Der Papst sah in der einst erwünschten Unabhängigkeit der Stadt
eine versteckte Kriegserklärung. Die Feinde von gestern wurden
plötzlich Bundesgenossen. Heimlich, versteht sich, und vorsichtig
wurden Fäden zu den vertriebenen Ghibellinen gesponnen, Florenz das Interdikt angedroht und im Mai 1256 schließlich auch in
Kraft gesetzt. Der päpstliche Bannstrahl war ein schwerer Schlag
für den mittelalterlichen Menschen, dessen unerschütterlicher
Glaube an die Kirche und ihre Erlösungsmittel Teil seiner Existenz
war. Eine Stadt unter dem Interdikt wurde zu einer toten Stadt,
denn es gab für die Laien kein wirkliches christliches Leben mehr.
Sie durften zwar schweigende Zuhörer bei der täglichen Messe sein,
aber nicht die Kommunion empfangen und nicht zur Beichte
gehen. Die bunten Prozessionen, die sich an den zahlreichen Fest-
tagen des Kirchenjahres durch die Straßen bewegten, waren verboten. Es läuteten keine Glocken, die Christenmenschen verließen
diese Welt ohne die ersehnten Sterbesakramente und wurden ohne
den Segen der Kirche in die Grube hinabgelassen.

So sollte es sein, aber Florenz hielt sich nicht an die Regeln. Man
fühlte sich zu Unrecht und aus rein politischen Gründen geistlich
gemaßregelt. Die Boten aus Rom, die den päpstlichen Bann in der
Stadt verkündeten, wurden ins Gefängnis geworfen. Das gleiche

geschah mit den Priestern, die sich ans Interdikt hielten; doch das waren nicht allzu viele. Sogar der Bischof verstand den Zorn der Bürger gegen den Papst und verweigerte seinem geistlichen Vorgesetzten den Gehorsam. Die Bettelmönche kamen in eine unangenehme Lage, unterstanden sie doch direkt dem Papst, und eine Parteinahme gegen ihn war eigentlich undenkbar. Die Dominikaner waren die erfolgreichsten Ketzerhasser, und Santa Croce, das Kloster der Franziskaner, wurde 1254 zum zentralen Sitz der toskanischen Inquisition gemacht. Aber vor allem die Franziskaner standen den Florentinern, deren Spenden reichlich flossen, und ihrer neuen städtischen Verfassung aus Überzeugung und durch viele familiäre Verbindungen nahe. Ohne viel Aufhebens davon zu machen, unterliefen sie die päpstlichen Verbote.

Florenz konnte sich soviel Eigenständigkeit leisten, weil die Stadt aus einer Position der Stärke dem Herrn der Christenheit die Stirn bot. Bald machten sich Unterhändler und Gesandtschaften auf den Weg in die Ewige Stadt, hin und her wurde verhandelt. Mit Unterbrechungen währte das Interdikt zwanzig Monate, als im September 1257 in der Kathedrale der heiligen Reparata der Generalrat von Florenz vor dem päpstlichen Vertreter das Knie beugt. Der Bann wird aufgehoben. Man hat sich wieder ausgesöhnt.

Dafür geht es in der Stadt selbst weniger friedlich zu. Es gibt Unruhen zu Beginn des Jahres, der Podestà legt sein Amt nieder. Die Abgesandten des Heiligen Vaters sehen das nicht ungern, vielleicht schüren sie sogar ein wenig das Feuer der Zwietracht zwischen den Parteiungen, das so glücklich erloschen schien. Außerhalb der Stadt wird im geheimen mit den Feinden von gestern, den kaisertreuen Ghibellinen, verhandelt. Die Kaufmannsstadt jedoch hat viele Verbindungen. Ihr bleibt nicht verborgen, was sich da unter päpstlichem Schutz gegen sie verbündet. Es ist ein verlorener Haufen, dem es nicht einmal gelingt, bis in die Nähe der Stadtmauern vorzurücken. Dafür wird innerhalb der Mauern abgerechnet: Die mächtigen, stets ghibellinischen Mitglieder der Uberti, die in der Stadt geblieben sind, sollen sich vor dem Podestà verantworten. Die Angeklagten zeigen, was sie von den Vertretern der Volksregierung halten: Die Ritter des Podestà und zwei seiner Begleiter, die vor den Mauern des Stadtpalastes der mächtigen Familie erscheinen, werden von den Uberti kaltblütig ermordet.

Der Kreislauf der Gewalt kommt wieder in Gang. Die Bürger greifen zu den Waffen, stürmen den Palast, stechen Diener nieder, ermorden einen Uberti, der sich unter seinem Bett verkrochen hat. Zwei weitere Familienmitglieder werden verhaftet, geben unter der Folter Verschwörungspläne zu. Man führt sie zum Getreidemarkt Orsanmichele. Nun wartet dort der Henker auf die Feinde des Primo Popolo. Der Tod der beiden Uberti treibt die Führer der alten Ghibellinengeschlechter in Florenz zum Exodus. Es ist Juli 1258. Die meisten führt der Weg direkt nach Siena, wo man unerschütterlich auf seiten der kaiserlichen Partei steht.

Das Stadttor liegt kaum hinter ihnen, da werden die Geflohenen gebannt, ihre Florentiner Häuser zur planmäßigen Vernichtung freigegeben. Drei Notare müssen von Amts wegen das Einreißen der Türme und Paläste beobachten und anschließend alle Zerstörungen sorgfältig in ein Register aufnehmen. Die Schutt- und Trümmerhaufen sind so hoch, daß sie noch jahrelang die Straßen blockieren, vor allem das Arnoufer entlang.

Das Spiel scheint für die Ghibellinen endgültig verloren. In Florenz etabliert sich die Partei der Guelfen, la Parte Guelfa, nicht nur als die führende, sondern als die ausschließliche Macht, und sie verwächst fest mit allen städtischen Strukturen. Von nun an heißt es: Wahrhaft florentinisch, das ist wahrhaft guelfisch, und umgekehrt. Die Sache der Bürger wird identisch mit der Sache der Parte Guelfa und jeder, der sich ihrer Politik widersetzt, ist somit ein Verräter an Florenz.

Doch die Stadt kommt trotzdem nicht zur Ruhe. Im Sommer 1258 fällt der Abt des angesehenen Klosters von Vallombrosa den Florentinern in die Hände. Sie sind überzeugt, daß er mit den kaisertreuen Feinden gemeinsame Sache gemacht hat. Die Folter tut schnell ihre Wirkung. Im Angesicht seiner geistlichen Brüder, der Franziskaner und Dominikaner von Florenz, bekennt er sich schuldig. Die aufgebrachte Menschenmenge in den engen Gassen will keinen Prozeß, sondern ein Opfer. Im Tumult wird der Abt zum neuen Palazzo del Popolo geschleppt, umgehend tut der

Henker sein Werk. Die Antwort aus Rom läßt nicht lange auf sich warten. Ab Oktober 1258 lebt Florenz wieder unter dem Interdikt. Der päpstliche Bannstrahl mindert nicht den Ruf der Stadt als eines Ortes, wo die Mönche der Bettelorden bei den Bürgern offene Herzen und Beutel vorfinden. Humilatenmönche haben sich 1256 überzeugen lassen nach Florenz zu ziehen, dorthin, wo ein stiller Nebenarm des Arno und die Gärten und Weinfelder am Ufer eine ideale Grundlage für die Textilindustrie bieten: für das Waschen und Färben der Wolle, das Trocknen der Tuche. Die Humilaten haben sich auf dieses irdische Gewebe spezialisiert, sie kennen die neuesten Techniken. Natürlich wird ihnen auch eine Kirche gebaut, Ognissanti, und rundherum entstehen Werkstätten und Tuchspannereien. Grund und Boden hier gehören geflüchteten Ghibellinen. Die Mönche sind sehr darauf bedacht, das Einverständnis der Besitzer für ihr neues Zuhause einzuholen.

Sie ist nun fast zehn Jahre alt, die erste Regierung des Volkes. Beinahe könnte man über ihren Erfolgen vergessen, wie die Entwicklung jenseits der toskanischen Hügel weiterging. Der Tod des gehaßten und bewunderten Friedrich II. am Jahresende 1250 bedeutet nicht das Ende staufischer Herrschaftsansprüche über Italien, und der Papst gibt sich unversöhnlich. Manfred, der Kaisersohn aus illegitimer Verbindung, nimmt den Kampf von Sizilien aus auf. Gespalten wie in alten Zeiten sind Italiens freie Kommunen. Aber die Schlachtordnung so vieler Jahrzehnte – «hie päpstlich, hie kaiserlich», «hie Guelf, hie Ghibelline» – führt in die Irre. Zwar wird man weiterhin unter diesen Rufen blutige Politik machen. An ihnen läßt sich jedoch nur noch aufzeigen, daß die Parteiungen, die über Jahrzehnte die Menschen schieden und tödliche Opfer forderten, endgültig sinnlos geworden sind.

Die Vorgeschichte kann man vergessen, die Kontrahenten sind bekannt, als das sechste Jahrzehnt des 13. Jahrhunderts anbricht. Da ist Florenz, das bürgerliche Gemeinwesen, wo die Gegner kaiserlicher Machtansprüche herrschen – aber unter dem Interdikt leben. Da ist Siena, der verhaßte, kaisertreue Feind im Süden, wo sich nun Manfreds deutsche Ritter mit ihren Verbündeten aus Süditalien eingefunden haben – während ihr Herr vom Papst ge-

bannt ist. Und mit den Deutschen warten die kaisertreuen florentinischen Ghibellinen ungeduldig auf den Tag der Rache und ihre
Heimkehr aus dem Exil.

Krieg heißt die Losung. An einem heißen Tag Ende August
1260 bricht ein gewaltiges Heer von Florenz nach Süden auf.
Lucca und Pistoia, Prato, Arezzo und Volterra, Orvieto, San Gimignano und selbst Bologna haben sich mit Florenz gegen Siena
verbündet: 70000 Mann zu Pferde und zu Fuß, ihnen zur Seite
20000 Lasttiere, mit Getreide und Brot für den Feldzug beladen.
Vorneweg der carroccio, der mythische Heerwagen von Florenz,
ein ungetümes, bemaltes hölzernes Heiligtum, das die städtischen
Banner aus roter und weißer Seide und einen Altar mit Reliquien
trägt. Am Ende vom Fahnenmast des carroccio stecken ein Apfel,
ein Palm- und ein Olivenzweig. An den vier Ecken des Gefährts
blitzen vergoldete Löwen in der Sonne. Der Wagen wird von vier
Paar Stieren gezogen und von ausgewählten Reitern und Soldaten
zu Fuß begleitet.

Der Heerwurm zieht in Sichtweite an Siena vorbei, soll die Stadt
auf dem Berge demoralisieren, noch bevor der Kampf beginnt.
Das Kastell Montaperti wird eingenommen. Dann schlagen die
70000 im Osten und Südosten von Siena ein Lager auf, der vorder-
ste Posten ist sieben Kilometer von der Stadtmauer entfernt. In
Florenz hatte der offizielle Astrologe den Zeitpunkt des Auf-
bruchs bestimmt. In Siena läßt sich der Führer der verbannten
Ghibellinen von seinem Himmelsdeuter beraten. Zur Überra-
schung der selbstbewußten Belagerer stürmen die Sienesen in der
Frühe des 4. September, es ist ein Samstag, aus der Stadt und gegen
die feindliche Übermacht. Beide Seiten bauen auf den Schutz der
Heiligen Jungfrau, viele Heiligen und die Gebete ihrer zahlreichen
geistlichen Begleiter.

Am Nachmittag schon ist der Lärm der Waffen, das Geschrei
der Kämpfenden verstummt, füllen das Wimmern der Sterbenden
und Verwundeten, die Flüche und Gebete von Tausenden das
Schlachtfeld von Montaperti. Gott ist diesmal nicht bei den stärkeren Bataillonen, der carroccio in Feindeshand gefallen. Wohl
10000 Mann aus dem Heer der Florentiner und ihrer Verbündeten

sterben an diesem späten Sommertag, rund 20 000 ziehen als Gefangene nach Siena, wo die Kerker nicht ausreichen. Fast 8000 von ihnen gehen elendig zugrunde. Nur die Reichen können sich durch hohe Summen auslösen lassen. Die Sienesen sind nicht weniger unbarmherzig als ihre Feinde.

Die Kunde vom tiefen Fall des stolzen Florenz verbreitet sich weit über Italien hinaus. «O elender Löwe von Florenz», klagt der Chronist, «dir, dessen Lob zuvor in jedem Winkel der Welt erklang, sind die Klauen beschnitten, die Zähne ausgebrochen.»

Die Toten waren noch nicht begraben, da rechneten die Lebenden ab. Am Donnerstag nach der verlorenen Schlacht verließ ein geordneter Zug Florenz. An ihrer Spitze zwei Abkömmlinge alter Florentiner Geschlechter, die seit Generationen guelfisch gesinnt waren: der Dompropst Pagano Adimari und Aldobrandino Cavalcanti, der Abt des Dominikanerklosters von Santa Maria Novella. Mit den Geistlichen gingen 17 Geschäftsleute und ihre Familien ins Exil. Das waren allerdings weniger als beim Exodus früherer Jahre. Am 12. September, es ist ein Sonntag, hielten die einst von der Volksregierung gebannten Führer der Ghibellinen durch das südliche Stadttor ihren Einzug. An ihrer Seite die deutschen Ritter des Königs Manfred, die in Florenz ihr Hauptquartier aufschlugen.

Es gab keinen Widerstand. Statt der Parte Guelfa herrschte nun der capitano der Ghibellinenpartei. Die Verfassung des Primo Popolo wurde aufgehoben und der Posten des Capitano del Popolo sofort abgeschafft. Die Strukturen der Zünfte blieben unangetastet, aber mit ihrem Einfluß war es vorbei. Jetzt saßen die Geächteten von gestern auf den Bänken im Palazzo del Popolo, wenn der Herold die Ratsherren zu den Sitzungen rief. Und der Astrologe, der in Siena den Verbannten so gute Dienste geleistet hatte, war ihr hochgeehrter Gast.

Wer von den einflußreichen Familien der ersten Republik in der Stadt ausharrte, statt das Ungemach des Exils auf sich zu nehmen, blieb ungeschoren, aber unter Kontrolle. Wer fortzog, den traf die Rache der Sieger: ewiger Bann, Einzug des Vermögens und Todesurteil. Weil man der Verurteilten nicht habhaft werden konnte, zogen die Bautrupps unter Aufsicht der Notare wieder durch die Stadt und übten fachmännisch ihr Zerstörungswerk am Besitz der Guelfen. Ende des Jahres 1260 war Florenz ein größeres Trümmerfeld als je zuvor, mehr als die Hälfte der Straßen und Gassen und die Ufer den Arno entlang waren von Schutt bedeckt. Die genaue Statistik ist überliefert: Völlig abgerissen und unbewohnbar gemacht wurden in der Stadt 103 Paläste, 580 Häuser, 85 Türme; zum Teil demoliert zwei Paläste, 16 Häuser, vier Türme; es verfielen zehn weiträumige Hallen zum Tuchspannen und 21 Mühlen. Im Umland ging das Werk der Zerstörung weiter.

Neue Herren waren gekommen, der päpstliche Bannstrahl gegen die Stadt aber blieb. Trotzdem wurde mit Eifer an Santissima Annunziata weitergebaut und 1262 die Vollendung des Bauwerks gefeiert, dessen Besitzer, die Servitenmönche, das wußte jeder, treue Anhänger der nun verfemten Guelfen waren. Die Jahre vergingen, aber Florenz kam nicht recht voran. Kaufleute und Bankiers brachten heimlich ihr Geld aus der Stadt, signalisierten dem Papst, wo ihre wahren Sympathien lagen. Allen voran unterstützten die Frescobaldi den Herrn in Rom und dessen Verbündeten Karl von Anjou, den neuen Machtfaktor Italiens, handfest mit Krediten. Der Papst, ein Franzose, hatte den Bruder des französischen Königs ins Land gerufen, um den Staufererben Manfred aus dem sizilianischen Königreich zu vertreiben und den Würgegriff der Deutschen um den Kirchenstaat ein für allemal zu beenden. Zwischen 1263 und 1265 schworen 146 Vertreter Florentiner Firmen und Gesellschaften dem Papst den Treueid, während in ihrer Stadt noch die deutschen Ritter im Quartier lagen. Die Unternehmer witterten gute Geschäfte. Denn nach einem Sieg des Franzosen würden ihnen günstige Märkte in Süditalien und Sizilien offenstehen, wo bisher Kaufleute aus den kaiserlich gesinnten Städten Pisa und Siena dicke Gewinne machten.

Im Februar 1266 verliert König Manfred auf dem Schlachtfeld von Benevent im südlichen Italien gegen Karl von Anjou Krone und Leben. In Deutschland macht sich Konradin, der Enkel Friedrichs II., auf den Weg über die Alpen, um den Anspruch seines Geschlechtes zu behaupten. In Florenz schlagen in diesem Sommer ungewöhnlich viele Beter den Weg nach Santissima Annunziata ein, verschwinden für Stunden hinter den Klostermauern. Die enge Beziehung des Servitenordens zur Partei der papsttreuen Guelfen ist in der Stadt nicht vergessen. Verschwörerische Spannung liegt in der Luft. Sie entzündet sich im November. Plötzlich sind die Straßen voller Menschen, sie besetzen den Platz zwischen der Arnobrücke und Santa Trinità, wo der Palast der Tornaquinci immer noch in Trümmern liegt. Die deutschen Besatzer sollen verschwinden, schallt es aus der Menge. Und das Unvorstellbare geschieht: 1500 Ritter ziehen zum Palazzo del Podestà, verlangen die Schlüssel zum Stadttor – und ziehen ohne einen Schwertstreich über den Ponte a Rubaconte (Ponte alle Grazie) zum Tor hinaus. Sechs Jahre nach Montaperti ist das ghibellinische, das kaiserliche Intermezzo für Florenz vorbei.

Ein Neuanfang? Die Bürger versuchen anzuknüpfen an das Jahr 1250. Ein Capitano del Popolo wird bestellt, der eine eigene, unabhängige Kraft sein soll – entgegen dem ausdrücklichen Willen des Papstes, dem diese Verhältnisse wieder nicht recht sind. Als der Capitano um die Jahreswende in die Stadt einzieht, folgt ihm und seinen Anhängern der Bann aus Rom auf dem Fuße. Doch die Mehrheit in Florenz will Versöhnung statt alten Streit. Mit Jubel werden hochrangige Guelfen und Ghibellinen empfangen, die unter der Aufsicht von Notaren Friedensverträge schließen, Friedensküsse tauschen und die traditionelle Gegnerschaft durch Heiraten überwinden wollen. Nicht Neigung, sondern Stadt-Räson entscheidet.

Der Stellvertreter Christi aber will diesen Frieden nicht. Den unversöhnlichen Guelfen, die noch außerhalb von Florenz leben und sich nicht der allgemeinen Harmonie anschließen, läßt der Papst ein Schreiben zukommen: «Erhebt euer Haupt, denn euch ist die Erlösung nahe.» Und er fordert Karl von Anjou, Herr über Sizilien und Unteritalien bis hin nach Neapel, auf, das widerspenstige Florenz zu strafen. Diesmal sind es französische Ritter, ein paar hundert an der Zahl, die sich in der Karwoche des Jahres 1267 in Marsch setzen. Am Ostersamstag brechen in Florenz Tumulte aus. Wer kann, besorgt sich eine Waffe. Sollen wieder die alten Rechnungen beglichen werden?

Die Nacht vor Ostern bringt keine Ruhe, sondern ungewohnten Lärm. Im Schutz der Dunkelheit ziehen die Anhänger der Ghibellinen, ganze Familien vom Säugling bis zum Greis, zur Stadt hinaus. Bis zu 4000 Personen, so die Schätzungen, werden bei diesem Exodus insgesamt ins Exil gehen. Als am Ostermorgen die französischen Ritter unter dem blauen, mit goldenen Lilien bestickten Banner vor den Mauern erscheinen, und die Guelfen mit dem Wappen des Papstes, öffnen ihnen die Bürger von Florenz freiwillig die Tore. Der nachfolgenden Plünderung sind sie trotzdem nicht entgangen.

Das Rad hatte sich gedreht. Wer alt genug war, dem mußte alles sehr vertraut vorkommen. Die Verräter von gestern saßen als die neuen Herren auf den Bänken im Palazzo del Podestà. Diesmal ließ man die Verlierer gruppenweise am Fuß der majestätischen Freitreppe im Innenhof des Palastes antreten. Im oberen Stockwerk unter dem Wandelgang sprachen Richter und Beamte den Bußfertigen immer neue Eide vor, die von Notaren beglaubigt und sorgfältig in große Pergamenthefte eingetragen wurden – nebst der großzügig geschätzten Bürgschaftssumme, die die Unterlegenen als Pfand ihrer Loyalität aufbringen mußten. Die Bürokratie hatte unter dem Auf und Ab der Zeitläufte nicht gelitten, sie diente geschmeidig den unterschiedlichen Herren.

Die neuen, alten Herren in der Stadt wollten die Vergangenheit nicht ruhen lassen. Sieben Beamte wurden eingesetzt, um alle Schäden zu schätzen, die vertriebene guelfische Familien nach der Schlacht von Montaperti durch Zerstörung ihrer Häuser erlitten hatten. Die Wiedergutmachung erfolgte in bar – aus dem Erlös von ghibellinischem Besitz, dessen Eigentümer nun ihrerseits verbannt und verurteilt waren. In den Gewinn dieses Verkaufs von beschlagnahmten Gütern teilten sich außerdem die Kommune und die Partei der Guelfen. Für die Ghibellinen bedeutete es die unwiderrufliche Vernichtung, tödlicher als das bis dahin praktizierte Niederreißen von Mauern, die aber niemals den Besitzer gewechselt hatten. Die Rache ging in Barbarei über.

Die Uberti, wohl die älteste und angesehenste Familie unter den Kaisertreuen, begruben ihre Toten seit alters in San Piero Scheraggio, der traditionsreichen Kirche nahe ihren Stadtpalästen und Wohntürmen an der Piazza della Signoria. 1267 brechen Plünderer die Familiengruft der Uberti auf und werfen das, was sich von den Toten erhalten hatte, in den Arno. 1270 werden zwei Söhne des Farinata degli Uberti, Haupt der Ghibellinen seit Jahrzehnten und im Exil lebend, hingerichtet. Ist der Aufbruch in eine zivile Gesellschaft schon gescheitert? Oder werden jene Kräfte sich durchsetzen, die auf Vernunft und Augenmaß setzen, weil ohne diese Tugenden weder Frieden noch Wohlstand zu haben ist?

Die Kaufleute
oder Profit im Namen Gottes

Die Widersprüche sind unübersehbar: Rohe Gewalt, menschenverachtende Vergeltung prägen das Klima in der Stadt, als säße man noch immer umzingelt auf einer Burg in der Toskana und könne nur durch Kampf um jeden Preis überleben. Es ist, als hätte die Enge städtischer Zivilisation nicht den Sinn für Kompromisse geschärft, sondern die Ängste verdichtet und die Eruption dumpfer Gefühle gefördert. Die gleichen Bürger, die auf ihrem Weg durch die Stadt innehalten und den Predigten der Bettelmönche auf den Plätzen zuhören, wo seit fast einem halben Jahrhundert Frieden gefordert wird, sinnen stets aufs neue auf blutige Vernichtung. Die Mächtigen und Einflußreichen, die den Daumen über die Verlierer senken, gehen fast täglich zu den Andachten ihrer Bruderschaft, wo sie Maria und alle Heiligen um Vergebung bitten und stets daran erinnert werden, der zerrissenen Stadt ein Beispiel an Harmonie und Einigkeit vorzuleben. Sie sind erfolgreiche Kaufleute, die nach der Messe des Morgens an ihren Tischen im Kontor sitzen und kühl und ohne Emotionen weltweite Transaktionen und Geschäfte planen und abwickeln. Nicht ohne Stolz hören sie überall in Europa, daß auf die Vernunft und Solidität der Florentiner Kaufleute Verlaß sei. Per ragione, mit Vernunft, so die Überzeugung der Bürger von Florenz in diesen turbulenten Jahrzehnten am Ende des 13. Jahrhunderts, läßt sich jedes Problem lösen.

Den Tüchtigen schien das Glück tatsächlich hold zu sein, hatten sie doch auf das richtige Pferd gesetzt. 1268 endet Konradin, der letzte Staufer, als Gefangener des Karl von Anjou mitten in Neapel auf dem Schafott. Die guelfischen Kommunen überall in der Toskana erhalten mächtigen Auftrieb. Und für Florenz ist endgültig die Bahn frei, sich an die Spitze zu setzen. Denn die beiden schärfsten Rivalen im Kampf um die politische und wirtschaftliche Führung, Siena und Pisa, bleiben der kaiserlichen Sache treu. Ohne viel Aufhebens verdrängen die Bankiers aus Florenz die Sienesen in den siebziger Jahren als päpstliche Geldgeber, muß Pisa den bis dahin erfolgreichen Handel mit Süditalien als Verlust abbuchen. Und es dauert nicht lange, bis die Herren aus dem traditionsreichen Florentiner Handelshaus der Acciaiuoli zu den Hauptberatern des französischen Königs in Italien zählen.

Den Bankiers folgen die Kaufleute. Der immer stärker werdende Seehandel zwischen Rom, Neapel, Marseille und Aigues-Mortes in der Rhône-Mündung geht nach und nach an florentinische Unternehmer über, die Bardi werden hier führend. In Neapel sind Florentiner Händler im Weizenexport engagiert, Wolle und Tuche werden aus der Provence eingeführt, bearbeitet und weit über den Mittelmeerraum hinaus verkauft. Alles geschieht im Schutz und mit dem ausdrücklichen Wohlwollen der französisch-päpstlichen Allianz, die mit Handelsprivilegien für ihre Geldgeber am Arno nicht geizt.

Langsam kehrt das Kapital nach Florenz zurück, das in den vergangenen Ghibellinen-Jahren stadtflüchtig geworden war. Mit den siebziger Jahren setzt endgültig der wirtschaftliche Aufschwung am Arno ein, Mieten und Grundstückspreise steigen. Es ist genug Geld da, um alte, krumme Gassen zu begradigen und zu erweitern, wie die Via Larga (heute Via Cavour), über die das Getreide aus dem Mugello in die städtischen Magazine transportiert wird. Neue piazze und piazzette entstehen, nicht zuletzt, damit die Bürger endlich aufhören, verwilderte Grundstücke als Müllhalden und Abortgruben zu benutzen. Für die kleinen Leute, die Tagelöhner und ungelernten Arbeiter, die Gesellen und Handwerker der mittleren und kleineren Zünfte, für die Menschen, die unaufhörlich vom Umland in die Stadt ziehen, bedeutet die expandierende Konjunktur mehr Arbeitsmöglichkeiten und mehr Aufträge. Ihr Alltag bleibt gleich. Sie fürchten immer noch die brutale Gewalt der einflußreichen Familien in ihrem Stadtviertel. Sie freuen sich an den eindrucksvollen Versöhnungsfeiern und haben keine Ahnung, daß hinter den Kulissen längst wieder neue Machtkämpfe ausgebrochen sind.

Der blutige innerstädtische Zwist zwischen den Parteiungen läßt fast vergessen, mit welcher Geschmeidigkeit sich die wirtschaftliche Elite am Arno, die Pazzi und Bardi, die Mozzi, die Cerchi und die Tornaquinci den jeweiligen Verhältnissen anpassen und stets mit Gewinn aus den Kämpfen hervorgehen. Das Chaos steigert ihre Chancen am Markt eher noch, weil sie es fertigbringen, sich am Ende auf der Seite der Sieger wiederzufinden. Unter dem Etikett der Guelfenpartei paktierten sie in den fünfziger Jahren erfolgreich mit der Regierung des Primo Popolo, überstanden das Intermezzo der Kaiserlichen und machen nun ihre Geschäfte mit dem Papst, der ähnlich skrupellos ist. Den Stellvertreter Christi stört es nicht, daß die Heimatstadt seiner Geldgeber über Jahre mit dem Kirchenbann belegt war. Die Florentiner Unternehmer andererseits fühlen sich trotz aller Turbulenzen mit dem Heiligen Vater immer als treue Söhne der römischen Kirche und setzen bei ihren Geschäften den lieben Gott stets als festen Posten in der Rechnung ein.

«Im Namen unseres Herrn Jesus Christus und der Heiligen Jungfrau Maria seiner Mutter und aller Heiligen des Paradieses, durch ihre heilige Gnade und Barmherzigkeit sei uns Gesundheit und Gewinn gegeben, sowohl auf dem Lande wie zur See, und dank dem seelischen und körperlichen Heil mögen sich unsere Reichtümer und unsere Kinder vermehren. Amen.» Mit diesem frommen Wunsch begann der Kaufmann in Florenz die Eintragungen in sein Handelsbuch, bevor er sich mit seinen Wechseln beschäftigte oder seine Gewinnspannen und Aufträge niederlegte. Oft verschlüsselt, stets voller Mißtrauen gegenüber unerwünschten Lesern. Wer nicht zur Familie zählte, der zählte schon gar nicht. Aber selbst den Angehörigen war kein Blick in die Geschäftsbücher gestattet. Abstand halten, nur auf den eigenen Profit bedacht und immer auf der Hut sein, so trat der Florentiner seinen Mitmenschen gegenüber, denn realistisch wie er war, ging er von seinem eigenen, pessimistischen Menschenbild aus.

Wurde eine Handelsgesellschaft gegründet, profitierte davon nicht nur der Notar, der die Urkunden ausstellte, sondern auch der liebe Gott, der für die Anrufung als Zeuge ordentliches Zeugengeld bekam. Das wurde als denario di Dio, als Gottespfennig, an die Armen weitergegeben. Der Notar hielt auch fest, daß Messer Domeneddio, der Herr Gott, stiller Teilhaber der Gesellschaft wurde, als Sozius ein laufendes Konto erhielt und bei Bankrott der Firma als erster ausgezahlt werden mußte.

Im mittelalterlichen Kontor stand gleich neben dem Geldschrank eine Kiste, in die das Kleingeld für die Armen wanderte. Himmlische und irdische Angelegenheiten gehörten zusammen, allerdings hatte Messer Domeneddio im Zweifelsfall immer Vorrang. Auch die Calimala, jene mächtige Zunft der Unternehmer und Großhändler, sorgte sich in ihren Statuten erst einmal um das Seelenheil ihrer Mitglieder. Paragraph eins verlangte, dem katholischen Glauben treu zu sein und die Ketzer zu bekämpfen. Zweitens mußten alle religiösen Feiertage eingehalten werden, und an den allerhöchsten nahm die Zunft geschlossen teil. Die Calimala kam an solchen Tagen für die Beleuchtung im gesamten Innenraum von San Giovanni, dem Baptisterium, auf und bezahlte außerdem ständig das Öl für eine bestimmte Anzahl von Leuchtern in der uralten Taufkirche der Stadt. Daß man dreimal in der Woche gutes Weizenbrot an die Armen verteilte, wurde fast schon unter «ferner liefen» in den Statuten aufgezählt. Davon unberührt blieb der Rat eines anonymen Florentiners aus diesen Jahren: «Verkehre nicht mit den Armen, denn du hast nichts von ihnen zu erwarten.»

Mochten sie den Namen Gottes noch so oft im Munde und in den Büchern führen, den Zeitgenossen blieb nicht verborgen, worin die toskanischen Kaufleute – ob in Pisa, Siena, Lucca oder Florenz – den Sinn ihres Lebens, das Objekt ihrer Leidenschaft sahen. Der Poet Cecco Angiolieri, um 1260 in Siena geboren, schrieb ein Gedicht über den fiorino d'oro, den goldenen Florin aus Florenz, der seit 1252 die Nummer eins unter Europas Währungen war: «Sage was du willst, Florine sind die besten Verwandten: / Blutsbrüder und wahre Vettern, / Vater, Mutter, Söhne und sogar Töchter, / Verwandte, deren man sich nicht schämen muß… Franzosen und Italiener beugen sich vor ihnen, / ebenso Adlige, Ritter und Gelehrte…» Das war eine Provokation, fast eine blasphemische Verhöhnung gesellschaftlicher Zustände. Denn nichts Irdisches war den Zeitgenossen heiliger als die Familienbande. Das Fundament für Reichtum und die Macht der Geschlechter gründeten zu einem wesentlichen Teil auf dem bedingungslosen familiären Zusammenhalt.

Zwei Menschenalter zuvor hatte sich Bruder Franziskus zum Thema Geld geäußert. Der Sohn eines reichen Kaufmanns aus Assisi wußte, wovon er sprach. Bruder Leo, sein Gefährte, hat dieses Zeugnis überliefert: «Als wahrer Freund und Nachfolger Christi verachtete er vollkommen alle Dinge, die nach dem Weltgeist schmecken, und verwarf vor allem das Geld. Seine Brüder wies er durch Wort und Beispiel an, es wie den Teufel zu fliehen. Er hatte ihnen den Leitsatz gegeben, Geld und Mist solle für sie das gleiche sein... Täglich gab er neue Beispiele, die ihnen Anlaß und Ermunterung waren, das Geld ganz und gar zu verachten.» Als Bruder Leo seine Geschichten aufschrieb, war der Poverello schon tot und heiliggesprochen und um sein Vermächtnis ein Streit im Gang, der den Orden zu zerreißen drohte. Es ging um jene bedingungslose Armut, für die Leo so eindeutig Partei nahm, die der Mehrheit der Mönche jedoch eine unerträgliche Last schien. Und wo stand der Stellvertreter Gottes in jenem Streit zwischen Realität und Ideal? Eines Gottes, der gesagt hatte, ihr könnt nicht mir dienen und dem Mammon.

Die Theorie der römischen Kirche zu Geld- und Wirtschaftsfragen war kompromißlos und menschenfreundlich zugleich. Der erste Grundsatz lautete: Keine Art von Gewinn kann vor Gott bestehen – ob man die Zeit oder die Arbeitskraft der Menschen ausbeutet oder der Erde mehr nimmt, als ihr guttut. Als christliches Ideal galt die kleine autarke Gemeinschaft aus der Zeit der ersten Christen und des frühen Mittelalters, die sich selbst mit allem Nötigen versorgte. Doch am Ende des 12. Jahrhunderts begann die Praxis über solche Theorien hinwegzugehen, und sie tat es immer vehementer im Verlauf des 13. Jahrhunderts. Der Kaufmann wurde zum Leitbild der neuen Zeit: Dank seiner Tüchtigkeit verbreiteten sich exotische Gewürze und Lebensmittel, Konsum- und Luxusgüter in nie gekannter Menge und Qualität über

Europas Kontinent. Konnte eine Institution, die aus Menschen bestand, sich total dem Fortschritt widersetzen? Die Wünsche und Begehrlichkeiten der ihr Anvertrauten negieren? Die römische Kirche behielt es sich stets vor, dem Sünder gnädig zu sein, wenn ihre Machtposition davon nicht berührt wurde. Sie drückte oft ein Auge zu, und ihre geistlichen Diener besaßen die Fähigkeit, zwischen Theorie und Praxis intellektuelle Brücken zu schlagen. Der Lernprozeß begann damit, daß man Ausnahmen genehmigte. Und so wurde am Ende einer Entwicklung auf wunderbare Weise das ursprüngliche Übel zu einem erstrebenswerten Ziel. Nichts anderes geschah mit den kirchlichen Ansichten über Reichtum und Profit.

Zuerst machten die Theologen einen Unterschied zwischen dem schlechten und dem guten Kaufmann. Bald darauf lobte man den letzteren, weil seine Arbeit für das Gemeinwohl von höchstem Nutzen sei. Würde der Kaufmann nicht den Überfluß der einen Gegend dorthin expedieren, wo Mangel herrschte, müßten unschuldige Menschen Not leiden. Daß er für diese Arbeit bezahlt wurde, war nicht als Gewinnstreben zu verdammen, sondern der gerechte Lohn für seine Anstrengungen. Thomas von Aquin, der seit 1259 als Generalprediger der Dominikaner durch Italien reiste, zeigte Verständnis für seine geschäftstüchtigen Landsleute: «Wenn man den Handel in Hinblick auf die Gemeinnützigkeit treibt, wenn man verhindern will, daß lebensnotwendige Dinge fehlen, dann wird der Gewinn, anstatt als Zweck betrachtet zu werden, lediglich als eine Entlohnung der Arbeit beansprucht.» Und da dieser Handel über Meere und Berge, durch tiefe Wälder und reißende Flüsse, über aufgeweichte Straßen und Saumpfade unendliche Risiken barg, durfte der Kaufmann für dieses Risiko gerechterweise auch Zinsen berechnen.

Thomas von Aquin kam aus italienischem Adel, die meisten seiner Mitbrüder im Dominikanerorden und die Mönche bei den Franziskanern waren Bürgersöhne aus den besten, den Kaufmanns- und Bankiersfamilien. Das Armutsideal des Franziskus und des Dominikus faszinierte nicht jene, die sich Sorgen um das tägliche Brot machen mußten. Es trieb Männer und Frauen in die

Bettelorden, die alles im Überfluß besaßen und deshalb nach geistiger Nahrung hungerten.

In der Totenliste der Florentiner Dominikaner vom Ende des 13. Jahrhunderts tauchen erlauchte Namen der Stadtgeschichte auf. Aber mit den feinen Gewändern legten die Neuankömmlinge im Kloster Santa Maria Novella nicht ab, was ihnen von klein auf zur zweiten Natur geworden war: rationales Denken, das Wissen um kaufmännische Zusammenhänge und finanzielle Praktiken. Städtisches Leben, die Geschäfte im Kontor und auf dem Markt hatten für diese Bettelmönche nichts Teuflisches. Warum sollten ihre Eltern, ihre Verwandten keine guten Christen sein? Nichts lag näher, als ihnen die christliche Rechtfertigung für ihr Tun zu liefern und den führenden geistlichen Hirten außerhalb der Toskana klarzumachen, wie wichtig es war, die neue städtische Elite eng an die Kirche zu binden und nicht bloß als fromme, aber stumme Herde vor der Chorwand zu dulden, die das Volk von Priester und Altar fernhielt.

Kein Wunder, daß sich die von der Kirche vernachlässigten und als unmündig behandelten Bürger bei den neuen Orden gut aufgehoben fühlten. Die Bettelmönche, angetreten, den Götzen Mammon zu stürzen, stützten in Wahrheit die wohlhabende, politisch aufstrebende bürgerliche Schicht. Sie sahen offensichtlich auch keinen Widerspruch darin, daß sie als Inquisitoren der römischen Kirche nicht nur die Ketzer zu jagen, sondern auch die Wucherer zu strafen hatten. Im Jahre 1293 saß ein Mitglied der schwerreichen Bardi-Familie, seit Generationen in Geld- und Warengeschäften quer über den Kontinent tätig, als Oberinquisitor für die Toskana im Franziskanerkloster Santa Croce. Der Florentiner Mönch war seinen verwandten und verschwägerten weltlichen Standesgenossen ein gnädiger Richter.

Die einen gingen barfuß, trugen grobes Tuch und geschorenes Haar, die andern liebten feine, kostbar eingefärbte Stoffe und ritten auf edlen Pferden durch die Stadt. Die einen predigten Versöhnung, die andern führten Krieg. Beide schienen prädestiniert, die Antagonisten dieses Jahrhunderts zu sein, Vertreter und Kämpfer für zwei höchst unterschiedliche Welten. Tatsächlich stärkten sich

Bettelmönche und Bürger gegenseitig, gab es unzählige Querverbindungen zwischen Kanzel und Kontor. Es waren die Mönche der neuen Orden, die dem Ideal der Armut anhingen und zugleich Papst und Bischöfen die Argumente lieferten, sich Handel und Wandel nicht entgegenzustellen. Die Mönche haben entscheidend daran mitgewirkt, daß die römische Kirche sich ohne viel Aufhebens und in kurzer Zeit von ihren feudalen Bundesgenossen in der Toskana abwandte und sich auf die Seite der neuen Herren schlug, die von bürgerlicher, städtischer Abkunft waren. Bürger, die nicht von der Arbeit anderer lebten, sondern einen Beruf hatten: Handel zu treiben, Geschäfte zu machen, Kapital anzuhäufen, es wieder anzulegen oder in den Dienst der Kirche zu stellen. Und nie vergaßen sie dabei, für sich selber Gewinn zu machen.

BÜRGERKRIEG
ODER DIE MACHT DES ADELS WIRD GEBROCHEN

Auch die Kirche profitierte davon, die Seelen an so langer Leine zu führen – und ihre Schäfchen für die gewährte Großzügigkeit um so stärker zur Kasse zu bitten. Als in den sechziger Jahren der Bau von Śantissima Annunziata hochgezogen wurde, verdienten die Servitenmönche als erste in der Stadt an der Incerta, einer neuen römischen Sündensteuer. Schon bisher bekam der ehrenwerte Kaufmann nur ein kirchliches Begräbnis, wenn er auf dem Totenbett konkret bereute, und den geprellten Konkurrenten und ausgenutzten Schuldnern Bares zurückzahlte. Die Kirche trat dabei als Vermittler auf. Nun aber wurde dem reuigen Sünder zur Auflage gemacht, außerdem noch eine Summe zu nennen für geschäftliche Verfehlungen, deren konkreter Hintergrund ungewiß, incerta, war und nicht mehr aufzuklären. Dieses «Ungewisse» fiel der Mutter Kirche zu, die einen Teil des Geldes mit Vorliebe für Bauten zur Verfügung stellte. Mochte ein Geschäftsmann zu Lebzeiten Hospitäler und Grundstücke für Kirchen gestiftet, unzählige Almosen gespendet haben – wer wollte es im Angesicht des Todes riskieren, vielleicht doch irgendwelche dunklen Machenschaften vergessen zu haben und dafür auf ewig im Höllenfeuer zu leiden? Wer wollte, wenn die ewige Seligkeit auf dem Spiel stand, nicht auf Nummer Sicher gehen?

Der Mensch des frühen Mittelalters war weder undifferenziert noch primitiv. Er lebte intensiv mit allen seinen Sinnen und lernte früh, sich ihrer zu bedienen. Und er konnte sich auf sie bis an sein Lebensende verlassen. Die Welt war voller Bilder. Es galt, sie wahrzunehmen und zu entschlüsseln. Die Zeichen und die Gesten, die Fahnen und die Farben waren nicht schöner Schein, sondern anschauliche Wirklichkeiten. Man konnte seinen Augen trauen. Eine Generation gab vertrauensvoll ihr Wissen über diese

Dinge an die nächste weiter. Die Kinder lernten von ihren Eltern. Nun, wo das Mittelalter in die Jahre kam, mußte eine neue Generation erleben, daß Äußeres und Inneres längst nicht mehr übereinstimmten. Es gab Fassaden, die die Wirklichkeit nicht spiegelten, sondern verstellten. Risse taten sich auf und Umbrüche. Aber trotz solcher ernüchternder Erfahrungen blieb die Lust am bunten Spektakel, der Sinn für Bilder ungebrochen.

Wer die siebziger Jahre des 13. Jahrhunderts in Florenz wachen Auges erlebte, stellte fest, wie sich die Bilder ähnelten und wie trügerisch doch war, was sie dem nachdenklichen Betrachter versprachen. Zweimal versuchte der römische Papst die Vormachtstellung des Hauses Anjou, das er einst selbst nach Italien gerufen und mit aller Macht gefördert hatte, zu brechen. Die Ghibellinen, die Kaisertreuen, sollten wieder gelitten sein in Florenz und Anteil haben an den Geschicken der Stadt, um den Einfluß der Guelfen, die fest mit Karl von Anjou verbündet waren, zurückzudämmen.

Auf dem Weg zu einem Konzil in Lyon nahm Papst Gregor X. im Juli 1273 in der Stadt am Arno Quartier, am südlichen Ufer im Palast der Mozzi, die zu seinen wichtigen Florentiner Geldgebern gehörten. Doch Karl überließ ihm das Feld nicht. Er war ebenfalls zur Stelle und wohnte bei den Frescobaldi, die vor allem seine Kasse füllten. Die Vorgespräche zwischen den seit Generationen verfeindeten innerstädtischen Parteien hatten längst stattgefunden, als am Ponte a Rubaconte Guelfen und Ghibellinen wieder einmal den Friedenskuß tauschten. Die Einzelheiten können wir uns sparen. Vier Tage später verließ der Papst die stickige Stadt, um sich in der guten Luft des Mugello zu erholen. Nicht viel länger hielten die Schwüre, von Versöhnung war keine Rede mehr. Gregor X. fühlte sich betrogen und strafte Florenz und seine Bürger mit dem Interdikt, bevor er weiter in Richtung Frankreich zog.

Die Florentiner kannten das längst und gingen weiter ihren Geschäften nach. Um so erstaunter waren sie, als im Dezember 1275 bei strömendem Regen eine Reisegesellschaft von Norden durch das Stadttor drängte und es sehr eilig hatte, quer durch die Stadt und über den Fluß zu kommen und zum südlichen Tor wieder hinauszureiten. Es war Gregor X. auf dem Rückweg vom Lyoner Konzil. Der Regen hatte seinen Plan durchkreuzt, die gebannte Stadt mit ihren Brücken zu meiden und statt dessen eine Furt durch den Arno zu benutzen. Doch nun wurde dank unfreiwilliger päpstlicher Präsenz das Interdikt für wenige Stunden aufgehoben. Und wer im Gedränge der engen Gassen zwischen Gepäckträgern, Bischöfen und Kaplänen auf die Knie fiel, erhielt – wenn auch widerwillig – den Segen des Heiligen Vaters. Kaum der Gewalt der Stadt entronnen, aber ihr Panorama fest im Blick, erneuerte der Führer der Christenheit mit ausgestreckten Armen den Bann, bevor die Karawane hastig weiterzog. Soviel geistliche Konsequenz hatte ihn allerdings nicht daran gehindert, in den zurückliegenden Jahren den Zehnten für einen neuen Kreuzzug vor allem von Florentiner Geschäftsleuten, den Mozzi, den Pulci und den Rimbertini, eintreiben zu lassen.

Nikolaus III., ein Römer aus dem mächtigen Geschlecht der Orsini, war aus anderem Holz geschnitzt. Ende 1277 gewählt, interessierte ihn nicht so sehr der geplante Kreuzzug, sondern die Macht des päpstlichen Stuhls und die Möglichkeit, Karl von Anjou zu zeigen, wer der eigentliche Herr südlich der Alpen war. Wieder wurde Florenz zum Prüfstein, und auch dieser Heilige Vater befolgte getreulich die Strategie seiner Vorgänger.

Im Oktober 1279 hielt Kardinal Latino de' Frangipani prächtig Einzug in Florenz. Er war ein Neffe des Papstes, Dominikanermönch, gelehrt, beredt, von untadeligem Charakter, ein Kenner der Musik und der Literatur. Er nahm im Palast der Mozzi Quartier und verhandelte dort ein halbes Jahr mit verschiedenen Abordnungen der Kommune. Im Februar 1280 endlich sahen die Bürger von Florenz erneut, wie sich Guelfen und Ghibellinen umarmten, wurde die Versöhnung zwischen den verfeindeten Familien öffentlich beschworen. Der Kardinal hatte außerdem eine neue städtische Verfassung zuwege gebracht, in deren Rat der vierzehn «guten Männer» auch Ghibellinen saßen. Aber nicht nur, weil deren einflußreichste Anhänger weiterhin im Exil lebten, konnten sie nicht wieder Wurzeln schlagen. Die Verwaltung der Stadt, ihre Zünfte, ihre Kaufleute und Bankiers, ihre Ärzte und

Notare, die Richter und Mönche waren mit den Jahren guelfisch in der Wolle gefärbt, überzeugt, mit dieser Politik ihre eigenen und die Interessen eines unabhängigen Florenz am besten zu vertreten. Es gab Verbindungen, die durch kein Papier und keinen Friedenskuß gelöscht werden, unsichtbare Machtströme, die kein Papst unterbinden konnte. So hatten die Mönche von Ognissanti die Aufsicht über die städtische Kasse, dem Kloster von Santissima Annunziata war das Archiv der Guelfenpartei in Obhut gegeben. Die Parte Guelfa fand nichts dabei, den Mozzi, Frescobaldi, Bardi, Acciaiuoli und anderen wichtigen Unternehmern und Bankiers Geld zu einem Zinssatz von fünf Prozent zu leihen, wohl wissend, daß die mächtigen Sozietäten mit diesem Einsatz bei ausländischen Schuldnern zu einem Zinssatz von 25 Prozent gute Gewinne machten. Es waren ja auch die gleichen Familien, die seit Generationen die wichtigsten Ämter innerhalb der Partei besetzten.

Alles, was wir über die Männer wissen, die in dieser Zeit die Geschicke von Florenz leiteten, kennen wir aus zweiter Hand. Falls sie je Notizen gemacht haben über ihre Philosophie vom Leben, über ihre Gefühle, über Freunde und Feinde – es ist nichts geblieben. Zu den Zeugen dieser Zeit, die als Person fremd bleiben, aber indirekt über das Zeugnis anderer und durch ihr Werk Aufschluß geben, gehört der Notar Ser Brunetto Latini. In den fünfziger Jahren während des Primo Popolo hatte er als überzeugter Anhänger der freien Republik Florenz den regierenden Ältesten als Notar gedient. Als die Florentiner bei Montaperti für die guelfische Sache eine Schlacht verloren, war Latini gerade auf der Rückreise von einer politischen Mission in Spanien. Er blieb in Frankreich im Exil, aber nicht als ein Fremder. Der gebürtige Florentiner nahm die provenzalische Kultur tief in sich auf, sie wurde ihm zur zweiten Heimat.

Als Brunetto Latini mit vielen anderen Guelfen 1266, nach dem Intermezzo der Kaiserlichen, nach Florenz zurückkehrte, war er in den gebildeten Kreisen der Bürger, Priester und Mönche kein Unbekannter mehr. Zwei Bücher hatte er in Frankreich geschrieben: auf französisch «Li livres dou Tresor», eine Art Enzyklopädie über Naturwissenschaften, Geschichte, Moral, Rhetorik und Politik, die erste ihrer Art, die ein Laie für Laien schrieb. «Il Tesoretto» hieß Latinis zweites Werk im Exil, das er auf italienisch schrieb. Es war eine komprimierte Zusammenfassung des «Tresor», diesmal didaktisch in Verse und in eine poetische Geschichte verpackt, für Leser, die weniger Bildung und weniger Zeit hatten – zum Beispiel die Kaufleute.

Die Florentiner nutzten die Gelegenheit und zeigten zum erstenmal, daß sie nicht nur Pfeffersäcke waren, denen materieller Gewinn alles bedeutete. Auch ohne eigene Universität und ohne höfischen Glanz in ihren Mauern konnten sie aus provinzieller Enge ausbrechen. Sie machten Ser Brunetto Latini im Jahre 1273 zum ersten Kanzler der Stadtrepublik. Zwar besaß dieses Amt kein großes politisches Gewicht, aber es war eine gar nicht so alltägliche Mischung, für die diplomatische Fähigkeiten und kulturelle Kenntnisse erwünscht waren. Natürlich traf es sich gut, daß Latini in dieser Zeit des festen Bündnisses mit Karl von Anjou beiden Seiten als Freund französischer Kultur bekannt war. Der König hatte drei Vertreter, hohe Adlige aus Frankreich, die in seiner Abwesenheit die Toskana regierten und in Florenz residierten. Einer von ihnen aus der engsten Umgebung des Königs, Jean Britaud de Nangis, machte Brunetto Latini zu seinem Notar. Da der gelehrte Schriftsteller keiner der alten, einflußreichen Florentiner Familien entstammte, dürfen wir diese Ernennung als ein Zeichen persönlicher Wertschätzung deuten.

Latini schrieb für seinesgleichen. Daß gerade er, dem als Notar das Latein nicht fremd war, auf das Französische setzte und auf eine einheitliche italienische Umgangssprache, volgare, die sich in diesen Jahrzehnten in der Toskana bildete und durchsetzte, ist ein weiterer Beweis für die mündig werdenden Bürger. Die kleine Schicht der Reichen und Gebildeten wollte nicht abhängig sein von den Männern der Kirche, mochte die Institution auch ein Teil ihres Lebens sein. Ein Florentiner Unternehmer, Bankier und Geschäftsmann dieser Jahre konnte lesen und schreiben. Nach der Arbeit und in seinen Mußestunden las er gerne im «Tesoro» – der italienischen Übersetzung des «Tresor» – oder im «Tesoretto».

Der Autor erwies sich als ein treuer Sohn der Kirche, der seine
Leser aufforderte, sich um das ewige Heil ihrer Seele zu sorgen
und Buße zu tun. Latini stürzte seine Leser in keine Konflikte,
wenn er außer den Kirchenvätern auch Cicero oder Aristoteles
zitierte, für das klassische Altertum und besonders die Stoa
schwärmte. Hatte doch der gelehrte Dominikaner Thomas von
Aquin, der 1274 gestorben war, versucht, mit Hilfe der heidnischen Philosophen Plato und Aristoteles eine umfassende
«Summe der Theologie» aufzubauen. Wie der Theologe setzte der
Dichter und Notar Latini auf den Geist und verachtete das Geld,
das die neuen Reichen anhäuften.

Der erste Kanzler von Florenz war kein origineller Denker.
Aber in einer Zeit, in der das Christentum den Absolutheitsan-
spruch stellte und die Bürger erst langsam ihre eigene Sprache fanden, war es nicht wenig, Fenster aufzustoßen, durch die man in
andere Zeiten blicken konnte. Wer die Bücher des Brunetto Latini
las, bekam Stoff zum Denken – eine Voraussetzung, sich aus traditionellen Abhängigkeiten zu befreien. Und er wurde auch auf die
Fährte gesetzt, wohin solches Nachdenken führen könnte. Die
wahre Form menschlicher Gemeinschaft war für Latini eine Stadtrepublik, wie sie sich in der Toskana entwickelt hatte. Dort sollten
die Menschen vom Podestà gerecht regiert werden – jeder nach
seinem Stand. Von Diskussionen, gar öffentlichen, hielt Latini
nichts, den Leidenschaften des Volkes mißtraute er. Allerdings
sollte der Podestà nicht selbstherrlich regieren, sondern sich auf
den Rat von Experten stützen und sich nicht in die Querelen und
Streitigkeiten der Parteiungen hineinziehen lassen. «Haltet euch
unter allen Umständen an das Gesetz», ruft der Dichter den Herrschenden zu. Das war keine leere Warnung, sondern die Erfahrung aus gesetzlosen Zeiten, in denen das Faustrecht in Florenz
regierte und die Willkür viele zu Heimatlosen machte.

Es war Lehre der römischen Kirche, daß letztlich alle Gewalt,
auch die irdische, von Gott kommt. Erbittert hatten die Päpste für
diese Doktrin gekämpft. Brunetto Latini äußerte sich nicht zu diesem Monopolanspruch. Er schrieb allerdings, daß jeder Bürger
bereit sein müsse, für seine Kommune zu sterben – ohne Fragen zu

stellen. Wie vertrug sich das mit einer höheren Macht? Erhob eine solche Forderung die Republik freier Bürger nicht zu einem Wert an sich, unabhängig von göttlicher Sinnstiftung? Hatte bei dieser Vorstellung von der Welt nicht die Kirche ihren Herrschaftsanspruch über die irdischen Dinge verloren? Der angesehene Ser Brunetto Latini hat solche Fragen nicht gestellt. Die Gedanken seiner Leser kennen wir nicht. Aber ein weiterer Baustein ist gelegt für die wachsende Überzeugung, daß der Bürger – und er war in diesen Zeiten immer ein überzeugter Christ – sein Glück schon auf dieser Erde und in eigener Verantwortung suchen könne. Ein derartiges neues Lebensgefühl hatte der Florentiner Kanzler in der Zeit des Exils lebensnah an den feinsinnigen und sehr weltlichen Höfen der Ritter, Troubadore und edlen Frauen in der Provence erlebt. Er hat es nicht vergessen und nicht verleugnet. Im Jahre 1294 ist Brunetto Latini in Florenz gestorben.

Im März 1282 hatten die Sizilianer in Palermo den Soldaten und Regierungsvertretern des Hauses Valois eine blutige Vesper bereitet. Ein jahrzehntelanger Kampf um die Herrschaft auf der Insel beginnt. Sofort gerät Bewegung in die politischen Koalitionen auf dem Festland. Die Ghibellinen wittern eine Chance. Die Herrschaft der Guelfen in Florenz und deren feste Bindung an den französischen Herrscher bleiben unbestritten. Doch die einflußreiche Calimala, die Zunft der Unternehmer, nutzt die Gelegenheit, nicht nur die französischen Beamten und Soldaten aus Florenz zu weisen, sondern der Stadt eine neue Ordnung zu geben: die Herrschaft der Zünfte durch ihre Vorsteher, die Prioren. Auf dem Papier wird diese Verfassung in den wesentlichen Punkten für 250 Jahre Bestand haben.

Das neue Machtzentrum ist von nun an die Signoria: acht Prioren, die stets von den Zünften gestellt werden (in ihrer Mehrheit von den gewichtigen arti maggiori, den «größeren Zünften»), und ein Gonfaloniere – Bannerträger – der Justiz. Ihre Regierungszeit beträgt zwei Monate, und die Amtsinhaber sind erst nach drei Jahren wieder wählbar. Dazu kommen 16 Gonfaloniere der 16 Nachbarschaftkompagnien der Stadt – Regierungszeit vier Monate. Und 12 Buonomini, ehrenwerte Bürger, die auf drei Monate Regierungszeit gewählt sind. Alle Entschlüsse werden mit Zweidrittelmehrheit gefällt. Es gibt Kommissionen für das Gefängniswesen, für die Steuern, die Armee, die Verteilung der Weizenvorräte. Alle arbeiten in diesen Ämtern dort als Freizeitpolitiker. Die extrem kurzen Regierungszeiten, das deshalb ständig rotierende Ämterkarussell, sind ein Kontrollinstrument der regierenden Elite über ihresgleichen. Denn so wird es einem einzelnen aus ihren Reihen, einer einzelnen Familie samt Anhang sehr schwer gemacht, sich zum Alleinherrscher der Stadt aufzuschwingen. Für Bürokratie und Verwaltung hingegen sorgen festangestellte Notare und Beamte.

Die reiche und einflußreiche Familie der Bardi stellt für die Calimala den ersten Prior in diesem neuen Priorat der Zünfte, der zweifelsfrei sichtbar macht, wer Florenz regiert und welche Interessen und Werte die Politik dieser Stadt antreiben und bestimmen. Es sind die Bankiers und Kaufleute, die Tuchunternehmer großen Stils, die den Strom der Rohstoffe als Grundlage aller Produktion lenken und die fertigen Produkte international absetzen. Die Handwerker, die mit ihrer Qualitätsarbeit ein Fundament des städtischen Reichtums legen, sind durch die fünf «mittleren Zünfte» am Priorat beteiligt, ohne Aussicht, je die Mehrheit zu stellen. Die Mehrheit der Handwerker, in den arti minori, den neun «kleineren Zünften» erfaßt, sind politisch bedeutungslos. Und die Arbeiter, vor allem der Wollindustrie, ohne die Florenz nie zu Ruhm und Reichtum gekommen wäre, besitzen nicht einmal das Recht, sich zu einer Zunft zusammenzuschließen.

Noch ist das alte Übel der Geschlechterkämpfe in der Stadt nicht wirklich beseitigt. Neue Zwietracht breitet sich zu Beginn des achten Jahrzehnts zwischen den Donati und den Cerchi aus; jene aus altem Adel, diese aus der Schicht der Neureichen, die durch kluge Geschäfte in kurzer Zeit zu Wohlstand gekommen sind. Aber Patrioten sind sie allemal und nach dem Sieg über das verhaßte Siena, der zugleich Rache für Montaperti ist – 1269 bei Colle Val d'Elsa –, entschlossen, sich endlich und endgültig als die Herren der Toskana zu zeigen. Am 11. Juni 1289 geht es gegen Arezzo, immer noch Zufluchtsort und Partner gebannter und geflüchteter Ghibellinen. Bei Campaldino, in der Ebene des Arno zwischen Poppi und Bibbiena, stehen sich an diesem heißen Samstag rund 12 000 Mann der Guelfenliga und 9000 Krieger aus dem Lager der Ghibellinen gegenüber. Hochmütig läßt Guglielmo degli Ubertini, Erzbischof von Arezzo, dem Kapitän der Guelfen seinen Fehdehandschuh überbringen. Als der Tag mit einem gewaltigen Regensturm endet, bedecken rund 1700 Männer der erzbischöflichen Armee als Tote das Schlachtfeld, rund 2000 Gefangene werden nach Florenz geführt. Die meisten von ihnen sterben dort an ihren Wunden, dem Frondienst und der erbärmlichen Versorgung.

Als die siegreiche Florentiner Kavallerie am 24. Juni 1289 in die Stadt einzieht, kommt ihr der Klerus in langer Prozession entgegen, und die Bürger, nach Zünften aufmarschiert, schwingen ihre Fahnen. Sankt Barnabas, der Heilige des 11. Juni, wird Stadtpatron, der Schild des Erzbischofs von Arezzo im Baptisterium als Trophäe aufgehängt, und die Feste finden kein Ende. Die Straßen sind Schauplatz für Pferderennen und Tänze, Tafelfreuden und weitere Prozessionen. Die Menschen genießen eine neue Kultur des Feierns, die nicht nur den oberen Schichten vorbehalten ist. Seit Beginn der achtziger Jahre hat sie, vor allem beim jährlichen Calendomaggio, den frühlingshaften Maifeiern, handfesten und volkstümlichen Ausdruck gefunden. In den Nachbarschaften haben sich jugendliche Brigaden zusammengefunden, die Vergnügungen organisieren und selber, in einheitlicher Kleidung, ihre besten Gäste sind. Allerdings trügt manchmal der festliche Schein. Dann nutzt ein großzügiger Geldgeber im Hintergrund die Brigaden zu parteilichen Zwecken, schüren diese Trupps mit brutalen Methoden die alten Streitigkeiten.

Im Siegesrausch von Campaldino kurzfristig verdrängt ist die tiefe Kluft zwischen dem popolo grasso, dem «fetten Volk» der bürgerlichen Oberschicht, und dem popolo minuto, dem «kleinen Volk» der Handwerker, von den untersten Schichten der Arbeiter und Bediensteten ganz zu schweigen. Vergessen ist über der Festtagsfreude der Streit der Mächtigen untereinander, denn in Campaldino haben die Donati und Cerchi zusammen für die Republik Florenz gekämpft. Und auch Giano della Bella aus einem der ältesten Adelsgeschlechter der Stadt focht an ihrer Seite – bald werden sie alle Todfeinde sein. Der gemeinsame Sieg ist kein Schlußpunkt für den alten Hader und kein Neubeginn für den Frieden in der Stadt. Die neunziger Jahre beginnen mit Kämpfen innerhalb der Mauern, die ärger und zerstörerischer sind als je zuvor. Es kommt zu blutigen Auseinandersetzungen zwischen den Bardi und den Mozzi, den Cavalcanti und den Buondelmonti, den Rossi und den Tornaquinci, den Adimari und den Tosinghi. Und es bekämpfen sich die Donati und die Frescobaldi sogar innerhalb ihrer eigenen Familienverbände. Da geschieht Unerhörtes: Als im Dezember 1292 Giano della Bella Prior wird – durch seine Familie Teilhaber der Pazzi-Bank und Mitglied der einflußreichen Calimala –, stellt er sich gegen seine Standesgenossen und macht sich zum Partner des mittleren und kleinen Bürgertums. Auf della Bellas Betreiben arbeiten drei Juristen innerhalb von einer Woche umstürzende neue Verfügungen mit Gesetzeskraft aus. Sie werden in den städtischen Gremien mit Mehrheit verabschiedet und sind ab 15. Januar 1293 rechtskräftig. Es sind die Ordinamenti di giustizia, Ordnungen der Gerechtigkeit, mit denen die Macht der Magnaten, der alten adligen Familien in der Stadt, gebrochen werden und der einfache Bürger endlich vor diesen Gewalttätern und Zerstörern des inneren Friedens sicher sein soll.

Gesetz war nun, daß die männlichen Mitglieder von 73 adligen Familien in der Stadt und von 74 im Umland nie mehr ein politisches Amt ausüben durften. Mit drakonischen Strafen wurde jeder Adlige belegt, der einen Bürger beleidigte oder Streit anzettelte; der Gonfaloniere der Justiz hatte für die Vollstreckung der Urteile zu sorgen, bis hin zum Todesurteil. Gleich der erste Fall im Februar wurde penibel geahndet. Die städtischen Trompeter bliesen, die tausendköpfige Truppe der Nachbarschaftsverbände trat zusammen, und mit einem Handwerkeraufgebot marschierte der Zug zur Por Santa Maria, wo die Häuser der verurteilten Familie Galli fachmännisch dem Erdboden gleichgemacht wurden. Das Volk sah zu. Hatte es gewonnen?

Hinter den dicken Mauern ihrer Stadthäuser stritten sich die

Gemaßregelten: Sollte man sogleich losschlagen gegen das aufmüpfige Volk, wie Corso Donati forderte? Oder sollte man einen Kompromiß anstreben, da die Zeiten sich nun einmal geändert hatten, wie Vieri de' Cerchi meinte? Die Uneinigkeit lähmte die Entmachteten. Doch nur zwei Jahre später mußte Giano della Bella vor Tumulten der eigenen Anhänger aus der Stadt flüchten. Die kurze Herrschaft der mittleren Zünfte war zerbrochen, und die einflußreichen Magnaten gewannen eine Mehrheit, um die Ordinamenti in ihrem Sinn zu revidieren: In Zukunft durfte jeder Magnat, der Zunftmitglied war – egal ob aktiv oder passiv –, ein politisches Amt ausüben; und die Strafen für Adlige, die gegen die Gesetze verstießen, wurden wesentlich gemildert. Die Mächtigen wagten es allerdings nicht, die revolutionären Verfügungen von 1293 ganz aus der Welt zu schaffen; zu sehr symbolisierten sie die Hoffnung auf eine gerechte Ordnung, ohne die ein Gemeinwesen auf Dauer nicht lebensfähig ist. Auch wenn das Experiment scheiterte – für einen kurzen Augenblick in der Geschichte von Florenz hat die Möglichkeit einer alternativen Kommune erstmals Gestalt angenommen.

In diesen historischen Kontext gehört auch ein Gesetz vom 6. August 1289, mit dem ebenfalls der Einfluß der adligen Familien gestutzt werden sollte: Die Republik Florenz hob die Leibeigenschaft auf. Wurde nach diesem Datum ein Stück Land verkauft, kamen die darauf lebenden Menschen frei, und Abhängige konnten sich gegen den Willen ihrer adligen Besitzer freikaufen. Dem Gesetz vorangestellt war eine Präambel, die in Europas Geschichte keine Vorläufer hat: «Da die Freiheit, aus der der Wille entstammt, nicht von fremdem Ermessen abhängen kann, sondern auf Selbstbestimmung beruhen muß, da die persönliche Freiheit aus dem Naturrecht stammt, demselben, das auch die Völker vor Bedrückung schützt, ihre Rechte hütet und erhöht, so sind wir willens, sie zu erhalten und zu mehren.» Juristen haben diesen Text aufgesetzt, und die herrschende bürgerliche Elite von Florenz hat dem vor sechshundert Jahren zugestimmt. Die Lebensumstände und Glaubensgewißheiten mögen dem Zeitgenossen am Ende des zweiten Jahrtausends fremd sein. Doch die Worte, die damals in einem völlig anderen Zusammenhang entstanden, schlagen Brücken über die Zeiten.

Corso Donati ging seinen Weg, als stünde die Zeit der ritterlichen Haudegen noch in voller Blüte. Seine Persönlichkeit beherrschte die Stadt. Wenn er im glänzenden Harnisch, darüber ein Umhang aus kostbarem Tuch, durch die Straßen ritt, rief das von den Magnaten verachtete Volk: «Viva il barone!» Und nicht nur das Volk bewunderte ihn. Taddeo Alderotti, Medizinprofessor in Bologna und der berühmteste seiner Zunft im 13. Jahrhundert, hatte eine junge Frau aus einer angesehenen Florentiner Familie geheiratet. Nichts Ungewöhnliches, denn die Kontakte zwischen den intellektuellen Zirkeln an der Universität und Florenz waren eng. Kaum ein Jurist oder Arzt in der Stadt, der nicht in Bologna studiert hätte. Alderotti, der 1295 starb und dessen gelehrigster Schüler der Florentiner Arzt Dino del Garbo wurde, widmete seine aufsehenerregende Abhandlung über Hygiene dem Corso Donati.

Der gab nicht auf, die Stadt unter seinen Willen zu zwingen. Immer tiefer wurde der Graben zwischen den verfeindeten Familien, die sich zum Lager der Donati oder der Cerchi bekannten. Nach dem Vorbild wüster Geschlechterkämpfe in Pistoia etikettierte man sie die Schwarzen – neri – und die Weißen – bianchi. Vier junge Cerchi wurden 1298 von den Pazzi gefangengenommen und starben offensichtlich an Gift. Als Corso Donati nach einem Mord den Podestà bestach, war das Maß voll. Als Gebannter mußte er Florenz verlassen. Seine Anhänger – die Schwarzen – hatten nichts mehr zu melden; die Partei der Cerchi – die Weißen – regierte nun allein die Stadt.

Zu den Prioren, die Mitte Juni 1300 für zwei Monate gewählt wurden – und allesamt mit den Weißen sympathisierten –, gehörte Dante Alighieri. Der Dichter war seinen Mitbürgern wohl bekannt als Autor einer «Vita Nuova», in der er seiner angebeteten Beatrice im «neuen süßen Stil», dem dolce stil nuovo, in italienischer Sprache ein unvergängliches literarisches Denkmal setzte. Der Fünfunddreißigjährige war in die Ärzte- und Apothekerzunft eingetreten, um politische Ämter auszuüben, und hatte schon in einigen städtischen Institutionen mitgearbeitet. Der erste Sommer des neuen Jahrhunderts stellte ihn und seine Prioren-Kollegen vor schwerwiegende Entscheidungen.

Das Exil des Corso Donati hatte die innenpolitische Szene nicht beruhigt, im Gegenteil. Der traditionelle Tanz in den Mai dieses Jahres endete mit einem blutigen Kampf zwischen den Anhängern der Cerchi und der Donati. Familien aus beiden Parteien wurden verbannt, Corso Donati zum Tode verurteilt. Mit dem Streit der Familien mischte sich der Groll der Magnaten, die trotz der geänderten Justizverordnungen ihre alte politische Macht nicht wiedergewannen, sondern erkennen mußten, daß Florenz endgültig bürgerlich geworden war.

Ursprünglich war der Namenstag von Johannes dem Täufer am 24. Juni ein religiöses Fest. Aber schon lange hatten die Florentiner den Tag des San Giovanni, nach dem ihr städtisches Heiligtum, das Baptisterium, benannt war, zu einer patriotischen Demonstration, dem größten Feiertag der Kommune umfunktioniert. Am Vortag schon gab es eine große Prozession, wenn die Geistlichen mit den Reliquien aller Kirchen durch die Stadt zogen, begleitet von den Zünften und ihren Vertretern. Die Johannisprozession spiegelte die tatsächlichen Machtverhältnisse seit dem Umbruch von 1293: Die Magnaten blieben von der Teilnahme ausgeschlossen. Wütend standen sie an diesem 23. Juni 1300 am Straßenrand, attackierten die Vertreter der Zünfte und riefen: «Wir haben bei Campaldino gesiegt, und ihr habt uns aus Amt und Würden vertrieben.»

Es gärte also schon in der Stadt, als, von den Donati bedrängt, der römische Papst wieder die politische Bühne der Toskana betrat. Bonifaz VIII. hatte sich viel vorgenommen für das Amt des Stellvertreters Christi auf Erden. Er verkündete der Welt die Lehre von den zwei Schwertern, dem geistlichen und dem weltlichen, und ließ keinen Zweifel daran, daß in der Rangfolge die geistliche Macht über der weltlichen stand. Wieder einmal kam ein Kardinal aus Rom an den Arno, um die feindlichen Parteien zu versöhnen – und den päpstlichen Einfluß erneut geltend zu machen. Und wieder gleichen sich die Bilder. Doch diese Mission bringt nicht einmal einen kurzfristigen Erfolg. Im September 1300 wird Florenz exkommuniziert und Karl von Valois, der Sohn des französischen Königs, vom Papst zum «Friedensstifter» der Toskana ernannt. Zugleich soll der Franzose Krieg um das abtrünnige Sizilien führen und Florenz nach dem Willen Bonifaz' VIII. für das Unternehmen finanzielle Unterstützung leisten.

Zu den wenigen, die dem Ansinnen aus Rom im Frühjahr und Sommer 1301 ein eindeutiges Nein entgegensetzen, gehört Dante. Er arbeitet in diesem Jahr in verschiedenen Gremien der Stadt, während Karl in Richtung Florenz marschiert und die exilierten Schwarzen sich ihm anschließen. Bei den Weißen in der Stadt macht sich Fatalismus breit. Am 1. November 1301 öffnen sich dem französischen König und seiner Truppe die Stadttore. Vier Tage später verschaffen sich Corso Donati und eine Handvoll Begleiter im Morgengrauen mit Gewalt Eingang durch die Porta da Pinti. Tatenlos sehen die Franzosen zu, wie die Schwarzen mit den Weißen abrechnen: Häuser werden zerstört, Warenlager geplündert, Frauen vergewaltigt, Kinder verschleppt. Im Januar 1302 beginnen Prozesse gegen die führenden Männer der vergangenen zwei Jahre. Insgesamt werden 559 Todesurteile gefällt. Die meisten Verurteilten haben längst fluchtartig die Stadt verlassen, darunter auch Dante, der im März zum Tode durch den Scheiterhaufen verurteilt wird.

Dante hat «die große Stadt am schönen Arno» nie wiedergesehen. Er wird ein Wanderer. Abhängig von der Gunst der Mächtigen, fühlt er sich wie ein «Boot ohne Segel und ohne Steuer, verschlagen zu verschiedenen Häfen und Ufern durch den trockenen Wind, welchen die schmerzensreiche Armut ausatmet...» Im Exil entsteht die «Göttliche Komödie». Eine Wanderung durch Hölle, Fegefeuer und Paradies, wo neben den großen Gestalten der Antike die Geschichte von Florenz und die Menschen dieser Stadt in einen unsterblichen Mythos verwandelt werden.

Das Leben geht weiter: die Arbeit, die Feste, die Prozessionen. Bilder und Statuen zeigen unerwartet wundertätige Kräfte, die Kirche bietet immer neue Formen, um die Emotionen zu binden, die Herzen zu trösten. Glaube ist nicht so sehr inneres Drama, sondern öffentliches Schauspiel. Aus Lüttich kam ein Menschenalter zuvor der Brauch, die geweihte Hostie, den Leib des Herrn, in der Monstranz durch die Straßen zu tragen. Um 1300 sind die Fronleichnamsprozessionen ein Teil katholischer Frömmigkeit überall in Europa geworden. Das Ambrosiusfest, die Erinnerung an ein Wunder im Jahre 1230 in Sant'Ambrogio, einer der ältesten Kirchen von Florenz, wird unter der Protektion der Dominikaner in den neunziger Jahren mit einer Prozession innerhalb der Klostermauern von Santa Maria Novella gefeiert, an der auch die Signoria teilnimmt. Bald nach Beginn des neuen Jahrhunderts führt die Prozession aus dem Kloster hinaus und durch die Straßen der Stadt. Dabei geht es nicht nur um fromme Anbetung. Ein solches Ereignis zu organisieren und zu protegieren bedeutet Prestigegewinn. Die Bettelorden untereinander und gegenüber dem städtischen Klerus sind harte Konkurrenten. Als im Juli 1292 das Marienbild in der alten Loggia am Kornmarkt von Orsanmichele Tränen weint, kommen Blinde, Kranke und Verzweifelte aus der ganzen Toskana in Scharen und fühlen sich geheilt. Guido Cavalcanti, ein Dichterfreund Dantes, kommentiert das Wunder spöttisch mit einem Seitenhieb auf die Franziskaner: Sie nennen es ein Götzenbild, weil sie neidisch sind, daß es nicht in der Nähe ihrer Kirche steht.

Die Geschichten aus Altem und Neuem Testament, die unzähligen Legenden der Heiligen laden dazu ein, sie in lebendige Bilder umzusetzen. Mit viel Sinn für das Drama produzieren sich die Florentiner aller Schichten mit wachsender Beliebtheit in frommen Schauspielen. Ende April 1304 geht ein Herold durch die Straßen der Stadt und lädt die Bewohner für die Feier des 1. Mai an die Ufer des Arno rund um die Carraia-Brücke ein. Die Einwohner des Arbeiterviertels San Frediano haben für ihre Mitbürger ein Spektakel eingeübt: «novelle dell'altro mondo», Nachrichten aus der anderen Welt. Zu Hunderten stehen die Menschen auf der hölzernen Brücke und sehen ergriffen zu, wie auf Booten und Flößen im Arno furchterregende Dämonen agieren und arme Seelen inmitten der Höllenfeuer gequält werden. Da bricht die Brücke unter der Last der Zuschauer, und viele ertrinken. So wurde «aus dem Spiel Ernst», schreibt der Chronist, «und viele erhielten, wie der Herold vorhergesagt hatte, tatsächlich Nachrichten aus der anderen Welt». Die nüchterne Sicht der Florentiner auf die Wirklichkeit, oft mit Ironie gewürzt, galt dem Profanen wie dem Heiligen und ließ sich weder durch Weihrauch noch durch menschliche Tragödien beeindrucken.

Nur fünf Wochen später gab es noch viel Schrecklicheres zu berichten. Die Herrschaft der Schwarzen in Florenz war dem Papst so unumschränkt nun auch nicht recht. Wieder schickte er einen Kardinal, um diesmal ein gutes Wort für die Weißen einzulegen. Die Schwarzen fürchteten um die Früchte ihres Sieges. Am 10. Juni 1304 brannte Florenz. Ein Wind aus Norden trieb die Flammen immer weiter in die Stadt hinein, die ganze Via Calimala entlang, rund um den Mercato Nuovo bis hinunter zum Ponte Vecchio. Rund 1700 Häuser, Türme und Paläste wurden im reichen Kaufmannsviertel zerstört, Plünderer besorgten den Rest. Und wieder einmal zog ein Kardinal unverrichteterdinge zurück nach Rom.

Dabei war Florenz keine zerstrittene Insel in einem Meer des Friedens. Der Kampf ging weiter gegen Arezzo und Pistoia, gegen Weiße und Ghibellinen. Und noch stiegen Adlige und Bürgerliche persönlich aufs Pferd, wenn die Glocke zum Kampf rief und der Priester mit den Reliquien den geheiligten Kriegswagen betrat. Doch auch im Kriegswesen entwickelte sich Neues, zeigte sich der Umbruch der Zeiten.

Im Frühjahr 1305 kam Robert von Kalabrien mit seinen Söldnern in die Stadt. Er war Kapitän einer politischen Liga, die Toskanas Guelfen-Städte verband, und von Florenz als Capitano di guerra, Kriegsführer, gerufen worden. Als Robert im Sommer weiterzog, blieb sein Marschall Diego de Rat mit 300 katalanischen Reitern und 300 Mann Infanterie zurück – nicht etwa zähneknirschend geduldet, sondern erwünscht und bezahlt. Diego bezog seinen eigenen Palast, wurde politischer Berater, nahm mit seinen Soldaten am Leben der Stadt teil und zog mit ihnen – als Söldnern – für Florenz in den Krieg. Bis 1313 währte diese Koalition. Vor allem in den ersten Jahren wurde sie von den Florentinern begeistert begrüßt, denn der «Ritter Diego della Ratta» war keine primitive Soldatennatur. Als einen Mann «von schönster

Statur und einen großen Liebhaber» beschreibt ihn ein Menschenalter später Boccaccio im «Dekameron».

Eigentlich hatte Corso Donati sein Lebensziel erreicht. Seine Gegner waren endgültig vertrieben, trotz aller Kämpfe und Kriege florierte die Florentiner Wirtschaft. Doch es machte sich Unmut breit über die Willkür des immer unberechenbarer werdenden Alten. Die Schwarzen spalteten sich untereinander. Die Freunde von gestern lauerten nur noch auf einen Anlaß, um den Unruhestifter loszuwerden. Der kam, als Corso Donati auch seine dritte Frau aus einem Ghibellinengeschlecht wählte. «Verrat», entschied die Signoria und verurteilte den Helden vergangener Zeiten zum Tode. Umgehend rückte die städtische Ordnungstruppe mit den Prioren gegen die Häuser und Wohntürme der Donati an der kleinen Piazza San Pier Maggiore Nummer elf im Osten der Stadt vor.

Corso Donati in den Händen seiner Feinde? Zum Gespött der Menge einen qualvollen Tod sterbend? Seine Anhänger verbarrikadierten die Straßen um den heutigen Borgo degli Albizi. Als der alte Mann hörte, daß die Gegner immer weiter vordrangen, stieg er, von Gicht gekrümmt, auf sein Pferd, ließ die Tore seines Palastes öffnen und sprengte im Gewühl der beginnenden Straßenschlacht durch die engen Gassen hinaus zur Porta bei Santa Croce. In wilder Jagd folgten die katalanischen Söldnertruppen, holten ihn ein, warfen sich über ihn und fesselten ihn. Lebend sollte dieser Gefangene zurückgeführt werden. Da provozierte Corso Donati seine Wächter, ließ sich vom Pferd fallen – und in wütender Reaktion durchbohrte ihn eine katalanische Lanze.

Gut zweihundert Jahre später schrieb Niccolò Machiavelli in seinen «Florentinischen Geschichten»: «Ein solches Ende nahm Messer Corso, von dem die Vaterstadt und die Partei der Schwarzen viel Gutes und viel Übles erfahren hatten, und dessen Andenken in größeren Ehren gehalten würde, wäre er weniger ruhelosen Geistes gewesen... Nach dem Tode Messer Corsos, der sich im Jahre 1308 ereignete, hörten in Florenz die Unruhen auf, und man lebte in Frieden bis zu der Zeit, wo man vernahm, daß Kaiser Heinrich einen Zug nach Italien unternehme...»

Die Künstler
oder Bauboom einer neuen Zeit

Papst Bonifaz VIII. nutzte den Beginn eines neuen Jahrhunderts, um das päpstliche Rom und die Macht des Stellvertreters Christi allen Gläubigen eindrucksvoll zur Schau zu stellen. Rund 200 000 Pilger von allen Enden Europas kamen zum Jubeljahr 1300 in die Ewige Stadt. Das Volk machte seinen Rundgang durch die Kirchen, betete eifrig, lauschte – durch hohe Chorschranken getrennt – den Gesängen, hörte die liturgischen Formeln der Priester als raunendes Echo der Ewigkeit, steckte sein Scherflein in den Opferstock neben den flackernden Kerzen und zog, mit Ablässen für die Strafen im Fegefeuer reich bedacht, wieder fort. Wer Rang, Namen und vor allem Kapital hatte, durfte sich der Gegenwart des Heiligen Vaters erfreuen und sogar zu dessen Belustigung seiner Eitelkeit schmeicheln. So führten am Anfang dieses gelobten Jahres 1300 zwölf Abkömmlinge aus den besten und einflußreichsten Florentiner Familien am päpstlichen Hof vor Bonifaz VIII. ein Spektakel auf. Jeder dieser zwölf symbolisierte den König, den hohen weltlichen oder geistlichen Herrn in Europa, der als Kunde bei seiner Familie am tiefsten in der Kreide stand. Es war ein Akt der Höflichkeit, daß die Kaufleute und Bankiers den Papst in dieser Maskerade ausließen. Doch dem machtsüchtigen Bonifaz waren die irdischen Dinge nicht fremd. Am Ende dieses florentinischen Schauspiels soll er gesagt haben: «Es gibt vier Elemente, die die ganze Welt beherrschen, Erde, Wasser, Luft und Feuer. Aber ich füge ein fünftes Element hinzu, die Florentiner, die die Welt zu regieren scheinen.» Und der Heilige Vater wußte nur zu gut, wie sehr dem päpstlichen Hof und der päpstlichen Politik das Geld und die Macht der Männer am Arno zugute kamen.

Es ist ein Phänomen: In diesen Jahren, als Streit und blutiger Kampf im Innern die Bürger keinen Frieden finden ließen,

wuchsen Wirtschaftsmacht, Reichtum und Ansehen von Florenz
in der damals bekannten Welt in schwindelnde Höhen, wurde
die Stadt am Arno endgültig zur internationalen Finanz- und
Handelsmetropole, vergleichbar der Stellung, die London im
19. Jahrhundert als Zentrum des britischen Empire und der ex-
plodierenden Industrialisierung hatte. Die einstmals so überlege-
nen Rivalen Siena und Lucca fielen weit zurück, konnten nicht
mithalten bei diesem Aufstieg.

Während fröhliche Maifeiern zu erbitterten Straßenschlachten
zwischen Schwarzen und Weißen ausarteten, während die Anhänger der verschiedenen Parteiungen sich beim Gang über den
Marktplatz anpöbelten, aufgeputschte Menschen den Palast des
Podestà stürmten, ehrenwerte Bürger sich nur durch Flucht vor
dem Todesurteil retten konnten, Handwerkskolonnen die Häuser der Verbannten niederrissen, der Schutt vergangener Kämpfe
Straßen und Plätze blockierte, während der Lärm einer zerrissenen Zeit durch die Straßen hallte – während all dieser Turbulenzen saßen die Florentiner Kaufleute und Finanziers kühlen
Kopfs in ihren Kontoren. Zwar ging der innerstädtische Zwist
keineswegs an ihnen vorüber, waren sie als die Mächtigen und
Einflußreichen tief verstrickt in die Parteiungen. Doch ihr haupt-
sächliches Tagewerk schien ein anderes zu sein: Sie lenkten von
ihren Schreibtischen aus den Strom der Waren und Gelder kreuz
und quer über den Kontinent. Drohten Seuchen und Krankheiten in Florenz, flüchteten sie mit der Familie zu ihren ländlichen
Gütern in der Toskana, die sie für billiges Geld von verarmten
Adligen erstanden hatten. Von London bis Zypern saßen die
Agenten der Florentiner Handelshäuser, hielten Augen und Ohren auf für günstige Geschäfte, schrieben Berichte in die Zentrale, wo Risiken und Vorteile im weltweiten Maßstab abgewo-
gen, schließlich die Entscheidungen gefällt und sorgfältig Soll
und Haben in die Bücher eingetragen wurden.

Europas Könige hätten ohne das Kapital der Republikaner aus
Florenz längst Bankrott gemacht. Die Cerchi und noch kräftiger
die Frescobaldi stützten den englischen Thron, und sie taten es im
ersten Jahrzehnt des neuen Jahrhunderts mit 20000 Pfund pro

Jahr. Das waren rund 100 000 Goldflorine, unangefochten seit über fünfzig Jahre die sicherste Währung im internationalen Handelsgeschäft. Die besten Garantien, die die Könige ihren Geldgebern bieten konnten, waren Zölle. Von 1309 bis 1311 erhielten die Frescobaldi sämtliche Zölle auf den Wollexport der englischen Insel nach dem Kontinent. Die beste Wolle schafften sie an den Arno, Grundlage für den unaufhaltsamen Aufstieg der Florentiner Woll- und Textilindustrie. Den Handel mit Frankreich, Neapel und Sizilien beherrschten die Bardi und Peruzzi, ein besonders delikates Geschäft, da die Anjou von Neapel mit dem Hause Aragon in Sizilien Krieg führten. Doch der Bankier wie der Händler sah nicht aufs Schlachtfeld, sondern in seine Bücher, und die verfeindeten Lager vergaßen ihre Ehre, wenn nur das Geld in den stets gierigen Kriegskassen klingelte. Das Monopol, den Weizen aus Sizilien und Süditalien zu exportieren, besaßen die Bardi und Peruzzi und importierten im Gegenverkehr Florentiner Tuche. So groß waren 1301 die Darlehen der Bardi an das Haus von Anjou in Neapel, daß sie nur mit dem Privileg für die Florentiner gedeckt werden konnten, alle königlichen Einnahmen in der Provence zu kassieren.

Für die Kaufleute und Bankiers waren Gewinne von zwanzig Prozent an der Tagesordnung und stiegen gar nicht so selten bis auf fünfzig Prozent. Doch es zeigten sich erste Einbrüche im ungestümen Wachstum. Das Florentiner Warenhaus Nerli machte 1302 Pleite, im Jahr darauf folgte das Bankhaus Abati-Baccherelli, den Franzesi und Monzini ging es noch im gleichen Jahrzehnt ebenso. Um den guten Ruf der Stadt zu wahren, gründeten die Zünfte im Jahre 1308 die Mercanzia, ein Handelsgericht, das bei Konkursen und Zusammenbrüchen zwischen Gläubigern und Schuldnern vermittelte und bald kraft seiner Autorität Maßstäbe für das übrige Italien setzte.

Doch die Pleiten störten nicht die Blüte der Stadt, blieben läßliche Pannen auf der Straße des Fortschritts. Was den Historikern seit Generationen Kopfzerbrechen bereitet, viele Erklärungsversuche hervorgebracht hat, aber keine Übereinstimmung, ist die Frage nach Ursache und Wechselwirkung von innerstädtischen Krisen und Kapitalvermehrung, von Familienfehden und Gewinnmaximierung, von Gewalt und Geschäft innerhalb der Mauern von Florenz. So verführerisch es ist, als Erklärung zu den alten Etiketten zu greifen, sie sind wohl falsch am Platz.

Der Feindschaft von Ghibellinen und Guelfen fast über ein Jahrhundert wurde mit dem endgültigen Sieg der Guelfenpartei in den siebziger Jahren die Grundlage entzogen, und wer nicht als Exilant die Stadt verlassen hatte, fügte sich den offensichtlichen Machtverhältnissen in der Kommune. Es ist wahr, daß in diesen Jahren des Aufschwungs eine Gruppe von Neureichen heranwuchs, la gente nuova, die risikofreudig kalkulierte und einen Geschäftssinn entwickelte, der dem alteingesessenen Adel oft abging. Die Cerchi sind ihre prominentesten, weil wohlhabendsten Vertreter. Auf der Gegenseite bietet sich Corso Donati unübersehbar an als Prototyp der alten städtischen Feudalklasse, die den Kampf um die Macht in der Stadt mit dem gewohnten ritterlichen Faustrecht austrägt und am Beginn einer neuen Epoche, wo nicht mehr das Schwert, sondern der Rechenstift entscheidet, schon auf verlorenem Posten steht. Ist die Krise also ein Kampf zwischen der alten und der neuen Zeit? Focht hier die Aristokratie des Blutes gegen die des Geldes?

Nein, so einfach verlaufen die Trennlinien nicht. Wenn man genau hinsieht, welche Wirkung der Ausschluß der Magnaten von den politischen Geschäften hat, zeigt sich Erstaunliches: Die revolutionären «Ordnungen der Gerechtigkeit» von 1293 zerstören nicht die gewachsenen Bindungen zwischen den einflußreichen Familien. Der Klüngel der Mächtigen, seit langem geschäftlich verbunden, ist weitaus stärker als der Arm des Volkes, den in diesem Fall das mittlere Bürgertum verkörpert. Die neureichen Pazzi – und das ist nur ein Beispiel – trennen sich nicht von den aristokratischen Della-Bella-Teilhabern ihrer Bank. Nicht einmal die direkten Urheber jener rigorosen «Ordnungen» des Giano della Bella haben Skrupel, weiterhin mit den Ausgegrenzten zusammenzuarbeiten.

Was aber trennt die Schwarzen, die sich hinter Donati sammeln, von den Weißen, die zu den Cerchi halten? Was trennt die Pazzi, Bardi, Buondelmonti, Tornaquinci von den Adimari, Mozzi,

Frescobaldi und vielen Cavalcanti? Die einen sind so erfolgreiche Unternehmer wie die anderen, eigentlich sind sie alle dem feudalen Zeitalter entwachsen. Ist es vielleicht die wirtschaftliche Konkurrenz, die sie zu Feinden werden läßt? Der Kampf um Märkte und Einflußbereiche und um die effizienteste Form der Kooperation und Organisation? Ist es im Kern eine Auseinandersetzung innerhalb der Florentiner Elite um die Macht? Einer Elite, die rein wirtschaftlich geprägt ist, denn eine andere, eine politische – die andernorts zu dieser Zeit der Adel verkörpert –, gibt es nicht in der Republik Florenz. Hier wird die Politik, und das ist Konsens der Bürger, nach wirtschaftlichen Interessen ausgerichtet. Mißt man mit dieser Elle, dann entpuppt sich das Alte und das Neue als interner Machtkampf von Familiensozietäten, Finanzgruppen und Handelshäusern und keineswegs als ein Streit von Todfeinden, die in grundsätzlichen, in ideologischen Fragen gespalten sind.

Vielleicht ist das der Preis einer für diese Zeiten erstaunlich gemischten Elite. Die Unternehmer und Kaufleute der alles beherrschenden Calimala sind nicht nur neureiche Aufsteiger, sondern kommen seit Jahrzehnten aus den alten städtischen Adelsfamilien. Lange schon hatten die Adimari, Tornaquinci oder Buondelmonti erkannt, daß sie nur als Teilhaber an der wirtschaftlichen Macht der Bardi, Mozzi oder Falconieri ihren traditionellen politischen Einfluß behalten konnten. Beide Gruppen taten sich erfolgreich zusammen, um in der Stadt ein Regiment aller Zünfte – von den niederen und bis zu den größeren – zu verhindern. Nach den aufmüpfigen neunziger Jahren, als die mittleren Zünfte erfolgreich ins politische Gehege der Calimala einbrachen, wird im Jahre 1306 für alle sichtbar dokumentiert, daß die alten Machtverhältnisse wiederhergestellt waren. Die große Prozession zu Ehren des heiligen Johannes am Vorabend des 24. Juni wird auf Beschluß der Regierung neu organisiert. Von nun an marschieren die Bürger nicht mehr nach Zünften geordnet durch die Straßen von Florenz, sondern in ihrem jeweiligen Nachbarschaftsverband.

Der Haß zwischen den Weißen und den Schwarzen läßt vergessen, daß Familien aus beiden Lagern die führenden Köpfe der guelfischen Staatspartei stellten. Das hinderte sie nicht, untereinander in der Regel als gnadenlose Konkurrenten anzutreten, wenn es um das Geschäft ging. Aber es mag erklären, warum trotz Krisen und Kriegen Florenz nicht nur überlebte, sondern in diesen gewalttätigen Jahrzehnten um die Wende zum 14. Jahrhundert sich aufmachte, eine der großen europäischen Städte von Rang zu werden. Dieses Gefühl stellt sich nicht nur im Rückblick ein. Auch die Zeitgenossen am Arno spürten den Aufwind und hatten es eilig, den frisch erworbenen Reichtum in den Dienst sichtbarer Größe zu stellen. Sie wußten, daß sie Nachzügler auf der politischen, wirtschaftlichen und kulturellen Bühne Italiens, vor allem aber der Toskana waren, und begannen mit Entschiedenheit, ihre Stadt zu verändern und zu verschönern.

Es ist immer die Bauwirtschaft, die ganz besonders vom Wirtschaftsboom profitiert, da steht das Mittelalter dem 20. Jahrhundert in nichts nach. Schon 1285, drei Jahre nachdem die neue Regierung der Prioren sich durchgesetzt hatte, entstand der Plan, für die Stadtväter einen eigenen repräsentativen Palast zu bauen. 1299 endlich wurde damit begonnen und der Bau so schnell hochgezogen, daß die Prioren schon 1302 im Palazzo della Signoria, dem heutigen Palazzo Vecchio, Quartier nehmen konnten, auch wenn die Arbeiter noch einige Jahre zu tun hatten. Die Piazza della Signoria vor dem Palast wurde 1306 gepflastert und der 94 Meter hohe Turm von kräftiger Schönheit im Jahre 1310 an den Palazzo angebaut.

Die Stadt platzte aus allen Nähten. Das reiche Florenz steigerte noch seine Anziehungskraft auf die ländliche Bevölkerung der Toskana. Zwar streiten die Experten über den genauen Anstieg der Bevölkerung in diesem Jahrhundert; daß es eine Explosion war, steht außer Frage. Inzwischen plädieren die meisten Historiker für die höchsten Statistiken: Danach lebten um 1280 rund 100000, zwanzig Jahre später 110000 Menschen in Florenz. (Um 1200 waren es gerade 40000). Die alten Stadtmauern konnten die Bürger nicht mehr fassen. Sie wurden zwischen 1284 und 1334 durch einen gewaltigen, zehn Kilometer langen Mauerring ersetzt. Es war die dritte Mauer, die das innerstädtische Areal von 75 auf zirka 650 Hektar vergrößerte und die wuchernden Siedlungen südlich des Arno endgültig eingemeindete. Neue mächtige Stadttore entstanden, erhalten haben sich davon die Porta alla Croce, Porta al Prato, San Gallo, San Frediano, San Niccolò und die Porta Romana. Für die Kosten wurde der Klerus besteuert und jeder, der in der Stadt ein offizielles Testament machte. Größere Krankenhäuser wurden als Bürgerstiftungen gegründet: 1288 Santa Maria Nuova, noch heute in gleicher Funktion an der gleichnamigen Piazza nordöstlich hinter dem Dom, 1306 das Ospedale della Scala in der Via della Scala bei Santa Maria Novella.

Mehr Menschen, das bedeutet mehr Nahrungsmittel und mehr Holz, mehr Material für die Handwerker, mehr Steine für die neuen Bauten. Das alles mußte in die Stadt gebracht werden und verlangte bessere Transportwege, auch mitten ins Herz der Stadt. Ständige und zeitlich begrenzte Ämter und Kommissionen der Kommune griffen massiv ein, um eine großzügige Stadt zu gestalten. Planmäßig wurden Straßen begradigt und erweitert, offene Plätze geschaffen. Statt der verwinkelten Gassen entstand ein neues urbanes Muster: ein Netz gradliniger und parallel verlaufender Straßen. 1289 wurde eine direkte Straße zwischen dem Kloster Santissima Annunziata und der Porta di Ball geschlagen. Man eröffnete die Via degli Spadai (heute Via de' Martelli), die schnurgerade zur Piazza San Giovanni führt.

Die Einheimischen meldeten ihre Wünsche an. Im Jahre 1301 ging eine Eingabe an die Straßenbeauftragten, die Via San Procolo (heute Via dell' Agnolo) zu begradigen, zu erweitern und zu diesem Zweck ein Haus, das die Straße blockierte, zu beseitigen. Die städtische Regierung stimmte zu und machte Dante zum Leiter einer Kommission für die Erneuerung dieser geschäftigen Straße, auf der vor allem die Nahrungsmittel aus dem Valdarno in die Stadt transportiert wurden. Die Urkunde zum Bau einer direkten Verbindung zwischen dem Getreidemarkt von Orsanmichele und dem Palazzo des Podestà, vorbei an der ehrwürdigen Badia, nannte 1298 als Grund nicht nur – wie üblich – die Ehre und Schönheit der Stadt Florenz, sondern auch die Tätigkeit des Volkes: Die ursprüngliche, mittelalterliche Stadt war den Bedürfnissen einer geschäftigen Zeit nicht mehr gewachsen.

Die Florentiner aber warfen nicht das Alte kurzerhand auf die

Müllhalde der Geschichte. Ihnen kam es offensichtlich darauf an, mit der neuen städtischen Architektur zwei widersprüchliche Eigenschaften, nämlich Tradition und Fortschritt, zu verbinden: das Schöne und das Nützliche, bellezza e utilità. Die alten Strukturen waren nicht machtlos, die auftrumpfende Rationalität keineswegs allmächtig geworden: Die Mönche der Badia wollten ihren Grund und Boden nicht zum Wohle des Volkes freigeben und legten erfolgreich ihr Veto gegen die geplante Straße ein. Und der mächtige Palazzo Vecchio steht nur deshalb in einem so seltsamen Winkel zur Piazza, weil die zuständige Baukommission die traditionsreiche Kirche San Piero Scheraggio, in der die Prioren bisher ihren Amtseid ablegten und die dem neuen Palazzo della Signoria südlich im Wege stand, nicht abreißen wollte. Ebenso tat sie alles, damit dieser zentrale städtische Bau nicht auf dem verfluchten Grund und Boden stand, der einst die Häuser der mächtigen Ghibellinenfamilie der Uberti trug. Der war nur dazu gut, als öffentlicher Platz mit den Füßen getreten zu werden. (Als die Piazza della Signoria 1988 neu gepflastert und deshalb freigelegt wurde, kamen auch Reste eines Turms der Uberti aus dem 13. Jahrhundert zum Vorschein.)

Vorbei die Zeit der Eindeutigkeiten und klaren Unterscheidungen, der säuberlichen Trennung von Gutem und Bösem, von heiligen und profanen Dingen. Da wird den Christenmenschen erlaubt, was gestern noch verboten war: Geschäfte zu machen mit Zins und Zinseszinsen. Da wird der reiche Bürgersohn zum Bettelmönch, der Bettelmönch zum Berater der Kommune. Da verwalten die Zünfte der Bürger die Bauhütten der neuen, alles übertreffenden Kirchen, und die Bettelorden werden Auftraggeber und Pioniere für die Existenz von professionellen Künstlern, deren Werke in die Ewigkeit eingehen.

In der Kuppel des Baptisteriums und im Chor des Klosters von San Miniato al Monte hoch über dem Arno setzen Mosaikkünstler gegen Ende des Jahrhunderts auf goldenem Hintergrund noch einmal einen Christus überlebensgroß und starr in Szene als den majestätischen Weltenrichter. An den Mosaiken im Baptisterium war auch Cimabue, der Maler, beschäftigt, der eigentlich Bencivieni di

Pepo hieß und den seine Mitbürger «ochsenköpfig» nannten –
Cimabue. Eigenwillig war er, und Dante hat ihn den Stolzen im
Fegefeuer zugesellt. Auch Cimabue, der am päpstlichen Hof in
Rom gearbeitet hatte, stand zwischen den Zeiten, fest im byzan-
tinischen Kanon seiner Kunst verankert und doch schon mit anderen Augen die Bilder bannend. Das Jahrhundert ging zu Ende, als
er im Auftrag der Franziskaner von Santa Croce ein riesiges hölzernes Kreuz bemalte, eine Besonderheit Italiens. Die gewaltige
Überschwemmung des Arno von 1966 hat dieses Meisterwerk
trotz aller Restaurierungskünste für immer verstümmelt. Aber die
Botschaft kommt noch an: Dieser Christus quält sich nicht in
Todesnot, nur das fein geschnittene Gesicht leidet; die Augen sind
nicht wie früher weit geöffnet, sondern geschlossen unter schwe-
ren Lidern; der Körper ist nicht gekrümmt, nur leicht gewunden.
Bei aller Zurückhaltung des Malers: Die Wirklichkeit ist dem
Göttlichen näher gerückt. Am Kreuz des Cimabue hängt kein
Triumphierender, Tragik schwingt mit.

Die Wirklichkeit des Jahres 1292: Die Kommune von Florenz
beschließt eine Gefangenenamnestie und bittet die Männer an der
Spitze der städtischen Bettelorden zu entscheiden, wen diese
Gnade treffen soll. 1293: Inquisitor für die Toskana ist der Franzis-
kanermönch Fra Benedetto vom Kloster Santa Croce. Er kommt
aus der Unternehmerfamilie der Bardi. Als Hüter des rechten Glaubens hat er auch zu überprüfen, ob es bei den weltlichen Geschäften
seiner Standesgenossen stets nach den Vorschriften der heiligen
Kirche zugeht. Er hat sie großzügig ausgelegt. 1295: Die Kirche der
Franziskaner ist längst zu klein geworden für die vielen, die zu den
Predigten drängen. Endlich beginnt man mit dem Bau eines neuen
Gotteshauses. Es wurde Zeit, denn nicht ohne Neid sehen die Franziskaner, wie im Gebiet außerhalb der alten Stadtmauern nord-
westlich des Baptisteriums hölzerne Baugerüste in die Höhe wachsen. Schon 1279 hatte hier ein römischer Kardinal den Grundstein
für die neue Kirche der Dominikaner gelegt. Allerdings brachten
erst mit Beginn der neunziger Jahre die Stiftungen der Bürger und
das Ablaßgeld der Kirche die Arbeit an diesem monumentalen Vorhaben richtig in Gang.

Im gleichen Jahr 1295 begann die Kommune mit dem Bau einer Kirche, die die uralte Bischofskirche der heiligen Reparata, dicht an der östlichen Seite des Baptisteriums gelegen, als neuen Dom ersetzen sollte, den man der Jungfrau Maria weihen will. Die Grundsteinfeier hob man sich auf für das folgende Jahr, als wieder einmal ein römischer Kardinal in der Stadt weilte, der im Beisein von etlichen Bischöfen und der politischen und sozialen Elite der Republik die Weihe von Santa Maria del Fiore vornahm. Alle lauschten der Verlesung der Gründungsurkunde: Daß diese Kirche zur Ehre und zum Lobe Gottes und der seligen Jungfrau Maria, zur Ehre der Kommune und des Volkes von Florenz und zum Schmuck ebendieser Florentiner Bürger gebaut werde. Kommune und Kirche arbeiteten auch bei dem Domprojekt eng zusammen: Die Stadt verordnete eine Domsteuer für jeden männlichen Bürger, die Geistlichkeit gewährte die heiß begehrten Ablässe für Stiftungen, die dem Bau zugute kamen. Die Bauleitung selbst lag in der Hand der Bürger, deren Zunftvertreter die Verwaltung und Auftragserteilung der Dombauhütte, opera del duomo, verantworteten.

Die zunehmenden Verflechtungen zwischen städtischen und kirchlichen Interessen, zwischen weltlichen und geistlichen Aufgaben erregen keinen Widerstand, denn sie erleichtern vieles. Skrupel entfallen, eigene Interessen finden neue Betätigungsfelder. Es sind die gleichen Bürger, die in den Ratssitzungen entscheiden, öffentliche Ämter bekleiden, in den Bruderschaften engagiert Gebet und Geselligkeit pflegen, kompetent die Kommissionen der Kirchenbauten prägen. Man kennt sich, und nun, wo alles nicht mehr so streng getrennt ist, kann man offen überall nach der gleichen Lebenserfahrung handeln. Eine Hand wäscht die andere. Zu Beginn des neuen Jahrhunderts werden Arbeiter der Dombauhütte zum Bau an der Piazza della Signoria abgezogen. Der liebe Gott kann warten, die Prioren mit ihrem neuen Palast offenbar weniger.

Innerhalb weniger Jahre ist der Aufschwung der Stadt Florenz für Durchreisende wie für Einheimische unübersehbar. An jeder Straße signalisieren Baustellen den Reichtum der Bürger. Der Bauboom bringt neue Arbeitsplätze. Die einen ziehen die

Gerüste hoch oder verschalen die Rundungen der Kirchen. Steinmetze kommen kaum nach mit den Aufträgen, Maurer sind gefragt. Zufriedene Gesichter überall? Es gibt Ausnahmen: Menschen zum Beispiel, die nicht vergessen haben, nach welchem Gesetz die Jünger des Franziskus nur zwei Generationen zuvor angetreten waren. Es ist eine Minderheit unter den Brüdern in der braunen Kutte, die sich auf ihren Meister beruft, wenn sie radikale Armut verlangt, die großräumige Kirchen, Kruzifixe und anderen Schmuck als Verrat an der Idee des Poverello brandmarkt und ihre Urheber in der Hölle schmoren sieht. Ein Streit, der den Orden zu zerreißen droht, aber um die Jahrhundertwende schon zugunsten einer kompromißbereiten Mehrheit entschieden ist.

Die Radikalen haben kluge Köpfe, Persönlichkeiten, die ihre Sache mit Überzeugung vertreten. Einige von ihnen halten sich auch in Florenz auf, wie Ubertino da Casale, der über seine Mitbrüder im Kloster von Santa Croce spottet: Sie spazieren über die Plätze und Foren, machen zahlreiche und nutzlose Besuche bei Frauen, lachen und erzählen sich Witze. Sie sind nur dort glücklich, wo sie viele Menschen treffen.

Für eine Minderheit war die Sucht nach neuen, immer größeren Kirchen ein Skandal, für die Mehrheit etwas, auf das man stolz sein konnte, stolz sein wollte. Endlich konnte man nachholen, was Lucca und Pisa seit über hundert Jahren in romanischer Wucht vorzuweisen hatten, was in Siena feingliedrig in den Himmel gewachsen war: Bewunderung und Ehrfurcht heischende Häuser zur Ehre Gottes und der Menschen. Daß die gotischen Meisterwerke von Florenz eine ganz eigene Gestalt annahmen, verdankt die Arnostadt der Kreativität, Schöpfungskraft und dem gewaltigen Arbeitspensum des Arnolfo di Cambio und zugleich ihrer eigenen Initiative, ihrer Risikofreudigkeit, ihrem Ausbruch aus der Provinzialität. Arnolfo, Bildhauer, Architekt und Stadtplaner, war kein Unbekannter, als ihn Florenz rief. Er hatte in Orvieto gearbeitet und in Rom für den Papst. Arnolfo, um die Mitte des 13. Jahrhunderts im toskanischen Colle Val d'Elsa geboren, war weit herumgekommen und schuf aus den Strömungen der Zeit seinen eigenen Stil, eine sanfte, unaufgeregte Gotik, die der Erde zugewandt blieb. Ein einziges Florentiner Dokument gibt es über den schon zu Lebzeiten berühmten Mann. Im April des Jahres 1300 gewährt die Kommune von Florenz ihrem Dombaumeister Arnolfo di Cambio wegen seiner Verdienste um den neuen Dom Steuerfreiheit. Sehr wahrscheinlich ist, auch ohne schriftliche Zeugnisse, daß das riesige Projekt der neuen Stadtmauern, der Bau des Palastes für die Prioren, der gewaltige Neubau von Sante Croce und die Loggia für den Getreidemarkt von Orsanmichele diesem Mann als Planer und Gestalter übertragen wurde.

Arnolfo hat nicht mehr erlebt, wie sein kühnstes Werk, der Dom, neben dem Baptisterium Gestalt annahm. Wieviel von seinen Vorstellungen in den tatsächlichen Bau von Santa Maria del Fiore eingegangen ist, darüber herrscht Uneinigkeit bis heute. Arnolfo starb 1301 oder 1302. Das genaue Datum ist unbekannt. Beerdigt wurde er in Santa Reparata, der alten Kathedrale, die noch den Gläubigen diente, während die Gerüste für den Neubau hochgezogen wurden, der – ungewöhnlich für diese Zeit – zugleich im Osten und im Westen begonnen wurde. Der Grabplatz in diesem Gotteshaus war eine große Ehre für jemanden, der Florenz nicht seine Vaterstadt nannte.

Der Ehrgeiz, die Besten an den Arno zu holen, alte Feindschaften und städtische Enge hinter sich zu lassen, um das gegenwärtige Lebensgefühl und den gewonnenen Reichtum für die lebenden und die zukünftigen Generationen gut und demonstrativ anzulegen, war stark ausgeprägt. Im April 1285 schloß die Laudesi-Bruderschaft von Santa Maria Novella, die älteste und angesehenste in der Stadt, deren Mitglieder mit gemeinsamen Gesängen – laudesi – ihren Glauben bekundeten, einen Vertrag mit dem berühmten Maler Duccio di Buoninsegna aus Siena. Für 150 goldene Florine verpflichtete er sich, eine «besonders prächtige große Tafel zu bemalen... zu Ehren der seligen und glorreichen Jungfrau Maria». Auch die goldene Umrandung gehörte zum Auftrag, und bei Nichtgefallen würde es kein Honorar geben. Vielleicht kam es auf diese Weise in den neunziger Jahren zu einem heimlichen Malerwettstreit in Florenz, der Tagesgespräch wurde auf den Märkten und Straßen, in den Kontoren und Handwerksstuben, bei den Arbeitern der Färbereien und Textilbetriebe. Denn in diesem Jahrzehnt, soviel ist sicher, wenngleich keine Urkunde näher Auskunft gibt, saß ein anderer großer Meister in der Stadt an einem ähnlichen Auftrag. Die Mönche von Santa Trinità hatten bei Cimabue ebenfalls ein gewaltiges Marienbild bestellt. Ob die beiden – die sich kannten – heimliche Späher in die Werkstatt des anderen schickten; wer in diesem Fall wen beeinflußte; welches Werk zuerst fertig und den Bürgern von Florenz vorgestellt wurde – darüber mögen die Fachleute weiter streiten. (Sie schrieben trotz der eindeutigen Dokumentenlage vom 16. Jahrhundert bis ins Jahr 1930 beide Madonnen dem Cimabue zu!) Die Auftraggeber damals zahlten willig, die Kirchgänger staunten. Florenz hatte zwei Meisterwerke. Duccios Maria, die «Madonna Rucellai» – weil sie in der Familienkapelle der Rucellai in der Dominikanerkirche ihren Platz fand – 4,5 mal 2,9 Meter groß, wurde zu Lebzeiten der beiden Meister Sieger in der Publikumsgunst.

Zur gleichen Zeit sagte vor dem in der ganzen Toskana verehrten Marienbild von Imola ein Geistlicher seinen Zuhörern: Dieses Bild stamme vom Heiligen Geist, «er machte es schön, damit es Gott gefällt». Kein Wort fiel über den Maler. So wollte es die Tradition der Kirche. Auf dem II. Konzil von Nizäa hatte sich im Jahre 787 nach erbitterten und zerstörerischen Kämpfen das Recht auf Verehrung der Bilder – nicht ihre Anbetung – in der christlichen Kirche durchgesetzt, und zugleich wurde der Maler fest in den Dienst des Glaubens und der Kirche eingebunden: «Die wahre Ordnung und die richtige Disposition der Bildgegenstände sind Sache der Kirchenväter.» Nur die Kunst, sola ars, ist dem Künstler überlassen: «Das Erfinden von Anlage und Aufbau der Bilder ist nicht Sache der Maler, sondern der Tradition und bewährten Gesetzgebung der katholischen Kirche.» Den Konzilsvätern in Nizäa war es gleichgültig, ob die Bilder «aus Farben, Mosaiksteinen oder einem anderen geeigneten Material bestehen, ob sie sich in den heiligen Kirchen Gottes, an geweihtem Gerät oder Gewändern, an Wänden oder auf Tafeln, in Häusern oder an Wegen befinden». Die führenden Männer der Kirche hatten erkannt, daß die gemalten Heiligen und Engel, die sichtbare Gottesmutter und ihr göttlicher Sohn den Glauben auf direktem Wege fördern: «Denn je öfter sie durch eine bildliche Darstellung gesehen werden, desto mehr werden auch ihre Betrachter zu sehnsüchtigem Gedenken an das Dargestellte angespornt.»

Dieser Gedanke kehrt seit den frühen christlichen Konzilien immer wieder: Bilder als pädagogisches Hilfsmittel, zumal der Ungebildeten unter den Kirchgängern. Aber findet die Sehnsucht nach himmlischen Vergnügungen nur im Kopf statt? Knapp ein halbes Jahrhundert nach Nizäa hat der Dominikanermönch Thomas von Aquin in seiner «Summa Theologica» den Bildern eine weitere Aufgabe zugestanden: die «Erregung frommer Gefühle». Auch die Dominikaner, die neben der Armut Wissenschaft und Gelehrsamkeit hochhielten, konnten sich dem Geist des Franziskus nicht entziehen: Er hatte die Bücher beiseite geschoben und glaubte an die Macht der Bilder, an erzählte Geschichten, die das Herz des Menschen trafen, seine Empfindungen, seine Gefühle. Nicht die Schärfe des Intellekts führt in das Himmelreich, sondern die Sanftheit und Süßigkeit eines mitfühlenden Herzens. Dolcezza ist eines der Lieblingsworte von Bruder Franz aus Assisi.

Vieles vom radikalen Erbe des Poverello haben seine Jünger verraten. Sie waren Kleingläubige, was den Menschen und die Kraft des reinen Evangeliums betraf. Trotzdem hat der Glaube an die sanfte Macht der Bilder auf eigenwillige Weise im Orden sehr bald Früchte getragen. Schon 1228, im Jahr der Heiligsprechung und zwei Jahre nach dem Tod des Franziskus, begann man in Assisi mit dem Bau einer übergroßen Kirchenanlage, die sich in einen oberen und einen unteren Teil auswuchs. Und hier entstanden, beginnend mit dem achten Jahrzehnt, bis dahin in solchem Umfang nie gewagte Freskenzyklen, die allen Christen vom Leben des Heiligen und der Bedeutung seines Ordens erzählen sollten. Franziskus lebte ein Christentum ohne Eigennutz; er predigte den Vögeln und betete zu einem Gott, der mit den Ärmsten war. Die Franziskanermönche von Assisi holten die Besten in die Stadt, keine Durchschnittskünstler, nicht irgendwelche Namenlosen, selbst wenn nicht alle identifizierbar sind. Auch Cimabue gehörte dazu. Das Programm für die Bildgeschichten diktierten die Mönche, so war es Tradition. Die Künstler protestierten nicht. «Nur die Kunst» war ihr Teil.

Auch für die Mehrzahl der Franziskaner von Florenz lag kein Widerspruch zu ihren Ordensidealen darin, sich von dem berühmten Cimabue Christus am Kreuz malen zu lassen, um dieses Meisterwerk in ihrer Kirche aufzuhängen. Hier, im weiten Umkreis der Arbeiterwohnungen von Santa Croce, waren sie besonders in der Seelsorge engagiert, die Söhne aus den reichen Kaufmannsfamilien der Stadt, die sich der Armut verschrieben hatten. Die Straßen hinunter zum Arno und in Richtung Ponte Vecchio waren das Reich der Färber, der tintori. Der Corso dei Tintori verläuft noch heute südlich von Santa Croce. Und die Piazza Mentana, die zum Arno führt, hieß ursprünglich Piazza delle Travi. Denn hier am Ufer landeten die Baumstämme, travi, aus den Wäldern des Casentino, deren Holz man unter anderem für die Färbegestelle brauchte. (Die Tradition geht weiter zurück als bisher vermutet: Bei den Ausgrabungen an der Piazza della Signoria kam 1988 eine Anlage aus antiker römischer Zeit zum Färben und Verarbeiten von Stoffen ans Licht.)

Der Kahlschlag von Europas Wäldern im Mittelalter schritt unbarmherzig mit der Mechanisierung fort. Für die neuartigen Mühlen aller Art, in denen man nicht mehr nur Korn, sondern Oliven und Eisenerz kleinmachte, brauchte man Unmengen von Holz. Auch die hölzernen Walkmühlen waren eine Erfindung des 13. Jahrhunderts: wassergefüllte Bottiche, in denen das Tuch mit hölzernen Klöppeln mechanisch dicht und geschmeidig gewalkt wurde. Statt vierzig Arbeiter brauchte diese Neuerung nur noch einen Mann zum Bedienen der Maschine.

Die Färber waren ein wichtiger Teil der Florentiner Woll- und Textilindustrie, die um die Wende zum 14. Jahrhundert zu den führenden in Europa und damit der ganzen damals bekannten Welt wurde. Man bearbeitete am Arno nun nicht mehr preiswerte Tuche wie noch vor hundert Jahren. Aus England importierten die Florentiner Unternehmer Wolle von den Schafherden der Zisterziensermönche, bessere gab es nirgendwo. Über den Kanal gebracht, trugen Maulesel die kostbare Fracht in die Provence, von dort ging es per Schiff nach Genua und Pisa und dann weiter nach Florenz. Bevor dieser Rohstoff, zu feinstem Wolltuch verarbeitet, in Ballen wieder die Stadt verließ – diesmal vor allem gen Norden über die Alpen und nach Venedig, um von dort in alle Himmelsrichtungen exportiert zu werden –, vergingen gut sechs Monate, und rund 25 unterschiedliche Herstellungsvorgänge mußten ausgeführt werden. Das war harte Arbeit für viele.

Wie man Wolle zu feinsten Tuchen walkt, hatten die Humilatenmönche von Ognissanti den Florentinern beigebracht. Sie arbeiteten vor allem mit den Bewohnern vom Viertel San Frediano jenseits des Arno zusammen. Auch hier erzählen die Straßen noch Geschichte: Nördlich vom Borgo San Frediano liegt die kleine Piazza Tiratoio, wo es wohl eine hölzerne Halle, tiratoio, zum Spannen und Trocknen der Tuche gab, südlich davon die Via dei Cardatori und die Via dei Tessitori. Hier lebten die Krempler, cardatori, die die Wolle kämmten, und die Weber, tessitori.

Damals, um die Jahrhundertwende, als die Prioren der Zünfte Florenz regierten und die Stadt unübersehbar auf dem Weg nach oben war, gab es für die Wäscher und Färber, die Krempler, die Weber und Weberinnen, die Walker, Tuchspanner und Bügler, die alle zusammen rund ein Viertel der Stadtbevölkerung ausmachten – zum Spinnen wurde die Wolle meist Frauen in Heimarbeit aufs Land gegeben –, keine Möglichkeit, irgend etwas anzuzetteln. Denn ihnen war im Gegensatz zu den allergeringsten Handwerkern streng verboten, sich in Zünften oder andersgearteten Gemeinschaften, zum Beispiel religiösen Bruderschaften, zusammenzuschließen. Niemand vertrat ihre Interessen, in keiner Prozession flatterte ihr Banner wie das der anderen Berufsverbände, denn sie hatten keines.

Das große Geschäft am Arno machten die Kaufleute und Unternehmer, die den gesamten Prozeß vom Einkauf der Rohstoffe bis zum Verkauf der Tuche in ihrer Hand behielten. Selbst die Webstühle, an denen die Weberinnen spannen, waren gegen teuren Zins gepachtet oder wurden zu hohem Preis gegen billige Arbeitsstunden abgegolten. Hinzu kam eine in Gold und Silber gespaltene Währung, die alle Vorteile für die Großen hatte und alle Nachteile den Kleinen aufhalste. Der Lohn für die Florentiner Arbeiter wurde in Silbermünzen ausgezahlt, die gängige Währung innerhalb der Stadt. Der Unternehmer hingegen verkaufte seine Ware auf dem internationalen Markt gegen den begehrten Goldflorin. Auf diese Weise profitierte er – außer vom erzielten Preis – auch noch vom stetigen Anstieg dieser soliden Währung. Die unvermeidbare Inflation dagegen wurde ausschließlich auf den innerstädtischen Geldfluß mit seiner Silberwährung abgewälzt und ging dadurch einseitig zu Lasten der unteren Schichten.

Auch die traditionelle Besteuerung begünstigte die Reichen und traf die Armen. Noch mußte niemand seinen Verdienst und sein Vermögen versteuern. Die Republik nahm sich das nötige Geld durch indirekte Besteuerung der Waren und Nahrungsmittel, auch wenn man versuchte, mit Vorschriften den Wucherpreisen Einhalt zu gebieten. Der Weizen zum Beispiel war ein sensibles Gut. Wurde er knapp, weil Regen oder Dürre die Ernten schädigte wie in den Jahren 1302 und 1303 oder weil im Kampf der Donati gegen die Cerchi die Weißen die Karawanen ausplünderten, die das Korn aus der Romagna nach Florenz bringen sollten, dann bekamen jene, die vor allem vom Brot leben mußten, die Verknappung und Verteuerung am meisten zu spüren. Und weil die Regierenden wußten, daß die Menschen vieles ertrugen, aber der Hunger ein unberechenbarer Ratgeber war, stellten sie den Export von Weizen aus dem Umland von Florenz unter schwere Strafe.

Der Beginn des neuen Jahrhunderts führte den Florentinern drastisch vor Augen, daß sie in einer Zeit der Widersprüche und Umbrüche lebten. Mindestens einmal täglich gingen sie auf ihrem Weg zur Frühmesse, zur Arbeit oder zum Markt an den ausufernden Baustellen vorbei, wo die neuen Kirchen der Bettelmönche und der neue Dom – wenngleich sehr langsam – Gestalt annahmen. Sie konnten verfolgen, wie wuchtige Mauern und Türme die Stadt umrundeten und alte Häuser abgebrochen wurden, um Platz für Schöneres und Größeres zu schaffen. Sie spürten die Unruhe in den Gassen, hörten von Gerüchten, daß die geschlagene und vertriebene Partei der Weißen den Umsturz plane. Sie wollten die

Sorgen des täglichen Lebens bei fröhlichen Maifeiern vergessen, sich zwischen den Parteiungen hindurchlavieren und wurden doch immer wieder unversehens in den blutigen Streit der verfeindeten Familien hineingezogen.

Wer sich Zeit nahm für einen Gang nach San Giovanni, konnte sich von den neuen Mosaiken in der Rundung der Kuppel die unendliche Geschichte des Heilsgeschehens erzählen lassen. An der Fassade des Baptisteriums hatte der Dombaumeister Arnolfo di Cambio das oberste Geschoß mit weißen und grünen Marmorplatten aus Prato verkleiden lassen, ein Abschluß von strenger Schönheit für das Heiligtum der Stadt. Was dachten die einfachen Menschen, die in dieser Stadt wie überall in der Mehrheit waren, wenn sie jetzt durch Florenz gingen? Empfanden sie das Neue als etwas Besonderes, als typisch florentinisch? Eher nicht. Florenz war für sie der Mittelpunkt der Welt, wie immer. Die Stadt entwickelte sich fort, veränderte sich. Das Leben war längst nicht mehr so statisch wie in den Generationen zuvor. Aber weil es alle betraf, war es nichts Besonderes.

An den hohen Feiertagen, in der Advents- und Fastenzeit, strömten die Menschen zu den Franziskanern von Santa Croce und den Dominikanern von Santa Maria Novella. Oft predigten die Bettelmönche draußen auf der Piazza und immer häufiger in der italienischen Umgangssprache, volgare, und versuchten, den Menschen mit ihren alltäglichen Problemen und Sorgen nahezukommen. Darüber vergaßen sie nicht den Kontakt zu ihren zahlreichen Gönnern und Förderern, den reichen Kaufleuten und Bankiers, mit denen sie meist verwandt und verschwägert waren. Und die wiederum fühlten sich verstanden von ihresgleichen, auch wenn diese hinter Klostermauern lebten, und waren bereit, sich von den Mönchen ein ernstes Wort sagen zu lassen.

Einer, der gerne gebeten wurde, wenn es galt, politische Ereignisse mit dem Wort Gottes zu deuten und Ratschläge über den Tag hinaus zu geben, war Bruder Remigio de' Girolami, Professor an der Klosterschule der Dominikaner von Santa Maria Novella. Als junger Mensch war er von Florenz nach Paris gezogen und hatte dort in der Universität zu Füßen des gelehrten Thomas von

Aquin gesessen, in der Hoffnung, ein ebenso berühmter Mann der römischen Kirche zu werden. Als er sah, daß er in der französischen Kapitale nur einer unter vielen bleiben würde, zog er es vor, lieber im Kleinen groß zu sein, und kehrte in den sechziger Jahren nach Florenz zurück. Dort wurde der Mönch aus guter Familie ein geachteter Mann. Remigios Vater hatte an leitender Stelle in der ersten Republik von 1250 gesessen, sein Bruder, Mitglied der Wollzunft, war 1282 einer der ersten Prioren der zweiten Republik geworden. Die Gelehrsamkeit des Dominikaners wurde bald über Florenz hinaus gepriesen, und daß das Studium an der Klosterschule 1294 ein studium generale – und damit echte Universität – wurde, war vor allem sein Verdienst.

Als die Kommune Remigio de' Girolami zum Prorektor machte, gehörte es zu seinen Aufgaben, bei Besuchen, Empfängen oder Begräbnissen bedeutender Persönlichkeiten die offizielle Rede zu halten. Die Regierenden wußten, wen sie sich ausgesucht hatten. Remigio las in der Schule mit Vorliebe über Aristoteles und Cicero. Sein Interesse galt dem klassischen Altertum, seine Helden waren Cäsar und Augustus, Cincinnatus und Torquatus, Männer, die das Wohl der Allgemeinheit über den eigenen Nutzen gestellt hatten. Zweierlei zeichnet den Menschen nach den Schriften und Predigten dieses Mönches aus: der Verstand – «Gott wünscht nicht, daß seine Kirche dumme Diener hat» – und die Beziehung zur Gemeinschaft – «Wer kein Bürger ist, ist auch kein Mensch». Politik ohne Moral ist schändlich, der einzelne – auch der Kleriker – hat sich dem Gemeinwohl unterzuordnen. Angesichts der Erfahrungen in Florenz – und darüber hinaus – war der Dominikanermönch im Dienst der Kommune zu einer radikalen, geradezu ketzerischen These bereit: Das Individuum soll die Gemeinschaft der Bürger mehr lieben als seine eigene Seele.

Remigio scheute sich nicht, die Zerrissenheit der Florentiner Gesellschaft von der Kanzel aus zu analysieren: «Eine Kluft tut sich auf, weil die Guelfen schlecht von den Ghibellinen reden, weil die sich nicht ergeben; und die Ghibellinen reden schlecht von den Guelfen, weil sie diese verjagen möchten... Es gibt eine Kluft zwischen Klerus, Ordensleuten und Laien, weil die ersteren die Laien als Verräter, Falschschwörer, Ehebrecher und Diebe bezeichnen, und das stimmt für viele. Die Laien dagegen sagen, die Kleriker seien Hurenböcke, Vielfraße, Faulpelze und die Ordensleute habgierig und arrogant, und das stimmt bei manchen.» Es waren die eigenen Leute, zu denen Remigio so redete, und er konnte es auch, weil seine Berufsgenossen, die Kleriker, geteilt waren in Guelfen und Ghibellinen, in Faulpelze und ehrenwerte Zeitgenossen.

Keine leichte Aufgabe war es, als ihn die Prioren in der ersten Hälfte des Jahres 1293 um eine Predigt baten. Giano della Bella hatte soeben mit seinen Anhängern die «Ordnungen der Gerechtigkeit» in der Stadt durchgesetzt; es schien, als habe endlich das niedere Bürgertum, der popolo minuto, den reichen «fetten» Bürgern, dem popolo grasso, seinen Anteil an der Macht entrissen. Drei Dinge forderte der gelehrte Mönch in dieser Situation von den Regierenden: gründlich zu beratschlagen; einstimmig zu beschließen; das Wohl der Gemeinschaft zu mehren. Was sie vermeiden sollten: sich nach den Interessen einer Gruppe, eines Individuums oder einer Familie zu richten und gegen diesen Grundsatz zu verstoßen, sei es wegen Giano oder aus irgendeinem anderen Grund.

Natürlich traf Remigio seine Brüder in Christo, die Franziskaner mit den braunen Kutten und die andern Bettelmönche, wenn er durch die Stadt ging. Sie alle prägten das Bild von Florenz für Einheimische und Besucher. In Santa Croce ist er jedoch wahrscheinlich nicht eingekehrt, die Orden fühlten sich zu sehr als Konkurrenz um die Seelen und die Geldbeutel. Er hätte dort eine Bildtafel betrachten können, die die Franziskanermönche sehr verehrten. (Heute steht sie auf dem Altar der Bardi-Kapelle in Santa Croce.) Sie erzählt in vielen kleinen Szenen das Leben des Franziskus. Es sind – auf dem traditionellen goldenen Grund – einfache Botschaften mit einfachen Wahrheiten: Kranke zu pflegen, Arme zu trösten, keine Furcht zu haben vor den Mächtigen. Eine Frömmigkeit des Herzens und der Tat, die die Welt hätte verändern können.

Remigio de' Girolami gehörte nicht zu den Faulpelzen und Hurenböcken. Aber lagen ihm die Ideale des Franziskus nicht eher fern? Gab es nicht andere, mit denen er in diesen neuen Zeiten mehr gemeinsam hatte? Natürlich kannte der Dominikaner auch Brunetto Latini, den Notar und Schriftsteller, der nach dem endgültigen Sieg der Guelfen politische Ämter übernommen hatte, schließlich erster Kanzler der Republik wurde. Die beiden werden über Frankreich geredet haben, dessen Kultur sie aus eigener Erfahrung liebten, und über die Antike, die beide Männer ihrer Zeit als Vorbild empfahlen. Auch der Dombaumeister und Stadtarchitekt Arnolfo di Cambio war für Remigio kein Unbekannter, allerdings nur selten anzutreffen, da ein halbes Dutzend Baustellen in Florenz seine Anwesenheit gleichzeitig erforderte. Vielleicht sah der Mönch sich nach Arnolfos Tod manchmal in der Dombauhütte um, wo einige überlebensgroße Statuen standen, die der Meister für die Fassade des künftigen Doms aus dem Stein gehauen hatte. Eine heilige Reparata, die Patronin der alten Kathedrale, war darunter und ein mächtiger Zeitgenosse, Papst Bonifaz VIII. (Beide befinden sich heute im Opera del Duomo.)

Sola ars, nur die Kunst stand dem Meister zu, und Arnolfo hat sie genutzt: Der Streit um die Person und Politik dieses machtbewußten Papstes läßt den Künstler kalt. Die Statue ist das Geschöpf des Arnolfo di Cambio: sehr aufrecht sitzend, schnörkellos wie in eine römische Toga gekleidet, auf Distanz bedacht; nicht zerrissen, sondern in sich ruhend. Das ganz und gar unsentimentale Ideal einer klaren klassischen Schönheit. Ein Meisterwerk, das in die Zukunft blickt.

Über das «Gut des Friedens» predigte Remigio de' Girolami, als Karl von Valois, der Verbündete der Schwarzen, im Jahre 1301 mit seinen Soldaten in Florenz einritt. Harmonie und Eintracht hieß die Utopie einer heillosen Welt. Entgegen den Versprechungen des Königs folgte wenige Tage später Corso Donati und brachte mit seinen Anhängern Feuer und Plünderung in die Stadt. Die Weißen mußten fliehen, wurden zum Tode verurteilt, ihr Besitz eingezogen. Die Schwarzen waren die Herren. Sieben Jahre später lag der tote Corso Donati im Staub der Straße, verfolgt von seinen ehemaligen Verbündeten, ermordet von katalanischen Söldnern im Dienst der Stadt.

GIOTTO, LIEBLING DER STADT,
ODER WENN BILDER SPRECHEN

Im Oktober 1310 zog wieder ein deutscher König über die Alpen. Dante begrüßte ihn enthusiastisch als Erlöser vom selbstzerstörerischen Streit der italienischen Kommunen und rief aus dem Exil seiner Vaterstadt beschwörend zu, diesem Erben des antiken Imperiums die Tore zu öffnen. Doch Heinrich VII. stand vor verschlossenen Türen, als er nach seiner römischen Krönung im Juni 1312 auf dem Rückweg endlich die Stadt am Arno unter seine Gesetzmäßigkeit zwingen wollte. Im August 1313 starb er in Buonconvento, 43 Kilometer südlich von Siena. Im Dom des kaisertreuen Pisa ist er begraben worden und mit ihm endgültig der Traum vom friedensstiftenden Herrscher, der die Völker Europas zwischen Apulien und Friesland unter seine Fittiche nahm.

Der nicht durchsetzbare Anspruch Heinrichs VII. fachte über seinen Tod hinaus den alten Streit in den Städten Norditaliens aufs neue an. Mochten die Schlachtrufe von gestern noch so sinnlos sein, wieder schied sich die Bürgerschaft in Guelfen und Ghibellinen, in Papst- und Kaisertreue, wurden alte und neue Rechnungen unter diesen Etiketten blutig und gnadenlos beglichen, kam das Leben in den Städten nicht zur Ruhe.

Florenz rief fremde Herren, um den inneren Frieden wiederherzustellen und zugleich den Krieg nach außen weiter zu treiben. Es suchte Verbündete und berannte mit aller Kraft wie manisch das selbstbewußte Lucca, das sich im Verbund mit Pisa seiner Haut zu wehren wußte und allen Eroberungsversuchen trotzte. Montecatini 1315 und Altopascio 1325 verlängerten die Liste vernichtender Florentiner Niederlagen auf dem Schlachtfeld. Neben 500 Mann einheimischer Kavallerie kämpfte eine gemischte, gemietete Soldateska von 1500 Mann – Franzosen, Deutsche, Katalanen, von nun an nichts Ungewöhnliches mehr. Doch sie half der Arnostadt diesmal wenig: In Lucca wurden die Insignien des erbeuteten carroccio, der mythische Kriegswagen der Florentiner, durch den Staub gezogen. Nur die neuen unüberwindbaren Stadtmauern schützten Florenz vor Schlimmerem.

1328 rauften sich die führenden Männer der Stadt endlich zu einer gemeinsamen Politik zusammen: Keine fremden Herren mehr, Schluß sollte sein mit dem inneren Streit, der am Ende die Geschäfte von allen störte und den guten Ruf von Florenz – und damit ihren eigenen – schädigte. Und so schwang sich die alte Oligarchie aus den «größeren» Zünften der Bankiers (Cambio), der Unternehmer (Calimala), der Woll- (Lana) und der Seidenzunft (Seta) – egal ob Schwarzer oder Weißer, Guelfe oder Ghibelline – wieder fest in den Sattel, besetzte siebzig Prozent aller wichtigen städtischen Ämter und stellte beim Geschäft in den Kontoren, bei angenehmen Banketts in ländlichen Villen und kühlen Stadthäusern lautlos die Weichen der Florentiner Politik. Was die sonst scharf kalkulierenden Kaufleute in ihrer politischen Ansicht einte, war ein seltsam irrationaler Imperialismus. Trotz der Niederlagen und steigenden kommunalen Ausgaben ging der Kampf um territoriale Vergrößerung weiter. Lag das städtische Defizit 1303 bei 47 000 Florine, so stieg es vor allem wegen der Militärausgaben bis 1338 auf 450 000 Florine. Aber das beunruhigte die Mächtigen nicht: Standen doch alle Zeichen auf Erfolg. Die städtische Löwin im Käfig hinter dem Palazzo della Signoria – Symbol der wehrhaften Florentiner Bürgergemeinschaft – warf 1332 zum erstenmal zwei lebendige Jungen. Der übermächtige Turm des Priorenpalastes war längst vollendet und trug seine Glocken. (1353 wurde die große Uhr am Turmansatz montiert. Zur Erinnerung an ihren Konstrukteur wurde die Straße, in der er lebte, umbenannt. Bis heute heißt sie Via dell' Oriuolo.)

Noch immer steht an der Ecke Via de' Benci und Borgo Santa Croce der Palast Alberti del Giudice. Von altem städtischem Adel, waren die Alberti 1293 ganz legal zu den popolani, den Bürgerlichen, übergetreten und Kaufleute geworden. Wie andere führende Familien machten sie ihr Geld als Händler von flämischem Tuch. Ihre Agenten kauften auf den Messen in der Champagne ein, in Florenz wurde der Stoff verfeinert, gefärbt und dann in

Italien wiederverkauft. Im Jahre 1307 hatte die Gesellschaft der Alberti 14 Vertreter, unter anderem in Venedig, Neapel, Bologna und Mailand, mit einem Jahresgehalt von jeweils 100 bis 150 Goldflorine. (Ein geschickter Handwerker verdiente 14 Florine im Jahr, drei bis vier mußten für die Miete eines Ladens herhalten.) Nur die Bardi und Peruzzi hatten mehr Angestellte als die Alberti und zahlten besser, rund das Doppelte, und für diese 200 Florine konnte man in Florenz ein großes Haus, zwei Diener und ein Pferd halten.

Im zweiten Jahrzehnt des neuen Jahrhunderts ging es allerdings erst einmal bergab. Bankrott drohte, weil die flämischen Tuche plötzlich aus der Mode kamen. Den Alberti gelang es, mit Zähigkeit und Ideen das Tief zu überwinden und sich den neuen Entwicklungen auf dem internationalen Markt und innerhalb der städtischen Ökonomie anzupassen. Der Import von Tuchen brachte keinen Gewinn mehr, denn Florenz entwickelte entschlossen seine eigene Tuchindustrie. Sie setzte auf Qualität und auf immer raffiniertere Färbemethoden, die dem neumodischen, extravaganten Geschmack Rechnung trugen. Die Alberti del Giudice stiegen nicht nur ins Bankgeschäft ein, sondern wurden zu Wollhändlern und Stoffherstellern. Für 13 000 Florine kauften sie 1321 in Florenz eine Wollwerkstatt, die von einem Partner mit zwei Gehilfen geführt wurde. Erhalten ist einer ihrer frühen Partnerverträge aus dem Jahre 1308, der beginnt «A nome di Dio e guadangnio» – im Namen Gottes und des Profits. Eine typische Formel für die Florentiner Kaufmannschaft.

Parallel zu den wirtschaftlichen Verschiebungen verlagerte sich die Macht in der ersten Hälfte des 14. Jahrhunderts von der Calimala, der Zunft der Tuchhändler, auf die Arte della Lana, die Wollzunft. Den Angehörigen beider Zünfte aber war klar, daß ihr Geschäft überhaupt nur florieren würde, wenn ihre Söhne eine gute Ausbildung erhielten. So schickten die Kaufleute ihre Söhne – und meist auch ihre Töchter – mit sechs, sieben Jahren in die Elementarschule, um Schreiben und Korrespondenzführen zu lernen. Nach vier Jahren wechselten die Söhne zum Mathematiklehrer, dem abbacista. Seine früheste Erwähnung in den Zunfturkunden stammt aus dem Jahre 1316. Bald waren die Florentiner Mathematiker über die Stadtmauern hinaus berühmt und machten Karriere in anderen Städten Norditaliens. Zwei Jahre dauerten die Mathematikkurse für den kaufmännischen Nachwuchs. Es folgte die Lehre im Kontor, wo man Buchführung und Management lernte, und daran schlossen sich Lehr- und Wanderjahre in aller Herren Ländern an. Die ersten Handbücher zur Handelskunde wurden geschrieben, eines der berühmtesten ist die «Pratica della mercatura» von Francesco di Balducci Pegolotti, Kommissär der Peruzzi in Zypern, Brügge und London. Bei ihm konnte man zum Beispiel nachlesen, «was ein Kaufmann wissen muß, der nach Kathei» reisen will, also auf den Spuren des berühmten Marco Polo nach China. Alles in allem eine Ausbildung, die frei von kirchlichen Einflüssen und konsequent auf die praktische Kaufmannstätigkeit ausgerichtet war.

Schon 1306 wird eine Lehrerin erwähnt, die Latein unterrichtete. Frauen waren in Elementarschulen und vor allem als Hauslehrerinnen für die Töchter der Ober- und Mittelschicht tätig. Latein zu lernen, das war allerdings etwas Besonderes, aber Lesen und Schreiben nicht. Ohne Bildung kamen auch die Frauen in den bürgerlichen Kreisen nicht weiter, gab es keinen passenden Schwiegersohn.

Die neue Machtverteilung innerhalb der Kommune funktionierte reibungslos. In geschäftlichen Angelegenheiten blieb man nüchtern, den Realitäten des Profits beugten sich die Regierenden, solange es um interne Strukturen ging. 1331 übernahm die Wollzunft die Verantwortung für den Dombau, die bis dahin unter den wichtigsten Zünften rotiert hatte. Der Neubau der abgebrannten Getreidehalle bei Orsanmichele, wo das prominente wundertätige Madonnenbild der Stadt verehrt wurde, kam in die Obhut der Seidenzunft. Die enorme städtische Bautätigkeit hatte eher noch zugenommen, immer ausgeprägter wurde das Bedürfnis jener Bürger, die es sich leisten konnten, ihr Geld für öffentliche Kunstwerke zum eigenen Ruhm, zur Ehre Gottes und der Stadt auszugeben. Eine Rollenverteilung innerhalb der Gesellschaft fand statt, von der alle Beteiligten auf das angenehmste profitierten. Da waren die Bürger, mit deren Geld Großes geschaffen wurde. Da war die Kirche, deren Gotteshäuser Bühne und Schauplatz stellten, und die christliche Religion, die die Inhalte vorgab. Und da waren nicht zuletzt die Künstler, die mit ihren Händen schufen, was spätere Generationen Kunstwerke nennen und was den Zeitgenossen – neben frommer Betrachtung – auch Lob und herausragende Ehren wert war.

Keinen Zweifel gab es, wem in diesen Jahrzehnten der Lorbeer unter den Künstlern gebührte. Unbelastet von den Interpretationen folgender Jahrhunderte, vom Rückblick auf einen Wendepunkt in der Geschichte der europäischen Malerei, war Giotto den Florentinern zuerst einmal ein angesehener Mitbürger: eingetragen in der Zunft der Ärzte, Apotheker und Gewürzhändler, wie es sich für einen Maler gehörte; geschäftstüchtig bis zum Geiz, wußte er sein Haus im Viertel Santa Maria Novella und seinen Webstuhl teuer zu vermieten. Vor allem aber galt er den Florentinern als der berühmteste Maler aller Zeiten, auf den sie stolz waren und den sie zu den Ihrigen zählten, mochte Giotto auch im nordöstlich gelegenen Mugello zur Welt gekommen sein. Im Jahre 1334 machten sie ihn zum capomaestro, zum obersten Baumeister der Domhütte «und aller anderen Bauvorhaben in der Kommune». Die Bestallungsurkunde preist ihn als «Meister der Wissenschaft und der Lehre».

Wer zum stillen Gebet oder zur Messe in die Ognissanti-Kirche der Humilaten ging, konnte das übergroße Bild der Maria im blauen Mantel nicht übersehen, das rechts oberhalb des Lettners befestigt war. Mit den prächtigen Madonnen des Cimabue und des Duccio bildete die Giotto-Maria eine imposante Dreiheit, die in der ganzen Toskana nicht ihresgleichen hatte. Das wußten Einheimische und Besucher, wenn sie die Bilder aufsuchten. Aber nicht, um Kunstwerke zu bewundern und die unterschiedlichen Ausführungen der Maler zu vergleichen, kamen sie in die Gotteshäuser, sondern um von den Bildern angerührt, erhoben und in himmlischer Gewißheit bestärkt zu werden.

Im Jahre 1334 hatte Giotto zwei Aufträge zu Ende gebracht, die die Namen der beiden reichsten und damit mächtigsten Familien in Florenz verewigen sollten: Die Bardi und die Peruzzi sicherten sich in Santa Croce, der neuen Kirche der Franziskaner, jeweils eine Familienkapelle, mit deren Ausmalung Giotto betraut wurde. Sie bezahlten den Künstler, sie besprachen sich mit den Mönchen und stellten ihnen frei, dem Maler und seinen Gehilfen ein präzises Programm für die Motive, Geschichten und Gestalten vorzugeben. Ob Florenz oder Assisi: Den Franziskanern diente die Malerei, um überall und allen die Bedeutung ihres Ordens und ihres Ordensstifters, des heiligen Franziskus, für die göttliche Vorsehung und die römische Kirche zu demonstrieren. In der Nachfolge des Franziskus hatten sie – im Gegensatz zu den Dominikanern – keine Hemmungen, jene Mittel für ihre Botschaft zu nutzen, die Sinne und Herzen der Menschen ansprachen. Innerhalb dieses geistlich-propagandistischen Rahmens, den weder Auftraggeber noch Ausführender in Frage stellten, konnte der Künstler sich entfalten.

Da die Kapellen der Bardi und Peruzzi im Querhaus von Santa Croce lagen, das wie üblich durch einen zweistöckigen Lettner vom Langhaus getrennt wurde, waren Mönche die Hauptbetrachter der Wandzyklen, wenn sie dort Messe lasen oder sich vor dem Hauptaltar zum Chorgebet einfanden. Die übrigen Kirchenbesucher hatten ein wenig Einblick über die Schranken hinweg, durften wohl auch auf Einladung der Mönche Anteil an den Bildern nehmen. Das eigentliche Programm der Laien aber war an der Wand des rechten Seitenschiffs ausgeführt, wo sie standen, wenn ihnen von der Kanzel vor dem Lettner gepredigt wurde. Für Geistliche und Laien gilt gleichermaßen: Sie studierten beim Anblick der Heiligen und frommen Geschichten nicht die Wirkung des Raumes, die Giotto in den Augen der Nachgeborenen mit seinen robusten Gestalten so revolutionär darstellte. Die Fresken der Kapellen erzählten den Zeitgenossen von einer Welt, ihrer Welt, in der sich Gottes Wirken durch die Menschen zeigt – heiligmäßige Menschen, mit denen sich die Beter identifizieren konnten, Menschen, die Mittler zwischen Himmel und Erde waren.

Für die interessierten Florentiner war Giotto ein gefragter Mann, dessen Auftraggeber in Padua und Rom, Avignon, Mailand und Neapel saßen. Und da die Kaufleute selber weit gereist und international erfahren waren, wußten sie diese Weltläufigkeit zu schätzen, holten sehr bewußt über die Künstler die Welt nach Florenz. In der Kunst war Provinzialismus den Bardi, den Peruzzi und anderen tonangebenden Familien fremd. (Siena dagegen ließ Künstler von auswärts eine extra hohe Steuer zahlen.) So wie sie Duccio wohlwollend empfangen hatten, nahmen sie die Brüder Ambrogio und Pietro Lorenzetti und den Bildhauer Tino di Camaino aus dem politisch verhaßten Siena freundlich auf und erteilten ihnen Aufträge. Wie ihnen Arnolfo di Cambio für den Dombau gerade recht war, so schuf Andrea Pisano, Goldschmied und Bildhauer aus Pontedera, zwischen 1330 und 1336 im Auftrag der Kaufmannszunft die viel bewunderten südlichen Bronzetüren des Baptisteriums. Alle diese Männer kamen von außerhalb und machten innerhalb weniger Jahrzehnte Florenz zum neuen Mekka der Künstler.

Damit hatte der Emporkömmling am Arno auch in diesem Bereich Siena und Pisa, Lucca und Arezzo überflügelt. Und im Zentrum der Stadt, direkt neben und mit den Dommauern wuchs ein eindrucksvolles Monument in die Höhe. Es verkörperte ein Selbstbewußtsein, das immer entschiedener und eindeutiger die Sache des Menschen vertrat, der sein Schicksal in die eigenen Hände nimmt und nach seinen Vorstellungen die Welt prägt, ohne sich deshalb vom Segen Gottes ausgeschlossen zu fühlen. Der städtische Kosmos Florenz schuf sich direkt neben dem Dom seine eigene Symbolik: Der Campanile des Giotto ist die erste weltliche Skulptur in dieser Stadt – ohne die Verbindung zwischen Göttlichem und Weltlichem ganz zu kappen; steinernes Manifest für das Bündnis zweier gleichrangiger Partner.

Im April 1334 war Giotto Dombaumeister geworden. Im Juli bewegte sich eine lange Prozession aus Prioren, Zunftmeistern, Priestern, Bischof, Domherren und viel Volk zur noch winzigen Piazza um das Baptisterium und hielt neben der Dombaustelle. Feierlich wurde der erste Spatenstich für den Turm des Doms getan. Es war ein ungewöhnlicher Campanile in der an extravaganten Türmen nicht armen Toskana. Ser Giotto, der gar kein

Baumeister war, hatte die Maße für das Fundament bestimmt: 12 braccia tief, rund sieben Meter, bis zum Grundwasserspiegel. Tutto sodo, ganz solide, sollte es werden und zugleich so harmonisch wie die städtische Gemeinschaft, ein Turm, der zum Dom gehörte und doch als selbständiges Werk neben ihm stand. Die erhaltene Zeichnung des Giotto zeigt einen achteckigen Turm von luftiger Zartheit mit Fenstern an allen Seiten, feinstem Filigran und einem Engel an der Spitze. Die Ähnlichkeit mit dem Turm des Freiburger Münsters ist verblüffend. Doch Giottos Entwurf kam nicht zum Zug. Die Florentiner Geldgeber wollten es irdischer, mehr der Erde zugewandt, säkularer, so wie der Campanile sich heute auf der Piazza neben Dom und Baptisterium behauptet. Wie die Mönche die Malerei in den Kapellen nutzte die Kommune diesen Zwitter, um den Florentinern ihr Programm darzubieten. Die untersten Etagen des Turms schmücken Halbreliefs des Andrea Pisano, auf denen abgebildet ist, was den Kern ausmacht, das Fundament der Republik – die Berufswelt: Lehrer und Maurer, Apotheker und Bildhauer, Weberin und Kaufmann. Der Turm, einst Symbol feudaler ritterlicher Kultur in der Stadt, ist damit in Florenz zum Leuchtturm der neuen, städtischen Bürgerkultur geworden.

Am 8. Januar 1337 stirbt Giotto, gerade von einer Reise nach Mailand zurückgekehrt, in Florenz. Wie der große Arnolfo di Cambio, sein Vorgänger als oberster städtischer Baumeister, wird er feierlich innerhalb der aufstrebenden Dommauern begraben. Drei Jahre später macht die Kommission für den Dombau Andrea Pisano zum Nachfolger Giottos als capomaestro.

Florenz war nun seit Jahrzehnten eine große Baustelle. Die Einwohner hatten nichts dagegen, brachte die Unruhe doch viele Arbeitsplätze. Zudem war Bauen hier eine Kunst, deren Tradition zurückreichte bis in antike Zeiten. Pietra forte, der Stein, den die Florentiner lieben, wurde in den Hügeln um die Stadt gebrochen. Auch wenn das meiste längst hinter Stuck und Stein verborgen liegt, Florenz ist ebenso eine Stadt der Ziegel, ein Baustoff, den die Römer populär machten. Einige wenige Ziegelöfen gab es damals sogar innerhalb der Stadtmauern. Vor allem aber hatte sich das

Brennen von Ziegeln und Kalkstein – aus gebranntem Kalk wurde der unentbehrliche Mörtel hergestellt – zu einer wichtigen und ertragreichen Industrie ringsum im Contado entwickelt. Viele Bäume mußten dafür sterben, denn sechzig Prozent der Investitionen verschlang das Brennholz. Florenz hatte eine weit zurückliegende Gesetzgebung, die Herstellung, Maße und Preise regelte. Um eine möglichst ökonomische Produktion sicherzustellen, wurde 1325 per Gesetz festgelegt, daß alle Brennöfen in einem Vorgang Ziegel herstellen und Kalkstein brennen mußten. Gleichzeitig mußte der mattone, der Standardziegel, in Zukunft 29 Zentimeter lang, halb so breit und halb so dick sein. Den Beruf des Baumeisters gab es noch nicht. Die entscheidende Arbeit machten die Maurer. Sie hatten gelernt, ein Gebäude zu entwerfen. Sie wußten, wie man Wände hochzieht, ein Dach aufsetzt und deckt. Von hohen Gewölben, dem Stolz ihrer Kollegen in Frankreich und Deutschland, hielten italienische Maurer nicht viel.

Die Männer am Bau sind namenlos geblieben, bis auf wenige Ausnahmen. Neri di Fioravante und Benci di Cione leiteten gefragte Bautrupps, die beim Palast des Podestà (heute Bargello), dem Dom und anderen großen Vorhaben eingesetzt wurden. 1348 machte Benci di Cione einen Kontrakt mit den Nonnen von Santa Maria del Fiore in Fiesole. Er verpflichtete sich, in sechs Monaten eine Kapelle zu errichten und alle Materialien – Steine, Holz, Eisen, Mörtel – zu stellen. Kostenpunkt: 440 Florine. Er mußte sich beeilen, denn schon damals gab es für jeden verspäteten Tag eine Konventionalstrafe. Bekannte und Unbekannte arbeiteten nach dem gleichen Muster: Der Maurermeister, der nicht fest angestellt war, stand an der Spitze eines kleinen Teams, das meist einen Lehrling und ein, zwei Arbeiter umfaßte. Um die genauen Maße des Baus festzulegen, holte man den abbacista. Der Mathematiker, wie auch der unabhängige Richter, der im Falle von Reklamationen das letzte Wort hatte, wurde von beiden Parteien bezahlt.

Der Arbeitskontrakt konnte über wenige Tage oder für ein ganzes Jahr geschlossen werden, solches Glück jedoch hatten die wenigsten Arbeiter. In den meisten Haushalten wurde das Geld dreimal umgedreht, denn schon morgen konnte der Ernährer arbeitslos sein. Trotzdem war das Essen nicht nur eine Frage des Sattwerdens, sondern – in guten Jahren – auch Indikator für soziales Ansehen. Die Mächtigen aßen mit Vorliebe Schaf und Huhn – die Kleinen taten es ihnen in den Dreißigern und Vierzigern zunehmend nach. So jedenfalls bezeugen es die Haushaltsbücher des angesehenen Krankenhauses Santa Maria Nuova, die von 1325 bis 1380 akkurat überliefert sind. Was hier jährlich an Fleisch, Gemüse, Wein, Brot und Olivenöl eingekauft wird – die Ausgaben verdoppeln sich in diesem Zeitraum –, spiegelt die Vorlieben und Gewohnheiten eines bürgerlichen Haushalts von mittlerem Einkommen. Wenn auch nicht jeden Tag ein Stück Fleisch auf dem Teller lag, inzwischen gehörte dieser Genuß zum festen Bestandteil des Essens. Oft wurden die Schweine lebend auf dem Markt gekauft, geschlachtet und gesalzen. Das geschah meist vor Weihnachten. Ziege gab es mehr im Frühjahr. Geschlachtetes Fleisch wurde beim Metzger für drei Mahlzeiten auf Vorrat gekauft, mehr hielt sich nicht im Florentiner Klima. Natürlich gab es Unterschiede: Hammelbein war billiger als -schulter. Insgesamt kam man im Krankenhaus, wo im Jahre 1347 über 200 Personen satt werden mußten, auf 34 Kilogramm Fleisch pro Kopf und Jahr.

Wer Heißhunger hatte oder keine Zeit zum Kochen, kaufte sich auch schon einmal ein gebratenes Stück Fleisch auf die Hand. Er mußte nur zum Kornmarkt bei Orsanmichele gehen, wo die Metzger und Gastwirte offene Bratstände unterhielten. Städtische Aufpasser sorgten dafür, daß weder altes noch erotisch aufgeladenes Fleisch verkauft wurde. Unter anderem glaubte man fest an diesbezügliche Kräfte bei gebratener Schweineleber, gebratener Milz und bei Singvögeln. Im Weintrinken waren die Nonnen, Kranken, Handwerker und Helfer von Santa Maria Nuova mit 226 Litern pro Person und Jahr sehr bescheiden. Der Chronist nennt 248 Liter als jährlichen Durchschnitt für die Bevölkerung im Jahre 1338. Aber das war wohl eher untertrieben und unterschätzte den schwarzen Markt. Selbst die Armen gönnten sich den weißen Trebbiano. Und das Fest, mit dem am 1. November jedes Jahr der neue Wein gefeiert wurde, versetzte die ganze Stadt in einen Rausch.

Die Grundlage der Ernährung blieben Olivenöl, das man drei bis vier Monate auf Vorrat anlegte, und Brot. Die Kommune bot den unteren Schichten kostenlos Schwarzbrot an, aber das war nicht sehr beliebt. Am liebsten aß man Weizenbrot, zwischen sechshundert und tausend Gramm pro Tag. Davon vor allem mußte die Mehrheit der Bewohner satt werden. Sie konnte nicht, wie das gut ausgestattete Hospital, täglich und großzügig auf dem Markt Obst und Gemüse einkaufen. Um so mehr traf es sie, wenn die Ernte verregnete, wenn Hagel oder Schädlinge das Korn schon auf dem Halm vernichteten. Je mehr Menschen die Stadt an sich zog, um so dramatischer wurde die Situation zu Zeiten, wenn das Getreide knapp wurde und eine Hungersnot ausbrach.

Der Getreidehändler Domenico Lenzi aus Florenz verfaßte zu Anfang der vierziger Jahre ein Nachschlagewerk, das er «Specchio Umano» nannte. Es spiegelt sich darin ein Mensch, der sich entschuldigt, weil er kein Latein kann, sondern nur in der Umgangssprache schreibt und doch selbstverständlich Formulierungen aus Dantes «Göttlicher Komödie», die auch im volgare geschrieben ist, oder Sprüche des Seneca in seinen Text flicht. Es spiegelt sich darin eine Gesellschaft, die einem so lebenswichtigen Beruf wie dem des Getreidehändlers nicht einmal eine eigene Zunft zugesteht, sondern ihn in die «kleinere» Zunft der Gewürzhändler und Ölkrämer steckt. Eine Gesellschaft, in der Domenico Lenzi keine Ausnahme ist: Bildung war in Florenz um diese Zeit kein Privileg der Oberschicht. Antike Texte vertrieben nicht nur Mönchen und anderen gelehrten Herren die Zeit, sondern waren so beliebt, daß sich italienische Übersetzungen lohnten.

Der «Specchio Umano» beschreibt drastisch die Auswirkungen der Hungersnot, die vom Frühjahr 1328 bis ins folgende Jahr herrschte. Täglich kamen mehr Bewohner aus dem Umland in die Stadt, in der Hoffnung, hier billige Nahrung zu finden. Natürlich wußten die Menschen, daß die großen Kommunen in solchen Notzeiten das Getreide subventionierten oder kostenlos an die Armen ausgaben. Doch davon gab es inzwischen so viele in Florenz, daß ein Drittel von ihnen vergeblich am Kornmarkt Orsanmichele anstand. Hier herrschten i Sei – «die Sechs», sechs

Beamte – mit weißer Kappe und Ähren hinter dem Ohr über das Getreide. Sie waren dafür zuständig, daß es bei der Verteilung gerecht zuging. Die Vorratshaltung für Bäcker und Privathaushalte war per Gesetz geregelt, die Maße und Gewichte wurden ständig kontrolliert, Höchstpreise festgesetzt. Und weil die Versuchung hier besonders groß war, sich großzügiges Wegsehen vergolden zu lassen, rotierten die Sechs alle sechs Monate im Amt. Sie standen bei ihrer Arbeit auf einem Podest, mußten gute Nerven und Durchsetzungskraft haben.

Im April 1328 nahmen die Vorräte zusehends ab, es wuchs die Angst vor Tumulten. Neben jeden Kornhändler wurden ein paar Soldaten postiert. Im Mai wurde der freie Verkauf auf dem Markt Orsanmichele eingestellt, und wer mehr Vorrat als bis zum Juli hatte, war unter Strafandrohung verpflichtet, ihn abzuliefern. Soldaten durchsuchten die Häuser. Die Sechs ließen zur Abschreckung einen Richtblock nebst Beil auf ihrem Podest aufstellen: Wer Händel anfing oder Korn stahl, dem würden Hand oder Fuß abgehackt. Trotzdem nahm das Gedränge noch zu. Frauen fielen in Ohnmacht, Geldtaschen wechselten im Gewühl die Besitzer. Schließlich wurde der Markt abgeriegelt und nur noch ein Käufer nach dem andern eingelassen. Am 6. Juni gab es offiziell kein Getreide mehr in der Stadt, der Kornmarkt wurde geschlossen. Eine Katastrophe für die Mehrheit der Florentiner, viele mußten hungern. In den Kirchen wurden Brote verteilt. Im Juli besserte sich die Situation ein wenig, und sie verschlechterte sich wieder im September. Die Sechs baten die Getreidehändler von Florenz unter einem Vorwand zu sich – und ließen 36 von ihnen verhaften, um Auskunft über heimlich gehortete Vorräte zu bekommen. Erst im Sommer 1331 war das Korn wieder zum alten Preis aus den Zeiten vor der großen Not zu kaufen, weil es genug davon gab.

Die Zahlen des Domenico Lenzi stehen für viele Leben: für Resignation und Wut, Erschöpfung und Aufbegehren, zerstörerischen Hunger und qualvolle Krankheiten. Nur eine Minderheit der Städter ist unabhängig von den Mächten der Natur und den Einbrüchen der Konjunktur. Die allermeisten Bewohner von

Florenz leben in einem ungesicherten Glück, sind allen Schwankungen hilflos ausgeliefert.

Am 1. November 1333 begann es zu regnen. Vier Tage und vier Nächte fiel das Wasser wie in Katarakten vom Himmel, von Blitz und Donner begleitet. Die Glocken läuteten ununterbrochen, schien sich doch Gottes Zorn in diesem Unwetter, das den Arno zu einer wilden, alles mitreißenden Flut anschwellen ließ, zu zeigen. In Florenz allein starben dreihundert Menschen und ungezählte Tiere. Häuser, Brücken und Mühlen wurden zerstört, kostbare Vorräte an Wein, Weizen und Tuchen vernichtet. Die gesamte Stadt stand unter Wasser. Im Baptisterium reichte es bis über den Altar. Allein die Reparaturen für Wälle und Brücken kosteten Florenz rund 150000 Florine. Als prominenteste und älteste Brücke versank – nach dem Fall der Carraia- und der Trinità-Brücke – der Ponte Vecchio mit seinen kleinen hölzernen Werkstätten in den reißenden Wellen. Zwölf Jahre später war feierliche Wiedereinweihung, nun schmückten steinerne Läden das Brückengeländer.

Die Prediger wußten 1333 genau, wem Gottes Zorn gegolten hatte: Die Eitelkeit der Frauen war schuld, der moralische Niedergang der Bewohner im allgemeinen und die neumodischen Glasscheiben im besonderen, mit denen seit ein paar Jahren einige wenige wohlhabende Bürger die Fenster ihrer Häuser verkleideten.

«Niemals seit seiner Zerstörung durch den Gotenkönig Attila, die Geißel Gottes», so klagte der Chronist, erduldete Florenz ein ähnliches Unglück. Und die Zeiten, wo man klaglos und fraglos Katastrophen hinnahm, waren offenbar vorbei. Die große Flut von 1333 löste unter den Intellektuellen in der Stadt eine heftige Diskussion aus: War die Überschwemmung ein Naturereignis oder ein Gottesurteil? Das letztere natürlich, meinten die Theologen und die orthodox-konservativen Zeitgenossen. Der Glaube ließ für sie keine andere Antwort zu. Aber wo bleibt die Vernunft, fragten ein paar Nachdenkliche, die nicht alle Antworten von gestern schon für der Weisheit letzten Schluß hielten. War nicht die Vernunft, mit der sich rationale, das heißt natürliche

Gründe finden ließen, den Menschen von Gott gegeben, um immer mehr Geheimnisse zu enträtseln? Um sich die Erde untertan zu machen? Wo allerdings blieb dann die Allmacht Gottes? Der bedeutendste Chronist dieser Jahre, Giovanni Villani, hat auch über diese geistige Auseinandersetzung berichtet. Er war ein selbstbewußter Kaufmannssohn, wenngleich nicht aus einer der allerbesten Familien. Ausgebildet bei den Peruzzi, ihr Vertreter in Flandern, ließ er sich im zweiten Jahrzehnt des 14. Jahrhunderts endgültig in seiner Heimatstadt nieder, erwarb hohe Ämter in der Kommune und investierte ab 1322 sein Geld bei den Buonaccorsi, wo es dann auch beim Konkurs verlorenging. Villani versuchte ein exakter Zeuge seiner Zeit zu sein, das war neu. Er ging in Archive und Amtsstuben, studierte Akten und Statistiken und war gut informiert über die entscheidenden Gespräche in den Kontoren, als er seine Geschichte der Stadt Florenz schrieb.

Er war ein Konservativer, daraus machte er keinen Hehl, stolz auf die «Größe und Herrlichkeit der Kommune von Florenz», skeptisch gegenüber Neuerungen und im Laufe der Jahre immer pessimistischer, was die Natur des Menschen betraf. Aber die Strömungen der Zeit gingen nicht spurlos an ihm vorüber. Als Chronist hatte er sich vorgenommen, nicht Mythen, sondern Fakten zu berichten, und weil er seinen Verstand nicht abschalten konnte, stellte sich ebenfalls die Frage: War die große Flut ein Naturereignis oder ein Gottesurteil? Die Antwort fiel Villani nicht leicht, war er doch wie viele seiner Mitbürger fasziniert von den Bewegungen der Gestirne und überzeugt, daß sich in ihnen Antworten für die Zukunft finden ließen. In jener Zeit galt Astrologie nicht als finstere Magie, sondern war im Gegenteil das Steckenpferd aufgeklärter Bürger, der Versuch, unabhängig vom Glauben durch rationale Erkenntnisse und genaue Beobachtungen der Naturphänome Aufklärung über die Geheimnisse der Welt zu erhalten und aufgrund dieses Wissens sinnvoll planen zu können.

Seine Aufzeichnungen über viele Jahre verdichteten sich für Giovanni Villani zur Gewißheit. Erscheinen Kometen am Himmel, folgen Veränderungen auf dem Fuß: Seuchen oder die Ankunft wichtiger Persönlichkeiten. Sonnen- oder Mondfinsternisse dagegen bedeuten Tod und Niedergang. Die Konjunktionen der Planeten haben unterschiedliche Wirkungen je nach Kombination und Position im himmlischen Tierkreis. Es ist ein Wissensfundus, mit dem der Chronist die Zukunft und den Lauf der Geschichte deuten kann. Villani, der Amateurastrologe, unterhielt sich gerne mit Maestro Pagolo, einem berühmten professionellen Astrologen. Pagolo, wie alle seine Kollegen, verbrachte seine Zeit damit, günstige Stunden zu ermitteln – sei es für die Schlacht oder für die Hochzeit. Kein Zweifel, der konservative Chronist Giovanni Villani war anfällig für die Macht der Sterne, anfällig für die Faszination des Wissens. Und so ist es kein Zufall, daß er ausführlich über die Diskussion nach der Flut berichtete und über die Zeichen am Himmel, die in den Monaten zuvor auf ein außergewöhnliches Ereignis hindeuteten. Also ein Ereignis, venuto per corso di natura? Das der Lauf der Natur mit sich brachte? Oder doch ein Gottesurteil, das keiner Erklärung bedurfte? Giovanni Villani zieht sich geschickt aus der Affäre: «Ich habe diese Meinung über die Flut: Mit Hilfe der Naturgesetze hat Gott uns wegen unserer außerordentlichen Sünden gerichtet.»

Bei soviel Ausgewogenheit konnte kein Inquisitor Anstoß nehmen. Denn die Astrologen und ihre Sympathisanten mußten vorsichtig sein. Ihre Diskussionen fanden nicht im freien Raum statt. Mit feinem Gespür erkannte die Kirche, wo die Vernunft Boden gewann – auf Kosten einer Institution, die mehr Macht auf Erden hatte als jede andere. Nicht umsonst garnierte Villani seine astrologischen Beobachtungen stets mit den Vorbehalten der Theologen und distanzierte sich von dem Astrologen Cecco d'Ascoli, der 1322 in Florenz auf dem Platz vor Santa Croce auf dem Scheiterhaufen endete. Ein großer Könner seines Faches sei er gewesen, aber ein eitler Mensch mit schlechtem Lebenswandel. Cecco hatte es gewagt, die Menschwerdung Christi auf den Einfluß der Planeten zurückzuführen. Das ging entschieden zu weit. Aber es gab auch Kleriker, die es nicht für eine Sünde hielten, rational nach den Ursachen zu forschen. Wenn man davon ausging, daß Gott die Natur regiert, dann konnte man ruhig von Naturereignissen sprechen, in denen sich Gottes Wille manifestierte. Aufklärung und Glaube ließen sich auf diese Weise harmonisch und mit dem Segen der Kirche verbinden. Die Florentiner taten es freimütig und selbstbewußt.

Im Auftrag der zuständigen Bürgerkommission schuf Andrea Pisano noch zu Lebzeiten des großen Giotto die Bronzereliefs für dessen Campanile. Es waren Abbilder des urbanen Kosmos: Da ist Herkules, der über ein Monster triumphiert. Warum sollte ein Christ nicht mindestens so gewaltige Herausforderungen bestehen? Da sind die Repräsentanten der Zünfte. Warum sollte der Mensch seine schöpferischen Kräfte nicht vor allem in seinem Beruf freisetzen? Und an der prominenten Westfront des Turms zeigen die sieben Planeten unübersehbar den Einfluß der Astrologie. Warum sollte die Welt nicht auch unter diesem segensreichen Einfluß stehen?

Es sind Künstler, die die neu gewonnenen Freiheiten gegenüber den alten Autoritäten sichtbar umsetzen und einen Raum schaffen, in dem sich die Bürgergemeinde ihrer eigenen Bilder und Ideale versichert. Nicht aus dem Nichts heraus, sondern anknüpfend an Traditionen, die noch vor der christlichen Zeitrechnung liegen und seit der zweiten Hälfte des 13. Jahrhunderts in Florenz ihre Anwälte, Verkünder und Liebhaber gefunden haben. Aufklärer aus dem Geist des Alten wie Brunetto Latini, der erste Kanzler der ersten Republik, Remigio de' Girolami, der einflußreiche Dominikanermönch von Santa Maria Novella, und Arnolfo di Cambio, der städtische Baumeister, waren nicht vergessen. Höchst lebendig blieb, was sie geschrieben, gepredigt oder geschaffen hatten. Die Kette der Erinnerungen war dicht, neben den Schriften wurde vieles mündlich überliefert, war Gemeingut der städtischen Elite. Die Unternehmer und Bankiers von Florenz, die Getreidehändler und Tuchfabrikanten lasen die Bücher ihrer berühmten Mitbürger, hörten ihre Predigten, betrachteten – und bezahlten – ihre Kunstwerke. Hell strahlten in der Kunst die Fixsterne eines weltlichen Universums: die römischen Staatsmänner und Philosophen, deren Taten und Schriften diese Florentiner verbreiten halfen, die gelassene Würde antiker

Tugenden, die sie zum Vorbild der christlichen Kommune machten.

Gleich hinter Orsanmichele hat der Palast der Wollzunft bis heute seinen Platz behauptet. Sein Vorgänger war 1308 abgebrannt, ab 1332 wurde ein neuer Zunftbau dreigeschossig in die Höhe gezogen, «noch edler» nach dem Urteil des Chronisten Giovanni Villani. Wie alle Zünfte besaß die Arte della Lana die Gerichtsbarkeit über die Arbeiter ihres Berufsstandes, auch wenn diese gar keine Zunftmitglieder werden konnten. Denn die mittelalterliche Florentiner Zunft war keine Gewerkschaft, keine Lobby für Arbeitnehmer. Der Eintritt kostete viele Florine und war Voraussetzung, um ein Florentiner Bürger mit allen Rechten und Pflichten werden zu können. Beides aber war den Meistern ihres Faches vorbehalten. Die Wollzunft hatte 1332 genau 672 eingeschriebene Mitglieder, alles Arbeitgeber, während rund ein Viertel der Gesamtbevölkerung – knapp 30000 Menschen – als Arbeiter in diesem Gewerbe sein Brot verdiente – abhängig von einer Institution, in der es keine Stimme hatte.

Streng und längst nicht immer gerecht saßen die einflußreichen Zunftherren im großen Audienzsaal im ersten Obergeschoß des Palastes über die Wollarbeiter zu Gericht – unter den Augen von Brutus, dem idealen Richter. Wohl in den vierziger Jahren ist dieses Fresko an der Nordwand des großen Saals der Wollzunft entstanden, nur wenig später als Ambrogio und Pietro Lorenzetti im Palazzo Pubblico in Siena das Panorama einer guten und einer schlechten Regierung an den Wänden ausbreiteten. Die Thematik beider Fresken zeigt bis zu den dargestellten Personen eine Verwandtschaft, aus der ein gemeinsames Verständnis der Welt spricht, ein gemeinsamer Fundus an Bildung und Werten. In Siena und in Florenz wird den Regierenden das allgemein verbindliche Gesetz ihres Handelns in allegorischen Bildern vor Augen gestellt. Zwar schmückten die westliche Wand des Zunftpalastes das Jüngste Gericht und Maria, die Fürsprecherin der Sünder. Doch das Fresko des Brutus verweist auf neue, republikanische Vorbilder. Wer damals diesen Saal betrat, erhielt konkreten und eindringlichen Unterricht in Bürgerkunde.

Es sind Frauengestalten, die auf den Fresken in Siena und Florenz die Tugenden verkörpern. Klugheit und Geduld, Gerechtigkeit und Festigkeit. Aber die Vorbilder entspringen nicht mehr dem traditionellen christlichen Katalog von Tugenden und Lastern. Diese Frauen leben aus eigenem Recht. Sie sind Sinnbild einer bürgerlichen Moral, die ihre Rechtfertigung nicht aus transzendenten Quellen speist. Der Richter, der im Saal der Florentiner Wollzunft mit Vernunft seine Urteile fällt, ist nicht von himmlischer Art. Es ist Brutus, mit schulterlangem Haar und in eine Art Tunika gehüllt. Diesen Helden der römischen Geschichte hatten schon Brunetto Latini und Remigio de' Girolami ihren Mitbürgern empfohlen: Brutus, der erste, sagenhafte Konsul Roms, als Beispiel eines Mannes, der das Gemeinwohl zur Richtschnur erhob. Er opferte seine eigenen Söhne zur Verteidigung der Republik, verurteilte sie zum Tode, weil sie das Königtum wiederherstellen wollten. Die bürgerliche Schicht der Wollhändler brauchte für diese Geschichte keinen Dolmetscher, denn das Fresko war kein bunter Bilderbogen für Ungebildete. Die Personen, die Anspielungen und die Botschaften des Meisterwerks im Palast der Wollzunft entsprachen dem bürgerlichen Bildungshorizont und der selbstverständlichen Überzeugung von einer gerechten Welt. Das alles war den Florentinern inzwischen so geläufig wie die Geschichten der Bibel, die als Verkörperung städtischer Tugenden offenbar nun weniger gefragt sind.

Die Experten streiten sich, wer dieses Fresko ausführte. War es Maso di Banco, ein Schüler Giottos? Der Meister selber hat es auf keinen Fall mehr gemalt, aber wahrscheinlich das Vorbild geliefert. Denn Giotto hatte schon etliche Jahre zuvor im Palast des Podestà den Mächtigen die schwindelerregende Kluft zwischen Ideal und Wirklichkeit vor Augen geführt. Dieser Freskenzyklus ist lange schon verschwunden. Aber Antonio Pucci, ein interessierter und wohlinformierter Zeitgenosse, hat uns das Thema überliefert. Pucci, am Anfang des Jahrhunderts geboren, war im Hauptberuf städtischer Angestellter. Zuerst rief er mit einer Glocke die Florentiner auf Straßen und Märkten zu den städtischen Versammlungen. Als die Glocke ihm zu schwer wurde,

nahm er eine Trompete und seine Stimme zu Hilfe. Die Liebe des
Antonio Pucci aber galt allen schönen Künsten und vor allem der
Dichtkunst, die er selber ausübte. Da er in den städtischen Büros
und Sitzungssälen ein und aus ging, besteht an Puccis Überlie-
ferung kein Zweifel: «Il Commune rubato da molti» hieß das
verlorengegangene Giotto-Fresko im Podestà-Palast. Was für ein
Thema: die Kommune, ausgeraubt von vielen.

Der Maler des Freskos im Palast der Wollzunft muß Giottos
Zyklus gekannt haben, die Anregungen für die Geschichte des
Brutus sind unübersehbar, die Ideale beider Bilder Gemeingut
der Gebildeten, der Künstler wie der Politiker: Gerechtigkeit
ist das Fundament, das dem Gemeinwesen Frieden garantiert.
Darüber gibt es keinen Streit, dagegen keinen Widerstand. Sind
doch diese republikanischen Ideale identisch mit jenen, die die
römische Kirche dem christlichen Abendland predigte: iustitia et
pax. Keiner in diesen Jahren hat diese Überzeugung in Florenz
klarer formuliert als Remigio de' Girolami, der Mönch, den die
Stadtväter um die Jahrhundertwende zum offiziellen Redner
der Kommune bestellt hatten und der Bücher schrieb über «Die
Gerechtigkeit», «Das Wohl der Kommune» und «Das Gut des
Friedens».

Giotto hatte sich in seinem Zyklus über das geplünderte Gemeinwesen gegen das Ideal und für die Realität entschieden: Der
Künstler prangerte das ungehemmte Profitstreben von Gruppen
und einzelnen, den Egoismus, mit dem das persönliche Wohl über
das der Allgemeinheit gestellt wurde, mit seinen Mitteln an. Jeder
war sich selbst der Nächste und bediente sich ungeniert aus den
öffentlichen Kassen. Ja, die Kommune war unter die Räuber gefallen. Konnte sich wirklich jeder bedienen? Die republikanischen
Strukturen, auf die die toskanischen Kommunen so stolz sind,
schufen keine Demokratie im modernen Sinn. So ungewöhnlich
und einzigartig diese Regierungsform mitten im feudalen Zeitalter
war: Das Volk herrschte nicht in Florenz. Rund 1000 adlige Magnaten zählte die Kommune und gut 20000 popolani, Bürger mit
allen Bürgerrechten, wählbar in die höchsten Ämter. Mindestens
550 Wahlämter hatte die Republik zu vergeben, die ständig rotier-

ten, um die Herrschaft einer Clique zu verhindern. Dafür brauchte man im Laufe von zwei Jahren rund 4000 Männer. Wer damals im Palast der Wollzunft vor seinen Richtern stand, konnte sich seine Gedanken machen über den Widerspruch zwischen Theorie und Praxis, Wirklichkeit und Ideal. Denn die Gerechtigkeit, die ihm da widerfuhr, war nicht unbestechlich wie bei Brutus, sondern höchst parteiisch – je nachdem, um wen es ging. War es ein Wollkaufmann, der Bankrott gemacht und damit die Zunftmitgliedschaft verloren hatte, dann brauchte es nur ein paar Florine, und die Zunftbrüder nahmen ihn wieder in Gnaden auf und machten ihn so im Handumdrehen aufs neue geschäfts- und kreditfähig. Wenn sich ein Arbeiter, der ein Stückchen Stoff gestohlen hatte, unter dem Bild des gerechten Richters verantwortete, fand er keine Gnade. Nach den Statuten der Wollzunft von 1317 konnte sich ein Urteil sogar auf anonyme Denunziation stützen. Jährlich mußten die Wollarbeiter einen Eid leisten, sich jeglicher Absprachen und Gruppenbildungen zu enthalten. Trafen sich mehr als zehn von ihnen, war die Zunft schnell mit der Anklage «Monopolisierung» zur Stelle, womit ursprünglich die illegale Konzentration unternehmerischer Kräfte gemeint war. Nicht einmal eine religiöse Bruderschaft durften die Arbeiter bilden, so groß war die Angst der Mächtigen vor sozialen Unruhen und solidarischen Aktionen.

Auch das gehörte zur Wirklichkeit der dreißiger Jahre des 14. Jahrhunderts: Immer offener vertraten die Herren im Rat von Florenz eine restaurative Politik, die ziemlich unverblümt ausschließlich darauf aus war, die eigenen Interessen zu schützen, den Wohlstand der großen Familien zu mehren. Daß die Widersprüche dieser Politik immer offenkundiger wurden, ihre Auswirkungen auf eine Katastrophe zusteuerten, die Kluft zwischen öffentlicher und privater Moral allen schönen Worten und Bildern hohnsprachen – es störte die Mächtigen nicht. In den Versammlungen schwangen sie patriotische Reden für teure Kriege und fremde Söldner. Einen Aufschrei gab es, wenn vom Ende der aggressiven Außenpolitik oder Steuererhöhungen auch nur entfernt die Rede war; wenn die Prioren größere Ausgaben für die Aufsicht und die Ausbesserung von Straßen und Brücken forderten oder mehr Beamtenstellen, um endlich die Einhaltung der Gesetze kontrollieren zu können. Die Elite votierte gegen jeden Versuch, eine direkte Besteuerung – vor allem auf die Rohstoffe der prosperierenden Tuchindustrie – einzuführen, von einer ordentlichen Einkommensteuer ganz zu schweigen. Waren höhere städtische Einnahmen unumgänglich, wurden wieder einmal die indirekten Steuern erhöht. Das bedeutete eine Verteuerung aller Dinge des täglichen Bedarfs – und traf vor allem die kleinen Leute. Hinter den Fassaden städtischer Wohlhabenheit häuften sich die ungelösten Probleme.

Der größte Skandal aber bestand darin, daß die Klasse der Regierenden, die mit der der Reichen identisch war, neben allen anderen Privilegien ohne große Umstände ihr Kapital auf Kosten der Allgemeinheit mehrte. Und sie konnte dabei noch ein gutes Gewissen haben. Es waren die Wohlhabenden, die der immer ärmer werdenden Kommune stets neue Anleihen gewährten, um die Stadt über Wasser zu halten. Aber das geschah keineswegs aus selbstlosen Motiven. Zahlten die Florentiner Banken im normalen Geschäftsverkehr durchschnittlich 7 bis 8 Prozent Zinsen, so begannen die städtischen Anleihen bei 8 Prozent, 10 bis 15 waren die Regel und sogar 20 Prozent erlaubt. Im Jahre 1338 hatten die Bardi der Stadt Florenz über 40000, die Strozzi rund 20000 Florine als Anleihen zur Verfügung gestellt. Die Zinsen dafür legten sie beziehungsweise ihre Anhänger in den politischen Gremien selber fest. Die horrenden Zinsen für die städtischen Anleihen wurden mit den Einnahmen aus den indirekten Steuern, gabelle genannt, beglichen, und zwar mit Vorrang. Je höher also die Zinsen waren, desto weniger Geld stand für die notwendigen städtischen Ausgaben zur Verfügung. Lange vor Ludwig XIV. konnten die Reichen und die Mächtigen in Florenz sagen: Der Staat sind wir.

Die Bardi, die Strozzi, die Peruzzi und viele andere Familien hatten diese Zinsen inzwischen auch bitter nötig, weil ihr Wohlstand zusehends durch schlechtes Management, verfehlte Wirtschaftsplanung und unseriöse Spekulation in Gefahr geriet. Die beiden reichsten Familien hatten dem König von England über eine Million Florine geliehen, mit denen er seinen Krieg gegen Frankreich finanzierte. Im Mai 1339 erklärte Eduard III. seinen florentinischen Schuldnern, daß er zahlungsunfähig sei und sie ihr Geld nie wiedersehen würden. Da Politik und Wirtschaft nur zwei Seiten einer Medaille waren, verfielen die Bardi auf einen konsequenten Ausweg: Im November 1340 versuchten sie einen Staatsstreich. Doch er schlug fehl. Noch sechs Jahre schlingerte das Familienunternehmen dahin, bis es 1346 endgültig zusammenbrach. Die Peruzzi hatten schon 1343 aufgeben müssen. Die beiden Sozietäten traf es nicht allein. Aus den Jahren 1333 bis 1346 ist eine Liste von 350 Firmen erhalten, die Bankrott machten. In Wirklichkeit waren es noch mehr. Für die erfolgreiche Finanz- und Wirtschaftsmetropole Florenz schien das Ende nahe. Auf dem internationalen Markt war ihre Solidität erschüttert. Der König von Neapel, Papst und Prälaten in Avignon, der Bischof von Florenz – alle diese hohen Gläubiger forderten plötzlich und umgehend ihre Einlagen zurück und wurden auch zuerst bedient. Die kleinen städtischen Anleger – Handwerker, Händler, mittlere Geschäftsleute – verloren ihre Ersparnisse, viele Zulieferbetriebe wurden mit in den Ruin gezogen. Drastisch schränkte der Mittelstand seinen Konsum ein, Arbeiter wurden entlassen. Ein Teufelskreis setzte sich in Gang. Mit Beginn der vierziger Jahre fielen die Mieten um 25 Prozent. Es folgten die Löhne mit 25 bis 40 Prozent. Natürlich fielen auch die Preise, Immobilien sanken drastisch, in der Stadt um die Hälfte, auf dem Land um ein Drittel. Trotzdem fanden sich keine Käufer.

Wie ein Ölfleck breitete sich das Unglück aus, traf alle, die in dieser spezialisierten und gerade deshalb aufs engste verflochtenen städtischen Wirtschaft lebten und arbeiteten. Die kleinen Leute litten am meisten unter der Krise. Sie hatten keinerlei Polster für Notzeiten, weder auf den Knochen noch auf dem Konto. Zuerst sparten sie am Essen und wurden damit anfälliger für Hungersnöte und Epidemien, denen vor allem zwischen 1339 und 1341 Tausende zum Opfer fielen. Auf dem Höhepunkt 1340 berichtet der Chronist Giovanni Villani von 15 000 Toten in Florenz und vergißt nicht, den unheilkündenden Kometen im März zu erwähnen. Immer zahlreicher wurden die Prozessionen mit den Prioren, den Bruderschaften, brennenden Kerzen so groß wie Fackeln und kostbaren Reliquien, um Gottes offensichtlichen Zorn zu besänftigen. Besonders feierlich ging es zu, wenn das wundertätige Madonnenbild von Impruneta, knapp zehn Kilometer südlich von Florenz, mit den allerhöchsten Ehren für einen Tag in die Stadt geholt wurde. Doch die Florentiner vergaßen auch bei solchen Gelegenheiten nicht, die Rechnung aufzumachen. Als 1340 ein Umzug mit der wundertätigen Hostie aus der Kirche Sant' Ambrogio wirkungslos blieb, verzichtete man fortan auf ihren öffentlichen Segen.

DIE KORRUPTE ELITE
ODER EIN TYRANN SORGT FÜR GERECHTIGKEIT

Im Jahre 1341 war Florenz eigentlich am Ende. Die Steuern deckten nicht mehr die Ausgaben für die laufenden militärischen Abenteuer. Nach langem Zögern verhängte die Regierung ein Moratorium für die Zinsen der städtischen Anleihen – aber zugleich höhere Steuern für Brot und Getreide. Ein Jahr später war die Kommune offiziell bankrott und konnte ihren Zahlungsverpflichtungen nicht mehr nachkommen. Hatte man drei Jahre zuvor noch aufwendig den Domplatz neu gepflastert, reichte es nun nicht einmal mehr für den jährlichen Zuschuß an die Klöster. Die Elite der Florentiner Unternehmer und Bankiers, die sich so lange erfolgreich gegenseitig Kredite, Zinsen und Geschäfte zugeschoben hatte, wußte nicht mehr weiter. Ihr Ausweg: Ein starker Mann mußte her. Und tatsächlich war er schnell gefunden.

Ein Fresko im Palazzo der Prioren (Palazzo Vecchio), ursprünglich im Palast des Podestà (Bargello) ausgeführt, zeigt die heilige Anna in der Pose einer Siegesgöttin: Mit ihrer Rechten übergibt sie den Florentinern, die in Rüstung vor ihr knien, die siegreichen Standarten. Die linke Hand ist abweisend gesenkt, die Heilige blickt gar nicht mehr hin, wie sich rechts im Bild ein Mann von dannen stiehlt. Ein zerbrochenes Schwert und die zu Boden gefallene Waage machen überdeutlich: Hier flieht der Verlierer. Es ist Walter von Brienne, Herzog von Athen, für knapp anderthalb Jahre der Herrscher von Florenz.

Die Fäden im Hintergrund für diese ungewöhnliche Karriere zogen die Bardi, die Peruzzi und Acciaiuoli, denn für sie war der gebürtige Franzose ein idealer Kandidat: mit dem König von Neapel verschwägert und mit guten Beziehungen zum päpstlichen Hof in Avignon, mit dessen Geldern die Florentiner Banken wesentlich arbeiteten. Im März 1342 wurde Walter von Brienne der

Oberbefehl über die Florentiner Armee angetragen. Als er auf der Piazza vor dem Palast der Prioren vor das Volk trat, forderte die Menge lautstark, ihn zum Herrscher auf Lebenszeit zu machen. Die Elite war es zufrieden. Doch ihre Rechnung ging nicht auf. Das Fresko im Palazzo über die Vertreibung des Walter von Brienne am 26. Juli 1343, dem Tag der heiligen Anna, gehört zu einer Florentiner Propagandakampagne, die den anfangs Umjubelten erfolgreich zum Bösewicht und finsteren Tyrannen abstempelte. Sehr zu Unrecht, denn der Soldat machte Ernst mit seinem Auftrag, das marode Gemeinwesen zu sanieren. Er begann allerdings ganz im Sinne derer, die ihn gerufen hatten. Die Bardi, Frescobaldi und Pazzi, seit der erfolglosen Verschwörung von 1340 in der Verbannung, durften zurückkehren und wurden mit hohen Posten in der Verwaltung und wichtigen diplomatischen Missionen betraut. Allen, die dem Bankrott nahe waren, erteilte ein städtisches Dekret Immunität gegenüber den Forderungen der Gläubiger. Er wolle nicht neue Gesetze erlassen, erklärte der unumschränkte Herr der Stadt, sondern sehen, daß die alten strikt angewandt würden. Solche schönen Reden war man gewohnt, das nahmen die führenden Familien nicht übel und nicht ernst. Als aber Walter von Brienne mit Lucca Frieden machte und die Ausgaben für die Söldner von 40000 auf 10000 Florine senkte, schmeckte das den führenden Florentinern gar nicht. Nur murrend schickten sie sich drein.

Dann wurde im Innern aufgeräumt. Die Beamten sollten wieder das tun, wozu sie eingesetzt waren, nämlich ernsthaft und ohne Ansehen der Person kontrollieren und Steuern einziehen. Vieles kam zutage, was nicht Rechtens war. Vor allem hatten sich Kaufleute und Bankiers samt ihren weitverzweigten Familien öffentlichen Besitz und öffentliche Grundstücke angeeignet, ohne einen Florin an die Kommune abzuführen. Unnachgiebig forderte der Herzog hohe Strafen für diesen Diebstahl am städtischen Eigentum. Neu angestellte Beamte sorgten dafür, daß wichtige Steuern im toskanischen Umland nicht über Monate aufliefen, sondern täglich in die Kasse von Florenz flossen. Walter von Brienne war ein Pfennigfuchser im Namen von Recht und Ordnung, der außerdem alles, was zu seinem privaten Verbrauch in den Palast gebracht wurde, prompt und bar bezahlte.

Im November 1342 geschah Erstaunliches: Die einflußreiche Wollzunft erteilte Walter von Brienne das Vorrecht, wichtige Posten in der Zunfthierarchie nach Gutdünken zu besetzen und über die ständig eingereichten Petitionen allein zu entscheiden. Der so Geehrte handelte umgehend. Als die Färber ihn baten, vom harten Joch der Bevormundung durch die Wollzunft befreit zu werden, erhielten sie die Erlaubnis, eine eigene Zunft zu gründen. Damit war erstmals die Macht der Etablierten über die bisher Namen- und Stimmlosen, die Färber, Seifensieder und Wollwäscher, gebrochen und ein politischer Anspruch der unteren Schichten anerkannt worden. Denn die Zunftmitgliedschaft war das Billett zur Teilhabe am vollen Bürgerrecht. Im gleichen Monat setzte Walter von Brienne die Zinszahlungen auf städtische Anleihen – die vor allem von der Führungsschicht kamen – aus, da man mit den Steuereinnahmen Wichtigeres zu bezahlen habe.

Beide Maßnahmen waren eine Kampfansage an die bürgerliche Oberschicht – il popolo grasso, das fette Volk –, und die begann auch schon die Faust in der Tasche zu ballen. Im Frühjahr 1343 trafen sich die ersten Verschwörer, ohne Erfolg. Der neue Herr blieb bei seiner Linie. Er reduzierte die Strafen für kleine Weizenschmuggler. Einen Wollarbeiter, von der Zunft wegen Konspiration zum Tode verurteilt, begnadigte er. Ein Händler mit Second-hand-Kleidern wurde Gonfaloniere der Justiz; Metzger, Truhenschnitzer und Eisenwarenhändler wurden in das Amt des Priors berufen. Je mehr er spürte, daß die Freunde von einst es so genau mit Recht und Ordnung nicht nahmen und ihn in ihrem Sinn lenken wollten, desto stärker suchte Walter von Brienne Unterstützung außerhalb seiner Kaste, bei dem popolo minuto, dem minderen Volk.

Traditionelle Privilegien schützten jetzt nicht mehr vor Veränderungen. Kraft seines Amtes ermächtigte Walter die Wollarbeiter, sich in quasimilitärischen Einheiten zu organisieren. Er schenkte ihnen – aus eigener Schatulle – Uniformen, Wappen und eine Fahne. Solche Insignien waren bisher nur den größeren Zünften vorbehalten. Der erste öffentliche Eklat kam Ostern 1343. Der Stadtherr organisierte ein Turnier, bei dem sechs Brigaden der kleinen Leute auftraten, festlich gekleidet und mit seinem Einverständnis angekündigt als «die Mächtigen». Die Brigaden marschierten abermals bei den Feiern zum Maibeginn auf. Diesmal hatte sich die bürgerliche Elite von ihrem Schock erholt und ihre Banner zu Hause gelassen, um durch öffentliche Verweigerung gegen die neuen, unerhörten Rituale zu demonstrieren.

Die Stadt war voller Unruhe, als das größte Fest von Florenz, der Tag des heiligen Johannes, näher rückte. Da ordnete Walter von Brienne an, daß alle Teilnehmer der großen traditionellen Prozession nicht mehr nach Nachbarschaften, sondern nach Zünften getrennt marschieren sollten. Damit wurde ein ehernes Gesetz, das adlige Familien und Bürgerliche im Jahre 1306 zum Zeichen ihrer Rückkehr an die Macht durchgesetzt hatten, aufgehoben. Und so sah an diesem 24. Juni 1343 ein jeder, wem in Florenz – ginge es nach gleichem Recht für alle – der größte Anteil an der Macht zustand: Nicht nur, daß die Arbeiter der Wollindustrie gleichberechtigt neben den Unternehmern der Calimala durch die Straßen zogen; zusammen mit den «kleineren» Zünften waren sie den sieben «größeren» zahlenmäßig weit überlegen.

Giovanni Villani, der Chronist, meldet dies alles mit Verachtung. Doch er beschreibt auch – nicht ohne Bewunderung – das Talent des Walter von Brienne, aus dem 24. Juni ein wirkliches patriotisches Fest zu machen, das dem Reichtum und der Bedeutung von Florenz erstmals gerecht wird. Bisher hatten die rund zwanzig Florentiner Gemeinden aus dem Contado, dem Umland, jährlich am Johannistag ihre Gaben auf dem Platz vor dem Priorenpalast gezeigt und anschließend dem heiligen Johannes im Baptisterium dargebracht – Früchte ihrer Arbeit auf den Feldern, Fakkeln und bunte Kerzen. Auch 1343 ließ sich der Stadtherr diese Geschenke zeigen, aber dann folgte der prächtigere Teil: «Er erhielt mehr als 25 Tuche oder palii, golddurchwirkt, dazu Jagdhunde und Falken als Ehrentribut von Arezzo, Pistoia, Volterra, San Gimignano... das war ein edles Fest.» Alle sammelten sich mit ihren Gaben auf der Piazza vor Santa Croce und marschierten dann zusammen mit dem Herzog ins Baptisterium. Dort heftete er an den kostbaren palio zu Ehren des Heiligen einen Eichhörnchenpelz, so lang wie die Fahnenstange. «Und er machte ein prächtiges und edles Fest.» Villani kann es nicht genug betonen.» Es war der erste und letzte 24. Juni, den Walter von Brienne erlebte. Doch die neue, repräsentative Form dieses Festtags blieb sein dauerhaftes Erbe an die Republik.

Die reichen und seit Menschengedenken einflußreichen Familien ließen sich davon nicht beeindrucken. Sie vergaßen ihrem ehemaligen Schützling die öffentliche Demütigung in der Prozession nicht. Als Arbeiter sich vor dem Palast der Wollzunft zusammentaten und mit dem Ruf «Tod dem Magistrat und allen Reichen» durch die Straßen zogen, wurde schnell und heimlich das Ende des Stadtherrn auf Lebenszeit beschlossen. Und zwar von denen, die ihn einst auf die gleiche selbstherrliche Weise nach Florenz geholt hatten. Es ist keine ruhmreiche Geschichte.

Fast einen Monat nach dem revolutionären Johannistag von 1343 läuft das Volk wieder durch die Stadt. Es ruft: «Viva il popolo – Tod dem Herzog.» Morgens um neun Uhr haben die kleinen Handwerker ihre Läden geschlossen. Die Arbeiter verlassen ihre Arbeit – sehr zum Wohlgefallen der Meister und Unternehmer. Denn den Mächtigen ist es gelungen, die Volkswut auf den Herzog zu lenken. Plötzlich ist er ein Tyrann. Während die Menge den Palast der Prioren belagert, feiern führende Familien wieder einmal vor allem Volk Versöhnung. Alles soll anders und besser werden, wenn nur dieser verhaßte Mensch wieder von der Macht vertrieben ist. Eine Woche hält Walter von Brienne mit vierhundert Soldaten im Palast aus. Aber für Florenz will der Herzog offensichtlich nicht sterben. Die Menge bekommt ihr Opfer: Der Polizeichef und sein Sohn werden von den Belagerten durchs Tor ins Freie gestoßen, beide einen sicheren, gräßlichen Tod vor Augen – erst zerstückelt, dann aufgespießt. Danach erhält der ehemalige Herr der Stadt freien Abzug und Florenz ein neues, patriotisches Fest. Von nun an wird jährlich am 26. Juli der Sankt-Annen-Tag in großer Prozession mit Bannern und Standarten in Orsanmichele gefeiert.

Was ist geblieben von dieser Episode? Ein Adliger lehrte das Volk von Florenz republikanisch zu feiern. Die traditionsreiche Begrüßung des Mai verlor für immer ihren elitären Charakter und wurde ein Volksfest. Die Wollfärber, deren neue Zunft nach dem Sturz des Stadtherrn sofort wieder aufgelöst wurde, vergaßen nicht jenen historischen Augenblick, da sie einen Zipfel von der Macht zu fassen bekamen. Und nur wenige Jahre nach dem Annentag von 1343 wird eine hochrangige Kommission von Florentiner Richtern und Notaren bestätigen, daß Walter von Brienne seine Autorität weise genutzt, ohne Betrug und Bestechung, gut und gemäß den Gesetzen – «bene et legaliter» – regiert habe.

Der Gestürzte war kaum durch die Stadttore entwichen, da hatte sich ein Komitee der Vierzehn etabliert, mit dem die Magnaten, die alten adligen Familien der Stadt, selbstherrlicher als je zuvor das Regiment über Florenz ausübten. Unverzüglich wurden die Steuern der Reichen gesenkt, so wenig hatten sie noch nie bezahlt. Die einflußreichsten Familienverbände besetzten soviel Land der Kommune, wie sie nur eben konnten. Kein Verbrechen fand einen Richter, hatte es ein Magnat begangen. Die Kommune geriet innerhalb weniger Wochen in den Strudel völliger Auflösung. Die Gehälter der städtischen Angestellten wurden nicht mehr bezahlt. So rasant war der Verfall jeglicher Autorität, daß die alteingesessenen bürgerlichen Familien in ihrem eigenen Interesse nicht mehr zögerten, eine politische Kehrtwende zu machen und sich mit den «kleineren» Zünften und den neureichen Bürgern zu verbünden. (Zu den wenigen sinnvollen Änderungen jener kurzen Periode gehört die Abschaffung der sestieri. Von nun an war Florenz wieder in quartieri – vier Stadtviertel – aufgeteilt.)

In der letzten Septemberwoche 1343 brachen Straßenkämpfe aus, in denen kleine Handwerker, Geschäftsleute und die Färber führend waren. Bewaffnet strömten sie auf der Piazza vor dem Priorenpalast zusammen und riefen: «Viva il Popolo! Die adligen Verräter sollen sterben.» Als Feuer an den Palast gelegt wurde, erschienen die Prioren und legten ihre Ämter nieder. Die Häuser der Pazzi, Bardi, Cavalcanti und Frescobaldi wurden belagert, rund zwanzig Paläste bis auf den Grund niedergebrannt. So groß war die Verachtung für die Mißwirtschaft des Stadtadels, daß ihm diesmal die geschäftliche und verwandtschaftliche Verquickung mit dem Großbürgertum nichts mehr half. Die alte Priorenverfassung und vor allem die «Ordnungen der Gerechtigkeit», Kern der republikanischen Verfassung seit 1293, wurden im Oktober wieder in Kraft gesetzt. Kein Magnat sollte jemals wieder ein politisches Amt ausüben. Im gleichen Monat sagten sich 530 Adlige offiziell von ihren Standesgenossen los und wurden kraft Gesetzes bürgerliche Mitglieder der Kommune. Sie verzichteten auf ihre Wappen, nicht wenige änderten ihren Familiennamen und zogen in ein anderes Stadtviertel. Die Strafen für die Magnaten waren nun verdoppelt und verdreifacht, und auch entfernte Verwandte konnten für die Vergehen eines Familienmitglieds zur Rechenschaft und zur Kasse gebeten werden. Das Wichtigste: Die neue Regierung achtete strikt auf die Einhaltung der Gesetze. Lang ist die Liste adliger Florentiner, die bisher stets ungeschoren blieben und jetzt zu drastischen Geldstrafen verurteilt wurden.

Die neuen Herren sind Teil eines politischen Experiments. Sie arbeiten in ehrenwerten Berufen – als Handwerker, Notare, Kaufleute –, und sie verfügen über nicht wenig Geld in bar und in städtischen Anleihen. Aber niemals zuvor hat Florenz eine Regierung und eine Verwaltung gekannt, in der so viele – nämlich die Mehrheit – Aufsteiger sind. Gente nuova nennt man diese Einwohner von Florenz, deren Bürgerrecht nur zwei Generationen, gerade bis auf den Großvater, zurückgeführt werden kann. Es sind die Einwanderer, die es geschafft haben. Denn gleiche Chancen und gleiches Recht gibt es längst nicht für alle Neulinge. Die überwiegende Mehrheit in der Stadt, die Arbeiter, die kleinen Handwerker, die Armen, das Dienstpersonal und die Frauen aller Schichten, haben selbstverständlich weiterhin keine Stimme in der Politik. Aber die mittleren und sogar die kleineren Zünfte werden nun an der Regierung beteiligt. Dagegen darf von den mächtigsten – und weitverzweigten – Familien nur noch ein Mitglied zur gleichen Zeit ein hohes Amt bekleiden. Sitzt ein Strozzi im Priorat, sind die fünfzig anderen männlichen Strozzi automatisch von dieser Wahl ausgeschlossen. Das bedeutet eine Umkehr von bisher ehernen Gesetzen. Denn je größer ein Clan ist, desto mehr sinkt nach dieser Wahlarithmetik sein Einfluß. So demokratisch war es in Florenz noch nie zugegangen.

Die alteingesessenen Familien, die über viele Generationen in Florenz Bürgerrechte genießen, sind empört. Voller Abscheu schreibt der Chronist Giovanni Villani: «Wir befinden uns jetzt unter der Herrschaft der Handwerker und kleinen Leute.» Und der Dichter Boccaccio entrüstet sich über die neuen Politiker aus dem Reservoir der gente nuova: «Ihr Geist ist mit unersättlichem Geiz erfüllt... Sie suchen nicht das öffentliche Wohl, sondern ihr eigenes und wollen uns versklaven.» Doch solche abträgliche Kritik war nicht mit Ehrenrettung für die Abgetretenen verbunden. Zu sehr haben sie sich in den Augen aller Mitbürger kompromittiert, sich als Feinde der Republik und der Florentiner Freiheit, der libertà, erwiesen. Die Magnaten verlieren in jenem Herbst 1343 für immer lo stato, ihr Ansehen in der Gesellschaft. Und das war mehr als eine soziologische Größe.

Die Neuen übernahmen ein schweres Erbe. Ihr wichtigstes und erstes Ziel war es, den finanziellen Niedergang zu stoppen. Unverzüglich wurde das kriegerische Abenteuer in der Toskana abgeblasen, die revoltierenden Städte Arezzo, Pistoia, San Gimignano und Volterra aus der Florentiner Oberhoheit entlassen, mit Pisa und Lucca Frieden geschlossen. Doch das änderte vorerst nichts an der Misere im Inneren. Der Zusammenbruch großer Unternehmen nahm kein Ende, ein Bankhaus nach dem anderen erklärte seine Zahlungsunfähigkeit. Die Arbeitslosigkeit stieg weiter, immer mehr Geschäfte mußten schließen. Im Oktober gab es Unruhe unter den Arbeitern. Aldobrandino Ciecharini und Francesco di Lapo wurden angeklagt, Arbeiter in zwei Tuchfabriken aufgewiegelt zu haben. Sie starben am Strang. Die Polizei wurde mit Steinen beworfen.

Die Neuen blieben hart und unbeirrt bei ihrem Kurs, denn tatsächlich waren sie gar keine Neulinge im Geschäft und in der Politik – nur daß ihre Vorfahren außerhalb der Florentiner Stadtmauern agiert hatten. Die neuen Bürger an der Spitze der Kommune waren auch keineswegs arme Immigranten, sondern kamen aus den reichsten und einflußreichsten Familien der Toskana. Nur sie verfügten über genug Geld, um sich in der Stadt sogleich komfortabel niederzulassen, sich in eine Zunft einzuschreiben und ein Geschäft zu eröffnen. Viele von ihnen hatten einen Beruf erlernt, besonders hoch war der Anteil von Richtern, Anwälten und Notaren unter der gente nuova. Endgültig vorbei sein sollten die Zeiten, da man auf offener Straße zum Schwert griff oder Familienfehden – die nichts als Machtfragen waren – blutig von Turm zu Turm ausgetragen wurden. Die Neubürger hatten nur eine Macht auf ihrer Seite, um den rechtlosen Zustand unter der Herrschaft der alteingesessenen Familien zu brechen und nicht mehr der Willkür ausgesetzt zu sein – das Gesetz. Als der katastrophale Zustand der Kommune sie so zahlreich wie nie zuvor in die höchsten Ämter brachte, zögerten sie nicht, ihren Einfluß zu nutzen. Die Mächtigen von gestern mußten sich vor Gericht für ihr Tun verantworten und wurden tatsächlich mit schweren Strafen belegt – wegen Betrug, Bestechung, Veruntreuung von öffentlichem Land. Im Juni 1344 standen die Bardi vor ihrem Richter – und wurden verurteilt. Keine Familie hatte in den Jahrzehnten zuvor die Politik von Florenz mehr beeinflußt, keine so sehr die eigenen Interessen und die der Kommune vermischt.

Eine neue, eine rigorose Moral war gefragt. Den Gesetzen mußte Gehorsam geleistet werden von jedermann. Es begann bei Äußerlichkeiten, die für die Zeitgenossen jedoch keine Nichtigkeit waren, sondern deutliche Zeichen, die standen, wofür sie eingesetzt wurden. Im November 1343 fanden die Frauen der Alberti, Peruzzi und Bardi aufgrund der schon lange bestehenden Kleidergesetze, die allzu großen Aufwand unter Strafe stellten, keine gnädigen Richter mehr. Selbst Juweliere und Schneider, Handlanger des Luxus, mußten damit rechnen, verhaftet zu werden. Der Besuch bei einer Prostituierten war plötzlich kein Kavaliersdelikt mehr – bestraft allerdings und mit Peitschen durch die Straßen getrieben wurden nur die Damen des leichten Gewerbes, nicht ihre männlichen Kunden. Als Schandmal ihres Gewerbes mußten sie eine Kerze tragen, wenn sie sich auf der Straße zeigten. Die neue Stadtregierung hielt schützend ihre Hand über den

Augustinermönch Fra Simone Fidati da Casca. Er hatte die katastrophale Überschwemmung des Arno 1333 als Antwort Gottes auf den Luxus in den neuen Kirchen interpretiert. Obwohl Dominikanermönch, nahm er im Streit um die Armutsfrage – die den Franziskanerorden zu zerreißen drohte – eindeutig Partei für eine besitzlose Kirche. Damit stellte sich Fra Simone gegen die päpstliche Lehre, die ein bedingungsloses Armutsideal 1323 als ketzerisch verurteilt hatte, und er predigte seine Überzeugungen den Bürgern von Florenz. Als seine Mitbrüder von Santa Maria Novella und der Inquisitor ihn davon abbringen wollten, organisierte die Stadtregierung ein öffentliches Streitgespräch. Und weil Fra Simone die Prioren überzeugte, erlaubten sie ihm, weiterhin wie bisher zu predigen. Jedem, der ihn daran hindern würde, drohte Bestrafung.

Die Parteinahme für den Außenseiter und gegen die Amtskirche war weder Zufall noch eine rein religiöse Entscheidung. Sie fügte sich in eine Politik, die auch gegenüber dem Papst die vorgegebenen Muster durchbrach. Denn der uralte Verbündete der Stadt am Arno, wo Guelfentum und Papsttreue stets identisch waren, hatte sich in der Krise keineswegs als Freund erwiesen. Als die Florentiner Banken in Schwierigkeiten kamen, bestand der päpstliche Hof in Avignon darauf, seine Einlagen unverzüglich und bevorzugt zurückzuerhalten. So schütteten die, die mit dem Geld aus Florenz seit Jahrzehnten gut auf Pump gelebt hatten, noch Öl in die Flammen der Krise. Die Kardinäle scheuten nicht davor zurück, ihre Gelder sogar mit Hilfe der Inquisition einzutreiben. 1346 floh der Inquisitor aus Angst vor dem Bürgerzorn aus der Stadt, die ihrerseits mit dem päpstlichen Bannfluch belegt wurde. Doch das Interdikt zeigte kaum Wirkung. Zu oft schon hatte Florenz unter dem Bann gelebt.

Nicht nur, daß die Kommune allen Bürgern – auch dem Klerus – befahl, ihren geistlichen Aufgaben und Pflichten weiterhin nachzukommen. Sie nutzte die Gelegenheit, kirchliche und weltliche Angelegenheiten strenger als bisher voneinander zu trennen und die Bürger dem langen Arm der Kirche ein wenig zu entziehen. Die Gerichtsbarkeit der Inquisition wurde auf die Ketzerei beschränkt. Was die Kirche bisher als «Wucher» deklariert hatte, dessen Sündenvergebung sie sich teuer bezahlen ließ und skrupellos als Hebel zur Einflußnahme nutzte, wurde nicht mehr akzeptiert. Das bedeutete: Verträge konnten nicht mehr mit dem bloßen Hinweis auf «Wucher» durch Anrufung der Inquisition aufgelöst werden. Der Papst hatte die Stadt am Arno, die ihm in politischen Fragen durch dick und dünn gefolgt war, in den Zeiten der Not im Stich gelassen. Die neuen Herren konnten ihm das um so leichteren Herzens vergelten, als ihre Familien nicht – wie die etablierten – Ämter und Pfründen in den oberen Rängen der Kirchenhierarchie besaßen.

Das Arbeits- und Einflußfeld der Neulinge waren die Zünfte, wo außer Geld auch Kenntnisse und Einsatz gefordert waren, wollte man es zu etwas bringen. Die Bürger, die von außerhalb kamen, stiegen in großer Zahl ins Seidengeschäft ein, das nun auch in Florenz prosperierte, während die alte Seidenmetropole Lucca durch Krieg und Vertreibung der Fachleute das Nachsehen hatte. Baldesi, Bonaiuti, Pantaleoni hießen jetzt in Florenz die Namen, die man sich merken mußte. Die traditionellen Mechanismen der Macht griffen schnell. Auch unter den neuen Herren bestimmte die enge Verzahnung von Wirtschaft und Politik alle wichtigen Bereiche in der Stadt. Reibungslos, aber deutlich verschoben sich die Gewichte in den hohen städtischen Ämtern, die von den Zünften belegt wurden. Die Seidenzunft – Arte della Seta oder Porta Santa Maria genannt – machte den größten Sprung nach oben. Zwischen 1343 und 1348 stieg ihr Anteil im Priorat von 6,3 auf 14,5 Prozent. Wichtigste Zunft wurde, trotz zahlreicher Bankrotte, die Wollzunft, deren Anteil an den Ämtern 30,5 Prozent betrug, vor 1343 waren es nur 25 Prozent. Dafür büßten die Bankiers und Wechsler, die Cambio-Zunft, ihre Vormachtstellung ein und fielen von 30 auf 15 Prozent. Und die Unternehmer der Tuchindustrie, die Calimala, sackten von 16,25 auf 8,8 Prozent.

Es war ein unblutiges Revirement in der Rangfolge der Zünfte, von ökonomischen Entwicklungen und Zwängen herbeigeführt, und parallel dazu wechselten die führenden Familien die Ränge. Bei den Wahlen der Prioren zwischen 1343 und 1348 wurden 86

Mitglieder gewählt, deren Familien schon vorher in der Signoria gesessen hatten. 175 Prioren waren Neubürger, 95 von ihnen kamen aus den größeren, 80 immerhin aus den kleineren Zünften. So geschah es zum erstenmal in Florenz in der Mitte des 14. Jahrhunderts, daß Bäckermeister im Namen der Stadt Truppen rekrutierten, Weinhändler über die Vergabe öffentlicher Gelder verfügten und Hufschmiede für den Brücken- und Straßenbau verantwortlich waren. Daß ein Wamsnäher die Arnostadt als Botschafter vertrat, war eher die Ausnahme. Die diplomatischen Posten und Missionen blieben den alten Familien vorbehalten.

Schmal blieb die privilegierte Schicht derer, die mitbestimmten. Trotzdem: Nicht nur für Florenz, sondern für die gesellschaftlichen und politischen Verhältnisse im feudalen Europa ist dieses Experiment eines bürgerlichen buon governo neu und ungewöhnlich. Doch so ideal, wie die Fresken im Rathaus von Siena und im Palast der Florentiner Wollzunft die gute Regierung ausmalen, ist die Wirklichkeit nicht. Die junge Elite von Florenz war darauf bedacht, daß die Veränderungen keine grundlegenden Erschütterungen im Gefüge der Kommune auslösten. Das fiel den Neulingen nicht schwer, denn die Interessen der reichen Einwanderer unterschieden sich nicht grundsätzlich von denen der führenden Einheimischen. Alte und neue Bürger waren Arbeitgeber, saßen in den wichtigsten Zünften, hatten ihr Haus nebst Kontor und Lager in der Stadt und große Ländereien samt Villa im Umland. So erstaunlich offen sich in den Jahrhunderten zuvor die Florentiner Gesellschaft erwiesen hatte, als die städtischen Adelsgeschlechter sich mit den erfolgreichen Bürgerlichen verbanden, mischten sich nun die gutsituierten Familien der Einwanderer mit den etablierten städtischen Familien durch Heirat, gemeinsame Geschäfte, finanzielle Transaktionen.

Die Neubürger hielten sich an die Mächtigsten und lösten sofort die Zunft der Wollarbeiter wieder auf, die Walter von Brienne gegen den Protest der Meister und Unternehmer protegiert hatte. Doch der Geschmack der Freiheit blieb haften. Im Mai 1345 wurden der Wollkratzer Ciuto Brandini und zwei seiner Söhne verhaftet. Er hatte die Arbeiter im Viertel Santa Croce und an anderen

Plätzen zusammengerufen, sie aufgefordert, eine Bruderschaft zu bilden, und sogar Geld dafür gesammelt. Daß ein solcher Zusammenschluß nicht nur dem Seelenheil diente, war allen klar. Es half Brandini nicht, daß die Arbeiter ihre Arbeit niederlegten, zum Palast der Prioren zogen und darum baten, «daß sie Ciuto gesund und unversehrt erhielten». Die alten und die neuen Herren schlossen vor diesen revolutionären Ideen fest die Reihen. Der «Aufrührer» wurde gehängt. Im Jahr darauf wurden 16 Garnmacher verurteilt, weil sie angeblich das Haus eines Wollunternehmers geplündert hatten. Ein solches strenges Regiment fand auch die Zustimmung vieler Repräsentanten der kleineren Zünfte in Regierung und Verwaltung, denn in den arti minores waren nicht unterschiedslos kleine Leute mit ähnlichen Interessen versammelt. Da saß der reiche Händler für gebrauchte Kleider neben dem unbedeutenden Krämer, und der Händler hatte keine Probleme, im Rat mit den größeren Zünften gegen seine armen Standesgenossen zu votieren.

Die Neuen wollten sich an Patriotismus für ihre Stadt von niemandem übertreffen lassen, und das bedeutete vor allem finanzielles Engagement. So traten sie auch auf diesem Gebiet in die Fußstapfen ihrer Vorgänger und wurden die Hauptgläubiger der Republik. Während die Anteile der alten Familien an den städtischen Anleihen in den vierziger Jahren zurückgingen, stiegen die der neuen Herren. (Die alten Sozietäten hatten bis 1346 aufgrund von Zusammenbrüchen rund 1 700 000 Florine verloren.) So blieb – trotz nicht geringer Veränderungen – die Geschäftsgrundlage der Kommune von Florenz erhalten: Wo das Geld war, da war die Macht. Der Unterschied allerdings ist nicht zu mißachten: Die Neuen waren bemüht, mit ihrer Macht die Autorität des Gemeinwesens und seiner Gesetze zu stärken und einen Egoismus, der die Kommune in ihren Grundfesten bedrohte, in die Schranken zu weisen – egal, von welcher Seite er kam.

Die Vernunft sollte am Arno herrschen, und dazu gehörte, daß die Regierenden den bedrängten Unternehmen alle Chancen gaben, sich zu sanieren. Die städtische Wirtschaft brauchte sie, um Arbeitsplätze und Einnahmen wieder zu mehren. Im Jahre 1345 machten die Verantwortlichen einen schmerzhaften, entschiedenen Schnitt, um die städtischen Finanzen zu sanieren: Alle unterschiedlichen städtischen Anleihen, die die Bürger per Gesetz gezeichnet hatten – Kredite zur Finanzierung des Florentiner Budgets –, wurden sozusagen auf einen Haufen – monte – geworfen und damit ein einheitliches System geschaffen, der Monte del Commune. Entscheidend war, daß die Zinsen für den Monte einheitlich auf fünf Prozent festgelegt wurden und auf diese Weise die städtischen Ausgaben für die Zinsen aller Anleihen – bisher weit über zehn Prozent – mit einem Federstrich von 75 000 auf 25 000 Florine jährlich sanken. Die Anleihen am Monte konnten wie Aktien gehandelt und weitergegeben werden.

Die Bürger akzeptierten die Radikalkur, die Kirche muckte auf. Durfte der Staat einen Fonds anlegen, um damit – in ihren Augen – Wucher zu treiben? Nein, argumentierten vor allem die Dominikaner und predigten heftig gegen die neue, sündige Geldanlage und ihre traditionellen Intimfeinde, die Franziskaner. Die hatten nämlich Anteile gezeichnet. Doch die Regierung ließ sich nicht einschüchtern. Schließlich gab die Kurie nach. 1347 wurde das Interdikt aufgehoben. Das Geld zwischen Avignon und Florenz floß wieder reichlich in beide Richtungen, und der Papst persönlich segnete das finanzielle Engagement der Franziskaner ab. Die Bürgergemeinde am Arno, deren Frömmigkeitsbeweise machtvoll in den Himmel wuchsen, hatte sich ein gutes Stück von der Mutter Kirche emanzipiert.

Ein untrüglicher Indikator für das innerstädtische Wirtschaftsleben waren die Einnahmen der indirekten Steuern an den Stadttoren. Wieviel auch an Wein und Getreide, Salz und Gemüse in die Stadt gekarrt wurde, für jedes Schwein, jeden Hammel, jedes Rind, das man durchs Tor trieb, für jedes Faß Wein bekam die Kommune ihren Zoll. 1338 waren es 90 000 Florine, 1340 nur noch 75 000. Es war das Jahr der Hungersnot und der Pest, die Bevölkerungszahl drastisch gesunken, Konsum und Kaufkraft lagen darnieder. Auch 1341 und 1343 wurden die meisten Einwohner von Florenz nicht satt. Im Oktober 1345 begann es zu regnen und hörte nicht auf. Der Regen ruinierte die Frühlingssaat. Die Ernte

1346 betrug nur 20 Prozent der durchschnittlichen Menge in normalen Jahren. 1347 wurden Getreide und damit Brot so knapp, daß die Kommune die Gefängnisse öffnete und alle, bis auf die Schwerverbrecher, frei ließ, um weniger Mäuler stopfen zu müssen. Ein Bäcker wurde zum Exempel gehängt, weil er Korn gehortet hatte. Die städtischen Sonderausgaben für den Getreideimport beliefen sich 1347 auf 30 000 Florine. Rund 100 000 Brote wurden verteilt. Die Bruderschaft von Orsanmichele allein versorgte im Juli 4000 Arme.

Trotzdem ging es aufwärts mit der Stadt. Nicht nur, weil die Kommune Höchstpreise für Nahrungsmittel festlegte, Getreideeinkäufe subventionierte und Brote kostenlos verteilte, zog es die Menschen aus dem Umland verstärkt nach Florenz. Es kamen zunehmend junge Menschen, die Arbeit fanden und ihr Geld schnell wieder ausgaben. Die neue Regierung hatte die Militärausgaben halbiert, die finanzpolitische Roßkur schlug offenbar an. Unternehmen und Handwerksbetriebe waren auf dem Weg der Besserung. Die Händler spürten den wachsenden Bedarf und führten mehr Waren ein. 1347 stiegen die Einnahmen der Torsteuer wieder auf 80 000 Florine.

Der Chronist Giovanni Villani, inzwischen über sechzig Jahre alt, machte immer noch seine Aufzeichnungen, unbeirrt von persönlichen Schicksalsschlägen. Seine Geldanlagen und Beteiligungen waren im Strudel der Zusammenbrüche verlorengegangen, sogar ins Gefängnis hatte man ihn kurzfristig wegen seiner Schulden gesperrt. Daß die neuen Bürger mit Verstand versuchten, Ordnung in das Chaos ihrer Vorgänger zu bringen, und keine schlechten Patrioten waren, konnte selbst ein mißgünstiger Beobachter nicht verhehlen. Trotzdem nutzte Villani jede Gelegenheit, sich über den Einfluß der Ungebildeten und Niedriggestellten auf die Regierung zu mokieren. Warum hatte man nicht drei Magnaten ausgewählt, um 1347 die Gesandtschaft nach Ungarn anzuführen? Mit diesen einfachen Leuten konnte man vor dem König von Ungarn doch keinen Eindruck machen. Allerdings war Villani vom Aufzug der Botschafter dann doch beeindruckt, als sie durch die Straßen ritten: «Jeder der Gesandten war auf Kosten der Kommune in ein scharlachrotes Gewand gekleidet, das dreifach mit Eichhornpelz gesäumt war... Über hundert Pferde und andere Tiere zogen mit ihrer Ladung vorbei. Zu unseren Lebzeiten hat Florenz keine solche prächtige und ehrenwerte Gesandtschaft verlassen.»

Der Chronist hatte viele Höhen und Tiefen erlebt, er hatte die ausgelassenen Feste und die stolzen Tage der Kommune ebenso geschildert wie die Katastrophen, die Qualen derer, die an Hunger starben oder unbekannten Krankheiten. Es war eher ein Wunder, daß er noch nicht in die Grube gefahren war. Mit fast unbeteiligter Neugier notierte Giovanni Villani im Frühjahr 1348 die Anzeichen einer neuen Pestwelle, die weit aus dem Osten kam und sich von Italien über den europäischen Kontinent ausbreitete. Messina war im Winter 1347 von der Krankheit entvölkert worden. Nun meldeten Reisende aus Pisa, Bologna und Avignon Schreckliches: Die Menschen starben innerhalb weniger Tage wie die Fliegen. Es gab kein Entrinnen vor diesem Schwarzen Tod. Der Chronist blieb nüchtern. Acht Jahre zuvor waren in Florenz allein 15 000 Menschen gestorben. Was konnte ihn danach noch erschüttern?

Giovanni Villani hat das Ende dieses Jahres nicht mehr erlebt. Auch er wurde ein Opfer der Pest, die wie nie zuvor die Menschen in ganz Europa hinwegraffte. In Florenz starb wohl ein Drittel der Bewohner, über 30000 Menschen. Für die Lebenden war es ein Vorgeschmack der Hölle, die Erkenntnis, daß weder Beten noch Wissen irgend etwas vermochte: «Gegen dieses Übel half keine Klugheit oder Vorkehrung, obgleich man es daran nicht fehlen und die Stadt durch eigens dazu ernannte Beamte von allem Unrat reinigen ließ, auch jedem Kranken den Eintritt verwehrte und manchen Ratschlag über die Bewahrung der Gesundheit erteilte. Ebensowenig nützten die demütigen Gebete, die von den Frommen nicht ein, sondern viele Male in feierlichen Bittgängen und auf andere Weise Gott vorgetragen wurden.» So beschrieb es rund drei Jahre nach der großen Pest Giovanni Boccaccio, der sich in Florenz niedergelassen hatte, in seinem «Dekameron». Die Katastrophe lieferte ihm das Szenarium für ein Meisterwerk und läßt Boccaccio überlegen, welches wohl die Ursache des Übels sei, ob es «entweder durch Einwirkung der Himmelskörper entstanden oder im gerechten Zorn über unseren sündhaften Wandel von Gott als Strafe über den Menschen verhängt». Anders als der Chronist zwölf Jahre zuvor bei der großen Flut, gibt der Dichter nur die Alternativen wieder, ohne Stellung zu nehmen. Sein Sinn ist auf sieben junge Damen der guten Florentiner Gesellschaft gerichtet, die drei Herren überreden, die verpestete Stadt zu verlassen und sich auf dem Land in gesunder Luft bei Musik und Wein dem Erzählen unterhaltsamer und lehrreicher Novellen hinzugeben, bis der Tod vorübergegangen ist.

Das Idyll in der ländlichen Toskana hält Boccaccio nicht davon ab, genau und kritisch die Zustände in Florenz zu beschreiben, den Zusammenbruch von Moral und Tugenden bei den Großen, die extreme Benachteiligung der Kleinen: «Die Lage der kleinen Leute und wohl auch der meisten aus dem Mittelstand war noch viel elender, da sie entweder von der Hoffnung oder von der Armut in ihren Häusern zurückgehalten wurden, mit den Nachbarn verkehrten und daher täglich zu Tausenden erkrankten und bei dem vollständigen Mangel an Pflege und Hilfe rettungslos starben.» Die Armen konnten nicht auf einen Landsitz flüchten; sie hatten, nach zwei Hungerjahren ohnehin geschwächt, keine Lebensmittelvorräte mehr, als in der Stadt aus Angst vor der Pest nichts mehr angeliefert wurde. Zu den Armen kamen die wenigen Ärzte, die aushielten, zuletzt. Ein wirksames Mittel hatten sie allerdings auch dann nicht.

Die Kommune gab sich alle Mühe im Kampf gegen das scheinbar Unabänderliche: Kleider und Bettücher der Kranken mußten verbrannt werden; Ärzte untersuchten auf Kosten der Stadt die Pestopfer, um der Krankheit auf die Spur zu kommen; eine Kommission kontrollierte das Einhalten der Hygienevorschriften; Bruderschaften und Hospitäler bekamen Zuschüsse, um die Kranken und Sterbenden zu pflegen. Es half alles nichts. Erst als es im September 1348 endlich kühler wurde, ging die Seuche zurück.

Das Klima ist einer der wichtigsten Faktoren für die Katastrophen in diesem Jahrhundert, die ein starkes Bevölkerungswachstum nicht nur abrupt zum Stehen bringen, sondern Menschen wieder zur Mangelware machen. Um 1310 geht in Europa eine lange Phase warmer und ausgeglichener Temperaturen zu Ende. Starke Witterungsschwankungen bestimmen nun das Wetter, Stürme und Überflutungen sind die Folgen, anschließend miserable Ernten. Extrem trockene und extrem feuchte Sommer lösen sich ab, extrem strenge und extrem milde Winter folgen aufeinander. Einzige Konstante ist die sehr hohe Feuchtigkeit, die Menschen und Tiere anfällig macht für Krankheiten und Epidemien. Die ohnehin niedrige Lebenserwartung sinkt in manchen Teilen Europas um bis zu zehn Jahre.

Florenz, hoffnungsvolles Ziel für eine schnell wachsende ländliche Bevölkerung, wurde im Jahr der Pest zur Todesfalle, zur Geisterstadt. Auch längst nicht alle einheimischen Bankiers und Unternehmer, Wollhändler und Seidenhersteller konnten dem Gevatter Tod entkommen: «Ach, wie viele große Paläste, wie viele schöne Häuser und vornehme Wohnungen, die einst voll glänzender Dienerschaft, voll edler Herren und Damen gewesen waren, standen jetzt bis auf den geringsten Stallknecht leer!... Wieviel rüstige Männer, schöne Frauen und blühende Jünglinge... aßen noch am Morgen mit ihren Verwandten, Gespielen und Freunden, um am Abend des gleichen Tages in einer andern Welt mit ihren Vorfahren das Nachtmahl zu halten!» Ein poetisches Bild des Dichters, das das Grauen verdeckt und einen Zustand qualvoller Hoffnungslosigkeit, wo die Sterbenden keineswegs die Lebenden beneiden.

Tod und fette Jahre
oder Mehr Geld in weniger Händen

Mit der Pest von 1348 brach über Europa eine Katastrophe von bisher unbekannten Ausmaßen herein. Sie übertraf alle Erzählungen und Chroniken, die Hunger und Überschwemmungen, Kriegsnöte und Krankheiten im Gedächtnis hielten. Boccaccio hat auch das Elend in Florenz und seine Auswirkungen auf die Menschen genau und kühl geschildert: «Und es war nichts Außergewöhnliches, daß eine Bahre zwei oder drei auf einmal trug, und es geschah nicht etwa nur einmal, sondern man hätte eine Menge Bahren zählen können, wo Frau und Mann, zwei oder drei Brüder oder Vater und Sohn oder dergleichen beisammen lagen. Und unzählige Male geschah es, daß sich, wenn zwei Priester mit einem Kreuze einen holten, drei oder vier Bahren, die von Trägern getragen wurden, anschlossen, und hatten die Priester einen zu begraben geglaubt, so hatten sie nun sechs oder acht und bisweilen noch mehr. Freilich wurden diese weder durch eine Träne noch durch Lichter, noch durch ein Geleit geehrt, vielmehr war es so weit gekommen, daß man sich um die Menschen, welche starben, nicht anders kümmerte, als man es heute bei Ziegen täte.»

Je dichter die städtischen Viertel bewohnt waren, und das galt vor allem für die Unterkünfte der Arbeiter, desto mehr Opfer forderte die Pest. Die Flucht aufs Land blieb ohnehin den Wohlhabenden vorbehalten. Eine Erfahrung jedoch machten alle, die innerhalb der Mauern ausharrten: Wer Mitleid mit den Sterbenden hatte, ihre Qualen linderte, ihnen bis ans Ende beistand, hatte die geringsten Überlebenschancen; wer sich selbst der Nächste war, handelte realistisch. Als mit dem Winter 1348/49 die Überlebenden aufatmen konnten, hatte die Katastrophe Europas Bevölkerung innerhalb kürzester Zeit um gut ein Drittel reduziert. Die Sterberate in den Städten betrug mindestens 30 Prozent, in einigen – und dazu zählte Florenz – lag sie bei 50 bis 55 Prozent. Nicht mehr als 40 000, vielleicht nur 32 000 Menschen lebten jetzt noch in der Stadt, wo gerade ein Jahr zuvor noch 100 000 die Straßen, Plätze und Häuser gefüllt hatten. Ob das Ausmaß des Schreckens und der Einbruch von Unvorstellbarem in eine geordnete Welt kollektive seelische Erschütterung auslöste, ob das Durchleben so extremer Ängste das Lebensgefühl der gegenwärtigen und der folgenden Generationen beeinflußte – die Dokumente der Zeit, die Aussagen der Betroffenen geben darüber keine Auskunft. Auch der Chronist Giovanni Villani war unter den Toten. Sein Bruder Matteo nahm die Tradition auf und führte getreu Buch, was nach der Pest in Florenz geschah. Der Jüngere war nicht weniger pessimistisch und voller Abscheu über die Unbelehrbarkeit des Menschengeschlechts. Die Katastrophe, verstanden als Gottesurteil, hatte bei Matteo und anderen die Utopie einer besseren Welt genährt. Es war ihre Hoffnung, daß jene, die durch Gottes Gnade überlebt hatten, bessere Menschen würden, demütig, edel und ohne Sünde; daß von nun an Liebe und Mitleid die Welt regierten. Aber wohin der Chronist auch blickte, er sah das Gegenteil: Die Menschen vergaßen die Schrecken der Vergangenheit, als ob sie niemals gewesen wären, und führten ein Leben, das schamloser und hemmungsloser war als je zuvor.

Die Klage des Bürgers Villani kommt nicht von einem neutralen Beobachter, denn die Welt nach der Pest setzte einige Konstanten der alten Ordnung außer Kraft, und das gefiel nicht jedem. Der Tod hatte das Potential der arbeitenden Bevölkerung von Florenz drastisch vermindert und damit den Wert der Überlebenden ebenso dramatisch gesteigert. Alle aber, ganz egal zu welcher sozialen Schicht sie gehörten, verschmähten nach der Katastrophe Sack und Asche, waren vielmehr erfüllt von Lebensgier. Sie betäubten und verdrängten die erlebte Todesangst mit materiellen Genüssen. Es stieg der Bedarf nach Waren aller Art, je luxuriöser, desto besser. Konsum war angesagt und nicht Verzicht. Erleichtert wurde der Wunsch nach erhöhtem Lebensstandard dadurch, daß der Tod so vieler Menschen den vorhandenen Reichtum – ob Geld, Waren oder Grundbesitz – in sehr viel weniger Hände konzentrierte als vor dem Pestjahr. Und das betraf nicht nur die oberen Tausend.

Matteo Villani: «Die niederen Klassen waren nach dem großen Sterben reicher und verdorbener als zuvor. Sie wollten nicht länger in ihren überkommenen Berufen arbeiten. Sie verlangten plötzlich teure und exquisite Dinge für das tägliche Leben, und das brachte die ganze Stadt durcheinander. Die Diener, Dienstmädchen und Stalljungen verlangten einen Mindestlohn von 12 Florine pro Jahr, und die Tüchtigen wollten sogar 18 bis 22 Florine. Und die Arbeiter verlangten dreimal soviel Lohn wie üblich.» So war es: Ohne Kampf, ohne Aufruhr verbesserte sich das Leben der kleinen Leute, weil sie diesmal am stärkeren Hebel saßen. Dem Massensterben von 1348 folgten zwei fette Jahrzehnte für alle.

Der Direktor der Florentiner Münze klagte, daß seine vier Arbeiter nur ans Werk gingen, wann es ihnen gerade paßte, und wenn er sie ermahnte, drohten sie mit Streik. Als der städtische Trompeter eine Gehaltserhöhung forderte, bekam er prompt das Doppelte. Das waren keine Ausnahmen. Die Löhne der Arbeiter stiegen nach der Pest um mindestens 50 Prozent, während sich gleichzeitig die Arbeitszeit verkürzte. Sechs Tage in der Woche wurde gearbeitet, am Samstag jedoch war früher Schluß. Da außer den Sonntagen rund 50 kirchliche Feiertage im Jahr sonntägliche Ruhe verlangten, hatte man praktisch die Fünftagewoche.

Auf einmal gab es in der Mehrzahl der Florentiner Haushalte mehr Geld, als nötig war, um die Familie recht und schlecht am Leben zu halten. Ausgegeben wurde es für mehr und bessere Nahrungsmittel; der Fleischverbrauch stieg, ebenso die Ausgaben für Kleider, Schuhe und Schmuck. Stolz ging der Arbeiter mit Frau und Kindern im Sonntagsstaat durch die Straßen. Und da es leerstehenden Wohnraum durch die Pest im Überfluß gab, blieben die Mieten minimal. Der Arbeitskräftemangel, vor allem in der Wollindustrie, lockte Menschen aus der Lombardei, ja sogar aus Deutschland an. Ärzte und Juristen von außerhalb waren hochwillkommen, vor allem Mediziner konnten auf schnelle Einbürgerung und steuerliche Ermäßigungen hoffen.

Direkte Nutznießer des Konsumrausches waren die Mitglieder

der arti minori, die Handwerker und kleinen Geschäftsleute. Sie nutzten die Nachfrage für kräftige Preissteigerungen, und 1350 gelang es ihnen, die Zahl ihrer «kleineren» Zünfte von bisher 7 auf 14 zu erweitern. Es profitierten ebenso die arti maiori, die «größeren» Zünfte, in die die Söhne gutbürgerlicher Familien drängten. Die Zünfte von Florenz waren in dieser Aufbruchszeit kein Hindernis für unternehmungslustige Mitglieder und unorthodoxe Methoden. Wer auch nur etwas Geld übrig hatte, machte privat kleine Verleihgeschäfte; wer abseits der eingefahrenen Verkaufswege eine Ladung Äpfel oder Honig aus Pisa organisierte, brachte sie ohne Umwege unters Volk – und keiner fragte auf dem Markt oder am Wechseltisch nach der Zunftzugehörigkeit.

Auch war es in Florenz möglich, verschiedenen Zünften zur gleichen Zeit anzugehören. Der Rechtsanwalt erwarb Anteile eines Bankhauses und trieb nebenher einen Weinimport; der Tuchhändler handelte unter anderem mit Strümpfen. Dabei wurden die Barrieren zwischen den kleineren, mittleren und größeren Zünften immer durchlässiger. Erstaunlich schnell füllten sich die Reihen der traditionellen Institutionen wieder. Zwischen 1349 und 1356 notierte die Wollzunft 100 neue Mitglieder, die Zunft der Kaufleute und Unternehmer 132 Neuzugänge. Bei der Zunft der Wechsler und Bankiers gab es sogar 224 neue Einschreibungen. Nicht wenige der Neulinge waren «Umsteiger» von kleineren Zünften.

Umsteiger, Aufsteiger, Seiteneinsteiger: Es ist höchste Zeit, das Stichwort für jene zu nennen, denen die Katastrophe von 1348 endgültig den Durchbruch brachte. Die Neubürger wurden ein fester Bestandteil der bürgerlichen Klasse von Florenz. Bunt gemischt von Herkommen, Einzelkämpfer, die kein Familienverband hemmte oder förderte, verbanden die gente nuova gemeinsame Merkmale und Interessen. Ohne sie konnte am Arno nicht mehr Politik gemacht werden. Entscheidend ist ihr wirtschaftlicher Erfolg. Aus den Agenten und Geschäftsführern der Bardi und Peruzzi wurden Bankiers und Unternehmer aus eigenem Recht wie Lodovico di Lippo Ceffini. Händler für gebrauchte Kleider entwickelten sich zu Kaufleuten, die im großen Stil zwischen Florenz und Neapel mit Stoffen und Getreide handelten wie Giovanni Goggio. Was sich schon zu Beginn der Vierziger ankündigte, ist nun unumkehrbar: Nicht die alteingesessenen Familien, sondern die Neuen tragen am meisten zum städtischen Steueraufkommen bei und werden immer öfter in wichtige politische Ämter der Kommune gewählt. 36 Prozent aller wählbaren Mitglieder der größeren Zünfte kamen im Jahre 1348 aus den Reihen der gente nuova, drei Jahre später stellten die Neulinge schon 41 Prozent. Im gleichen Jahr erwarben 82 Neubürger zum allererstenmal das aktive Wahlrecht für das höchste, das Priorenamt. Ein Extralederbeutel – una borsa di spiccolati – enthielt die Namen der wählbaren Mitglieder aus diesen «kleinen Familien». In diesen Beutel wurde bei der Priorenwahl gegriffen, wenn «große Familien» sich wieder einmal durch ungebührliches Benehmen ihr Wahlrecht auf einige Zeit verscherzt hatten.

Jeder in Florenz kannte die Neuen, bei denen sich Reichtum und Engagement für das Gemeinwohl verbanden. Hatte Giovanni Villani für sie nur Verachtung übrig gehabt, so stellte sein Bruder Matteo neidlos fest, daß sie einen guten Ruf, Ehre und Ansehen genossen. Da waren die Weinhändler Valeriano Dolcibene und Matteo Federigo Soldi, beide mehrmals zu Prioren gewählt. Telino Dini, erfolgreicher Händler mit Eisenwaren, diente als Prior, ging als Botschafter nach Siena, saß im Schatzamt und kümmerte sich für die Kommune um den Zustand der Stadtmauern und Befestigungen. Seilmacher und Schweinemetzger, Wamsmacher und Kupferschmiede, Seifenhersteller und Kaufleute für Leder- und Wirkwaren lenkten nach 1348 die Geschicke von Florenz im Innern, vertraten die reiche und mächtige Arnostadt aber auch nach außen.

Die meisten Neubürger plädierten für eine Politik mit Augenmaß, Vernunft und Kompromiß. Ämter waren für sie eine Herausforderung, der sie sich mit Eifer und Kenntnissen stellten. Nicht ohne Grund wurden sie mit Vorliebe Notare und Rechtsanwälte, arbeiteten so viele von ihnen im Amt für städtische Finanzen, wo nicht ehrenwerte Feierabendpolitiker, sondern Experten gefragt waren. Die neuen Bürger waren maßgeblich am Ausbau der kommunalen Strukturen beteiligt. Sie wünschten sich den Staat als eine feste Größe und taten alles, seine Autorität zu stärken. Nicht Willkür, nicht persönliche Beziehungen, sondern unparteiische Gesetze sollten die Kommune regieren. Wer ein Amt erstrebte, sollte sich nicht länger auf den guten Ruf stützen müssen, den Generationen vor ihnen erworben hatten.

Die Tugenden der Neuen fügten sich reibungslos in das Wertesystem, mit dem die Alten das rückständige Florenz innerhalb weniger Generationen groß gemacht hatten. Denn unabhängig von irrationalen innerstädtischen Fehden zwischen den Familienclans zeichnete es die führenden Florentiner aus, kühl zu kalkulieren, Risiken abzuwägen, mit Vernunft zu entscheiden. Nach den politischen Krisen der ersten Jahrhunderthälfte, nach den Schrecken des Schwarzen Todes fanden sich in den fünfziger Jahren des 14. Jahrhunderts die Moderaten aus der alten und der neuen Elite, um gemeinsam Politik zu machen, im Interesse und zum Vorteil beider Gruppen. Sie wurden nicht von ungefähr Partner, und nicht ohne Grund engagierten sich vor allem die Neubürger für eine Kommune, die kein Spielball persönlicher Leidenschaften war, in der keine Partei unumschränkt herrschte. Allerdings hatten selbst die apokalyptischen Erfahrungen im Jahr der Pest das uralte Übel dieser Stadt nicht aus den Köpfen und den Herzen reißen können: Als wäre nichts geschehen, trieb der Parteihader neue Blüten, brachen die alten Machtkämpfe wieder aus und sammelten sich unter der Fahne der Parte Guelfa die Unbelehrbaren, um aufs neue und ärger als je zuvor die Republik rigoros nach ihren Interessen und Gesetzen auszurichten.

«Im Namen Gottes und der Jungfrau Maria» beginnt das Statut einer Guelfenvereinigung um das Jahr 1350. Feierlich definiert es die Pflichten seiner Mitglieder und den Schutz, den ihnen dieses Bündnis gewährt: «Wir versprechen und schwören, uns gegenseitig zu helfen und soweit wie möglich zu unterstützen, wie es jene tun, die durch Blutsbande vereint sind... Wenn einer von uns von einer Person beleidigt oder erzürnt wurde, so ist jeder von uns verpflichtet, ihm mit seinem Leben und Besitz zu helfen, ihn zu verteidigen und zu rächen und darauf zu reagieren, als ob es ihn selber träfe... Wenn einer der Unterzeichneten eine andere Person beleidigt, erzürnt oder ihm Böses tut, ...muß jeder dem anderen beistehen wie ein wahrer Bruder und Blutsverwandter...» Selbstverständlich bestätigt die Präambel, daß alle «treue und hingebungsvolle Mitglieder der heiligen Kirche, Anhänger des popolo und der Kommune und der Freiheit von Florenz und der Parte Guelfa» sind. Mit diesem Bewußtsein ausgestattet, getragen von einem Schutz-und-Trutz-Bündnis, das unerschütterlich zu seinen Mitgliedern hielt, ging es in den Kampf. Was im Laufe des vergangenen Jahrhunderts das Leben in Florenz immer wieder aufgewühlt, Blut und Zerstörung gefordert hatte, aber am Ende stets gescheitert war, mußte doch endlich gelingen: Die Stadt sollte eine Beute der guelfischen Partei werden.

Im November und Dezember 1354 schneite es am Arno, ein seltenes Ereignis. In mehreren Stadtvierteln wurden aus dem Schnee Löwen gebaut, das traditionelle Wappentier der Guelfen. Als sie eines Morgens mutwillig zerstört am Boden lagen, ging ein Aufschrei durch die Stadt. Eine Kommission wurde eingesetzt, um die Übeltäter zu finden und zu bestrafen. Wie gereizt muß die Stimmung auf den Plätzen, in den Ämtern und Versammlungen gewesen sein, wenn ein lächerlicher Schabernack sich zur Staatsaffäre auswächst, Wohl und Wehe der Stadt von ein paar Schneelöwen abhängen.

Vier Jahre später, 1358, wurde es ernst: Die Parte Guelfa konnte ein Gesetz durchbringen, nach dem alle Ämter der Stadt nur mit Zustimmung der Parte vergeben werden durften. Aggressiv und kompromißloser denn je gingen die Guelfenanführer aufs Ganze. Sie brachten 21 Bürger vor Gericht, angesehene Neubürger, kleinere Geschäftsleute vor allem, aber auch ein reicher Tuchhändler, ein Seidenkaufmann und ein Bankier waren darunter. Weil sie Ghibellinen seien, hätten sie keine städtischen Ämter annehmen dürfen. So lautete die Anklage, und alle, bis auf einen, wurden verurteilt.

Das Beispiel war abschreckend genug, doch es reichte der Guelfenpartei noch nicht. Ein Jahr später kam sie auf eine besonders perfide Idee, die unter dem Deckmantel der Menschlichkeit in die

Tat umgesetzt wurde. Ammonizione hieß nun das Zauberwort, um im Sinn der Guelfen unerwünschte und unbequeme Mitbürger von Anfang an klein zu halten, ihnen jede Aussicht auf Aufstieg und Erfolg in ihrer Heimatstadt zu nehmen. Wenn vier der sechs Capitani, die über die Partei herrschten, übereinstimmten, einen Bürger als ammonito – verwarnt – zu erklären, wurde ihm dies unter Ausschluß der Öffentlichkeit mitgeteilt. Hielt der Verwarnte sich an die Spielregeln, nämlich kein Amt anzunehmen, blieb er von öffentlicher Anklage und Verfolgung verschont. Er hatte auch gar keine Wahl, wollte er nicht sehend sich und seine Familie ins Unglück bringen. Denn vor keinem Gericht von Florenz konnte er gegen diese Willkür klagen. Die Parte Guelfa schien endgültig zum Staat im Staate geworden, ihre Privatjustiz sanktioniert.

Doch die Gegenkräfte ließen sich nicht einschüchtern. Im Jahre 1353 gab es einen Prozeß gegen Söhne aus alten mächtigen Familien – als Guelfenanhänger bekannt –, die sich aus Spaß und Langeweile die Zeit mit kleinen Diebstählen vertrieben hatten. Die Richter kuschten nicht, sondern verhängten drakonische Strafen. Alle sollten wissen: In Florenz regierte jetzt das Gesetz – ohne Ansehen von Rang und Person. Wer als Bürger dagegen verstieß, der wurde – wie schon früher theoretisch möglich – zum Magnaten ernannt und war damit automatisch vom politischen Leben ausgeschlossen. Den Magnaten wiederum, die sich von ihren adligen Familien lossagten und den Bürgerstatus annahmen, wurde keineswegs umgehend Absolution erteilt: Fünf bis zehn Jahre lang mußten sie sich bewähren, bevor sie ein öffentliches Amt bekleiden durften. Der Prozeß gab allen Mut, die insgeheim die Exzesse der Partei verurteilten.

Die Widersacher der Partei, Neubürger vor allem, wußten, daß sie nicht auf verlorenem Posten standen. Denn alle Drohgebärden und selbst die Erfolge der Parte konnten nicht darüber hinwegtäuschen, daß ihre Gegner Punkte sammelten. Trotz aller Wechselbäder und Widersprüche behielten die Moderaten und die Kompromißbereiten in diesen fünfziger Jahren des 14. Jahrhunderts die Oberhand. Die Neubürger etablierten sich im städtischen Kosmos – und wurden Teil des Florentiner Klüngels.

Einfach war die Zeit nach 1348 gewiß nicht. Zu der längst obsolet gewordenen Entzweiung zwischen Guelfen und Ghibellinen, die nur der Parte Guelfa noch als Vorwand diente, kam die sehr konkrete Feindschaft zwischen den Fraktionen der Albizi und der Ricci hinzu. Unter dem Patronat der Albizi-Familie, deren Häuser und Paläste sich am heutigen Borgo degli Albizi entlangzogen, sammelte sich die traditionelle Oligarchie, die ältesten und einst einflußreichsten Magnaten-Familien der Stadt: die Strozzi und Rucellai, die Corsini und die Pazzi. Geschäftsleute waren hier in der Minderheit, die meisten lebten vom Landbesitz oder von finanziellen Transaktionen und trauerten den alten Zeiten nach. Die bürgerlichen Ricci, die als Bankiers und Tuchhändler ein Vermögen gemacht hatten, waren keine Neulinge in Florenz, aber doch Emporkömmlinge im Vergleich zu den Albizi. Sie vertraten keine mächtigen Familienverbände, sondern standen für die Zünfte, auch die kleineren, und für vorsichtige Reformen. Wollhändler, Rechtsanwälte, Händler von Wein oder gebrauchten Kleidern zählten zu ihren Anhängern, viele von ihnen selbstverständlich Neubürger. Im wesentlichen entschied, neben der Familienzugehörigkeit, der soziale Status darüber, ob man sich zu den Albizi oder den Ricci schlug.

Es waren jedoch keineswegs zwei klar definierte Blöcke, die sich feindselig gegenüberstanden. Manchmal ging der Riß quer durch die Familien. Manchmal stimmten kleine Magnaten, die den Einfluß der großen fürchteten, in den Kommissionen und Ausschüssen der Kommune mit den Ricci. Zur Partei der Albizi andererseits zählten einflußreiche Bürgerliche. Ganz persönliche Gründe konnten inzwischen wirksamer sein als Blut oder Klassengeist, wenn es um Macht und Einfluß, Status und Ehre, Vorteile und Fortkommen ging. Jede Seite versuchte, wichtige Persönlichkeiten durch Bestechung ins eigene Lager zu ziehen. Nicht selten brachte der Wink mit erfolgreichen Geschäftsabschlüssen die Entscheidung. Und wer kurz vor dem Bankrott stand, sah sich plötzlich von beiden Seiten umworben.

Wer informiert sein wollte über das verwickelte Netz der Beziehungen und den neuesten Stand der Machtverhältnisse, um mithalten zu können und richtige Entscheidungen zu treffen, mußte konziliant sein, stetig Kontakte pflegen und sich andere Mitbürger unmerklich verpflichten. Mochten die Anführer der jeweiligen Interessenverbände noch so hochfahrend auftreten – gefragt waren in diesen unruhigen Zeiten Männer der Mitte, di mezzo, die sich von den Klüngeln der Ricci oder Albizi fernhielten, bereit zum Kompromiß. Mit Vernunft und ohne Leidenschaft zu urteilen und zu handeln war ihr Ideal im Kampf gegen die Extreme. Einer der Bürger von Florenz, die ihr Leben nach dieser Maxime ausrichteten, hat im Alter in einer «Chronica domestica» aufgeschrieben, wie es ihm in jenen Zeiten des Umbruchs, die für Florenz eher Regel als Ausnahme waren, ergangen ist.

Der fünfundzwanzigjährige Messer Donato di Lamberto Velluti wurde 1339 in die Florentiner Zunft der Rechtsanwälte und Notare aufgenommen, nachdem er neun Jahre in Bologna weltliches Recht studiert hatte. Seine Vorfahren waren Mitte des 13. Jahrhunderts vom Land nach Florenz eingewandert und ließen sich im Viertel Santo Spirito am südlichen Arnoufer nieder. Bald zählten die Velluti zum angesehenen Florentiner Bürgertum, brachten Kaufleute, Kleriker und Juristen hervor und wurden in wichtige öffentliche Ämter gewählt. Wie viele ihresgleichen heirateten sie geschickt in die allerbesten Familien ein, waren bald mit den Strozzi und Frescobaldi, den Buondelmonti und Bardi versippt. Donato Velluti unterstützte das Regiment des Walter von Brienne, Herzog von Athen, über Florenz und lieh ihm sogar 400 Florine. Der Anwalt für Privatrecht erhielt daraufhin Aufträge von städtischen Kommissionen und konnte sich plötzlich vor Klienten nicht retten: «Als die Leute sahen, wie hoch ich in Gunst stand, waren meine Dienste höchst gefragt; wenn ich gewollt hätte, so hätte ich eine Menge Geld machen können.» Doch der kluge Mann reagierte sofort mit typischer Vorsicht, als sich der Wind gegen den unorthodoxen Stadtherrn drehte: «Ich begann, mich sachte von ihm zu lösen, nicht ganz, sondern teilweise. Ich erbat nichts von ihm und ging nicht mehr zu ihm (in den Palast) außer an Feiertagen, um die Messe zu hören.» Der Sturz des Herzogs sah Velluti auf der Siegerseite. Noch

1343 reiste er zu Verhandlungen nach Siena. Arezzo und Perugia folgten kurz darauf, in späteren Jahren war er unter anderem Gesandter in Bologna, Ferrara, Pisa. Gerade 37 Jahre alt, wurde er 1351 zum Gonfaloniere der Justiz gewählt, ins höchste Exekutivamt der Republik. Schon vorher hatte Donato Velluti etliche städtische Posten inne, die «meine Ehre vermehrten, aber meine Einnahmen minderten». Einige auswärtige Missionen lehnte er ab, damit seine Praxis nicht allzu lange verwaist blieb. Daß die städtischen Ämter keineswegs nur Arbeit und Verdiensteinbußen bedeuteten, leugnete Donato Velluti nicht: «Es ist wahr, daß andererseits die Ehren(ämter) der Kommune nützlich für mich waren. Denn ihnen und meinen eigenen Anstrengungen verdankte ich es, fast ununterbrochen rechtlicher Berater für die Bevollmächtigten der Bardi, Peruzzi, Acciaiuoli, Buonaccorsi und vieler anderer gewesen zu sein, wenn es um Konkursfälle ging. Dafür wurde ich gut bezahlt.»

Donato Velluti hatte auch keine Skrupel, zugunsten von Freunden bei den Prioren zu intervenieren oder seine Ämter zu nutzen, um Verwandten Vorteile zu verschaffen. Das verstieß offensichtlich nicht gegen den Kodex bürgerlicher Tugenden. In den Consulte e Pratiche, lateinische Kurzprotokolle von Zusammenkünften, in denen sich die Prioren mit maßgeblichen Bürgern berieten, sind seine Ratschläge aufbewahrt. Stets plädierte der Rechtsanwalt für Kompromisse gegen exzessive Parteiinteressen. Donato Velluti hat sich im politischen Alltag an die Regeln gehalten, die er seinen jungen Familienmitgliedern in seinen Erinnerungen mit auf den Lebensweg gab: «Laß dich nicht provozieren… sei friedfertig… sei ein Mann der Mitte, di mezzo.»

Maßvolles Handeln in Politik umzusetzen, allzu schrille Töne zu negieren oder am Ende in die Mehrheitsmeinung einzubinden ist ein leichteres Handwerk, wenn die Wirtschaft floriert. In Florenz leitete noch der persönliche Gewinn die Politik aller Parteien, fanden sich gutbetuchte alte und neue Bürger in gemeinsamer Abscheu vor einer Finanzpolitik, die ihnen eine direkte Besteuerung zugemutet hätte. Dabei ließ es sie völlig kalt, daß die städtischen Ausgaben in dem Maße wuchsen, wie die Republik festere

Strukturen und neue Institutionen gewann. Das steigende Heer der Beamten für kommunale Aufgaben und für Aufgaben im Contado arbeitete nicht umsonst. Es stiegen die Militärausgaben.

Doch es blieb bei den alten Rezepten, um die immer größeren finanziellen Lücken im städtischen Haushalt mühsam zu stopfen: Nahrungsmittel und andere lebenswichtige Waren wurden mit höheren indirekten Steuern belegt, was vor allem die kleinen Leute, die Mehrheit der städtischen Bevölkerung, traf. Besitz und Kapital konnten weiterhin ohne Abstriche angehäuft werden.

Nur in äußerster Notlage wagte man, die Reichen mit städtischen Zwangsanleihen zur Kasse zu bitten, oder erhob – für ganz kurze Zeit – eine direkte Steuer auf die Einnahmen.

So drastisch wuchs die Staatsverschuldung, daß sich der Fiskus 1358 etwas ganz Besonderes ausdachte: Wer der Kommune 100 Florine in bar als Anleihe zur Verfügung stellte, erhielt dafür aus dem Monte del Commune Anteile im Wert von 300 Florine. So gierig war die Kommune auf Bargeld, daß sie außerdem die Zinsen dieser Monteanteile, die ohnehin seit 1353 auf 10 Prozent gestiegen waren, auf 15 Prozent heraufsetzte. Diesen schnellen Drei-zu-eins-Gewinn ließen sich die Florentiner Kauf- und Geschäftsleute, die Bankiers und jene, die nur von ihren Zinsen lebten, nicht entgehen. Zweierlei war die Folge: Mit den neuen, zinsgünstigen Monteanteilen begann ein schwungvoller Handel, die Zinsen der alten Anteile fielen so tief, daß man sie schließlich auch erhöhen mußte. Genau das aber hatte man mit der Installierung des Monte del Commune verhindern wollen.

Die neuen Reichen ließen sich nicht lumpen, wenn es galt, der Stadt freiwillig Beträge zur Verfügung zu stellen. Da hatten sie die alten Familien längst überrundet. Doch sobald Kommissionen auf den Plan traten, deren Vertreter nach vagen Schätzungen – ohne alle Unterlagen – ihre Mitbürger besteuerten, sank die Steuermoral ins Bodenlose, kannte der Einfallsreichtum der Florentiner keine Grenzen. Nur nicht als reich gelten, hieß die Devise. Nur nicht den Neid der Nachbarn wecken, sie könnten ja die Steuerkommission informieren. Kaufleute ließen durch ihre Frauen auf dem Markt das Gerücht verbreiten, das Schiff mit ihren Waren sei untergegangen. Ein Mitglied aus reicher Familie ging geradewegs zur Kommission und erklärte mit frommer Miene, er sei so arm, daß er jetzt und in Zukunft keinen Florin zahlen könne. Aus Angst, zur Kasse gebeten zu werden, hielten es die meisten Florentiner Bürger für klüger, ihren Reichtum nicht öffentlich zur Schau zu stellen. Sie zogen es vor, als arme Leute zu gelten. Alle spielten mit in diesem Spiel, weil alle es durchschauten. Weil die Widersprüche, auch in diesem Fall, zum Leben gehörten. Man verdrängte seinen Reichtum, seine guten Geschäfte und war doch zugleich stolz auf den Profit, den man machte. Und zum Maßstab für den Profit, für die individuelle Leistung wurde immer mehr das Geld. Nicht in den Waren, sondern im Handel selbst fand der Florentiner Kaufmann und Unternehmer sein wahres Vergnügen. Deshalb steckte er seinen Profit zunehmend nicht in die Herstellung der Waren, nicht in die Verbesserung der Produktionsanlagen und Apparate, sondern in finanzielle Geschäfte. Lieber machte er mit Geldverleih, Monteanteilen oder Bodenspekulation einen schnellen und vergleichsweise risikolosen Florin als langwierig in die Modernisierung der Tuchindustrie zu investieren oder in seinen landwirtschaftlichen Betrieb in der Toskana. Kein Wunder, daß den größten Zuwachs an Mitgliedern nach 1348 die Zunft der Bankiers und Wechsler hatte.

In Donato Vellutis «Chronica domestica» spiegeln sich die zwei Seelen in der Brust eines erfolgreichen Florentiners: Hast du was, dann bist du was – aber was du hast, das zeigst du besser nicht. Donatos ältester Bruder Filippo, der viele Jahre in Palermo in der Niederlassung der Peruzzi gearbeitet hatte, kam in großem Aufzug mit Dienern, Pferden und prächtigen Gewändern in die Heimatstadt zurück. Donato gab ihm den Rat, seine Diener abzuschaffen und weniger Aufwand zu treiben. Dann stellte sich heraus, daß Filippo nur noch 25 Florine in der Tasche hatte. Auch eine Heirat besserte seine finanzielle Situation nicht. Doch zum Ärger seines Bruders ließ er bis zu seinem frühen Tod nicht von gutem Essen und Trinken und fröhlichen Gelagen ab.

Kritisch beschreibt Donato zwei seiner Cousins aus der Familie Frescobaldi. Der eine, Giovanni, war ein populärer Troubadour, ein trovatore. Er spielte ausgezeichnet Gitarre, Flöte und Viola und schrieb Sonette – aber im Geldverdienen war er gar nicht gut. Der andere, Berto, dachte nur ans Essen und Trinken und verpraßte sein väterliches Erbe. Ein schlechtes Ende prophezeite Donato Velluti auch seinem Cousin Gherardino, der sich elegant kleidete, mit Hunden und Falken auf die Jagd ging «und sich ruinierte, indem er den Adligen spielte».

Die Lust am Spekulieren brachte die meisten Florentiner Kaufleute und Bankiers nicht um ihren Verstand. Ihre finanziellen Rücklagen ließen sie ruhig schlafen. Und die Söhne suchten erst einmal Erfahrung und Erfolg fern von zu Hause. Buonacorso Pitti war 18 Jahre alt, als er Florenz verließ: «Ich war jung und unerfahren, und ich wollte durch die Welt ziehen, um mein Glück zu suchen.» Matteo Corsini ging als Einundzwanzigjähriger nach London und arbeitete dort in der Münzanstalt. Er handelte mit vielen Waren in Bordeaux, Lissabon und Brügge. Als Matteo 1362 zum erstenmal an den Arno zurückkehrte, war er 39 Jahre alt, reich genug, um eine gute Partie zu machen und sein Geld – nebst der Mitgift seiner Frau – in Grundstücksgeschäfte zu investieren.

Zwei Jahre zuvor hatten die Brüder des Matteo Corsini eine Braut für ihn gefunden. Ob der Ehemann in Florenz lebte oder ständig auf Reisen war, ob er altersmäßig und auch sonst zu ihr paßte – solche Fragen waren für die zukünftige Ehefrau völlig irrelevant. Sie hatte bei der Wahl kein Wort mitzureden, das entschieden die männlichen Vertreter der beiden betroffenen Familien unter sich. In den bürgerlichen Familien ging der Heirat ein längerer Handel voraus, wie sich das auch sonst für wertvolle Güter gehörte. Der Segen der Kirche wurde als angenehmes Beiwerk empfunden, obligatorisch war er nicht. Heirat und Familiengründung waren in mittelalterlichen Zeiten – in Italien noch entschiedener als im übrigen Europa – ein höchst weltliches Geschäft. Wenn sich zwei Menschen das Jawort gaben, ging es um handfeste Interessen, die bei den alteingesessenen Familien den ganzen weitverzweigten Familienverband, die consorteria, betrafen. Allerdings hielt der Familienkitt schon nicht mehr so absolut wie in den vorangegangenen Generationen. Ende der fünfziger Jahre lösten sich mehr

Haushalte als je zuvor aus berühmten adligen Familienverbänden, um freier, ohne den Ballast familiärer Interessenpolitik und mit bürgerlichen Rechten leben zu können. Sie zogen in andere Viertel und nahmen andere Namen an; aus den Ricasoli wurden Bindacci, die della Tosa nannten sich Bilisardi, die Donati verwandelten sich in Bellincioni.

Niemand rümpfte die Nase, wenn die Ehre der alten Geschlechter sich mit dem Wohlstand der neuen vermählte – solange diese ihr Geld in den angesehenen «größeren» Zünften machten. Doch sprach man nicht gerne darüber. Um so mehr war von Ehre und Status die Rede. Sehr unzufrieden reagierte die Sippe des Donato Velluti, als sein Onkel Gherardo die Tochter eines kleinen Beutelmachers heiratete. Nur noch Verachtung hatte sie für ein entferntes Familienmitglied übrig. Glaubt man Donato Velluti, dann verjubelte Piero Pitti erst sein Erbe, wurde einfacher Soldat, dann Arbeiter in einer Tuchmanufaktur und heiratete Monna Bartolomea, «eine Hure für viele Männer». Pietro Corsini starb 1367 in einem Verhau bei San Giorgio im Viertel Santo Spirito. Keiner aus der großen Schar seiner Verwandten begleitete ihn auf seinem letzten Gang, und das fand der ehrenwerte Messer Donato Velluti völlig in Ordnung.

Wenn die Eltern keine festen Heiratspläne für ihre Kinder hatten, trat ein Heiratsvermittler auf den Plan. War nach vorsichtigen Verhandlungen eine Kombination in Sicht, arrangierten Freunde ein Treffen der Eltern nebst einigen Verwandten beider Parteien. Dabei kam meist ein Vertrag zustande, der mit Handschlag besiegelt wurde. Nun brachte der Verlobte seiner Verlobten Geschenke ins Haus – Ringe, Juwelen –, und die Männer bekamen dort ein festliches Mahl vorgesetzt. Anschließend ging man zum Notar, wo der offizielle Heiratsvertrag – wieder ohne Frauen – aufgesetzt und beurkundet wurde. Zu den wichtigsten Punkten zählte die Höhe der Mitgift. Ein Bruch dieses Vertrags hatte böse Konsequenzen für die ganze Familie.

War die Hauptsache erledigt, konnte die feierliche Zustimmung der Brautleute, sposalizio, am sogenannten «Ringtag» ein fröhliches Fest werden. Giotto hat zu Beginn dieses Jahrhunderts in der

Arena-Kapelle von Padua als erster den berühmtesten sposalizio, die Verheiratung der jungen Maria mit dem alten Josef, in Verbindung mit einem Ringritual dargestellt. Das Motiv wurde schnell populär in Zentral- und Norditalien; Giottos Nachfolger in Florenz malten nach 1348 diese familiäre Szene der heiligen Familie an die Wände der Privatkapellen von Santa Croce.

Am «Ringtag» kam der Notar in das Haus der Braut. Dort fragte er das Paar, umlagert von Verwandten und Freunden, ob sie dem Vertrag zustimmten. Dann nahm er die rechte Hand der Braut und hielt sie dem Bräutigam hin, der seiner zukünftigen Frau einen Ring auf den Finger schob – und in diesem Augenblick, die Fresken haben es uns überliefert, von einem Umstehenden einen freundschaftlichen Klaps auf die Schulter bekam. Viel Glück! Die beliebtesten Tage für diese Feier waren in Florenz Sonntag, Dienstag und Mittwoch. Die kleinen Leute konnten sich keinen Notar leisten und hatten auch keine Reichtümer, über die man Verträge aufsetzen mußte. So war es für sie das Billigste, bei der Ringübergabe als Zeugen den Priester zu rufen oder gleich in die Kirche zu gehen.

Der letzte Akt der Eheschließung brach an, wenn die festlich geschmückte Braut kurze Zeit nach dieser Zeremonie bei abendlichem Fackelschein von Freunden des Bräutigams in das zukünftige Heim begleitet wurde, wo die Feier über Tage weiterging. Michele di Vanni Castellani, einer der reichsten Bürger von Florenz, hielt 1370 in seinem Testament fest, wie es seinen beiden ältesten Söhnen erging – damit die jüngeren in den gleichen Genuß kommen würden: «Als sie ihre Frauen nahmen, zahlte ich sämtliche Kosten für ihre Kleidung, die Räume und alle Festlichkeiten.» Die ausgelassene Feierei soll das Los der Florentiner Frauen nicht verdecken, das keiner in Zweifel zieht: Die Frau ist keine Person aus eigenem Recht, sie kann keinen Besitz haben, kein Testament machen, keine Geschäfte betreiben. Durch die Heirat geht sie von einem Haus in das andere, von der Bevormundung durch den Vater und die Brüder in die Obhut des Ehemanns. Eine Frau wird nur über ihre Beziehungen zu Männern definiert.

Sind die Gäste abgezogen, beginnt der eheliche Alltag und damit das Warten auf den Nachwuchs. Und daß er nicht vom Storch gebracht wurde, war den Florentiner Bürgern wohlbekannt. Am Beginn des 15. Jahrhunderts schreibt der Kaufmann Giovanni Morelli über seinen ältesten Sohn Alberto: «Ich erinnere mich, wann – zu welcher genauen Stunde und in welchem Augenblick –, wo und wie er von mir gezeugt worden war und welche große Freude es mir und seiner Mutter bereitete. Und alsbald regte er sich im Mutterleib. Aufmerksam erfühlte ich seine Bewegungen mit meiner Hand und erwartete voller Ungeduld seine Geburt. Und welche Freude, welches Glück erlebte ich, da er geboren wurde, männlichen Geschlechts, gesund und wohlgestaltet.»

Ein Zeugnis für viele glückliche Eltern. Doch nun geschieht etwas Erstaunliches: Die gleichen Eltern finden es selbstverständlich, sich sofort von diesem liebe- und schutzbedürftigen Kleinkind zu trennen und es für die Dauer von bis zu zwei Jahren an eine Ersatzmutter auf dem Land zu geben, die vor allem als Amme für den Säugling fungiert. Der Brauch ist in den Bürgerhäusern von Nord- und Mittelitalien üblich, und schon einheimische Experten des 14. Jahrhunderts – seien es Mediziner oder Pädagogen – finden daran nichts Verwerfliches. Um 1350 verfaßt der toskanische Kaufmann Paolo da Certaldo ein Traktat mit guten Ratschlägen für den Vater. Daß die leibliche Mutter ihr Kind stillt, wird mit keinem Wort in Betracht gezogen. Dafür gibt es ein genaues Porträt der aushäusigen Amme: «Sie sollte besonnen, gesittet und ehrbar sein, sollte keine Trinkerin oder Säuferin sein, weil Kinder oft so werden, wie die Milch ist, die sie bekommen. Sei deshalb darauf bedacht, daß die Säugamme deiner Kinder nicht hochmütig ist und ihr Charakter auch sonst keine bösen Züge aufweist.» Und weil die Florentiner Kaufmannsväter besonders schreibfreudig waren, wissen wir mit Sicherheit, daß diese frühe Trennung für die Bürgerkinder am Arno die Regel und nicht die Ausnahme blieb.

Es ist der Kindsvater, der sich mit Hilfe von Freunden und Verwandten nach einer geeigneten Person auf dem Land umsieht. Am beliebtesten sind die Ammen aus dem Mugello, woher viele Florentiner stammen, und sie dürfen zur gleichen Zeit kein eigenes Kind nähren. Die Berufsammen haben entweder gerade ihr Kind verloren, oder sie geben es an eine billigere Amme ab und verdienen immerhin die Differenz. Ist die Richtige gefunden, macht der Florentiner Vater mit dem Ehemann der Amme einen Vertrag und kauft «seine Milch». Weder die Mutter des Kindes noch die zukünftige Pflegemutter treten als handelnde Personen auf.

Der Florentiner Kaufmann Antonio Rustichi hatte fünfzehn Kinder, alle wurden zu einer Ersatzmutter aufs Land gegeben. Sein erster Sohn Lionardo wurde am 6. März 1417 geboren. Am 9. März notiert der Vater, daß er Lionardo «zu einer Säugamme schickte. 23 Dinge werden dem Kleinen mit auf den Weg gegeben, darunter eine Wiege, gefütterte Mäntel, Lätzchen, Mützen und ein Korallenzweig mit Silberring als Spielzeug». Keine zwei Wochen nach der Geburt wird das Baby für eine lange Reise gut eingepackt, mit kleinen Kreuzen, Medaillons, einem versilberten Wolfszahn und anderen Talismanen behängt. Auf dem Rücken eines Esels schaukelnd, verläßt das Baby in einem Körbchen die Stadt. Rund zwanzig Monate bleiben die Kinder im Durchschnitt von ihren Eltern getrennt, bis die ersten Zähne das Stillen beenden. (Die Jungen dürfen meist etwas länger den Vorteil der Ammenmilch genießen als die Mädchen.) Allerdings verbringen die Säuglinge in der Regel nur die Hälfte dieser Zeit bei ihrer ersten Amme, weil sie mit Sicherheit eines Tages wegen Schwangerschaft oder Krankheit ausfällt. Wer Pech hat, muß sich in diesen frühen Jahren, wo nichts so wichtig ist wie Vertrauen und Beständigkeit, an immer neue Mütter – und Väter – gewöhnen.

Nur in seltenen Fällen werden die Kinder zwischendurch nach Florenz gebracht, damit die leiblichen Eltern sich von ihrem Wohlsein überzeugen. Das Leben der Kinder – wie das der Erwachsenen – ist Gott befohlen. Rund 17 Prozent aller Neugeborenen – davon mehr Jungen als Mädchen – sterben bei den Pflegeeltern, die meisten an Krankheiten, manche werden, so hieß es, im Schlaf erdrückt. Auch ihr Tod, so traurig er die Eltern macht, ist Gott anheimgestellt. Den Ammen wird daraus kein Vorwurf gemacht.

Je älter das 14. Jahrhundert wird, desto häufiger lassen uns Kaufleute und Unternehmer von Florenz in ihren Tagebüchern

und «Erinnerungen» an ihrem Rückblick auf ihre Kindheit teilha-
ben. Kräftig wird da vor allem ein Idealbild des Vaters und seine
Funktion innerhalb der Familie gezeichnet. Denn diese «Erinnerungen» sind ja als Wegweiser für die eigenen Söhne und Enkel
gedacht. Es ist der Vater, der Tugenden, Werte und Lebenserfahrung an die nächste Generation weitergibt. Sein wichtigster Ratschlag an die zukünftigen Geschäftsleute: mißtrauisch gegenüber
Fremden und Freunden zu bleiben, auch wenn letztere sehr wichtig sind. Ansonsten gilt es, bella figura zu machen, sei es beim
Gespräch auf der Piazza oder beim Geschäft im Kontor. Es sind
die Söhne, die als Erben Besitz und Reichtum der Familie weiter-
führen und mehren sollen. Bei der Aussteuer der Töchter ist man
allerdings meist nicht knauserig, denn es gereicht der eigenen Familie zur Ehre, wenn sie auf diese Weise in eine geachtete Sippe
einheiratet.

Von der Aussteuer abgesehen, kommen Töchter in den Aufzeichnungen der Väter nicht vor. Sie haben jedoch sehr konkreten
Anschauungsunterricht, indem sie das Schicksal ihrer Mütter und
älteren Schwestern verfolgen. Ihr Reich ist das Haus, ihr Kontakt
zur Welt ist der Gang durch die Stadt, wenn sie die Kirchen aufsu-
chen. Ist die Tochter in die Pubertät gekommen, haben die Eltern
nur eine Sorge: ihre Jungfräulichkeit zu schützen, bis der passende
Ehemann gefunden ist. Bleibt die Tochter zu lange unverheiratet,
ist das verdächtig und lästig. Denn ständig muß sie unter männ-
lichem Schutz leben, damit die Ehre der Familie nicht ins Gerede
kommt. Der Weg ins Kloster ist die beste Alternative. Dort sind
die höheren Töchter von Florenz dann ganz unter sich.

An Erziehung und Bildung fehlt es den Bürgermädchen von
Florenz nicht. Sie gehen in die Schule oder werden zu Hause unterrichtet. Sie lernen Lesen und Schreiben und auch ein wenig
Latein. Im eigenen Familienclan erleben sie den Widerspruch
zwischen Ideal und Wirklichkeit, der den Frauen mehr Einfluß
einräumt, als durch die dicken Mauern der Häuser nach außen
dringt. Die Erziehung von Töchtern und Söhnen liegt zu einem
großen Teil in weiblichen Händen. Donato Velluti erzählt voller
Achtung, daß seine Mutter für ihn Mutter und Vater zugleich war,

weil das Oberhaupt der Familie überm Geldverdienen und Geschäftemachen ständig abwesend war und kaum Zeit hatte, sich um seinen Nachwuchs zu kümmern. Obwohl die Kette der Generationen nur durch die männlichen Nachkommen gebildet wird und die Werte der Gesellschaft von Männern geprägt sind: niemand bestreitet die Fähigkeit der Mütter, ihre Kinder allein großzuziehen. Nicht selten sind die Kinder noch klein, wenn der Vater stirbt. Die späte Heirat des Matteo Corsini mit 31 Jahren ist nicht die Ausnahme, sondern in Florenz die Regel.

Nach dem Tod des Vaters erweist es sich, ob die Mutter «gut» oder «grausam» ist. So jedenfalls wird es aus dem Blickwinkel der Söhne gesehen. Eine «gute» Mutter bleibt Witwe, weil sie damit ihre Mitgift ungeschmälert für ihre Söhne bewahrt. Eine «grausame» Mutter wagt es, an ihre eigene Zukunft zu denken, heiratet wieder, und ihre Mitgift bereichert nach dem Gesetz das Konto ihres zweiten Mannes. Es gab Väter, die vorausschauend Verständnis für ihre Töchter zeigten. Michele di Vanni Castellani schrieb 1370 in sein Testament: «Falls eine meiner Töchter Witwe wird und ihre Mitgift nicht zurückerhält, befehle ich meinen Erben, sie nochmals mit einer Mitgift von 1000 Florinen auszustatten, falls sie wieder heiraten möchte.» Und falls sie Witwe blieb, schärfte der Vater seinen Söhnen ein – «denn ich hinterlasse euch großen Reichtum» –, dann «erlaubt ihr, in meinem Haus zu leben, als wenn es ihr eigenes wäre, und gebt ihr, was sie braucht, um ein anständiges Leben zu führen». Als die Tochter seines verstorbenen Bruders während der Pest von 1363 ihre vier Kinder und ihren Mann verliert, nimmt Donato Velluti sie wieder in seinen Haushalt auf und zahlt auch für die Trauerkleider, weil Agnola ihre Mitgift von der Familie ihres Mannes nicht zurückerhält. Die Regel aber ist, daß eine Witwe von ihren Brüdern gezwungen wird, sich schnellstens wieder zu verheiraten, und «grausamerweise» ihre Kinder bei den Verwandten ihres Mannes lassen muß; darüber später mehr.

Wohlfeile Ratschläge haben die Florentiner Väter ihren Söhnen gerne weitergegeben, mit ihrem Reichtum ließen sie sich dagegen viel Zeit. Während sie ohne Zögern die Mitgift ihrer Töchter zahlten, scheuten sich viele Väter, den größten Teil ihres Besitzes schon vor ihrem Tod auf die nächste männliche Generation zu übertragen. Das führte zu Spannungen und offenen Konflikten in den Familien. Erwachsene Söhne warteten ungeduldig auf den Tod ihrer Väter, mußten dann aber bei der Testamentseröffnung vielleicht unangenehme Überraschungen erleben. Grundlage für die unangreifbare Stellung des Familienoberhauptes war die potestas patris, die väterliche Gewalt, auch über die Söhne. Diese zentrale Komponente der mittelalterlichen Familie, vom römischen Recht übernommen, ließ sich kein Vater freiwillig nehmen. Es sei denn, er sah in der emancipatio, der Entlassung seiner Kinder aus dieser Gewalt, mehr Vorteile als Nachteile. Das konnte bei kühler Betrachtung durchaus der Fall sein.

Im Jahre 1355 wird bei der Mercanzia, dem angesehenen Handelsgericht von Florenz, das zwischen dem Palast des Podestà (Bargello) und dem der Prioren lag, ein öffentliches Register der «Emanzipierten» angelegt. Wenn ein Florentiner – egal aus wie gutem Hause – in Zukunft ein Geschäft abschließen will, wird sein Partner zuvor einen Gang zum Gericht machen, um anschließend zweimal nachzudenken. Denn wer emanzipiert ist, muß für alle seine Schulden selber aufkommen. Er kann Verträge schließen, Besitz erwerben, sein Testament machen und ohne väterliche Zustimmung heiraten. Er ist ein Mensch sui iuris, aus eigenem Recht, was keinesfalls gilt, wenn er in den Augen der Gesellschaft eigentlich erwachsen geworden ist. Wer unter der väterlichen Gewalt steht, und dafür gibt es keine Altersgrenze, dem fehlen solche Rechte, dafür muß der Vater aber für alle Verpflichtungen aufkommen, die sein Sohn eingeht.

Für die offizielle emancipatio reichte ein formloser Vertrag beim Notar. Mit dieser Urkunde wurde man gegen Bezahlung von einem Florin bei der Mercanzia registriert, und der städtische Bote verkündete lauthals in allen Vierteln von Florenz den Namen des Emanzipierten. Übrigens wurden auch Mädchen und Frauen emanzipiert, wenngleich mit dieser «Entlassung» sehr viel weniger Rechte verbunden waren. Oft sollten mit diesem Akt bei den Frauen illegale Geschäfte verschleiert werden, zum Beispiel wenn aufgrund der Emanzipation eine Frau Besitz von ihrem Vater oder ihren Brüdern erbte, der so den Gläubigern entzogen wurde. Von den 1140 Emanzipationen, die zwischen 1355 und 1369 registriert wurden, fielen 242 auf Frauen. In Florenz war es damals – und für viele weitere Jahrhunderte – nicht anders als sonstwo in Europa. Die Menschen wußten, nur eine Minderheit würde die ersten kritischen Jahre nach der Geburt überleben. Je besser Wohnverhältnisse und Ernährung in den ersten Jahren waren – die kleinen Leute konnten sich keine Amme auf dem Land leisten –, um so höher lagen die Überlebenschancen. Die Oberschicht stellte in Florenz rund 10 Prozent aller Haushalte und knapp 25 Prozent aller Kinder unter 18 Jahren. Wer damals durch Florenz ging, sah vor allem junge Menschen, die Hälfte der Einwohner war jünger als 18 Jahre. Die Reichen hatten bessere Voraussetzungen, sich vor einem frühen Tod zu schützen. Aber oft genug mußten auch sie eine solche Katastrophe beklagen.

Donato Velluti war stolz auf seinen Sohn Lamberto, geboren 1342: «Ich nahm ihn von der Schule und schickte ihn in das Geschäft von Ciore Pitti, dann in das von Manente Amidei... Ihm wurde das Rechnungsbuch über Schulden und Außenstände anvertraut, und er ging damit um, als sei er ein Mann von 40 Jahren.» Als 1363 wieder eine Pestwelle Florenz erreicht, stirbt Lamberto Velluti, gerade 21 Jahre alt.

Der Familienverband ist für alle Kinder ein sicherer Hafen, wenn die Eltern sterben. Noch einmal Michele di Vanni Castellani: «Ich wünsche, daß meine männlichen Erben die Kinder von Guido Federighi und Gostanza, meiner Schwester, in ihrem Haus aufnehmen und ihnen alles geben, was sie brauchen, bis sie 15 Jahre alt sind.» Donato Vellutis jüngerer Bruder Piccio machte als Kaufmann außerhalb von Florenz im Tuchhandel Karriere. In Sizilien hatte er in Trapani eine uneheliche Tochter mit der Besitzerin eines Bäckerladens. Vergebens drängten ihn Donato und seine Frau, die kleine Agnola nach Florenz zu bringen. Als Piccio 1348 stirbt, macht sich Donatos Schwager nach Sizilien auf und findet die Nichte als Waise. Nach anfänglichem Mißtrauen – ist sie wirklich Piccios Tochter? – bringt er Agnola mit nach Florenz zurück. Donato Velluti: «Sie war damals zehn Jahre alt. Ich hieß sie willkommen, und ich – und meine Familie – behandelte sie wie unsere eigene Tochter.» Natürlich sucht Donato auch einen Mann für sie – was gar nicht so leicht ist bei einem unehelichen Mädchen – und stiftet eine Mitgift von 300 Florinen. Das war nicht knauserig, denn aus den notariell verbrieften Mitgiftverträgen geht hervor, daß zwischen 1340 und 1383 nur knapp 17 Prozent der Oberschichttöchter eine Mitgift von 400 Florinen und mehr mit in die Ehe bekamen.

Wer keine Verträge abschloß, wer keine Tagebücher oder «Erinnerungen» verfaßte – und das war in Florenz wie anderswo die große Mehrheit –, hat kaum Spuren hinterlassen. Ganz selten dringt eine Stimme der Mehrheit durch die Zeiten, wie aus den Akten über städtische Zwangsanleihen, vor denen auch die mehr oder weniger Mittellosen nicht sicher waren: «Ich bin ein armer Mann und lebe von meiner Hände Arbeit.» Wo keine persönlichen Aussagen vorliegen, sind Statistiken, mühsam aus mehr oder weniger versteckten Hinweisen gewonnen, ein dürrer Ersatz für das Leben der kleinen Leute. Auch in dieser Schicht sind Frauen auf dem Heiratsmarkt begehrt: In 76 von 100 Fällen sind es männliche Immigranten, die durch eine Heirat mit einer Einheimischen in Florenz seßhaft werden, und zwar problemlos. Bei Handwerkern und Arbeitern heiraten rund 65 Prozent in die gleiche Schicht. Bei Frauen ist, ähnlich bürgerlichen Familien, ein sozialer Trend nach oben zu vermerken: Da kann es vorkommen, daß die Tochter eines Handwerkers aus einer kleineren Zunft einen Ehemann aus der größeren Zunft findet – einen Notar, einen Goldschmied oder einen Maler.

Ist die Familie auch die Kerninstitution für jeden Florentiner, so binden ihn doch außerhalb dieses festen verwandtschaftlichen Verbands noch erstaunlich viele Institutionen. Der innerstädtische Kosmos setzt sich zusammen aus sozialen Kreisen, die sich zum Teil überschneiden und alle zusammen ein dichtes Netz unterschiedlicher Beziehungen knüpfen. Zur Familie kommt der Nachbarschaftsverband mit Fahne, Militärkompanie und Statuten, das Viertel, in dem die Familie seit Generationen zu Hause ist,

und – für Arbeiter allerdings verboten – die religiöse Bruderschaft. Diese Institutionen bestimmen das Leben der Einheimischen, sie schützen und verpflichten, sie bieten Geborgenheit in
einer Gemeinschaft und üben eine permanente Kontrolle über das
Individuum aus. Typisch florentinisch ist, daß diese Gemeinschaften – die Familie ausgenommen – im großen und ganzen
einen Querschnitt der Bevölkerung umschließen und keine abge-
schotteten Refugien für soziale oder berufliche Gruppen sind.
Auch wenn sich in bestimmten Vierteln die Berufe konzentrieren
– in Santa Croce leben und arbeiten viele Färber, gibt es zahlreiche
Wollgeschäfte, hier und in Santo Spirito sind die elendesten Arbei-
terquartiere –, verteilen sich die kleinen Leute wie die großen über
ganz Florenz, gehen in die Pfarrkirche, gehören zum gleichen
Nachbarschaftsverband und treffen sich – vom Handwerker aufwärts – in einer Bruderschaft.

Die führenden Familien, welcher Fraktion sie auch angehören,
leben quer über die Stadtviertel verstreut. Die Strozzi, der wohl
größte und reichste Familienverband mit rund dreißig Haushalten, wohnen in Santa Maria Novella. Die Guicciardini stehen ihnen an Wohlstand kaum nach und sind südlich des Arno in Santo
Spirito zu Hause. Der reiche Kaufmann Michele di Vanni Castellani wohnt in Santa Croce, ebenso wie die einflußreichen Alberti
oder die einstmals mächtigen Cavalcanti. Im Herzen der Stadt, in
San Giovanni, haben die Albizi und die Ricci ihre Häuser und die
Familien der Medici. Und das Entscheidende: Das Viertel, in dem
man wohnt, ob Arbeiter oder Bankier, ist der heimatliche Ort.
Hier kauft man auf den kleinen Märkten ein, hier findet das
Familienoberhaupt seine Arbeit. Die enge Nachbarschaft ist das
Zuhause, ist «wir», der Rest der Stadt, das sind «die andern». In
Florenz zieht keiner gerne um.

Ein weiteres ist charakeristisch für Florenz: Zum Nachbarschaftsverband des «Weißen Löwen» im Viertel Santa Maria
Novella gehören nicht nur die reichen Strozzi, sondern ebenso
Diener und Marktfrauen und kleine Ladenbesitzer und Handwerker. Beim Treffen der Nachbarn, bei den Gastmählern der Bruderschaften, in den Straßen des Viertels bekommen die vielen, die

keine politische Stimme haben, keinen Platz in Signoria oder Räten, das Gefühl, teilzuhaben am Leben der Kommune. Sicherlich fühlt sich da so mancher übergangen, erlebt drastisch, wie unbedeutend er ist. Trotzdem: Hier findet eine ungewöhnlich breite Kommunikation statt, entstehen spontan Diskussionen, die Spannungen abbauen, bilden sich Solidarität, Stolz und Konsens für das Wohl des Ganzen, der Sinn für den Kompromiß.

Natürlich gibt es Unterschiede, ist es vornehmer, im Zentrum innerhalb der alten Römerstadt zu wohnen als nahe der Stadtmauern. Im historischen Kern leben 24 Prozent der Gesamtbevölkerung, aber nur 16 Prozent der kleinen Leute. Dagegen bevölkern 43 Prozent der Bevölkerung die großen Pfarreien in den Außenbezirken und 44 Prozent des popolo minuto. Um der indirekten Besteuerung zu entgehen, siedeln sich immer mehr kleine Handwerker und Arbeiter gleich außerhalb der Stadtmauern an. Dort kaufen sie die Waren, bevor diese das Stadttor passieren und besteuert werden. Doch der Fiskus, immer auf der Suche nach neuen Einnahmen, erhebt 1367 die Tausendschrittsteuer: Wer innerhalb einer Entfernung von tausend Schritt vor den Mauern wohnt, muß ebenfalls die indirekten Steuern zahlen.

Die Allerärmsten brauchen sich darüber keine Gedanken zu machen. Aber sie haben auch keinerlei Anspruch auf Unterstützung, wenn das soziale Netz der Familie, der Nachbarschaft und der Pfarrgemeinde nicht mehr hält. Dann müssen die Bruderschaften Nächstenliebe üben, so wie 1356 die Bruderschaft von Orsanmichele. Almosen wurden damals verteilt «an Monna Caterina, eine Fremde, die schwanger ist... an Nezetta, die alt und krank ist und in der Via S. Gallo lebt... an Madonna Fiora di Lapo, die blind und schwanger ist... an Monna Isabetta aus dem Valisieve, die schwanger und im Gefängnis ist... an Buona di Rosso, ein armes verlassenes Mädchen, das in der Via Ghibellina lebt... an Gherardo, einen armen, kranken Jungen aus dem Mugello...» Kein einziger Mann ist unter den Almosenempfängern, wenngleich auch von ihnen etliche im Elend lebten. Aber weil Frauen – im Gegensatz zu den Männern – viel weniger Möglichkeiten haben, sich ihren Lebensunterhalt zu verdienen, sind sie in der schlechteren Position. Die meisten bekamen von der Bruderschaft weniger als zehn Soldi, nur wenige 15 oder 20. Es war ohnehin Silbergeld, die Münze der kleinen Leute; erst 70 Soldi machten einen goldenen Florin. Die Bruderschaft von Orsanmichele zählte zu den reichsten der Stadt. Aufgrund von Erbschaften und Stiftungen während und nach der Pest von 1348 akkumulierte sich ihr Barvermögen auf 350000 Florine. Auch die übrigen Bruderschaften konnten nicht über Einkünfte klagen. Die finanziell gebeutelte Kommune sah es mit scheelen Blicken. 1363, der Krieg gegen Pisa war auf seinem Höhepunkt – auch was die Kosten betraf –, wurden per Gesetz sämtliche Stiftungen der Bruderschaften vom städtischen Schatzamt kassiert, und ihre Grundstücke und Immobilien mußten verkauft werden, um mit dem Erlös die dringendsten Ansprüche der Florentiner Kreditgeber zu befriedigen.

Ob Familie oder Viertel, Bruderschaft oder Nachbarschaftsverband, ob Handwerkerladen oder Kontor: der männliche Florentiner erlebte intensiv, daß nicht alle am gleichen Strang zogen, daß überall unterschiedliche Interessen und Schichten aufeinanderstießen – und doch miteinander leben mußten. Mit Konflikten umzugehen, ohne daß darüber die Gemeinschaft zerbrach, schien überhaupt das Wesen sozialer Beziehungen auszumachen. Widersprüche waren dem Florentiner nicht fremd. Er kultivierte sie geradezu in einem Bereich, der für ihn ebenso wichtig war wie die Familie. «Ein Mann ohne Freunde ist wie ein Körper ohne Seele», sagte das Sprichwort. Und ein anderes mahnte: «Prüfe deine Freunde hundertmal.»

Die Söhne vergaßen nicht den doppelten Ratschlag der Väter: daß man Freunde braucht, auf die man sich verlassen kann, daß man aber selbst ihnen gegenüber auf der Hut sein müsse, mißtrauisch gegenüber allen. Denn Freunde, Verwandte und Nachbarn waren zugleich auch Mitbewerber um Kunden, Aufträge, Ämter und Ehren. Darum hielt ein jeder seine allerletzten Geheimnisse für sich, vertraute am Ende keinem. Mochte er sich im tiefsten auch danach sehnen: «Ich denke nicht, Francesco, daß du die schöne Freundschaft vergessen hast, die zwischen uns in Avignon bestand, seit wir Knaben waren. Das war vor 44 Jahren. Aber wir haben unsere Freundschaft erhalten und sie noch stärker gemacht, wo wir uns auch befanden. Nur der Tod kann uns trennen.» Es ist Baldassare Ubriachi, der 1394 an den erfolgreichen Kaufmann Francesco Datini, in Prato bei Florenz geboren, sein Lob der Freundschaft schreibt. Und im gleichen Jahr erinnert er den berühmten Florentiner Rechtsanwalt Alessandro dell' Antella ebenfalls an gemeinsame Jahre im päpstlichen Exil: «Ich glaube nicht, daß es zu Deiner Zeit in Avignon zwei Florentiner gab, die die gleiche Liebe und Zuneigung füreinander hatten wie ich und mein geliebter Gefährte Alessandro dell' Antella. Ich liebte ihn mehr als jeden anderen auf der Welt.»

Der Überschwang der Gefühle steht im Zusammenhang mit der Zeit, an die sich der wohlhabende, inzwischen alt gewordene Kaufmann Ubriachi in seiner Heimatstadt Florenz erinnert. Damals, um 1350, war er als Waisenkind in die Stadt an der Rhône gekommen, um dort sein Glück zu machen. Das gleiche galt für Francesco Datini, auch seine Eltern waren 1348 während der Pest gestorben: Die Freundschaft in der Fremde ersetzte den beiden Heranwachsenden Wärme und Sicherheit einer Familie. Es ist kein ungewöhnliches Schicksal, allein aufzuwachsen, sich allein durchzubeißen und «keine Verwandten, sondern Freunde zu haben», auf die man sich stützen kann. So charakterisiert Giovanni Morelli den Aufstieg seines Vaters Paolo. Der Vater des jungen Paolo Morelli war schon tot, als innerhalb von 20 Tagen Paolos drei Brüder der Pest von 1363 zum Opfer fielen. Morelli selbst starb 1374 und wurde neben seinem Vater und seinen Brüdern in Santa Croce begraben. Seine Zeit, Reichtümer zu sammeln, war begrenzt. Immerhin erbte der Sohn Giovanni 20 000 Florine. Giovanni Morelli zeichnet trotz widriger persönlicher Umstände die gleiche Zähigkeit aus, die Ubriachi und Datini im Laufe eines langen Lebens zu noch größerem Wohlstand führten. Beide werden uns wieder begegnen.

Die äußeren Umstände förderten solche Karrieren. Die wirtschaftlich fetten Jahre gaben den Tüchtigen besonderen Schwung und hielten die Auswirkungen von Epidemien und Naturkatastrophen in Grenzen. Der Winter 1351/52 brachte bis in den Februar viel Schnee. Im März regnete es ununterbrochen, der Juni brachte wieder Regen und viel Sturm. Eine Hungersnot im Jahr darauf war die Folge. 1357 kam eine Grippewelle, 1363 forderte die Pest wieder einmal viele Opfer. Doch viele Einwohner von Florenz – darunter auch Handwerker und kleine Geschäftsleute – verdienten genug, um in Zeiten der Hungersnot das enorm verteuerte Getreide und die horrenden Preise für die Brote zahlen zu können. Zwischen 1354 und 1363 strömten rund 12 000 Menschen aus der Umgebung in die Stadt und waren dort als Arbeitskräfte hochwillkommen. Damit war die Einwohnerzahl in kurzer Zeit von 40 000 Menschen im Jahr nach der Pest von 1348 auf rund 65 000 gestiegen.

Während es den Städtern besser ging, zählte die bäuerliche Bevölkerung in der Toskana zu den Verlierern. Die Situation war paradox: Da es nach der Pest auch auf dem Land viel weniger Arbeitskräfte gab, suchten die überlebenden Bauern sich die besten Felder zum Beackern aus, die anderen verwilderten nach und nach. Das steigerte die Erträge pro Kopf und verbesserte die Ernährungslage wesentlich. Aber nach den Gesetzen des Marktes ließ das Überangebot an landwirtschaftlichen Waren die Preise dafür sinken. Wer als Florentiner Landbesitz hatte, überlegte es sich zweimal, in diesen unrentablen Wirtschaftszweig zu investieren. Lieber gab er sein reichlich vorhandenes Geld für den Konsum aus, wovon die Handwerker und Geschäftsleute in der Stadt profitierten. Und wie in den Jahren vor der Pest hatte das Baugewerbe in Florenz Hochkonjunktur, waren in Steinmetzkunst und Malerei die Besten gefragt: Bürger und Kommune sahen ihre Einkünfte nirgendwo besser angelegt als in Bauwerken und Fresken, die immer aufs neue in den begleitenden Urkunden als die schönsten, prächtigsten und ehrenvollsten beschworen wurden. Zur Ehre der Gemeinschaft und zum Ruhme des jeweiligen Stifters.

Nicht nur im Innern der Kirchen sollte sich die Schönheit entfalten. Die Stadt insgesamt war ein Bauwerk, Inneres und Äußeres korrespondierten miteinander, grenzten nicht aus, sondern verbanden die Bewohner. Mochte auch nur eine Minderheit die vollen Bürgerrechte besitzen, die Piazza gehört allen. Immer stärker wurde der Wunsch, öffentliche, allen einsehbare Plätze und Räume zu schaffen, auch für die Zeiten, in denen das mediterrane Klima nicht mitspielte. In den fünfziger Jahren wird die Piazza vor dem Palast der Prioren erweitert, eine Kirche dort abgerissen und weiter nördlich wieder aufgebaut, Häuser werden verlegt, und das gesamte Areal wird gepflastert. Die Loggia wird populär. Eine entsteht am Bigallo, dem Sitz der Misericordia-Bruderschaft gleich gegenüber von San Giovanni. 1356 beschließt die Kommune, dem Palast der Prioren eine Loggia anzubauen, die die hohen Herren schützt, wenn sie sich bei der Amtseinführung dem Volk zeigen oder Gesandtschaften empfangen. Doch der Plan muß warten. Diesmal hat der Dombau Vorrang.

Auch hier muß das Alte endgültig weichen. 1357 wird der Turm von Santa Reparata, der Domvorgängerin, zerstört. Zwei Jahre später ist der neue Campanile, einst von Giotto begonnen, bis zum Obergeschoß vollendet. Am Domplatz wird ebenfalls eine Kirche verlegt, die alten Häuser der Kanoniker werden abgerissen, um Platz für das Bauwerk zu schaffen. Die Wände vom Langhaus des Doms sind zum größten Teil hochgezogen. Nun beschließt man, drei Joche zu bilden, die Maße der Pfeilerabstände werden verbindlich festgelegt. Erstmals taucht die Idee auf, das Langhaus nicht mit Querhaus und Chor abzuschließen, sondern mit einem gewaltigen Oktogon, das sich in drei große Tribünen – der Florentiner Begriff für Apsiden – auffächert. Und dieses Oktogon soll nur der Unterbau sein für eine Kuppel von nie gekannter Größe.

Wer beschließt solche Pläne? Wer kümmert sich um die neuen Ideen? Wer schafft das Geld herbei? Baumeister der Dombauhütte in diesen Jahren ist Francesco Talenti, ihm zur Seite stehen wie in alten Zeiten die operraii, Vertreter des Dombauamtes. Es sind keine Kleriker, sondern Laien, vier angesehene Bürger, Mitglieder der Wollzunft, die für den Dom die Verantwortung trägt. Für jeweils sechs Monate übernehmen sie dieses wichtige Amt. In der Regel kommt das Team einmal wöchentlich zusammen. Die operaii autorisieren die Kontrakte mit den Handwerkern und sind für die Kontrolle der Finanzen verantwortlich. Für die Aufsicht am Bau wird ein bezahlter Aufseher bestellt. Jeden Monat lädt das Dombauamt Experten und interessierte Bürger zu einer Zusammenkunft, bei der Weinhändler und Mönche, Unternehmer und Rechtsanwälte über architektonische Probleme und Baumaterialien, über Skulpturen und Maßwerk, über Ausgaben und Einnahmen diskutieren und ob man einem Arbeiter im Krankheitsfall Lohnfortzahlung gewähren soll. Es sind offene Diskussionen, wo Kunst und Kommerz aufeinanderprallen, wo Laien und Künstler zu Kompromissen finden. Als 1359 der Marmor aus den Steinbrüchen um Siena ausbleibt, wird der «Skandal» zum Stadtgespräch, ergeht die dringliche Bitte an die operaii, um jeden Preis für Nachschub zu sorgen. Das Dombauamt muß auch für die gute Laune der Stifter sorgen und für das Wohlwollen der Kirchgänger. Von Zeit zu Zeit werden beim Dombaumeister hölzerne Modelle bestellt. Da haben die Bürger etwas zu besichtigen und zu diskutieren.

Die Arbeiten im Herzen der Stadt schreiten endlich schnell und sichtbar fort. Vor allem die Zunft der Meister in Stein und Holz, die arte dei maestri di pietra e legname, wird mit ihren Leuten am Dombau eingesetzt. 1358 nennt die Zunftliste allein 434 Mitglieder, die in der Stadt leben. Wahrscheinlich ist sie mit ihren Maurern und Steinmetzen, den Zimmerleuten und Stukkateuren – in der Regel begabte Meister ihres Faches – die größte der 21 Florentiner Zünfte. Im Mai 1366 sind die ersten zwei Joche vom Dom eingewölbt, das Fundament für den siebten Pfeiler ist gelegt, die Erweiterung auf insgesamt vier Joche beschlossen. Die operaii spenden eine Extrarunde Wein für die Bauarbeiter. Im Juli fordert das Dombauamt die besten Maler, Goldschmiede und Steinmetze der Stadt auf, Modelle für den Weiterbau zu entwerfen. Die ganze Handwerker- und Künstlerprominenz von Florenz ist vertreten und spaltet sich über die endgültige Gestalt des Domchores in zwei Lager: für eine traditionelle Lösung oder für eine noch nie dagewesene, die den Bau mit einer alles überragenden Kuppel krönt.

Mal haben die Traditionalisten die Oberhand und überzeugen die operaii, daß der vorhandene Bau unter dem Gewicht einer so gewaltigen Kuppel zusammenbrechen würde. Dann wieder begeistert das Modell der Modernisten den Beraterkreis. Zwischendurch stellt die Kommune gegenseitige Schmähungen der Kontrahenten unter Strafe, so wüst und leidenschaftlich wogt die Diskussion hin und her. Am Ende entscheidet sich die bürgerliche Elite der Stadt für das architektonische Wagnis und damit für die Aussicht auf ewigen Ruhm. Im November 1367 wird verfügt, alle anderen Modelle zu zerstören. Ab dem Jahre 1368 werden alle leitenden Baumeister und operaii auf das Modell einer weiträumigen, achteckigen Domkuppel eingeschworen.

Der Dom hat Priorität in dieser Zeit, aber die anderen Kirchenbaustellen ruhen nicht. Santa Maria Novella, Zentrum der Dominikaner, löst sich langsam aus dem Schatten von Santa Croce, wo die einflußreichen Franziskaner wenige Jahrzehnte zuvor mit den Werken des berühmten Giotto glänzen konnten. 1361 kritisiert die Kommune die Nachfolger des heiligen Franziskus, weil der Bau zu langsam vonstatten gehe. Das schade dem Ansehen der Stadt. Um so eifriger ist man in Santa Maria Novella am Werk. Zum Andenken an seine Frau, die 1348 im Pestjahr gestorben war, läßt der Kaufmann Buonamico di Lapo dei Guidalotti ab 1350 an die Hauptkirche eine Kapelle bauen, die später die Spanische genannt wird. Als er 1355 stirbt, liegen per Testament 4000 Florine bereit, um den Kapitelsaal der Mönche und die angrenzende Kapelle mit einem großen Fresko auszuschmücken, ein ehrgeiziges Projekt. Mindestens drei Jahre ist der Maler Andrea Bonaiuti beschäftigt, das religiöse Programm der Dominikaner und den Triumph ihres Ordens zum Heil der Kirche in einem breiten Panorama vor den Augen der Betrachter auszubreiten. Die zarten Farben gemäß Sieneser Tradition verwischen jede Dramatik, gelassen nehmen Papst und König, Heilige und Verdammte ihre Plätze ein. Ein frommes Bild, auch eine Allegorie – und Welten entfernt von jener selbstbewußten Darstellung im Haus der Wollzunft, wo ein bürgerliches Gewerbe sich mit Brutus, dem idealen Richter, eine höchst irdische Utopie setzte. Von Bonaiutis Honorar hielten die Dominikaner 65 Florine ein, da der Maler mit seiner Frau bis zu seinem Tode ein Haus bewohnte, das den Mönchen gehörte.

Was ist Rückschritt, was ist Fortschritt? Spiegeln die Künste die Realitäten, oder sind sie ihnen voraus? Haben sie ihre eigenen Gesetze, schaffen sie eine eigene Welt? Die Auswirkungen der Pest auf die Maler vor allem hat die Experten bis heute nicht ruhen lassen. Die Vielfalt der Meinungen zeigt das breite Spektrum, das die Maler in den zwei Jahrzehnten nach 1348 präsentieren. Eine der herausragenden Künstlerpersönlichkeiten in Florenz ist Andrea Orcagna. Nur ein signiertes Werk ist überliefert, das kostbare Tabernakel in Orsanmichele. Doch zwei weitere Werke stammen zweifelsfrei von seiner Hand: Um 1350 entstand in Santa Croce der expressive «Triumph des Todes». Selbst die wenigen Reste, die geblieben sind, heben sich mit der Kraft ihrer Farben und den Dämonen menschlicher Lasterhaftigkeit entschieden von der sanften Welt des Andrea Bonaiuti ab. Auch der starre, weltferne, Unbehagen verbreitende Christus auf dem Altarbild des Andrea Orcagna in der Strozzi-Kapelle von Santa Maria Novella, von seltsam züngelnden Farbflammen umgeben, ist ein eigenwilliges Gebilde. Und die Fresken in dieser Kapelle, am Ende des sechsten Jahrzehnts von Nardo di Cione, einem Bruder des Andrea, gemalt, führen ihrerseits in eine neue Welt. Im Jahre 1335 war den Dominikanern verboten worden, Dante zu lesen. Nun, kaum eine Generation später, kehren Himmel und Hölle aus Dantes «Göttlicher Komödie» im Heiligtum der Dominikaner bildgetreu wieder. Die Phantasie des Dichters ist zum kirchlich autorisierten Schöpfer göttlicher Welten geworden.

Während die größeren Summen der Stifter jetzt nach Santa Maria Novella fließen, ist Santa Croce nicht ganz vergessen. Hier arbeiten die Schüler und Nachfolger des Giotto in den Seitenkapellen, die die Florentiner weiterhin zu ihren bevorzugten Grablegen machen. Giotto am nächsten in seiner Eigenständigkeit kommt wohl Giovanni da Milano, vom Comer See gebürtig. Die Florentiner heißen den Auswärtigen in guter Tradition willkommen. 1366, während er an den Fresken der Rinuccini-Kapelle arbeitet, einem Auftrag der Franziskaner, erhält Giovanni mit seinen zwei Söhnen das Bürgerrecht.

Weder Kunst noch Kult sind abgehobene Bereiche. In der

städtischen Welt verwurzelt, von den Bürgern geprägt und verwaltet, doch allen zugänglich, lenken sie den Blick gemeinsam auf höhere Welten. Es ist ein selbstverständliches Bündnis, das die Florentiner selbstbewußt für sich nutzen. «Ich wünsche, daß mein Körper in der Kirche der Mönche des hl. Franziskus in Florenz begraben wird», bestimmt Michele Castellani in seinem Testament von 1370. Geld spielt für die einflußreiche Tuchhändlersippe keine Rolle: «Ich weise meine Erben an, in der Kirche, wo ich beerdigt werde, für 1000 Florine eine Kapelle für mich und meinen Sohn Rinieri zu bauen.»

Baldassare Ubriachi, der im Alter zwei Freunde so leidenschaftlich an die gemeinsamen Jahre in Avignon erinnert, ein angesehener Kaufmann, ist mit zwei Geschäftspartnern wesentlich am Bau von Santa Maria Novella beteiligt. Er hatte sicher keine Schwierigkeiten, eine Kapelle neben dem Speisesaal der Mönche bauen zu dürfen und dort stolz sein Wappen anzubringen. Ubriachi läßt in dieser Kapelle die Heiligen Drei Könige – einer von ihnen ist ja Baldassares Namenspatron – darstellen und bringt damit wahrscheinlich einen neuen Kult in die Stadt am Arno: die Verehrung der drei Weisen aus dem Morgenland. In nicht allzu ferner Zukunft werden diese drei zu den wichtigsten Schutzpatronen von Florenz avancieren.

Ohne Aufsehen zu machen, hatte die Kunst begonnen, sich in Florenz aus dem ausschließlichen Bündnis mit der Religion zu befreien, ohne deshalb abtrünnig zu werden. Es half, daß die Bürger für die kirchlichen Bauwerke nicht nur zahlten, sondern sie in ihrer Regie und Verantwortung realisierten und weiterhin verwalteten. So entstand Giottos Campanile neben dem Dom mit den Abbildern der bürgerlichen Welt als ein Bauwerk aus eigenem Recht. Und umgekehrt wurde aus dem ursprünglich offenen Kornspeicher am Getreidemarkt Orsanmichele unter der Bauleitung des Andrea Orcagna die Kultstätte für ein wundertätiges Marienbild. 1366 werden die luftigen Arkaden von Orsanmichele geschlossen. Die Seidenzunft hat die Verantwortung für den Kirchenbau, dem die Bürger das Aussehen eines Palastes geben, übernommen. Und die Kommune beschließt, daß in die elegant gerahmten Nischen der Fassade die Zünfte in den folgenden Jahrzehnten überlebensgroß die heiligen Patrone ihres Handwerks setzen sollen, von den besten Künstlern gestaltet.

Wo Grenzen so problemlos aufgehoben werden, wo Kunstwerke wechselseitig ihre Funktion tauschen, kann auch der Künstler sich neue Kunden, säkulare Märkte suchen. Francesco Datini, der alte Freund des Baldassare Ubriachi in Avignon, bestellte im März 1373 bei seinen Geschäftspartnern in Florenz «zwei bemalte Tafeln, mit Fußleiste, in feinem Gold, mit zwei Figuren, zwei Türen». Dreieinhalb Florine durfte jede kosten. Sechs weitere, kleinere Tafeln zwischen zweieinhalb und anderthalb Fuß sollten billiger sein. Im September folgte eine neue Order. Diesmal wird eine Marientafel gewünscht, «eindrucksvoll, mit schönen und feinen Figuren vom besten Meister, der in Florenz lebt». Bis zu sechs Florine konnten dafür ausgegeben werden. Der Partner am Arno sollte sorgfältig auswählen und sich Zeit lassen, da die Käufer gute Ware verlangten. Auch weitere, billigere Aufträge enthält der Brief. Offensichtlich waren Florentiner Bilder in Avignon sehr gefragt, gab es geschäftsmäßig produzierende Künstler, die den Markt belieferten, ohne auf weltliche oder geistliche Auftraggeber zu warten.

Zu Kunst und Religion gesellte sich ein Drittes, das ebenfalls im christlichen Erbe verwurzelt war, von dort seine Legitimation empfing und doch einen eigenen Rang, ein eigenes, irdisches Gewicht entwickelt hatte – das Fest. In ihm verschränkten sich in Florenz immer intensiver und ausgreifender himmlische und säkulare Bezüge. In seinen Formen ritualisiert, hob es doch in einer streng gegliederten Welt für genau umgrenzte Zeiträume die Schranken auf zwischen hoch und niedrig, arm und reich. Das Fest war in seinen Ursprüngen ein rein religiöser Akt. Wenn die Prozession durch die Straßen der Stadt zog, prunkte der Klerus mit prächtigen Gewändern, blitzten die kostbaren Schreine der Reliquien. Die Schar der christlichen Laien folgte als uniforme Büßergemeinde, in die gleichen groben Gewänder gehüllt. Die Bürger ließen die Zeichen ihres Reichtums und ihres sozialen Ranges zu Hause, wenn sie den Himmel gnädig stimmen wollten. Vor

Gott waren alle gleich, zumal in der Stunde der Not: wenn der Regen für eine gute Ernte ausblieb oder Sintfluten das Getreide auf dem Halm faulen ließen; wenn Seuchen die Menschen zu Tausenden hinwegrafften. In solchen Zeiten mußte der kostbarste Schatz von Florenz auf Anweisung der Signoria seine Wirkung zeigen. Ein Schatz, der außerhalb der Mauern seinen Standort hatte und nur im Umherziehen, sozusagen auf der Wanderschaft durch die Straßen der Stadt seine Wunder tat. Unsere Liebe Frau von Impruneta, die vor allem für das Wetter zuständig war, residierte – tief verschleiert – rund neun Kilometer südlich von Florenz; ein Tafelbild, das um die Wende vom 13. zum 14. Jahrhundert entstanden war. Hatten die Prioren offiziell die Madonna gerufen, brachen tief in der Nacht die Kleriker von Impruneta mit der Reliquie auf, um im ersten Morgengrauen das Tor San Piero Gattolino (heute Porta Romana) zu erreichen. Dort wartete schon die Prozession der Florentiner – mit sämtlichen Reliquien und heiligen Bildern. Alle hatten gefastet, Geschäfte, Kontore und Handwerksläden blieben geschlossen. Nun kündeten die städtischen Trompeter von der Ankunft des wundertätigen Bildes. Meist führte die Route erst zum Dom, dann die Via Tornabuoni entlang, über den Ponte Santa Trinità ans andere Ufer und zurück über den Ponte Vecchio zur Piazza vor dem Priorenpalast, wo der Bischof vor der gesamten städtischen Gemeinde eine Messe im Freien hielt. War es spät geworden, mußte er sich beeilen, denn die Madonna von Impruneta legte größten Wert darauf, noch am gleichen Abend in ihr gewohntes Domizil zurückzukehren.

Die Prozessionen dienten der Ehre der Heiligen und dem Ruhm der Gottesgebärerin. Doch sie waren auch ein Politikum, denn ein wenig vom Glanz und der Wirkungsmacht der Reliquien, der heiligen Gefäße und Bildtafeln fiel auch auf deren Besitzer. Die Madonna von Impruneta gehörte der Familie Buondelmonti, die Pazzi besaßen ein Stück vom heiligen Kreuz, und den Kopf des heiligen Zenobius hütete die Girolami-Familie. Nicht selten kam es während der Prozession zwischen den Clans zu handgreiflichen Auseinandersetzungen um den besten Platz für die hauseigene Reliquie. Mit dem Ansehen der Heiligen stand die eigene Bedeutung auf dem Spiel.

Festlich ging es zu, wenn Unsere Liebe Frau nach Florenz kam, das war man ihr schuldig. Doch der Anlaß war stets ernster, trauriger Natur, die Gebete der Gläubigen hallten mit klagender Monotonie zum Himmel. Ganz anders ist die Stimmung jährlich am 24. Juni, wenn die Stadt das Fest ihres Patrons feiert; wenn im Namen des heiligen Johannes (des Täufers) gebetet und gespendet, getanzt und gewettet wird und man mit Vorliebe an diesem Tag wichtige Vertragsabschlüsse tätigt. Denn was könnte verläßlicher, was bindender sein, als am höchsten Florentiner Feiertag diesen einflußreichen Heiligen zum Zeugen und Garanten weltlicher Übereinkünfte zu machen? An der besonders prunkvollen Note, die der Herzog von Athen, Walter von Brienne, 1343 dem Johannistag gegeben hat, finden die Florentiner jedes Jahr aufs neue ihr Vergnügen.

Schon am Vorabend stellen die Zünfte ihre schönsten Erzeugnisse aus. Handwerker und Kaufleute haben eine Extrasteuer bezahlt, die es ihnen gestattet, trotz des kirchlichen Festtages ihre Läden für den Verkauf zu öffnen. Die Bruderschaften treffen sich öffentlich zu Musik und Gesang. Die Vertreter der Nachbarschaften tragen Kerzen als Opfergaben nach San Giovanni. Am Morgen des Festes strömen die Abgesandten der Dörfer und Städte des Umlandes durch die Tore und versammeln sich mit ihrem Tribut auf der Piazza della Signoria. In San Giovanni empfängt der Bischof nach der Messe kostbare Gaben, unter anderem teure Seidentücher. Dann leeren sich erst einmal die Straßen. Die Festgelage beginnen, in den Familien, bei den Bruderschaften, in den Nachbarschaftsverbänden. Wer sich wegen seiner Schulden nicht mehr in die Stadt traut, kann sich am Stadttor einen Passierschein kaufen, der ihn an diesem Tag vor seinen Gläubigern schützt.

Am Nachmittag, wenn die Hitze des Tages sich ein wenig verflüchtigt hat, machen sich die Florentiner auf, um quer durch die Stadt die Straßen zu säumen. Vom Start auf der Wiese bei Ognissanti im Westen bis zum Ziel bei San Pier Maggiore im Viertel Santa Croce stehen sie Spalier für den Palio des heiligen Johannes.

Es ist eins von mehreren Pferderennen, aber auf jeden Fall das wichtigste im Jahresablauf. Im Gegensatz zum Palio von Siena sind in Florenz Pferd und Reiter nicht mit den Vierteln oder Nachbarschaftsverbänden verbunden. Sie kommen von überall her, um das wertvolle Siegestuch, den palio, zu gewinnen. Die anfeuernden Schreie der Zuschauer mischen sich mit dem Lärm der Hufe auf dem Straßenpflaster. In wenigen Minuten ist der Nervenkitzel vorbei. Anteil daran haben alle, nur die Blickwinkel unterscheiden sich. Aus den Rechnungsbüchern des Klosters von Santa Trinita wissen wir, daß der Abt im Juni 1360 den Grafen von Poppi zu Gast hatte, der sich wegen eines Augenleidens in Florenz behandeln ließ. Am 24. wurde eine größere Portion Fleisch im Kloster gebraten und anschließend in ein Haus gebracht, wo die beiden hohen Herren beim festlichen Mahl eine gute Aussicht auf das Rennen hatten.

Der heilige Johannes war der Größte in der Stadt am Arno. Aber auch die vielen anderen Heiligen das christlichen Kalenders boten Anlaß, den Alltag für eine Feier zu unterbrechen. Nachbarschaften und Bruderschaften hatten ihre speziellen Patrone, die sie an ihrem Namenstag besonders ehrten. Dabei wurden geistliche und leibliche Genüsse als Einheit gesehen. Nach dem obligatorischen Kirchgang versammelte sich die festliche Gemeinde stets zu festlichem Essen und Trinken. Das gemeinsame Mahl war mehr als bloße Beköstigung. Verabredete man sich mit Freunden, dann traf man sich «auf ein Brot und einen Wein», so die Florentiner Redewendung. Hatte nicht Jesus auf solche Weise mit seinen Aposteln den ewigen Bund bekräftigt? Ein Zeichen für Zusammengehörigkeit, Freundschaft und Treue. In keiner Stadt Europas haben die Maler in den Refektorien der Klöster so oft das «Letzte Abendmahl» zum Thema ihrer meisterlichen Fresken gemacht wie in Florenz.

Krieg gegen den Papst
oder Die Macht der Rituale

Das urbane Ensemble mit seinen Straßen und Plätzen, den steinernen Häusern, den Türmen und Kirchen, dem mächtigen Ring der Stadtmauern und Tore war für die Menschen Kulisse, Bühne und Teil ihres Lebens. Vieles spielte sich in aller Öffentlichkeit ab. Anderes, Wichtiges wurde unter wenigen Augen ausgehandelt und beschlossen – und war doch nur zu bald Tagesgespräch. Trafen sich die Bürger am Morgen, um sich auf ein Modell für den Dombau zu einigen oder mit dem Baumeister von Orsanmichele zu beraten, so hinderte sie dies nicht, am Abend finstere Pläne auszuhecken, um sich an geschäftlichen Konkurrenten oder Feinden der Familie zu rächen. Trotz zeitweiliger Rückschläge verbreitete die Parte Guelfa auch in den sechziger Jahren Furcht und Schrecken. Die Neubürger ohnehin fest im Visier, fanden jetzt selbst alteingesessene Geschlechter keine Gnade mehr, wenn es galt, unliebsame Bürger aus dem Weg zu räumen. Die Beratungen der Kapitäne der Guelfenpartei, wen man diesmal als ammonito brandmarken und damit in seiner bürgerlichen Karriere vernichten solle, sind überliefert. Ungefähr nach diesem Schema lief die Diskussion der Mächtigen ab: «Gibt es jemanden, den du haßt?» – «Ich habe einen.» – «Jetzt machen wir alle Vorschläge und stimmen gemeinsam gegen unsere Feinde.» Und um sich den Anschein patriotischer, unbestechlicher Gesinnung zu geben, genierte sich die Partei nicht, selbst allseits anerkannte Guelfenfamilien mit dem längst sinnentleerten, aber tödlichen Verdikt «Ghibellinen» zu belegen.

Kurz bevor der Chronist Matteo Villani 1363 – wie einst sein Onkel – an der Pest starb, wurde er unter dem Vorwurf, ein Ghibelline zu sein, aus seinen städtischen Ämtern entfernt. Das war kein Zufall. Die Partei diffamierte gezielt Notare, Rechtsanwälte und städtische Beamte, um die neue, unabhängige Verwaltung der

Kommune zu treffen. 1366 war Ser Niccolò Monachi an der Reihe, seit 1348 Kanzler von Florenz, mit den Bardi, Cerchi und Cavalcanti versippt und verschwägert. Einer der Granden von Florenz, der für die Neubürger stets nur Verachtung übrig hatte. Ein Aufschrei ging durch die Führungsschicht der Stadt. Erstmals wurde die Guelfenpartei gezwungen, eine Verurteilung zurückzunehmen. 1367 fiel der Bannstrahl auf Giovanni di Ciari, reich geworden im Handel mit gebrauchten Kleidern, dreimal ins Priorenamt gewählt, ein angesehener, kompromißbereiter Bürger, niemand bezweifelte seine Verdienste um Florenz. Nun war er am Ende, ein ammonito, ein Aussätziger, dem mit dem Verbot auf jedes städtische Amt zugleich die Ehre abgeschnitten war.

Selbst vor Mord schreckten die orthodoxen Guelfen nicht zurück, um das Gemeinwesen in ihre Hand zu bekommen. Zu denen, die sich dem Totalitätsanspruch der Parte Guelfa öffentlich, entschieden und eloquent widersetzten, gehörte der Kaufmann Sandro da Quarata. 1370 warteten nach der Messe in Santo Spirito gedungene Mörder auf ihn. Auf den Märkten und in den Kontoren sprach man von Bürgerkrieg. Donato Velluti schrieb im gleichen Jahr in seine Chronik: «Möge es Gott gefallen, daß diese Stadt im Frieden bleibt, aber es sieht nicht so aus…»

Sandro da Quarata stand für die Partei der Ricci, die – bei allem Eigeninteresse – versuchte, daß in der Florentiner Politik nach außen und nach innen Vernunft und bürgerliche Tugenden die Oberhand behielten. Dagegen standen die Anhänger der Albizi, für die das Wohl der Kommune mit den Interessen einer konservativen Elite absolut identisch war. Im Herbst 1372 brodelte es in der Stadt, nur ein Wort beherrschte die Gespräche: Verrat. Zum Entsetzen ihrer Mitkämpfer hatten die Ricci die Fronten gewechselt. Von wirtschaftlichen Schwierigkeiten bedroht, ließen sie sich gegen ungezählte Florine für das Lager der Albizi ködern. Bürger, die noch frei waren von Parteizwängen, trafen sich im geheimen, um gegen diese übermächtige Allianz vorzugehen. In den Straßen drohte der Aufruhr. Da setzten sich im Januar 1373 die Gemäßigten durch: Um die überhitzte Lage zu entspannen, wurden die Mitglieder der Albizi und der Ricci für zehn Jahre von allen städti-

schen Ämtern ausgeschlossen. Ein kluger Beschluß, denn von
außen drohten Probleme, die nur eine geeinte, gefestigte Kommune bestehen konnte.

Der Nachklang archaischer Stammesfehden, persönliche Rachegelüste, Vorteile für den Clan und die eigene Karriere, Gewinn und
Einfluß, Ehre und Ansehen: Alle diese Ingredienzien zusammen
bestimmten die große Politik. Und eine internationale Metropole
wie Florenz, deren Reichtum auf guten Beziehungen zu vielen auswärtigen Mächten beruhte, lebte nicht auf einer Insel der Seligen,
konnte sich nicht von italienischer, europäischer Politik isolieren.

Unausweichlich drängte sich in diesen Jahren eine machtpolitische
Alternative in den Vordergrund: Sollte sich Florenz – wie es Tradition am Arno war – auf die Seite des Papstes stellen oder gegenüber
den höchst irdischen Interessen des Stellvertreters Christi auf Erden neutral bleiben, weil es der eigenen Sache dienlicher war?

Eine propäpstliche Politik hatten die Guelfen seit ihrer Entste-
hung auf ihre Fahnen geschrieben. Nicht nur aus selbstloser Frömmigkeit: Der Papst, ob in Rom oder in Avignon, belohnte ihre
Familien mit Pfründen bei Hofe, Bischofs- und Kardinalshüten
und machte seine «geliebten Florentiner Söhne» zu seinen wichtigsten Geldgebern, Agenten und Handelspartnern. Seit den sechziger Jahren drängte die Guelfenpartei den Papst zur Rückkehr von
Avignon nach Rom – auf kurzem geographischem Wege ließen sich
alle Kontakte wesentlich leichter herstellen. Doch die Konsequenzen dieser Umsiedlung hatte man nicht bedacht. Ein Vertreter des
Papstes machte sich als Vorhut daran, einen kirchlichen Staat zu
gründen, der von Rom bis Bologna reichte. Florenz war auf bestem
Wege, zwischen Rom und dem traditionell verfeindeten Mailand
der Visconti, das nun gegen die päpstlichen Söldner kämpfte, in eine
tödliche Umklammerung zu geraten. Konnte die Stadt sich zwischen den Lagern neutral halten? War man nicht traditionell dem
Papst verpflichtet? Oder mußte sie sich im eigenen Interesse mit
dem verhaßten Mailand verbünden? Als die Ricci, die lautstark ein
Bündnis mit Mailand favorisiert hatten, sich 1372 auf die Seite der
papsttreuen Albizi schlugen, schien die außenpolitische Entscheidung für die Florentiner Politik gefallen zu sein.

Die einflußreichen Neubürger hatten sich stets gegen eine Allianz mit dem Papst ausgesprochen, dem sie zu keinem Dank verpflichtet waren, der für sie keine wohldotierten Pfründen und Ämter bereithielt. Einer, der nicht zu den Neubürgern zählte, aber in den vergangenen Jahren schon auf seiten der gente nuova gestanden hatte, nutzte die Gunst der Stunde: Salvestro de' Medici knüpfte aus den zerstreuten Anhängern der Ricci-Partei, aus gutsituierten Handwerkern, kleinen Magnaten und prominenten Neubürgern eine Koalition, die sich dem innerstädtischen Anspruch der Parte Guelfa und ihrer aggressiven propäpstlichen Außenpolitik entgegenstellte. Leidenschaftlich plädierte der Sproß einer weit verzweigten Familie in den Versammlungen per bene di comune, für das Wohl der Stadt und für die Freiheit von Florenz. Libertà hieß das Schlagwort, unter dem er seine Anhänger sammelte.

Salvestro erkannte wohl auch, daß sich sozialer Konfliktstoff zusammenbraute, denn die fetten Jahre gingen zu Ende. Die Wollindustrie, immer noch der größte und wichtigste Wirtschaftszweig von Florenz, steckte in der Krise. Durch den erneuten englisch-französischen Krieg sank die Nachfrage nach Florentiner Tuchen; englische Wolle wurde rar. Eine magere Zeit begann, und die kleinen Leute bekamen es zuerst und am heftigsten zu spüren. Sie waren aber nicht mehr bereit, eine Verschlechterung ihrer Lebensumstände klaglos als Gottes Willen hinzunehmen. Die ersten Unruhen brachen 1367 unter den Färbern im Viertel von Santa Croce aus. In den nächsten Jahren folgten die Wollarbeiter von Santo Spirito. Ein ökonomischer Teufelskreis begann: Um den Profitverlust aufzufangen, senkten die Unternehmer die Produktionskosten, und das bedeutete, die Löhne fielen. Einige Tuchfabriken mußten ganz schließen. Gleichzeitig stiegen die Preise für Grundnahrungsmittel.

Die stetige Klimaverschlechterung tat ein übriges. Der Winter 1367/68 war extrem feucht, das Getreide im Sommer so naß, daß man es kaum dreschen konnte. Im Juli zog auf Anordnung der Prioren Unsere Liebe Frau von Impruneta in feierlicher Krisenprozession durch die Straßen. Doch das Wunder blieb aus. Auch die beiden folgenden Jahre brachten exzessive Regengüsse und magere Ernten. Die Mehrzahl der Bewohner von Florenz lernte wieder, was Hunger bedeutete. 1370 revoltierten mehrere hundert Menschen auf dem Kornmarkt gegen die hohen Preise. Sie schleppten die Säcke zur Piazza vor dem Palast der Prioren und schrien: «Viva il popolo minuto. Tod dem popolo grasso!» Im Januar 1372 wurde der Arbeiter Giovanni Ciuteli zu einer Geldstrafe verurteilt, weil er unüberhörbar verkündet hatte, er würde aus dem Palast der Parte Guelfa eine Abfallgrube machen und dorthinein alle Exkremente von Florenz entleeren. Doch die Zeichen an der Wand machten keinen Eindruck auf die Hardliner in der Partei. In diesem Frühjahr versuchte sie wieder einmal, mit Einschüchterung und Drohungen in den Versammlungen und Abstimmungen die wahlberechtigten Bürger massiv zu beeinflussen.

1374 und 1375 folgten zwei Hungersommer aufeinander. Politisch fühlten sich die Florentiner ausgetrickst, als der Papst unerwartet Frieden mit dem Todfeind Mailand schloß und seine Söldner entließ, die marodierend unter ihrem Führer John Hawkwood durch die Toskana zogen. Die Städte im angrenzenden Kirchenstaat weigerten sich, Florentiner Abgesandten das erbetene Getreide zu verkaufen. Im Juni 1375 gab es noch Lebensmittel für acht Tage in der Stadt. Gut Informierte wollten wissen, daß ein Angriff der Söldner auf Florenz bevorstehe, von päpstlicher Seite eingefädelt. In dieser aufgeheizten Atmosphäre wurde in Prato, das der Florentiner Kommune unterstand, eine Verschwörung aufgedeckt. Ein Notar, Ser Piero, und ein Mönch, Bruder Niccolò, wollten angeblich einen Aufruhr anzetteln, um die Stadt in päpstliche Gewalt bringen. Alle dumpfen Ängste, alle Haßgefühle gegen die Klerikerkirche richteten sich auf die Verräter. Beide wurden zu Tode gefoltert, bevor sie außerhalb der Mauern kopfüber in die Erde gesteckt und alles, was von ihren Körpern noch herausragte, schrecklich verstümmelt wurde. Florenz machte eine politische Kehrtwendung, verbündete sich mit Mailand und ernannte eine achtköpfige Kommission – Otto di balìa –, um die Kriegsvorbereitungen gegen den Papst zu koordinieren. In Siena schrieb der Chronist: Und so ist die Welt eine einzige Finsternis – e così il mondo è una tenebra.

Am Arno war die Volkswut kaum noch zu zügeln, was die antipäpstliche Partei nicht ungern sah. Eine empörte Menge brach in die bischöflichen Verwaltungsräume ein, das Büro der Inquisition wurde angezündet. Folter und Exekutionen drohten jedem, der sich der Sympathie für den Stellvertreter Christi verdächtig machte. Dem Bischof und seinem Clan wurden Verbrechen an der Florentiner Bevölkerung vorgeworfen. Und alles geschah mit breiter Zustimmung jener besonnenen bürgerlichen Schicht, die in den zurückliegenden Jahren gegen die Alleinherrschaft der Parte Guelfa und für ein starkes städtisches Gemeinwesen eingetreten war. Fest davon überzeugt, für die Freiheit und gegen die Tyrannei zu kämpfen, glaubte sie an einen schnellen Sieg. Der Kaufmann Gherardino Gherardini schrieb im November 1375 einem Geschäftspartner in Brügge, daß die Sache «kaum ein Jahr in Anspruch nehmen wird, und daß wir die Sieger dieses Krieges sein werden». Alle Prioren, die im Juni ihr Amt antraten, stützten diese kriegerische, antipäpstliche Politik. Vier von ihnen – ein Gastwirt und ein Metzgermeister, ein Kaufmann und ein Tuchhändler – kamen aus den Kreisen der Neubürger.

Es herrschte Hochstimmung in Florenz. Und die wurde auch nicht gedämpft, als der Papst im März 1376 in Avignon die starke Florentiner Kolonie zu sich befahl, allein 300 Florentiner waren hier als Repräsentanten von Firmen und Sozietäten eingetragen. Gregor XI. verkündete das Interdikt über Florenz, exkommunizierte alle, die nach dem Sommer 1375 dort ein städtisches Amt angenommen hatten, und verbannte alle Florentiner, die über neun und unter 70 Jahren waren, aus Avignon. Sie wurden vertrieben wie die Hunde, meldete der Botschafter Mantuas nach Hause. Und kraft göttlicher Vollmacht versuchte der Papst die widerspenstige Stadt dort zu treffen, wo sie am stärksten und am verwundbarsten zugleich war: Allen ausländischen Mächten, mit denen Florenz in Europa Handel trieb, gebot der Heilige Vater, die Waren der Abtrünnigen zu konfiszieren und sämtliche Florentiner aus ihrem Machtbereich zu vertreiben.

Drei Jahre währte der Krieg zwischen Florenz und dem Heiligen Stuhl. Keine einzige Schlacht wurde ausgetragen, und doch schlug er im städtischen Haushalt der Florentiner mit rund drei Millionen Florinen zu Buche. Es war ein Krieg, der in den Seelen und den Kontoren stattfand – mit ungleichen Waffen. Nie zuvor hatte ein Papst seine religiösen Machtmittel so radikal und umfassend genutzt, um einen Sünder – in diesem Fall eine ganze Stadt – wirtschaftlich zu ruinieren. Aber die Rechnung ging nicht auf, was die ökonomische Seite betraf. Zwar wurde die Florentiner Wirtschaft empfindlich getroffen – vor allem im Wollhandel und in der Tuchherstellung –, aber die Herrschenden in England und Spanien, in Frankreich und Venedig zeigten den päpstlichen Gesandten die kalte Schulter. Sie wollten sich weder an unrechtem Gut bereichern noch als päpstliche Handlanger fungieren, wohl wissend, daß morgen sie in der Florentiner Zwangsjacke stecken konnten. Spontane Übergriffe waren deshalb nicht ausgeschlossen. Auf Bitten des Kaufmanns Baldassare Ubriachi schrieb die Stadtverwaltung an die Herren von Pisa und Sizilien, die Ubriachis Waren auf dem Weg von Avignon nach Florenz beschlagnahmt hatten.

In Florenz ging auch nicht alles nach päpstlichem Wunsch: Die Menschen, von den Gnadenmitteln der Kirche ausgeschlossen, besannen sich auf den Kern der christlichen Botschaft und begannen schärfer zwischen wesentlichen und unwesentlichen Glaubensinhalten zu unterscheiden. Es war eine Probe aufs Exempel, denn das Interdikt verbot den Gläubigen jene Handlungen und Rituale, in denen sich der Glaube manifestierte. Es war ein Glaube, der sich nicht in dogmatischen Formeln beweisen mußte – die römische Kirche herrschte unangefochten –, sondern seine Kraft aus den Tröstungen der Sakramente bezog. Ein Glaube, der als ritueller Vollzug – in den Feiern und Prozessionen – ein fester Bestandteil des öffentlichen Lebens war und damit dem Gemeinwesen Halt und Struktur gab.

Eine Stadt unter dem Interdikt durfte diesen demonstrativen Glauben nicht mehr leben. Keine Glocken erklangen und keine Gesänge, keine Prozession zog mehr durch die Straßen. Die Schwerkranken starben, ohne das Sterbesakrament zu empfangen, die Toten wurden ohne den Segen der Priester beerdigt. Und das war das Schwerwiegendste: Wenn der Priester die Messe las, wurden die Türen der Kirche für die Gläubigen geschlossen. Sie durften der heiligen Handlung nicht beiwohnen, weil ihnen nicht nur der Empfang, sondern sogar der Anblick der Hostie im Augenblick der Verwandlung in den Leib des Herrn verboten war. Das Verbot schmerzte besonders, denn in Florenz sagte man nicht «Ich gehe zur Messe», sondern «Ich gehe, den Leib des Herrn zu sehen». Das Interdikt ließ nur an Ostern, Pfingsten, Himmelfahrt und Weihnachten eine Ausnahme zu. Da durfte für das Volk eine einfache Messe gefeiert werden. Die Mönche allerdings hatten das Recht, unermüdlich zu predigen und den Sündern Höllenqualen zu prophezeien, wenn sie nicht im Sinne des Papstes Buße täten.

Konnte die Stadt einen solchen rigorosen Eingriff in ihr Selbstverständnis schadlos überstehen? Mußten die Regierenden nicht im Interesse der Menschen und der öffentlichen Ordnung den Priestern befehlen, das Interdikt nicht zu befolgen? Es gab sehr ernsthafte Diskussionen. Doch die gleiche Mehrheit, die für den Krieg gegen den Papst war, entschied: Wir kämpfen für die Freiheit von Florenz, fühlen uns aber als treue Christen an die geistlichen Vollmachten des Papstes gebunden. Selbst an Fronleichnam, einem wichtigen öffentlichen Fest, achtete die Obrigkeit auf die Einhaltung des Interdikts, auch wenn die Verweigerung der Hostie den Kern der Volksfrömmigkeit traf. Trotzig schrieb ein anonymer Chronist: «Wir werden die Hostie mit unserem Herzen sehen.» Die Florentiner wurden nicht etwa ungläubig. Das lag außerhalb der Vorstellungskraft mittelalterlicher Zeitgenossen. Ihre Frömmigkeit wurde intensiver, persönlicher, emotionaler. Die religiösen Bruderschaften hatten Zulauf wie nie zuvor, die Bewegung der Geißler, die durch öffentliche und blutige Kasteiungen Gott gnädig stimmen wollte, erlebte eine neue Blüte.

Im Oktober 1376 machte sich eine Florentiner Gesandtschaft auf den Weg nach Avignon, um den Frieden zu verhandeln. Doch Gregor XI. empfing sie nicht einmal. Statt dessen verkündete er einen Kreuzzug gegen Florenz und wies alle Priester an, die Stadt am Arno zu verlassen. Empört empfahl Salvestro de' Medici, das gesamte Kirchenvermögen einzuziehen und damit den Krieg zu finanzieren. Die Diskussion um die Einhaltung des Interdikts begann von neuem. Wozu gehorsam sein, wenn der Statthalter Christi so unerbittlich blieb? Am Ende entschied man sich für die Vernunft: Was gestern richtig war, konnte heute nicht falsch sein. Das Interdikt wurde weiterhin strikt eingehalten, am politischen Kampf gegen die Kirche keine Abstriche gemacht. Im Dezember 1376 gab die Kommune von Florenz den Delegationen der antipäpstlichen Liga im Priorenpalast ein rauschendes Fest «a onore di Dio e a onore del popolo di Firenze e di Parte Guelfa e del nostro Comune che Iddio mantenga». Mitten im Krieg gegen den Heiligen Vater sollte Gott wissen, wer seine wahren Freunde waren – die Kommune, die Parte Guelfa und das Volk von Florenz. Und alle Welt sollte wissen: Gott wird diese Kommune bewahren – Iddio mantenga.

Auch wenn die Schlachten ausblieben, die Söldner verlangten ihren Lohn. Nichts hatte sich geändert am chronischen Geldmangel der Stadt. Was immer schon ein Ärgernis war, konnte jetzt allerdings behoben werden: Die Kirche von Florenz wurde zur Kasse gebeten. Zuerst mußte der Klerus die üblichen Zwangsanleihen übernehmen, im Januar 1377 wurde erstmals kirchlicher Besitz zum Verkauf angeboten. Und alle die treuen Söhne der Kirche, die Bardi, Peruzzi, Alberti, Albizi, die Medici und die Pazzi ließen sich dieses günstige Geschäft nicht entgehen. Bis zum Sommer des nächsten Jahres füllten die städtischen Verkaufsurkunden acht dicke Bände.

Außerdem nutzten die Stadtväter die Gelegenheit, den weltlichen Einflußbereich der Kirche einzuschränken. Verbrechen gegen die Religion, bisher vom Bischof oder von der Inquisition geahndet, unterlagen nun der städtischen Gerichtsbarkeit.

1377 schlug die optimistische Stimmung langsam um. Selbst die Dichter sprachen vom Ende der Welt. Düsternis lag über der Stadt. Geißler zogen durch die Straßen: Männer, Frauen und Kinder züchtigten sich täglich in aller Öffentlichkeit. An einem Tag im April zählte der Chronist rund 5000 Geißler, denen 20000 Menschen durch die Straßen folgten. Das Volk machte sich seine eigenen Prozessionen, zog mit Reliquien und Bildern singend durch die Straßen. Es ging auch ohne Priester, ohne Weihrauch und Kerzen. Doch die ekstatische Gemeinde der Büßer, die sich blutig schlug, brachte Unruhe in die Stadt. Kurz nach Himmelfahrt wurden die improvisierten Prozessionen verboten. Nicht verbieten ließ sich die Kritik am Krieg, die immer häufiger in den Straßen zu hören war. Die Obrigkeit sah besorgt, wie sehr das Korsett kirchlicher Rituale die städtische Ordnung garantierte und deshalb nicht länger fehlen durfte. Im August starb Niccolò di Jacopo Alberti, steinreich, ein Intimus von Päpsten und Fürsten. Mit allem Prunk, den die Liturgie der römischen Kirche zu bieten hatte, wurde er von den Mönchen in Santa Croce zu Grabe getragen. Die Prioren hatten diesen eindeutigen Bruch des Interdikts angeordnet. Wie in alten Zeiten demonstrierte die heilige Handlung politische Macht und öffentliche Stabilität und bot den Gläubigen Trost und Zuversicht. Es war ein Durchbruch. Am 6. Oktober kamen über tausend Florentiner auf der Piazza della Signoria zusammen und stimmten für eine Fortsetzung des Krieges.

Gregor XI., dieser Wolf, dieser rasende Tyrann, hatte angeboten, gegen eine Million Florin Frieden zu schließen. So ließ man sich seine Ideale nicht abkaufen. Für den 18. Oktober war eine große Prozession angesagt, ganz im alten Stil, und in allen Kirchen sollten wieder Messen gelesen werden. Äbte, Prälaten und der Bischof flohen aus der Stadt. Der niedere Klerus hatte keine Skrupel, den Herrschenden zu Diensten zu sein. Die Madonna von Impruneta und das Haupt des heiligen Zenobius wurden durch die Straßen getragen. Auf dem Platz vor dem Priorenpalast feierte Bruder Agostino della Scarperia vom Kloster Santo Spirito eine feierliche Messe und «gab gute und feierliche Worte zu Ehren des allmächtigen Gottes und eines Sieges».

Im März 1378 starb Gregor XI. Erleichtert signalisierte Florenz dem päpstlichen Hof Entgegenkommen und stellte den Priestern frei, das Interdikt wieder einzuhalten. Im August machte die Stadt ihren Frieden mit der römischen Kirche. Doch da waren am Arno schon ganz andere, revolutionäre Dinge geschehen.

Das Volk Gottes regiert
oder Der Aufstand der Wollarbeiter

Im August des Jahres 1378 konnte man in den Gassen von Florenz Zeuge ungewöhnlicher Gespräche werden, wenn man auf dem Markt die Ohren aufsperrte oder in den Torbögen lauschte. «Wann werden die Regierenden endlich vertrieben? Ich würde gerne den Palast von Messer Benedetto Laberti besitzen.» – «Das wird bald sein. Lange kann es nicht mehr aufgeschoben werden, und ich habe meine Augen auf den Hof von Giovanni Dini gerichtet.» Unerhörtes, noch nie Dagewesenes geschah in diesem Sommer am Arno. Und es hatte damit begonnen, daß zum erstenmal einer aus der Familie der Medici Geschichte machte.

Es war der 18. Juni, als Salvestro de' Medici, seit Mai Gonfaloniere der Justiz, im Priorenpalast seinen Auftritt hatte. Den ganzen Winter über und das Frühjahr 1378 waren die Fanatiker in der Parte Guelfa wieder auf Kollisionskurs. Der Krieg gegen den Papst ließ sie unberührt in ihrem Kesseltreiben, so sicher wähnten sie sich. Über hundert Bürger wurden zu ammoniti erklärt, darunter Francesco Rinuccini, einer der mächtigsten Bankiers von Florenz. Offener Widerstand formierte sich, doch er konnte sich nicht durchsetzen. Am 16. Juni hatte die Guelfenpartei in den zuständigen Gremien 23 Abstimmungen erzwungen, um eine Mehrheit für die Ächtung dreier Bürger zu erreichen. Zwei Tage später beantragte Salvestro im Priorenpalast eine verschärfte Anwendung der «Ordnungen der Gerechtigkeit». Damit sollte der Willkür der Partei Einhalt geboten werden. Draußen auf der Piazza hatte sich erwartungsvoll das Volk von Florenz versammelt. Doch die Prioren lehnten ab. Da ging ein Freund von Salvestro ans Fenster und schrie zur Menge hinunter: «Viva il popolo.» Der alte Schlachtruf vom Beginn der republikanischen Zeit wurde das Zeichen zum Aufruhr. Die Handwerker schlossen ihre Geschäfte und griffen zu den Waffen. Die

Geschäftsleute schlossen die Türen ihrer Kontore. Die Wollarbeiter, ciompi genannt, organisierten sich. In der ganzen Stadt gab es nur eine Parole: «Viva il popolo.»

In den folgenden Tagen gehen die Paläste der Strozzi, Albizi, Pazzi und anderer Magnaten in Flammen auf, ohne daß die Ordnungskräfte der Stadt eingreifen. Das Gefängnis wird geöffnet. Als die Menge – unter Anführung der Pelzmacherzunft – in Santo Spirito erscheint, um die dort deponierten Schätze der Reichen auszuheben, kann der Abt des Klosters sie überzeugen, friedlich weiterzuziehen. Die Prioren versprechen – außerhalb der Reihe – eine neue Wahl, einige Adlige werden verurteilt, eine Kommission zur Reform der Verfassung nimmt ihre Arbeit auf. Am 1. Juli 1378 beginnt ein neues Priorat, in dem die Abkömmlinge der Neubürger und die kleineren Zünfte, arti minori, die Mehrheit haben.

In der Stadt jedoch macht sich – ganz im Gegensatz zum verheißungsvollen Aufbruch – eine seltsam schwermütige, unheilvolle Stimmung breit. Die Läden bleiben geschlossen, die Unternehmer geben keine Arbeit an die Wollarbeiter und Färber, die Kämmer und Spinner. Die Reichen bringen Güter aus der Stadt und holen Leute vom Land, um ihre Häuser zu bewachen. Ciompi und kleine Handwerker treffen sich in verschiedenen Kirchen, um einer Verschwörung der alten Kräfte zuvorzukommen. Als ein paar Arbeiter verhaftet und im Priorenpalast der Folter unterzogen werden, läuten die Glocken der Kirchen in den Arbeitervierteln am 20. Juli Sturm. In kürzester Zeit marschieren rund 6000 Mann geordnet durch die Straßen und vor den Palast. Die Gefolterten werden freigelassen.

In dieser Nacht ist Florenz nach langer Zeit wieder einmal von den Flammen brennender Häuser taghell. Doch nichts wird geplündert, keiner aus der verhaßten Magnatenclique verletzt oder getötet. Der Chronist meldet Erstaunliches über die Disziplin der Aufständischen, bei denen die Wollarbeiter die Führung übernommen haben: «Ich sah zuletzt, daß man einem, der ein Huhn und ein Stück Pökelfleisch in der Hand hielt, mit der Lanze einen Stoß zwischen die Schultern gab, weil er es nicht ins

Feuer werfen wollte.» Nur den städtischen Henker ereilt das Schicksal seiner Opfer.

Am nächsten Tag, die Prioren sitzen verängstigt in ihrem Palast und haben sich mit Proviant eingedeckt, der Regen kommt wie eine Sturzflut vom Himmel, verkünden die Aufständischen ihre Forderungen: Sie wollen eine Zunft für den popolo minuto mit den gleichen Rechten, die die traditionellen größeren und kleineren Zünfte haben; Straffreiheit für alle, die in diesen Tagen auf die Straße gegangen sind; Abschaffung jenes Gesetzes, nach dem automatisch einem verurteilten Armen die linke Hand abgehackt wird, da er seine Geldstrafe ohnehin nicht zahlen kann. Für zwei Jahre darf keiner von den kleinen Leuten wegen seiner Schulden ins Gefängnis geworfen werden. Und schließlich soll eine neue Priorenriege die gesamte Bevölkerung von Florenz besser repräsentieren.

Die Ungeheuerlichkeit dieser dramatischen Stunden wird erst klar, wenn man bedenkt, wer hier die Initiative ergriffen hat. Wer hier denen, die seit über hundert Jahren im Stadtstaat Florenz die Macht haben, Bedingungen stellt. Zwar ist es die Mehrheit der Einwohner, aber die war bisher nach gottgewollter Ordnung ohne Rechte und ohne Stimme. Die Männer, die vor dem Palast der Prioren aufmarschiert sind, nennen sich nach eigenem Verständnis popolo di Dio, aber nach der legalen Verfassung von Florenz besaß dieses Gottesvolk nicht einmal die Bürgerrechte. Für die Herrschenden sind sie der popolo minuto, das niedere Volk – Arbeiter vor allem aus der Wollindustrie, Tagelöhner, arme Handwerker, Dienstboten, Knechte, Fuhrleute, Bettler, Prostituierte. Als im Jahr darauf in der Pfarrei Santa Croce für eine Steuerschätzung die Haushaltsvorstände der Familien gezählt werden, gehören 60 Prozent, nämlich 302, dem popolo minuto an. Doch die kleinen Leute haben diesmal Verbündete. In den Julitagen von 1378 solidarisieren sich die kleineren Zünfte mit dem rechtlosen Volk Gottes, um gemeinsam die Vorherrschaft der etablierten Klasse zu brechen.

Die Nacht vergeht. Die Prioren sitzen immer noch bei Brot, Käse, Pökelfleisch und Wein in ihrem Palast und diskutieren. Die

Menge davor hält aus. Am nächsten Tag wird es unruhig auf der Piazza. Die Rufe sind eindeutig: Geht nach Hause, Prioren, sonst zünden wir euch den Palast an. Da verdrücken sich die Mitglieder der Regierung von Florenz einer nach dem andern durch den Hinterausgang. Es dauert nur einen Tag, bis die Stadt ein neues Priorat hat, das aus je drei Mitgliedern der Neubürger, der kleineren Zünfte und der neuen Zunft des popolo minuto besteht – ein Wollkratzer, ein Pantoffelmacher und ein Bäcker ziehen in den Priorenpalast. Und die neuen Herren demonstrieren sogleich, daß alles seine Ordnung hat und die Traditionen hochgehalten werden. In feierlicher Prozession ziehen sie durch die Stadt, den Nachbarschaftsverbänden werden die Banner überreicht. Ein erstes Dekret ermahnt am 24. Juli alle, die Läden zu öffnen und wieder die Arbeit aufzunehmen. Am 29. konstituieren sich offiziell drei neue Zünfte: eine des popolo minuto für die ciompi, Wollarbeiter, eine für die Färber, Tuchwäscher und -spanner, Seifensieder und Krempler und eine Zunft für die Wamsmacher, Schneider, Hutmacher und Strumpfwirker. In diesen Zünften sind rund 13 000 Männer organisiert. Sie übertreffen damit um ein Vielfaches die Mitglieder in den hergebrachten 21 Zünften. Am 5. August wird mit einer feierlichen Messe in Santa Maria Novella und ausgelassenen Straßenfesten das Ende des Interdikts gefeiert. In Florenz hat die Revolution gesiegt, ohne Blut zu vergießen und ohne den Rahmen der traditionellen Strukturen zu sprengen.

Die neuen Herren waren keine verantwortungslosen Gesellen, sie kannten die Probleme und versuchten eine vernünftige Politik mit Augenmaß durchzusetzen. Sehr bald mußten sie erkennen, wie gering ihr Handlungsspielraum war und wie subtil die Einflußmöglichkeiten ihrer Gegner. Die Geschäfte blieben geschlossen, die Kaufleute und Unternehmer sperrten weiterhin ihre Arbeiter aus. Der jähe Absturz der Vertragssteuern, die jeder Florentiner je nach dem Wert eines Vertragsabschlusses bei seinen Geschäften an die Stadt zu zahlen hatte, spricht Bände über den lautlosen Boykott der Besitzenden: Betrugen diese Steuereinnahmen am 19. Juli noch 395 Florine, so waren es am 26. Juli gerade 13 Florine. Die Ruinen der ausgebrannten Häuser schienen denen, die

den neuen Kurs in Bausch und Bogen verdammten, recht zu geben. Immer mehr Wohlhabende verließen mit Frau und Kindern die Stadt und zogen auf ihre Güter in der Toskana
Den Arbeitern jedoch, die so lange auf ihr Mitspracherecht hatten warten müssen, ging alles nicht schnell genug. Sie wollten nicht hören, daß von heute auf morgen die Verhältnisse nicht grundlegend zu ändern seien. Was half es ihnen, wenn die Steuern für Salz und Getreide gesenkt wurden, sie aber keine Arbeit fanden, um Geld zu verdienen? Und schnell wucherte bei den Gesprächen auf den Straßen und Märkten das Mißtrauen: Machten sich die Vertreter der kleinen Leute nicht auf deren Kosten ein gutes Leben? Die ungewöhnliche Koalition hielt dem Druck der Erwartungen aus den eigenen Reihen nicht stand und zerbrach an den unterschiedlichen Interessen, die auch diese Gruppierung leitete.

Die Zugehörigkeit zum popolo minuto bedeutet für alle, die sich dazu zählen mußten, einen niederen sozialen Rang. Gegen diesen gemeinsamen Makel hatte man mit der Forderung nach eigenen Zünften gemeinsam gekämpft. Aber die ökonomische Lage innerhalb der Schicht der kleinen Leute war höchst unterschiedlich. Auch hier gab es Arme und solche, die ein gutes Auskommen hatten und deshalb keine umstürzenden Änderungen wünschten.

Im Quartier von San Giovanni leben Lippo Dini und Francesco Vanni, Nachbarn und Geschäftspartner. Als Kammhersteller gehören sie keiner Zunft an. Trotzdem können sie neben ihrer Kammproduktion ungehindert Tuche in geringen Mengen verkaufen und mit Geldverleih kleine Geschäfte machen. Bis Pisa und Pistoia gehen ihre Verbindungen. Legt man ihren Verdienst zugrunde, gehören sie zum oberen Drittel in ihrem Quartier. Ihr sozialer Rang dagegen ist meilenweit entfernt von dem eines wohlhabenden Handelsherrn. Aber es gibt auch keine Gemeinsamkeit mit dem Leben eines ungelernten Arbeiters, der ständig Schulden machen muß, um sich mit seiner Familie über Wasser zu halten.

Ähnlich zwiespältig geht es bei den Färbern zu: Nicht wenige von ihnen halten in ihrem Geschäft Arbeiter in Lohn und Brot – und trotzdem war ihnen bisher eine eigene Zunft verwehrt, mußten sie sich dem Preisdiktat der Wollzunft beugen. Dagegen haben sie revoltiert. Um zu einer Zunft zu kommen, war ihnen jeder Verbündete recht. Doch damit erschöpfen sich die Gemeinsamkeiten und täuschen nach dem politischen Sieg eine Koalition vor, die nicht existiert. Denn im Sommer 1378 hatte sich in Florenz kein verarmtes Proletariat im Sinn der Marxschen Theorie gegen die kapitalistische Klasse zusammengefunden. Im Gegenteil: Jene, die durch die Veränderungen vom August enorm an sozialem Prestige gewonnen hatten, wollten keine weitere Unruhe. Sie befürchteten, daß weitergehende Forderungen die Kommune in den Abgrund führen und der Sieg der kleinen Leute nur von kurzer Dauer sein würde. Deshalb finden sie sich bereit, ihre Verbündeten von gestern zu opfern.

Alles geht sehr schnell. Die Stimmung in der Stadt wird apokalyptisch. Wieder versammeln sich die Wollarbeiter, organisiert, diszipliniert. Rund 5000 Bewaffnete zählen sie, als sie sich am 28. August 1378 nach Santa Maria Novella zurückziehen und acht Führer wählen. Diese Vertreter der ciompi sollen in Zukunft im Priorenpalast mitregieren. Die Prioren scheinen nachzugeben. Am 31. August sammelt sich der popolo di Dio auf der Piazza vor dem Priorenpalast. Da erscheint die städtische Miliz, und die Prioren verlangen von den neuen Zünften, ihre Banner abzuliefern. Was eher nebensächlich klingt, ist in Wahrheit eine Aufforderung zur Kapitulation, denn die Fahne ist für die Betroffenen nicht bloß ein Stück Tuch. Sie ist das sichtbare, mythische Zeichen, das eine verschworene Gemeinschaft zusammenhält. Beide Seiten wissen, daß die Ablieferung des Banners die vollständige Unterwerfung bedeutet. Noch bevor die Menge auf der Piazza zu einem Beschluß kommt, schlagen voller Empörung die Metzger los. Doch im Gegensatz zu den Verbänden der Wollarbeiter sind sie ein undisziplinierter Haufen. Die Provokation der Regierenden ist geglückt, die Miliz hat leichtes Spiel und treibt die Menschen auseinander.

Gleich am nächsten Tag wird ein neues Priorat gewählt, das als erstes die Zunft des popolo minuto auflöst. Diesmal haben sich auf der Piazza die Sieger versammelt. Als das Banner der ciompi aus

dem Palast fliegt, wird es von der Menge mit Füßen getreten. Am
2. September 1378 schreibt ein anonymer Chronist über die neuen
Prioren: «Möge Gott ihnen den Willen geben zu tun, was für den
guten und friedlichen Zustand des Volkes, der Zünfte und der
Kommunen nützlich ist.» Drei Tage später werden zwei Anführer
der Wollarbeiter hingerichtet.

War alles nur ein Traum? Ist die Konterrevolution am Ruder?
So einfach können die Antworten wohl doch nicht sein. Auch das
Regime, das sich im September 1378 in Florenz etabliert und immerhin zwei Jahre die Geschicke der Stadt leiten wird, ist kein
alltägliches in diesen Zeiten. Es besteht aus Vertretern der kleineren Zünfte und versucht, ein wenig von der gerechten Verteilung
der Macht nach dem geglückten Aufstand im Juli in die Zukunft
zu retten. Nur eine der neuen Zünfte wird verboten, die anderen
dürfen weiterbestehen. Auch findet kein Rachefeldzug gegen die
ciompi statt. Allerdings sind viele geflohen und haben keine Hemmungen, sich mit ihren Erzfeinden, den Magnaten im Exil, zu verbünden, um Unruhe in Florenz zu stiften. Da flüstert in den folgenden Monaten unversehens einer in den Gassen der Stadt einem
vorübergehenden Arbeiter zu: «Schließ dich uns an. Wir werden
alles ändern.» Allerdings geben auch die Mächtigen von vor-
gestern keine Ruhe. Laut und ungeniert verkünden sie: «Viva il
Parte Guelfa.» Oder: «In der Signoria sitzen doch nur Mörder,
Räuber und Verräter.»

Noch im September müssen sich die August-Prioren vor dem
Richter verantworten – und werden freigesprochen. Von den 81
Personen, die zwischen 1379 und 1381 zum Tode verurteilt werden, sind nur acht kleine Leute, alle anderen kommen aus alten
Florentiner Familien. Unterdessen verwüsten draußen im Contado die Exilanten die Äcker und brennen die Bauernhäuser nieder. Doch im Innern der Stadtmauern regieren die neuen Prioren
nicht ohne Geschick. Gegen Ende des Jahres 1378 sind die Vertragssteuern um fast 400 Prozent gestiegen. Das bedeutete: Die
Geschäfte am Arno florieren wieder.

Aber es ist eine prekäre Ruhe. Die alten Gruppierungen lauern
nur auf den rechten Augenblick. Er kommt im Januar 1382. Ange-

hörige der etablierten Familien und Vertreter der Wollzunft bewaffnen sich und ziehen provozierend durch die Straßen. Die Drohung genügt, um die Prioren einzuschüchtern. Ende des Monats beschließt eine Kommission, die neuen Zünfte der Färber, Hutmacher und Strumpfwirker aufzulösen. Als es daraufhin auf der Piazza vor dem Priorenpalast zum Scharmützel kommt, zeigt sich, wo immer noch die wahre Macht liegt. Die Vertreter der Wollzunft behaupten den Platz, noch am gleichen Abend organisieren sie eine Siegesprozession durch die Straßen. John Hawkwood, der berühmte englische Söldnerführer, den die Prioren zum Schutz von Florenz angeheuert hatten, stellt sich gegen seine bisherigen Geldgeber und auf die Seite der Sieger. Der Botschafter Sienas am Arno meldet in seine Heimatstadt, daß die «reichen Bürger und Wollhändler» wieder die Herrschaft übernommen haben. Für die Wahl der neuen Prioren Ende Januar 1382 werden als Vertreter der kleineren Zünfte nur die reichsten Mitglieder akzeptiert.

Das Rad der Geschichte hat sich zurückgedreht. Die neuen alten Herren kannten im Gegensatz zu ihren Vorgängern keine Milde. Wer auch nur im entferntesten als Anhänger des popolo minuto galt, wurde verbannt, mit dem Tode bestraft. Nichts und niemand in Florenz sollte mehr an diese kurze, außergewöhnliche Epoche, die als der Aufstand der ciompi in die Geschichtsbücher eingegangen ist, erinnern.

ATHEN AM ARNO
ODER GEIST UND KUNST FÜR DIE POLITIK

Am 21. August 1394 schreibt der Florentiner Notar Lapo Mazzei seinem Freund Francesco Datini, Kaufmann in Prato, nur wenige Kilometer westlich der Arnostadt: «Oggi è morto il maestro Luigi in grazia di Dio, si crede, e degli uomini certo.» Jener Meister Luigi, der bei seinem Tod so offensichtlich die Gnade der Menschen genoß und in ihren Augen auch das göttliche Wohlgefallen, war Luigi Marsili, ein Augustinermönch aus dem Kloster Santo Spirito, den Florenz mit einem öffentlichen Begräbnis auf Kosten der Kommune im Dom – an dem immer noch gebaut wurde – ehrte.

Luigi war ein Sohn der Stadt, 1342 in eine angesehene Florentiner Familie geboren. Er lehrte an den Universitäten von Paris und Neapel und kehrte im Jahre 1380 endgültig in seine Vaterstadt zurück. Die schickte ihn als Gesandten auf schwierige politische Missionen und hätte ihn gerne als ihren Bischof gesehen. Aber da weigerte sich der Heilige Vater – nicht ohne Grund. Hatte doch der Mönch während des Krieges seiner Landsleute gegen den Papst führenden Florentiner Politikern bestätigt, daß sie als gute Christen damit einer gerechten Sache dienten.

Rund dreißig Jahre nach Marsilis Tod hat Giovanni Gherardi di Prato dem Mönch von Santo Spirito mit dem «Paradiso degli Alberti» ein literarisches Denkmal gesetzt. Der Kaufmann und Autor schildert Marsili als führenden Kopf im «Paradiso», einer Villa des Bankiers Antonio degli Alberti, wo sich Ende der achtziger Jahre die geistige Elite von Florenz zum Austausch von Gedanken und Informationen traf. Und es war selbstverständlich, daß der gleiche Kreis nicht minder häufig die Pforte von Santo Spirito passierte, um mit Marsili in seiner Zelle zu diskutieren und von seinen enormen Kenntnissen auf dem Gebiet der Philosophie, Theologie und Literatur zu profitieren. Villa und Kloster waren der Geburtsort jener

Bewegung, die unter dem Etikett «Humanismus» in die Geschichte eingegangen ist. Mönche und Bankiers, Kaufleute, Künstler und Philosophen fanden sich zu einer intellektuellen Führungsschicht, deren gemeinsame Leidenschaft es war, aus Florenz ein «Athen am Arno» zu machen. Ihr Ideal war das klassische Altertum: Seine Vorstellung von Schönheit, vom Zusammenleben der Menschen, von Literatur und Wissenschaft sollte in Florenz eine Wiedergeburt erleben. Vorläufer gab es genug. Denn auch der erste Kanzler der Republik, Brunetto Latini, hatte gegen Ende des 13. Jahrhunderts nichts lieber zitiert als die antiken Schriftsteller. Und während Florenz im Laufe des 14. Jahrhunderts größer, schöner und reicher wurde, machten Chronisten ganz bewußt die Metropole am Arno zur Nachfolgerin Roms, wo Schafe zwischen den Ruinen einer verfallenden Pracht weideten und der Hirte der Christenheit seine Herde schmählich verlassen hatte. War doch schon für Dante seine geliebte Vaterstadt die «schönste und berühmteste Tochter Roms». Daß die Alten auch am Arno ihre Zeugnisse hinterlassen hatten, war für die Erneuerer keine Frage. Noch am Übergang zum 15. Jahrhundert priesen kluge Köpfe voller Stolz San Giovanni, das Baptisterium, in seiner klassischen Schönheit als ein Bauwerk der heidnischen Antike. (Tatsächlich ist es eine Kirche der frühen Christenheit, wahrscheinlich aus dem 4. Jahrhundert.)

Luigi Marsili war der wichtigste geistige Führer der Florentiner Humanisten am Ende des 14. Jahrhunderts. Er kannte sich bestens aus in der klassischen antiken Literatur und vermittelte seinen Schülern diesen Stoff nicht trocken und pedantisch, sondern in freier Konversation. Marsili beeindruckte als glänzender Redner mit Witz und Humor – galt doch die Rhetorik als eine der größten und nachahmenswerten Künste. Und der Augustinermönch hatte keine Schwierigkeiten, die heidnischen Vorbilder mit ihrem hohen sittlichen Standard in ein christliches Weltbild zu integrieren. Warum sollten dann seine weltlichen Freunde Skrupel haben?

Luigi war noch ein Junge gewesen, als er Petrarca kennenlernte, einen Mann, dessen Ruhm schon zu Lebzeiten das gesamte Jahrhundert überstrahlte. Mit seinem italienischen «Canzoniere», einem Liederbuch für seine angebetete Laura, ist Petrarca in die Weltliteratur eingegangen. Avignon, die Stadt der Päpste, hat ihn geprägt. In Rom wurde er 1341 auf dem Kapitol mit dem Dichterlorbeer gekrönt, Könige, Tyrannen und Kardinäle fühlten sich durch seine Gegenwart geschmeichelt. Petrarcas Leidenschaft für die römische Antike, seine Kenntnisse, seine textkritische Beschäftigung mit den von ihm verehrten Philosophen und Literaten, vor allem Cicero, machen ihn zum Stammvater aller Humanisten. Sein Einfluß kann gar nicht überschätzt werden, in Florenz saßen seine treuesten und einflußreichsten Jünger. Doch die Stadt, die seinen Vater – wie Dante – 1302 vertrieben hatte, zwei Jahre vor Petrarcas Geburt in Arezzo, hat der große Sohn immer gemieden.

Einer, der oft allein den kurzen Weg vom Palazzo der Prioren über den Arno zum Kloster Santo Spirito ging, um lange Gespräche mit Marsili zu führen, war Coluccio Salutati, seit 1375 Kanzler der Republik Florenz, lange schon ein Schüler und Verehrer Petrarcas. Die Welt kannte Salutati, hatte er doch in vielen Briefen an Fürsten, Bürger und Tyrannen sein literarisches Talent zum Ruhm der Stadt genutzt. Salutati setzte auf das Wort – mächtiger noch als Soldaten –, wenn es darum ging, die Feinde von Florenz abzuwehren, die Ideale der Kommune zu verbreiten und die Stadt im besten Licht erscheinen zu lassen. Florenz konnte keinen besseren Propagandisten finden. Die Stadtväter wußten es und ließen sich nicht lumpen. Aus fünfhundert Florinen bestand sein jährliches Grundgehalt, doch es verfünffachte sich in der Regel aufgrund besonderer Aufgaben. Der gelernte Notar, einst Kanzler in Lucca, zählte bald zu den Reichsten in Florenz. Aber im Gegensatz zu so manchem wohlhabenden Florentiner verließ Salutati, 1331 im toskanischen Stignano geboren, in den gefährlichen Zeiten der Pest die Stadt nicht. Im Jahre 1400 wurde ihm und seinen Nachkommen das Bürgerrecht verliehen.

Coluccio Salutati stand in einer langen Florentiner Tradition. Die Männer, die ihn ernannten, handelten so zufällig nicht. Gerade hundert Jahre war es her, daß der Kanzler Brunetto Latini, auch er ein gelernter Notar, auch er ein geehrter Literat, den

Ruhm von Florenz mehren sollte. Macht und Einfluß hatten die Politiker, die meist auch die führenden Unternehmer und Bankiers waren, selber. Sie wollten mehr, als in den Hinterzimmern mit einem verstohlenen Blick in die Geschäftsbücher ihr Vermögen wachsen sehen. Immer öfter kamen sie auf den Geschmack, wieviel Gewinn und Lust im Ausgeben lagen. Sie wußten aus der jüngsten Geschichte der Stadt, wie sehr der Geist den Ruhm der Gemeinschaft und das eigene Ansehen mehren konnte, und waren bereit, dafür zu zahlen.

Salutati war ein fleißiger Mann. Stundenlang diktierte er vier Schreibern im Priorenpalast alle Briefe, die im Namen der Kommune die Stadt verließen. Er prägte einen eigenen Kanzleistil, der Schrift und Sprache in ganz Italien beeinflußte. Salutati war eine diplomatische Natur, konfliktscheu, kein Umstürzler, und ungeschoren überstand er alle politischen Wirren in der Stadt. Nichts war ihm lieber, als sich in die Schriften Ciceros zu versenken oder ein neu entdecktes antikes Manuskript zu untersuchen. Aber sosehr er Petrarca verehrte, so vehement verteidigte Salutati sein Ideal vom aktiven Leben gegen dessen vita contemplativa. Nicht Mönche brauchte die Republik, sondern engagierte Bürger und Familienväter.

Ein reines Gelehrtenleben führte Niccolò Niccoli, dessen gut verzinstes Erbe aus einem Florentiner Kaufmannshaus ungestörte Beschaulichkeit möglich machte. Selbstverständlich war er bei den Treffen im «Paradiso» und im Kloster dabei. Und in Florenz kannte ihn jeder, wenn er, stets in bestes rotes Tuch gekleidet, durch die Straßen ging, hier und dort zum Gespräch stehenblieb. Niccoli wurde zum unermüdlichen Motor und Vermittler für die neuesten Kenntnisse auf dem Gebiet der antiken Literatur und Philosophie, eine wandelnde Auskunftei. Denn dahin ging der Eifer dieser intellektuellen Jäger: Die Schriften der verehrten antiken Autoren nicht länger in fehlerhaften Übersetzungen und Kopien zu studieren, sondern an der Quelle – als lateinische oder griechische Originale. Wenn in St. Gallen, Rom oder Konstanz ein neues Manuskript entdeckt wurde, wenn ein interessierter Zeitgenosse wissen wollte, wo welches wichtige Fundstück gerade kopiert wurde oder wer die beste Bibliothek über Aristoteles besaß – Niccoli erhielt Informationen von überall und gab sie gerne weiter. Aber nicht nur Informationen, auch wertvolle Codices schickte man ihm zum Verwahren. Über 800 Eintragungen zählte seine Sammlung bei seinem Tod 1437, die mit dem Geld des Cosimo de' Medici das Herzstück der öffentlichen Bibliothek im Kloster von San Marco wurde. Berühmt waren auch die Diskussionen im Hause Niccoli. Am liebsten bei einer guten Mahlzeit, wo man den Wein nur aus echten antiken Gläsern genoß. Kein Wunder, daß Niccolò Niccoli angefeindet war und seine Neider ihn als arrogant und prahlerisch attackierten.

Im Jahre 1385 beschloß die Kommune einen Neuanfang für die dahinsiechende Universität. Jährlich wurden 2000 Florine für berühmte Professoren gestiftet. Über die Ausgaben wachte eine Kommission ehrbarer Kaufleute. Zusammen mit Coluccio Salutati überzeugte Niccoli die Verantwortlichen, darunter vor allem Palla Strozzi, einen der reichsten Bürger, in Florenz ein systematisches Studium der griechischen Sprache zu etablieren. Für 250 Florine im Jahr kam 1396 Manuel Chrysoloras, den der byzantinische Kaiser aus dem von den Türken eingeschlossenen Konstantinopel nach Westen geschickt hatte. Seine Griechisch-Lektionen am Arno waren eine europäische Premiere.

Einer von denen, die Niccolò Niccoli nicht leiden konnten, war Leonardo Bruni, ein junger Aufsteiger im Florentiner Intellektuellenzirkel, der ebenfalls rotes Tuch bevorzugte. (Eine Farbe, die eigentlich der höchsten politischen Kaste vorbehalten war.) Bruni, 1369 in Arezzo geboren, war in den Neunzigern zum Jurastudium nach Florenz gekommen. Doch die antike Literatur interessierte ihn bald mehr. Er zählte zu jenem erlauchten Kreis, der bei Manuel Chrysoloras Griechisch studierte. Salutati protegierte ihn. Und wer Leonardo Bruni noch nicht kannte, dem schrieb er sich kurz nach der Jahrhundertwende mit seinem «Lob auf die Stadt Florenz» ins Gedächtnis.

Die Geschichte der Stadt war nicht arm an selbstbewußten Hymnen. Die eigenen Bürger hatten nicht wenige Male Florenz als einen ganz besonderen Ort in der Geschichte gefeiert. Das Lob des Leonardo Bruni aber wurde ein Klassiker: «Wovon soll ich berichten – von der Vielfalt des Volkes, vom Glanz der Gebäude, vom Schmuck der Kirchen, von der unglaublichen und wunderbaren Reinheit der ganzen Stadt?... Unter den großen und prächtigen Bauten finden sich auch die zahlreichen Tempel und Kirchen, die, wie es heiligen Orten gebührt, mit großer Ergebenheit von ihrer Gemeinde geehrt und von tiefer Gläubigkeit erfüllt sind... Doch ich will die Häuser der einzelnen Bürger beschreiben, die schön und prachtvoll errichtet sind. Kann etwas herrlicher und genußbereitender sein, als die Tore der Paläste, die Säle und Dachböden, die Speiseräume und die zahlreichen Gemälde zu betrachten?... Zu alldem noch die reiche Ausstattung der Zimmer, das Gold und das Silber, die Gewänder und Draperien...»

Der Mann aus Arezzo weiß nicht nur die äußere Pracht zu schätzen, sondern sieht darin den Geist der Kommune verkörpert: «Achtsam trägt man dafür Sorge, daß in dieser Stadt die heilige Gerechtigkeit herrscht... daß man an diesem Ort die Freiheit wahrt, ohne die dieses Volk nicht bereit ist zu leben... So findet sich kein Ort, an dem mehr Gerechtigkeit zu finden wäre, und an keinem anderen Ort herrscht so viel Freiheit und so viel Gleichheit zwischen bedeutenden und weniger bedeutenden Familien.»

Was für ein Dreiklang – Freiheit, Gerechtigkeit, Gleichheit. Die Ideale der römischen Republik, zum Lob von Florenz ausgerufen von einem Zuwanderer. Kann es ein unbestechlicheres Urteil geben? Es ist nicht schwer sich vorzustellen, mit welchem Stolz jene, die in der Stadt das Sagen hatten, das Zeugnis lasen, das Leonardo Bruni ihnen gab. Natürlich wußten sie es besser, die Albizi und Capponi, die Bardi und die Strozzi – genauso wie der schmeichelnde Chronist. Waren die führenden Männer unter sich, dann gab es ganz anderen Gesprächsstoff: daß die Kommune pleite war, und zwar schon lange; daß das Militärbudget wegen ständiger Kriege unerträgliche Höhen erreichte und die Steuern und Abgaben den tüchtigsten Mann ruinierten. Kurzum: Das Lob des Leonardo Bruni fiel in eine Zeit permanenter Katastrophen. Aber darin hatten die Florentiner Routine. Und damit niemand die Kreise der Herrschenden störte, verabredete die Elite hinter verschlossenen

Türen, wie die anstehenden Entscheidungen in ihrem Sinne zu beeinflussen seien. Doch kaum wurden die gleichen Männer in öffentlichen Ausschüssen um Rat gefragt, plädierten sie für Krieg und Söldner; schworen, daß sie ihren letzten Florin für das Vaterland opfern würden und nichts über die Freiheit der Kommune gehe. War es wieder nur Zufall oder das Gesetz, nach dem die Geschichte dieser Stadt verlief: Je größer die inneren Widersprüche von Florenz, je miserabler die finanzielle Lage, je bedrängender die äußeren Feinde, um so überzeugender der geistige und kulturelle Kraftakt seiner Führung, um so strahlender das Ansehen der Republik.

Gemessen an den Erschütterungen der Ciompi-Zeit und den Rachegelüsten der heimkehrenden Exilanten, hatte Florenz in den achtziger Jahren erstaunlich schnell zur Normalität zurückgefunden. Zwar gab es alle Jahre wieder eine erfolglose Verschwörung gegen die Herrschenden, die lautstark geahndet wurde. Doch das waren vergleichsweise geringe Störungen in einem Staatswesen, das sich unterderhand wesentlich veränderte. Nach außen allerdings blieb alles, wie es war. Niemand kam auf die Idee, die Strukturen der Väter einzureißen oder auch nur anzutasten. Währenddessen ging die wirkliche Macht im Staat von den Zünften und ihren Vertretern, von den Kommissionen und Versammlungen, von den Prioren lautlos über auf eine Elite von ungefähr siebzig Männern, die für die nächsten fünfzig Jahre in Florenz das wahre Regiment führten, il reggimento.

Das Küchenkabinett regierte im Hintergrund. Seine Mitglieder, die jeder in der Stadt aufgrund ihrer hohen sozialen Stellung kannte, drängten sich nicht in öffentliche Ämter. Sie waren es zufrieden, daß sie die Richtlinien der Politik bestimmten und daß – auch nichts Neues in Florenz – die Interessen der Besitzenden und der Mächtigen identisch waren mit den Interessen der Kommune. Aber sie hatten dazugelernt. Die Parte Guelfa? Eine ehrenwerte Institution, die als elitärer Klub weiterleben durfte, aber ohne politische Bedeutung. Die ammoniti? Gewiß, es blieb ein beliebtes Mittel, mißliebige Personen, ganze Familien ins Exil zu schikken. Aber jene verhaßte Methode, Mitbürger schon im voraus als verdächtig zu brandmarken, verschwand ohne Widerspruch aus dem Arsenal politischer Strafen. Die Zünfte? Von den Zunftmitgliedern, die das aktive politische Wahlrecht für die städtischen Ämter erhielten, wurde höchstens ein Drittel jemals in ein städtisches Amt gewählt. Denn an den Hebeln der Macht saßen nun wieder die Söhne alter Familien. Und schnell machte man nach alter Weise etliche der etablierten Magnaten – die Frescobaldi, Adimari, Cavalcanti – zu Bürgerlichen, um dem verfassungsmäßigen Schein zu genügen.

Die große Mehrheit der Zunftmitglieder war es zufrieden, ein Amt in der Zunft zu bekleiden und sah niemals den Priorenpalast von innen. Es reichte ihnen, von der Piazza della Signoria aus der feierlichen Amtseinführung der Prioren in der Loggia beizuwohnen. Florenz war ohnehin nie eine Stadt des rigorosen Zunftregiments gewesen, die kurze Regierungsspanne von 1378 bis 1382 ein historischer Ausbruch ohne Tradition und ohne Erben.

Und die uralte Rivalität unter den etablierten Familien? Sie blieb ein Merkmal der Florentiner Gesellschaft. Es gab sogar hin und wieder noch Mord und Totschlag. Aber das blieb nun die Ausnahme. Jetzt bediente man sich sublimerer Methoden. Die Zeit, als verfeindete Clans sich in den Straßen blutige Schlachten lieferten, war endgültig vorbei. Zwar bildeten sich nach 1380 wieder zwei feindliche Lager, die Alberti und die Albizi, von denen die Albizi die Oberhand hielten und die Gegner unter dem Vorwand, nur ohne sie Reformen durchführen zu können, ins Exil schickten. Zwar versuchte 1397 eine Gruppe unter Anführung der Medici, die Albizi zu stürzen. Doch die aufgeregten Rufe der Verschwörer am Tag des Komplotts, als sie in den Straßen nach Mitstreitern Ausschau hielten, fanden in der Stadt keinen Widerhall. Die glücklosen Anführer wurden hingerichtet.

Und noch eine Veränderung ist anzuzeigen: Maso degli Albizi, der Führer des Clans, war bereit, die Macht mit anderen Familien zu teilen. Im Laufe der achtziger und neunziger Jahre profilierte sich jener Kreis von siebzig Männern, die zum reggimento zählten; eine Gruppe, die ständig untereinander Kontakt hatte, deren Mitglieder nicht selten gemeinsame Geschäfte machten und auf jeden Fall durch Interessen, Heiraten, Wertvorstellungen verbunden waren. Die Drahtzieher im Hintergrund hatten sehr präzise Vorstellungen über das, was für Florenz von Vorteil war, und keine Hemmungen, ihre Wünsche bei den Prioren mit sanfter Gewalt durchzusetzen. Gab es Meinungsunterschiede, waren diese Männer flexibel und pragmatisch genug, sie nicht auf die Spitze zu treiben. Wollte man wissen, wer in Florenz die Fäden zog, so brauchte man nur einen Tag auf der Piazza zu verbringen und zu beobachten, wer im Palast der Prioren ein und aus ging. (Denn die Prioren durften während ihrer zweimonatigen Amtszeit ihr Dienstgebäude, das zugleich gemeinsame Wohnung war, nicht verlassen.)

Neben Maso degli Albizi, der sein Geld im Tuchhandel machte und, obwohl aus bestem Hause, wegen seiner rüden Manieren gefürchtet war, verkörperte Niccolò da Uzzano auf angenehmste Weise das neue Regiment einer Elite durch Konsensus. Er kam aus einer neureichen Bankiersfamilie vom südlichen Arnoufer, gente nuova, denn sein Vater hatte erstmals in der Familie das Prioren-amt bekleidet. Persönlichkeit und Sachkenntnis machten Niccolò da Uzzano zu dem am meisten geachteten Bürger von Florenz. Immer wieder schickte ihn die Stadt in schwierigen politischen Missionen über Land. Er galt als integer, war Argumenten zugänglich und liebte kontroverse Diskussionen. Niccolò zählte zu den Stars der heimlichen Regierung, in der Öffentlichkeit wohl bekannt und gut gelitten und hinter verschlossenen Türen ein eindrucksvoller Redner.

Pratiche hießen die institutionalisierten Debatten, zu denen die Prioren ganz legal Privatmänner in den Palazzo riefen, um die Stimmung in der Stadt zu erkunden und sich beraten zu lassen. Der Kanzler von Florenz führte dabei Protokoll. Coluccio Salutati war sehr sparsam mit seinen Notizen. Nach seinem Tod 1406 brachten seine Nachfolger die Argumente der Redner ausführlich zu Papier. Die Aufzeichnungen lassen ahnen, warum diese Männer über so viele Jahre unangefochten die Geschicke von Florenz bestimmten. Es waren Bürger, die zusehends mehr vom politischen Geschäft verstanden, sich auf Finanzen, Wirtschaft, Militär spezialisierten. Sie ruhten sich nicht auf ihren Privilegien und ihrer Herkunft aus. Im Rahmen ihres Weltbildes und ihrer Herkunft versuchten sie, sich aufgrund von Erfahrungen und Argumenten eine Meinung zu bilden und, was immer wichtiger wurde, die anderen davon zu überzeugen. Es konnte passieren, daß Niccolò da Uzzano während der Debatten einschlief. Aber wenn er aufwachte und seine Rede hielt, fesselte er sein Publikum. Rhetorische Qualitäten wurden wichtig, Anspielungen auf antike Autoren selbstverständlich. In den Pratiche kam die erweitere Machtelite zu Wort, ein paar hundert Mann. Die Bedeutung der Debatten ist an ihrer wachsenden Zahl abzulesen. Im Jahre 1385 traten dort 193 Bürger auf. 1410 verzeichnen die Protokolle schon 464 Namen. Zwischen April 1413 und Juni 1414, als Florenz im Krieg stand und eine katastrophale Niederlage unausweichlich schien, hielten 222 Bürger über tausend Reden, um die Freiheit von Florenz und den Durchhaltewillen der Einwohner zu beschwören. Doch Zeitgenossen mit Einblick mißtrauten den schönen Worten. Ihnen blieb nicht verborgen, daß es nicht nur um das Wohl der Stadt, sondern um sehr persönliche Interessen ging. Der Chronist Giovanni Cavalcanti, selber anwesend bei den Pratiche, wirft in seinen «Istorie fiorentine» den führenden Männern vor, daß alles nur Theater ist und in Wahrheit vorher abgesprochen – auf dem Markt, im Kontor, bei festlichen Gelagen. Kein Zweifel: hinter der Fassade republikanischer Institutionen mit ihrem Procedere setzten wenige, die in kein Amt gewählt worden waren und sich deshalb vor keinem Gremium verantworten mußte, ihre Vorstellungen durch. Die Politik von Florenz wurde in Wirklichkeit nicht im Priorenpalast gemacht, sondern außerhalb seiner Mauern. Niccolò Niccoli, der Forscher und Gelehrte, hatte für diese heimlichen Herrscher ein harsches Urteil parat: Nichts als Tyrannen und Räuber seien sie, die Kriege führten, um ihre Autorität zu stärken und die Bürger arm zu machen.

Die Widersprüche sind nicht aufzuheben. Es blieb bei der republikanischen Verfassung von Florenz, bei der Rotation der vielen Ämter, bei den Debatten und Abstimmungen. In der Praxis jedoch herrschten die possenti e maggiori, die Reichen und die Mächtigen, nach dem Motto: Was gut ist für uns, ist gut für Florenz. Doch die wenigen waren schon zu viele, um als reine Despoten die Stadt zu knebeln. Sie mußten untereinander einen Interessenausgleich schaffen, und ihr nüchterner, pragmatischer Kaufmannsgeist sagte ihnen, daß radikale Positionen am Ende niemandem einen Gewinn brachten. Und da jeder jeden von klein auf kannte, diente Intimität nicht nur zum Mauscheln und zum Klüngeln, sondern auch dazu, dem andern mit Augenzwinkern anzudeuten: Du kannst mir nicht viel vormachen.

Nein, Florenz war keine Republik, wie Salutati und Bruni sie in ihren Propagandaschriften verklärend beschworen. Sie war es sowenig wie ihr römisches Vorbild. Das Volk hatte nichts zu sagen. Aber die zahlenmäßig kleine Führungsschicht war durch ein ausgeklügeltes, nirgendwo fixiertes System mit einem für diese Zeiten erstaunlich breiten Mittelbau der städtischen Bevölkerung verbunden. Es verhinderte, daß die Machtbalance völlig aus dem Gleichgewicht geriet und die Herrschenden eine allzu realitätsferne Politik betrieben – der Klüngel, um es mit einem rheinisch-kölnischen Begriff zu belegen, denn er trifft die Sache genau. Amici e seguaci, heißt es in den zeitgenössischen Dokumenten – Freunde und Gefolgsleute mußte sich jeder verschaffen, der Einfluß haben wollte, und er lernte es früh in seiner Nachbarschaft, seinem Stadtviertel. Eine Klientel, der man Gutes tut, der man aus vielerlei Klemmen hilft und auf die man sich seinerseits fest verlassen kann. Do ut des – das römische Recht mit seinen pragmatischen Grundsätzen entsprach auf ideale Weise dem Florentiner Naturell. (Kein Wunder, daß es sich in der Stadt am Arno schon im 12. Jahrhundert gegenüber den klerikalen Ansprüchen behauptet hatte.) Wo jeder gibt und jeder nimmt, entsteht ein soziales Netzwerk, das alle auf unsichtbare, aber solide Weise voneinander abhängig macht.

Im Frühjahr 1401 hatte Francesco Datini geschäftlich in Bologna zu tun. Der Kaufmann aus Prato war unter seinesgleichen in Europa wohlbekannt. Als Waise hatte es ihn nach Avignon an den päpstlichen Hof verschlagen. Dort begann er als Bankier und

Händler und kam 1382 als reicher Mann nach Prato zurück. Er spezialisierte sich auf Tuchherstellung und Färberei, expandierte bald seinen Handel auf Gewürze und Seide, Waffen, Juwelen und Sklaven, eröffnete Niederlassungen in Genua und Valencia, Barcelona und Mallorca. Datini war um die Jahrhundertwende seine 100 000 Florine wert. Zwar zog er nie nach Florenz und fühlte sich immer als Mann aus Prato. Aber der Kaufmann hatte am Arno ein großes Geschäft, war Mitglied der Seidenzunft, an einer Bank beteiligt und wurde deshalb selbstverständlich zu den städtischen Zwangsanleihen herangezogen. Nun saß Datini in Bologna und schrieb mit eigener Hand die Entwürfe aufs Papier, die ihm sein Freund Lapo Mazzei, Notar in Florenz, geschickt hatte. Er begann mit einer Bittschrift an Niccolò da Uzzano, in der er um Steuererleichterung bat, und schloß emphatisch, getreu seiner Vorlage: «Niccolò, ich schreibe dies mit eigener Hand. Hebe es zu meiner Schande auf, wenn ich von der Wahrheit abgewichen bin. Möge Christus Dir die Gnade schenken, seinen Willen zu tun und für die Wohlfahrt und Ehre Deiner Stadt zu handeln.» Datini mußte in diesen Tagen noch viele Briefe schreiben, denn es gab etliche, die Einfluß auf die Höhe seiner Anleihen hatten. Und er mußte gut aufpassen, daß er die Adressaten nicht verwechselte, denn Lapo Mazzei hatte unterschiedliche Entwürfe vorbereitet, bei diesem und jenem einen anderen Ton angeschlagen. Und er hatte einen genauen Plan gemacht. Nach drei Wochen mußte Datini wieder zur Feder greifen. Zum Teil gingen die Briefe an die gleichen Männer, zum Teil an andere. Datini hielt sich an den entschiedenen Rat, den sein Freund Mazzei ihm gegeben hatte: «Aber schreibe nicht an Matteo Tinghi, an Vanni Rucellai oder an Messer Filippo. Ich sage das nicht ohne guten Grund.»

Der Notar Lapo Mazzei mußte es wissen, und ihm war sehr daran gelegen, dem Kaufmann aus Prato einen guten Dienst zu erweisen. Der hatte ihm 1390 seine Freundschaft angeboten. Ein Geschäft auf Gegenseitigkeit, dessen menschliche Dimensionen aus ihrer Korrespondenz immer wieder aufleuchten, aber nur den kleinsten Teil der vierhundert Briefe ausmachen, die von Mazzei an Datini erhalten sind. Doch wahrscheinlich wird diese Trennung beiden Partnern nicht gerecht, ist unser sehr privater Begriff von Freundschaft der falsche Bezugspunkt. Gesehen haben sich die beiden nur ganz selten. Vielleicht, weil in den häuslichen Bereichen die sozialen Unterschiede zu offensichtlich waren. Datini hatte sich in Prato für 6000 Florine ein herrschaftliches Haus erbauen lassen. Davon konnte Mazzei, dessen Frau abends die Kleider der Kinder flickte, nur träumen. Aber persönliche Begegnungen waren offenbar nicht das Entscheidende. Man kümmerte sich umeinander, da tat die Distanz nichts zur Sache.

Was auf den ersten Blick wie ein höchst ungleiches Paar aussieht, entpuppt sich als ideale Ergänzung. Ser Lapo Mazzei hatte kein dickes Guthaben auf dem Konto. Er kam mit seiner Frau und seinen mindestens acht Kindern gerade über die Runden und besaß nur einen kleinen Garten auf dem Land. Aber er war nicht irgendeiner unter den vielen Notaren in Florenz. Niccolò da Uzzano hatte bei ihm sein Testament aufgesetzt. Eine bessere Empfehlung konnte es nicht geben. Mazzei war außer seiner privaten Tätigkeit der offizielle städtische Notar für das traditionsreiche Krankenhaus Maria Nuova, an das automatisch alle Grundstücke ohne Erben fielen. Und da er als Notar über den Weiterverkauf verhandelte, lohnte es sich, sich gut mit ihm zu stehen. Der Kaufmann aus Prato hätte kaum einen besseren Pfadfinder für die verschlungenen Wege im Florentiner Klüngel finden können. Wer im Hintergrund gerade die Fäden zog, wer mit wem befreundet oder verfeindet war, wen man direkt ansprechen durfte oder nur über einen Mittelsmann – Datini konnte sicher sein, daß Mazzei ihm den passenden Rat gab. Und nach Florentiner Tradition nahm auch keiner Anstoß daran – wenn man es richtig machte. Denn aus diesen Freundschaftsbanden war das politische und soziale Leben der führenden politischen Klasse von Florenz gewoben. Sie wurden immer wichtiger, je mehr die traditionellen Abgrenzungen der einflußreichen Familien an Schärfe verloren und Verknüpfungen jenseits der Blutsbande nicht mehr als Verrat galten.

Der Notar zögerte nicht, bei seinem wohlhabenden Freund persönliche Wünsche anzumelden. Wenn Datini über Pisa ein

Fäßchen mit Sardellen bekäme, er wisse ja, wie gut sie ihm schmeckten. Der Kaufmann ließ sich nicht lumpen. Er schickte die Sardellen für den Freund, Fleisch für dessen Frau, Getreide für die Schwiegermutter. Und natürlich eine Menge Wein von bester Qualität. Einmal schreibt Mazzei, wie er den Wein des Freundes mit Kanzler Salutati und einem anderen, hochangesehenen Bürger teilte, und automatisch fällt ein Stück vom Glanz dieser fröhlich-ehrenwerten Runde auf den Geber ab. Ganz ohne strategische Überlegungen geht es nur zu, wenn Lapo Mazzei auf den lieben Gott zu sprechen kommt. Direkt und offen rügt er seinen Freund, weil der über seinen Geschäften sein Seelenheil vernachlässige: «Du solltest aufhören, dich für 100 Florine aufzureiben. Vergnüge dich ein wenig am Tag, gehe morgens in die Kirche. Trenne dich von der Kirche, und du trennst dich von Gott. Und du weißt, wie sehr dich deine Arbeit von ihm getrennt hat.»

Die Verpflichtungen, die aus dem heutigen Blickwinkel geschäftsmäßig anmuten, brachten beiden vielfältige, auch persönliche Vorteile. Der Notar stellte Datini seine besten Beziehungen in Florenz zur Verfügung, der Kaufmann kümmerte sich engagiert um Mazzeis Kinder. Piero Mazzei lernte mit sieben Jahren Datinis Warenlager in Prato kennen, ging dann noch vier Jahre zur Schule und reiste mit elf Jahren nach Valencia, wo er in Datinis Niederlassung lernte und arbeitete.

Zwei Jahrzehnte umfaßt diese Freundschaft, die den Nachgeborenen ungewollt Zeugnis gibt von den Mechanismen sozialer Beziehungen und Verhaltensmuster. Sie endet 1410 mit dem Tod des Francesco Datini. Es ist eine Zeitspanne, in der Florenz sich fast ohne Atem zu holen im Krieg befindet. Krieg ist das beherrschende Thema in den Beratungen der Kommune. Ihm redet die Mehrheit mit immer neuen, immer alten Argumenten das Wort. Teils wird er der Stadt aufgezwungen, teils ist er ein bewußt eingesetztes Mittel aggressiver florentinischer Außenpolitik. Nur zu gerne verleibt man sich 1384 Arezzo ein und 1390 Montepulciano. Je größer der Einflußbereich, um so sicherer die Handelswege, lautet das Motto der Eroberungslustigen. Und es wundert nicht, daß die wohlhabende Bürgerrepublik am Arno mit ihrem fruchtbaren toskanischen Umland die angrenzenden Machthaber im Norden und Süden reizt.

Das letzte Jahrzehnt des 14. Jahrhunderts ist erfüllt vom Krieg mit Mailand, wo Herzog Giangaleazzo Visconti sich mit Geschick und mit harter Hand als unumschränkter Herr im nordwestlichen Italien durchgesetzt hat und nun nach der Macht in Mittelitalien greift. Siena, Pisa, Assisi, Perugia begeben sich unter seinen Schutz, die Bürger von Bologna jubeln ihm als neuem Herrn zu. Nur Florenz widersetzt sich, den Untergang vor Augen. Denn siegreich marschiert die Armee des Giangaleazzo in Richtung Arno. Da stirbt der herzogliche Anführer im September 1402 unerwartet in seinem Zelt an der Seuche. Seine Söhne sind minderjährig, die eindrucksvollen Eroberungen so schnell verloren wie gewonnen. Florenz kann aufatmen und sich als Bollwerk der Freiheit feiern. Die Jubelhymne des Leonardi Bruni gerade in dieser Zeit ist kein Zufall.

Nun könnte man den Frieden festigen. Nein, sagen die einen, wir müssen die Situation nutzen und endlich erreichen, worauf wir seit langem unser Augenmerk richten – einen Hafen am Meer. Nur einer kommt da in Frage – Pisa. Um die Verwicklungen der folgenden Jahre abzukürzen: Im Sommer 1406 wird Pisa belagert, das sich erbittert gegen die Eroberer wehrt. Am 9. Oktober ziehen 3000 Kavalleristen und 3000 Mann Infanterie in die völlig ausgehungerte Stadt ein. Florenz ist Seemacht geworden.

Der Sieg wird gefeiert, aber maßvoll. Es scheint, als wollten die Herren am Arno ein wenig leiser auftreten, um die Früchte ihrer brutalen Außenpolitik endlich friedlich zu genießen. Doch nun läßt die große Politik Florenz nicht in Ruhe. Im Königreich Neapel wird seit 1382 zwischen verschiedenen Zweigen der Anjou und Valois um die Krone gestritten. Der junge König Ladislaus behält schließlich die Oberhand, träumt von einem einheitlichen Italien. 1408 erobert er Rom, gestützt vom dortigen Papst. (Um diese Zeit erheben drei Päpste Anspruch auf den Stuhl Petri.) Die Erbfeinde Florenz und Siena finden sich zusammen, aber siegreich rückt Ladislaus in die Toskana vor. Wie im Krieg gegen Mailand scheint der Fall von Florenz nur eine Frage der Zeit, so patriotisch auch die Reden durch die Stadt dröhnen. Da wiederholt sich die Geschichte: Im August 1414 stirb König Ladislaus im Heerlager. Er hat keine Erben. Der Krieg ist aus, auf jeden Fall für Florenz. Es war auch an der Zeit. Fast 25 friedlose Jahre müssen jede Kommune ruinieren. Es waren katastrophale Jahre, sieht man sich die finanziellen Belastungen an, hört man die mahnenden Worte aus den Protokollen der Patriche, glaubt man den führenden Männern, die angeblich ihren letzten Florin für das Vaterland opferten. Aber wieder gehen die einfachen Rechnungen nicht auf. Auch die Haben-Seite ist nicht schlecht gefüllt. Zum einen fließt das Geld, das der Krieg kostet, in viele unterschiedliche Kassen innerhalb der Stadt zurück. Zum andern hat die andauernde Bedrohung auf das Lebensgefühl der Florentiner sehr konkrete Auswirkungen, die finanziell positiv zu Buche schlagen.

Kriegszeiten sind harte Zeiten, vor allem für die, die nicht zu den Wohlhabenden zählen, darüber können keine noch so hochtrabenden Appelle hinwegtäuschen. Eine Handelsstadt wie Florenz braucht friedliche Zeiten, damit die Wege frei sind, auf denen Waren und Nahrung in die Stadt kommen. Bleibt die Wolle aus, müssen die Tuchmanufakturen geschlossen werden, gibt es für Tausende keine Arbeit. Zerstört feindliche Soldateska die Ernte, wird das Korn knapp und teuer. Und die physische Widerstandskraft der Menschen sinkt, je mehr der Hunger sie schwächt. Im Jahre 1400 sterben 3000 Menschen in Florenz an der Pest, die Stadt hat um diese Zeit rund 55 000 Einwohner. Im Sommer 1411 bricht wieder die Pest aus. Tausende reicher Bürger fliehen aufs Land, das bedeutet weniger Arbeit für Knechte, Mägde und Boten.

Um in Florenz ein Jahr zu überleben, setzte der Fiskus 1427 offiziell 14 Florine als Existenzminimum an. Das wird zu Beginn des Jahrhunderts nicht wesentlich anders gewesen sein. Die große Mehrheit der Bewohner mußte hart arbeiten, um soviel/sowenig zusammenzubekommen. Ein kleiner Beamter der Kommune war mit seinem Gehalt von 70 Florinen pro Jahr schon ein Krösus, von den 300 Florinen eines Spitzenempfängers nicht zu reden. Für ein Häuschen am Stadtrand zahlte man jährlich ein bis zwei Florine, ein größeres Haus im Zentrum kostete 20 bis 50. Was dachten die

Menschen, wenn ihnen die Zahlen der Staatsfinanzen – und das bedeutete in diesen Jahren nur Staatsverschuldung – zu Ohren kamen? Mochten die Reichen und Mächtigen sich Großmannsträumen hingeben und einem Patriotismus auf Kosten des Volkes, die Ausgaben für eine solche Politik wurden nicht geschönt. Die Republik der Kaufleute und Bankiers wußte sehr genau, wie es rein rechnerisch um sie stand. Und da konnte selbst dem Fachmann schwindelig werden. Der Florentiner Chronist Gregorio Dati schrieb in diesen Jahren mit naiver Verwunderung über die Summen, die in seiner Heimatstadt ausgegeben wurden: «Kein Mensch kann glauben, daß es soviel Geld in der Welt gibt.»

Schon in den achtziger Jahren nahm die Anzahl der prestanze, städtischen Zwangsanleihen, die die Kommune in Ermangelung direkter Steuern seit jeher von ihren Bürgern forderte, gewaltig zu. 1393 kamen auf diese Weise 1,2 Millionen Florine – die in der Regel mit sieben bis acht Prozent verzinst wurden – in die kommunale Kasse. Für 1407 mußte das Schatzamt zum Beispiel allein 85 000 Florine Zinsen bereithalten. Bei einer sehr vorsichtigen Schätzung kommt man in den neunziger Jahren auf fünf Millionen Florine Zwangsanleihen, und zwischen 1400 und 1405 auf rund 3,5 Millionen. Der allergrößte Brocken davon wurde in das Militär, sprich das Söldnerheer, gesteckt. Das verschlang in einem Jahr – zum Beispiel 1400 im Krieg gegen Mailand – allein schon rund 500 000 Florine.

Aber sosehr die reichen Bankiers und Tuchhändler und die mittlere Schicht der Handwerker und Geschäftsleute über den gierigen Staat stöhnten – dessen kriegerische Außenpolitik sie ebenso lautstark unterstützten –, es ging ihnen in Wahrheit gar nicht schlecht in diesen friedlosen Zeiten. Rinaldo Gianfigliazzi, neben Nicolò da Uzzano einer der führenden Köpfe des heimlichen reggimento, hat es in einer Debatte unverblümt zugegeben: «Krieg zwischen den Wölfen bedeutet Frieden zwischen den Lämmern.» Das Geld, das die Bürger zwangsweise ihrem Staat gaben, kehrte zu einem großen Teil in ihre eigenen Taschen zurück. Denn wo sollten die fremden Soldaten ihr Geld lassen, wenn nicht in der Stadt? Die Bauern, deren Vieh und Korn sie während des Feldzugs raubten, bekamen keinen Florin zu sehen. Aber die Waren in den städtischen Auslagen – die kostbaren Ringe und Tücher, die Brokatwesten und Schuhe, die bemalten Truhen und metallenen Schatzkästlein, die Weine und Delikatessen – waren etwas, das auch ein Soldatenherz begehrte.

Die Kriegstreiber in den Beratungen konnten sich auf zweierlei verlassen: auf den Stolz der Florentiner auf ihre Stadt und auf eine breite Schicht von Kriegsgewinnlern. Weder das Bankgeschäft noch die Tuchproduktion wurde von wenigen beherrscht. Es gab keine Monopolindustrie in Florenz. Der wichtigste Händler im Wollgeschäft besaß gerade zwei bis drei Anteile am Markt. Es existierten Hunderte von Tuchhändlern unterschiedlicher Betriebsgröße. Und die vielen Handwerker, die Steinmetze, Schreiner, Vergolder, Maler, Goldschmiede und Waffenverzierer arbeiteten auf eigene Rechnung, von keinen Zunftvorschriften gegängelt. Sie mußten nicht einmal eingetragene Zunftmitglieder sein. Jammern und Klagen über das eigene Elend hatte bei den Bewohnern von Florenz eine lange Tradition. Keiner nahm es wirklich ernst – aber alle machten mit bei diesem Spiel zum eigenen Nutzen. Sich als armen Mann hinzustellen, Gerüchte zu verbreiten, daß die Waren auf See verlorengegangen seien, die Mitgift der Tochter zu drükken, damit niemand in der Nachbarschaft auf falsche Gedanken kam – das alles waren bekannte Tricks. Nur erwischen lassen durfte man sich nicht bei seinen Lügen. Da war der Spott der Florentiner Mitbürger gnadenlos.

Es war aber nicht nur das Geld der Zwangsanleihen, das über die Zinsen indirekt wieder in Umlauf kam. Die wohlhabenden Bürger hatten noch mehr in der Hinterhand, und sie waren bereit, es auszugeben. Die Unternehmer und Industriellen von Florenz steckten einen großen Teil ihres Profits weder in industrielle Neuerungen noch in finanzielle Transaktionen, sondern in die Kunst. Sie gaben jedoch keine privaten Aufträge, um die Werke der Schönheit fern von der Menge in ihren Villen und Palästen zu genießen. Als Mitglieder in den Zünften förderten sie über diese städtischen Institutionen eine Kunst, die öffentlich war und die alle Einwohner von Florenz, alle Fremden und Gäste beim Gang durch die Stadt genießen konnten. Das war nichts Neues für Florenz. Hatte doch gut hundert Jahre zuvor ein Bürgerkomitee aller Welt mitgeteilt, daß zur Ehre Gottes und der Stadt Florenz ein Dom von noch nie gesehener Schönheit sich über die Häuser am Arno erheben sollte. Santa Maria Novella, Santa Croce, Arnolfo di Cambio, Giotto – der Aufstieg von Florenz, nachdem es sich aus dem direkten Machtbereich von Kaiser und Papst befreit hatte, war von kulturellen Großtaten begleitet. Während blutige Kämpfe zwischen den Familien die Stadt zerstörten, während die Parteien der Schwarzen und der Weißen sich gegenseitig verbannten und ruinierten, während die Parte Guelfa rücksichtslos Karrieren zerstörte, setzte die zerstrittene städtische Elite einmütig und ohne jede Diskussion darauf, daß die Kunst es sein würde, die Florenz und damit sie selber groß machen würde. Daß es die allerbeste Kunst sein mußte und also etwas kostete, war ebenso selbstverständlich.

Die tonangebenden Männer machten nicht nur schöne Worte, sondern waren bereit, in Zeiten der Krise ihr Kapital in etwas zu investieren, das den Bürgern anderswo gerade unter solchen Umständen als sinnlose Verschwendung erscheinen mochte. Wer allerdings einen Gelehrten als Kanzler der Republik einstellte und an die Wirkung literarischer Pamphlete glaubte, der war wohl überzeugt, daß die Kunst weit ins Land vom unerschütterlichen Glauben an die Florentiner libertà künden würde. Und im Innern setzten die Bankiers und Kaufleute vom Arno offenbar zu Recht auf einen Konsens mit ihrer Klientel: daß der Geist am Ende mächtiger sein würde als alle Waffen. Die Kunst im Dienst der Politik, um die Bürger in eine gemeinsame patriotische Hochstimmung zu versetzen, die man brauchte, um einem übermächtigen Feind zu widerstehen.

Herren der Meere
oder Nie schöner, nie grösser

Im Jahre 1401, als alle Welt nur darauf wartete, wann der Herzog von Mailand in Florenz einziehen würde, schrieb die Zunft der Kaufleute und Unternehmer einen Wettbewerb aus. Die Calimala trug seit zweihundert Jahren Verantwortung für das größte Heiligtum der Stadt, San Giovanni, das Baptisterium neben dem Dom. Um die südliche Tür mit Bronzereliefs zu schmücken, hatte man 1318 Andrea Pisano beauftragt. Nun sollte der Beste das östliche Portal von San Giovanni schmücken. Sieben Künstler aus ganz Italien bewarben sich, modellierten und gossen zur Beurteilung die Opferung Isaaks durch seinen Vater Abraham in Bronze. Am Ende war die vierunddreißigköpfige Kommission Florentiner Bürger einer Meinung: der dreiundzwanzigjährige gelernte Goldschmied Lorenzo Ghiberti, ansässig in Florenz, bekam den ehrenvollen Auftrag. Da er keiner Zunft angehörte, wurde der Vertrag offiziell mit seinem Stiefvater, Goldschmied in Florenz, abgeschlossen, dessen Werkstatt nahe beim Krankenhaus Santa Maria Nuova damit zur größten Bronzegießerei in der Stadt wurde. Im Vertrag stand ausdrücklich, daß Lorenzo mit seinen eigenen Händen die Personen, Bäume und ähnliches bearbeiten müsse. Für seine Arbeit zahlte ihm die Zunft jährlich 200 Florine. Alle anderen Ausgaben – die Materialien, Löhne für Assistenten, der Bau der Gußformen, sogar die Fackeln der Arbeiter für den nächtlichen Heimweg – wurden direkt von der Zunft geregelt. Die Bronze war vom Feinsten und kam aus dem Maasland. 34000 Pfund brauchte man für die 28 Reliefs mit Szenen aus dem Neuen Testament. Bei ihrer Vollendung 1424 würde Lorenzo Ghiberti 36 Jahre alt und als Bildhauer unumstritten sein. In dieser Zeit entstanden in seiner Werkstatt weitere Meisterwerke, die entscheidend das Bild von Florenz prägten.

Es war im Jahre 1412, mitten im Krieg gegen König Ladislaus, da bestellte die Calimala bei Ghiberti eine Figur des heiligen Johannes des Täufers, die alle bisherigen Skulpturen übertreffen sollte. Der Auftrag war die Folge eines Befehls der Prioren sechs Jahre zuvor: daß die Zünfte endlich, wie schon 1339 beschlossen, die Nischen an den Außenwänden von Orsanmichele, dem ehemaligen Getreidespeicher, der längst eine Kirche geworden war, mit den Statuen ihrer Patrone schmückten. Es konnte Stein, aber auch die sehr viel teurere Bronze sein. Die Zunft der Unternehmer scheute keine Kosten. Der heilige Johannes des Lorenzo Ghiberti, nach einem Wachsmodell in einem Stück gegossen, wurde 2,55 Meter groß. Die Bronzeschicht maß im Querschnitt fünf Millimeter, der Körper war innen hohl.

Damit begann das Wettrennen um die schönste und größte Statue in der Stadt. Kaum hatte Ghiberti den Patron der Kaufleute fertig, meldete sich die Zunft der Bankiers und Wechsler. Ihre Bedingung für eine Statue des heiligen Matthäus: Sie müsse mindestens so groß sein wie der heilige Johannes, dürfe aber nicht mehr als 2500 Pfund Bronze kosten. Das Honorar des Künstlers betrug 650 Florine. Dann erschien ein Vertreter der Wollzunft und bestellte für ihre Nische den heiligen Stephanus. Donatello, ein junger Bildhauer, der in Ghibertis Werkstatt assistiert hatte, wurde 1415 von der Zunft der Waffenschmiede mit der Statue des heiligen Georg beauftragt. Die Zünfte, deren politische Macht längst der Vergangenheit angehörte, wurden mit diesen Aufträgen zum Motor einer Kunst, der Bildhauerei, deren Werke die heroische Geste eines unerschütterlichen Patriotismus mit einer großzügigen Nonchalance verbanden. Mit den Schutzheiligen der Zünfte verliehen Ghiberti und seine Künstlerkollegen den Idealen und Wertvorstellungen ihrer Auftraggeber – und das war die tonangebende Schicht – überzeugend und demonstrativ Ausdruck. Die übergroßen Apostel und Heiligen, die in den kostbaren, marmorverzierten Nischen von Orsanmichele stehen und an einer Ecke zu viert lässig ins Gespräch vertieft sind, sehen aus wie römische Senatoren, die gerade aus dem Senat kommen. Die Toga ist gekonnt über die Schulter geworfen, die breiten Falten fließen ruhig zu Boden. Die Florentiner des frühen

15. Jahrhunders bekamen weder Götter noch entrückte Heilige oder Despoten vorgesetzt. Beim Spaziergang durch ihre Stadt sahen sie auf zu in sich ruhenden, selbstbewußten Bürgern. Da brauchte es keine Erklärungen, die Kunst überzeugte auf ihre, wortlose Weise.

Wenn Coluccio Salutati zum alten Getreidemarkt ging, wenn Niccolò Niccoli oder andere, die begierig die Schriften der griechischen und römischen Klassiker studierten, oder jene, die als Mäzene das intensive Studium der Antike in Florenz erst möglich machten, quer durch die Stadt eilten: dann konnten sie alle bei Orsanmichele mit Befriedigung feststellen, wie meisterhaft und unübersehbar ihr Bild vom Menschen die öffentliche Bühne beherrschte. Wenn Donatello eine Büste von Niccolò da Uzzano schuf und dem Porträtierten eine Toga um die Schultern legte, war das kein Zufall. Hier trafen sich die geheimen Wünsche des Auftraggebers mit den Kenntnissen und dem Gespür des Künstlers. Es war der Geist einer neuen Zeit, der seine Wurzeln nicht verleugnete. Wenn die Kaufleute oder die Künstler den Dom betraten, sahen sie die Figur von Papst Bonifaz VII., die um 1300 der Dombaumeister Arnolfo di Cambio aus dem Stein gemeißelt hatte – unaufgeregt, mit breitem Faltenwurf, eine klassische Erscheinung. Erinnerung und Brücke über ein Jahrhundert hinweg.

Es ist ein Merkmal der sozialen, kulturellen und politischen Eliten von Florenz, daß sie nicht – wie zum Beispiel in Venedig – streng hierarchisch getrennt voneinander leben und agieren. Im Gegenteil: Es gibt vielfältige Überlappungen, Schnitt- und Berührungspunkte, und sie sind gewollt. Die Kaufleute und Bankiers, die Kirchen und Kunstwerke in Auftrag gaben, die ständig in den Baukommissionen berieten, kannten die Künstler und Architekten, waren ständig im Gespräch mit ihnen und hatten auf diese Weise ihr Auge geschärft für die besten. Sie gaben auch nicht nur ihr Geld für die Universität, damit andere dort Griechisch lernen konnten. Palla Strozzi, einer der reichsten und angesehensten Florentiner, saß selbst in den Unterrichtsstunden von Manuel Chrysoloras, um die Klassiker im Original lesen zu können. Maso degli Albizi, Anführer der heimlichen Regierung, schickte seinen Sohn in den Griechischunterricht. Das gleiche tat Giovanni de' Medici – um diese Zeit das einzige angesehene Mitglied seiner Familie – mit seinem Sohn Cosimo. Es war selbstverständlich, daß diese und andere Bürgersöhne an den gelehrten Gesprächen teilnahmen, zu denen sich die Florentiner Intellektuellen trafen. Früher hatte man sich im Augustinerkloster bei Luigi Marsili getroffen, nach der Jahrhundertwende wurde Ambrosio Traversari, Mönch im Konvent der Camaldulenser von Santa Maria degli Angeli, nicht weit von Santissima Annunziata, der neue Star und Anführer der Humanisten.

Palla Strozzi, Niccolò da Uzzano, Giovanni de' Medici behandelten Coluccio Salutati, den Kanzler und Gelehrten, oder Leonardo Bruni wie ihresgleichen. Ein Sohn des angesehenen Malers Taddeo Gaddi, dessen Fresken aus der zweiten Hälfte des 14. Jahrhunderts die Kapelle von Santa Croce schmücken, wurde Wollhändler. Ein zweiter lernte Kaufmann und leitete die Niederlassung von Francesco Datini in Venedig. Daß man nur unter seinesgleichen heiratete, war eine andere Sache und schloß den gesellschaftlichen Umgang, das ständige freundschaftliche Miteinander von Künstlern, Kaufleuten und Intellektuellen nicht aus. Und als Bindeglied zwischen den Eliten fungierten jene führenden Köpfe der Florentiner Humanisten, die selbst aus reichen, etablierten Kaufmannsfamilien kamen.

Als Lorenzo Ghiberti 1324 die Arbeit an der Osttür des Baptisteriums abschloß, gab es für die Zunftmitglieder der Calimala überhaupt keine Diskussion: Man würde nun auch die nördliche Tür stiften, und kein anderer als Ghiberti würde ihr Schöpfer sein. Diesmal brauchte man keinen Wettbewerb. Nach zehn Friedensjahren stand Florenz wieder einmal im Krieg gegen die Mailänder. Die Kosten für die Söldner allein betrugen 60 000 Florine im Monat. Die Situation war der Führungsschicht wohlbekannt, und sie tat, was sie für das Beste hielt: Fünf Monate nach einer verheerenden Niederlage schloß sie mit Ghiberti den neuen Vertrag ab. Noch einmal 27 Jahre seines Lebens würde der Künstler für die zehn quadratischen Bildreliefs aus dem Alten Testament geben und etwas schaffen, das Michelangelo zwei Generationen später die

«Pforte zum Paradies» nannte. (Diese «Paradiestür» wurde nach ihrem Abschluß am östlichen Portal, direkt dem Dom gegenüber, angebracht, und die ursprünglich östliche ist seitdem die nördliche Tür.)

In seinen Erinnerungen hat Ghiberti über die Arbeit an der zweiten Tür geschrieben: «Man ließ mir freie Hand…» Sicher hat niemand ihm künstlerische Vorschriften gemacht, keiner der Auftraggeber seine geniale Hand führen wollen. Man wußte die Arbeiten eines Künstlers – der oft wie Ghiberti als erstklassiger Handwerker begonnen hatte – zu schätzen. Giotto und andere Maler hatten in eigener Regie die Fresken von Santa Croce und Santa Maria Novella auf die Kirchenwände gebracht – und sich doch von den Bettelmönchen in ihrem künstlerischen Programm beraten lassen. Wer zuerst die Idee einbrachte, wer mit wem darüber redete, läßt sich aus den Dokumenten nicht rekonstruieren. Doch sichtbar wird am Beispiel der «Paradiespforte» jene Nahtstelle, wo der Auftraggeber – die politische und wirtschaftliche Elite –, der Ausführende – die künstlerische Elite – und der Intellektuelle – die geistige Elite – sich in gemeinsamer Anstrengung treffen. Und aus diesem Miteinander, dieser gegenseitigen Beeinflussung, diesem kreativen Gemisch ist in Florenz in den ersten drei Jahrzehnten des 15. Jahrhunderts so intensiv wie nie zuvor Kunst entstanden, Meisterwerke der Bildhauerei, der Architektur und der Malerei. Alle Beteiligten kannten sich, standen in engem Gedankenaustausch. Natürlich interessierte die Humanisten, was auf diesem Gebiet geschah. Ambrogio Traversari, der Mönch mit seiner Begeisterung für die Antike, soll beim Programm der Ghiberti-Tür am Baptisterium mitgeredet haben. Zuerst einmal aber mischte sich der Kanzler von Florenz ein.

Der Brief von Coluccio Salutati an «Niccolò da Uzzano e compagni deputati» aus dem Jahre 1424 ist erhalten geblieben. Darin entfaltet der gelehrte Humanist für die Zunftkommission, die für die Arbeit an der letzen Tür des Baptisteriums zuständig ist, ein inhaltliches Programm, nach dem sich Ghiberti richten soll, und liefert auch gleich den Maßstab, an dem sich Kunst ganz allgemein messen muß. Er schreibt, wie die neuen Türen, mit zwanzig Szenen aus dem Alten Testament geschmückt, beschaffen sein sollen: «Che siano illustri... che siano significanti.» Illuster ist für Salutati etwas, woran sich das Auge ergötzt, und signifikant bedeutet, so wichtig zu sein, daß es wert ist, in der Erinnerung zu bleiben.

Ghiberti hat am Ende zehn Felder gestaltet und souverän seinen Stil entfaltet. Aus der sklavischen Übertragung von Gedanken in bildhauerische Formen kann kein Meisterwerk entstehen. Im Prinzip jedoch hat der Künstler nicht nur Salutatis inhaltliche Vorschläge übernommen, sondern in seinen Szenen das Ideal eines Gemeinwesens, wie es der politischen und intellektuellen Führungsschicht von Florenz vorschwebte, in Bilder gebracht. Schließlich war er kein freier Künstler, sondern in den Augen seiner Mitbürger ein besonders fähiger und begabter Handwerker, der einen Auftrag erhielt und plastisch umsetzen sollte, was seinen Auftraggebern vorschwebte.

Die östliche Tür des Baptisteriums mit ihren zehn Feldern bedeutet einen harten Schnitt zu den vorangegangenen. Diesmal hatte Lorenzo Ghiberti den einzelnen Geschichten mehr Platz eingeräumt. Er nutzte ihn, um Tiefe zu schaffen, Räume, in denen sich – und das gab es bisher noch nie – Bauten dehnen, die perspektivisch genau die Weite füllen und sie damit erst wirklich erzeugen. Es sind strenge, klassische Bauten, vor denen die biblischen Personen agieren. Jeder Florentiner, der damals diese Szenen betrachtete, erkannte darin mühelos die Anmutung und den neuen Stil von markanten Neubauten, denen er auf seinen täglichen Gängen durch die Stadt begegnete. Florenz war ein Gesamtkunstwerk. Und wenn schon Politiker und Intellektuelle die Kunst nicht unbeeinflußt ließen, um wieviel mehr befruchteten sich die Künstler untereinander. Selbst wenn sie sich gar nicht grün waren wie Lorenzo Ghiberti und Filippo Brunelleschi, von allen «Pippo» genannt.

Die unerbittliche Konkurrenz der beiden hatte 1401 begonnen, als Brunelleschi, der Sohn aus angesehenem Hause, gelernter Goldschmied wie Ghiberti, im Wettbewerb um die Bronzetüren unterlag. Er zog sich grollend zurück, reiste mit dem jungen Bildhauer Donatello nach Rom, um die Antike an ihren Ursprüngen zu studieren, und lebte erst einmal von seinem Erbe. Noch einmal trat er gegen Ghiberti an, als eine Kommission der Dombauhütte endlich den Schlußstein dieses Bauwerks setzte und mit Hilfe eines Wettbewerbs zu ermitteln suchte, auf welche Weise man die gewaltige Öffnung, dort, wo die Kuppel geplant war, schließen konnte. Nach vielen Diskussionen, Streitgesprächen, Zweifeln setzte sich Brunelleschi im Juli 1420 durch. Die Vertreter der Wollzunft entschieden sich für den kühnsten Entwurf.

Niemals zuvor hatte man so gewaltige statische, mathematische, geometrische Probleme zu bewältigen wie beim Abschluß der Domkuppel. Einen exzellenten Berater für diese Herausforderung und zugleich einen guten Freund findet Brunelleschi in Paolo dal Pozzo Toscanelli, der in Padua Medizin und Mathematik studiert hat und seit 1424 wieder in Florenz lebt. Sofort wird Toscanelli in den Kreis um Ambrogio Traversari im Kloster Santa Maria degli Angeli aufgenommen. Da er aus einer reichen Familie kommt, übt er seinen Arztberuf nie aus, sondern kann ausschließlich den Wissenschaften frönen. Toscanelli sammelt und verfertigt Landkarten, Bücher, Manuskripte. Er interessiert sich für Geographie, interviewt jeden Reisenden, der an den Arno kommt, und ist bald wegen seiner mathematischen Kenntnisse in ganz Europa bekannt. Der deutsche Kardinal und Philosoph Nikolaus Cusanus, den er persönlich kennt, gehört zu seinen Briefpartnern. Toscanellis Karten fanden den Weg zu Kolumbus und bestärkten den Seefahrer in seiner Überzeugung, im Westen Land zu suchen.

Brunelleschi, zum Dombaumeister ernannt, muß die notwendigen Maschinen, Aufzüge und Geräte für die Domkuppel, die nach seinen Vorstellungen in luftige Höhen wächst, erst erfinden. Unermüdlich treibt er die Arbeiter an. 1434 ist der Bau der Kuppel beendet. 1461 wird als Abschluß die Laterne aufgesetzt, fünfzehn Jahre nachdem «Pippo» mit großen Ehren und unter Anteilnahme der ganzen Bevölkerung in Santa Maria del Fiore zu Grabe getragen wurde. Seitdem beherrscht Brunelleschis Kuppel Florenz und das weitere Arnotal.

Nach über zwei Jahrzehnten Krieg und Bedrohung bringt der Tod von König Ladislaus 1414 endlich zehn friedliche Jahre. Die

Bürger von Florenz atmen auf, auch wenn sie erfahren müssen, daß der Friede die allgemeine Lage nicht unbedingt bessert. Nun erst wird vielen klar, wie sehr der Krieg das Geld im Umlauf gehalten hat. Die Stimmen der Zeitgenossen wie die Interpretationen der Historiker sind widersprüchlich. Die einen loben die goldene Friedenszeit, die andern konstatieren den Rückgang des Wollhandels und einer ganzen Industrie, die daran hängt – bisher eine Säule des Florentiner Reichtums. Wolle ist passé, Seide und Brokat sind jetzt gefragt. Etliche Manufakturen für Wolltuche stehen leer am Arnoufer und finden keinen Pächter.

Eins jedoch ist den Florentinern geblieben: die Eroberungslust. 1421 wird Livorno gekauft, da das neun Kilometer landeinwärts gelegene Pisa keinen echten Hafen besitzt. Florenz ist in den letzten dreißig Jahren endgültig vom Stadtstaat zum Territorialstaat geworden. Rund 10000 Quadratkilometer muß die Kommune jetzt verwalten. (Knapp die Hälfte der heutigen Provinz Toskana.) Es fehlt nur noch der Zugriff auf das Meer, doch diesem Manko soll Livorno abhelfen. Und nach dem Vorbild Venedigs entsteht in wenigen Jahren eine staatliche Flotte Florentiner Galeeren, die die Kommune an Interessenten vermietet. Mit guter Bezahlung werden die besten Schiffsbauer auf die Werften von Pisa gelockt. Schon im Juli 1422 geht die erste Fahrt zum Sultan nach Alexandrien. Feste Routen nach Flandern, Spanien, England und Konstantinopel folgen. Das städtische Amt des Kapitäns aller Galeeren übernimmt 1429 Luca, der Sohn des Maso degli Albizi. Er ist kein rauher Seebär, sondern im Gelehrtenzirkel um Salutati erzogen und von seinem Vater früh auf politische Missionen mitgenommen worden.

Über dem Handel und alltäglichen Geschäften vergeht den führenden Männern nicht die Lust am Schönen. Nach der Bildhauerei sucht sich die stolze Stadt, die sich nicht gebeugt hat, während ringsumher Despoten und Fürstenhöfe sich Land und Menschen untertan machten, ein neues Betätigungsfeld. Brunelleschi, der 1415 entdeckte, wie man mit Hilfe der Perspektive Raum auf einer Fläche schaffen kann, ist der richtige Mann. Am Übergang vom zweiten zum dritten Jahrzehnt entwirft und leitet er die wichtigsten Bauvorhaben der Stadt: Mit dem Ospedale degli Innocenti, dessen Bauherr – die Seidenzunft – Findelkinder aufnimmt und betreut, bekommt Florenz am Ende der soeben angelegten Via dei Servi vor der Kirche Santissima Annunziata einen neuen repräsentativen Platz. Die anmutige Loggia mit den offenen Arkaden lädt zum Gespräch, zum gemeinsamen Schlendern ein. Die Parte Guelfa bestellt sich einen neuen Palast. Die Familie Pazzi stiftet den neuen Kapitelsaal für das Kloster Santa Croce. Giovanni de' Medici will mit seinem Geld die Alte Sakristei von San Lorenzo völlig umgestalten. Daneben läuft die schwierige Arbeit an der Domkuppel, die täglich die Anwesenheit des Dombaumeisters verlangt. Brunelleschis Nächte müssen kurz gewesen sein. Nur gut, daß alle seine Baustellen im Umkreis weniger Minuten liegen. Das Baugewerbe floriert. Steinmetze, Maurer, Schreiner und die Spezialisten für Einlegearbeiten in Stein und Marmor sind gefragte Leute.

Die Stadt als Bühne, überragt von der Kuppel der Kathedrale, in den Kulissen die Statuen von Orsanmichele. Die Kunst als Vehikel und Gestaltungsmöglichkeit urbaner bürgerlicher Kultur. Als Lorenzo Ghiberti bei den Bildern für seine zweite Baptisteriumstür die Umrisse schlanker architektonischer Durchblicke modelliert, haben die Bauten Brunelleschis schon Gestalt angenommen. Gebäude, Skulpturen und Plastiken kommunizieren miteinander. Die konzentrierte Gelassenheit von Ghibertis überlebensgroßem heiligen Matthäus kehrt in den lebhaften Szenen der Paradiestür wieder. Der Flaneur ist keine Erfindung des 19. Jahrhunderts, Florenz ein Ort, an dem sich Bürgerstolz, Darstellungskünste und ästhetisches Vergnügen dem Betrachter in humanen Proportionen auf das angenehmste im Vorübergehen präsentieren.

Was den Nachgeborenen kaum noch nachvollziehbar ist: Damals, vor fast 600 Jahren, ist die christliche Religion das unangefochtene Fundament, der Bezugspunkt von Kunst und Geist. Niemand stellt sie in Frage – auch wenn sich an der traditionellen Skepsis der Florentiner gegenüber dem Klerus und einer anmaßenden kirchlichen Hierarchie nichts geändert hat. Einst machten die Bürger ihre Kirchen zu Versammlungsorten, um ihre politischen Rechte anzumelden. Dann entschieden sie in eigener Regie, den städtischen Bettelorden der Franziskaner und Dominikaner mit Santa Croce und Santa Maria Novella angemessene heilige Stätten zu errichten. Ob Dom oder Baptisterium, es waren das Geld und die Wünsche der Bürger, die ihnen Gestalt gaben. Nun hatte die Bürger wie nie zuvor das Fieber für die antike Welt erfaßt. Trennten sich die Humanisten damit auch vom Glauben ihrer Kindheit, der doch allen bis dahin allein seligmachend schien? Weit gefehlt. Es waren biblische Geschichten und Gestalten, die Leonardo Bruni dem Lorenzo Ghiberti als Programm entwarf, ohne von irgendeinem Auftraggeber darum gebeten worden zu sein. Die politische und intellektuelle Führungsschicht, die sich begeistert von den Vorbildern der heidnischen Antike leiten ließ, kam deshalb nicht auf die Idee, heidnische Götter anzubeten. Sie sah in ihrem Forschungsgegenstand keinen Gegensatz zu ihren christlichen Überzeugungen. Warum sollten sie auch, wenn ihnen Mönche wie Marsili oder Traversari die heidnischen Philosophen und Literaten nahebrachten? Wenn der gelehrte Leonardo Bruni von Kanzler Salutati als Sekretär an den päpstlichen Hof vermittelt wurde? Dort stand er viele Jahre hoch in Ehren und knüpfte die Fäden zwischen der Kurie und seinen alten Freunden in Florenz noch enger, bis er schließlich 1427 selber Kanzler in der Stadt am Arno wurde. Enthielten die neuen Gedanken wirklich gar keinen Sprengstoff für die alte Welt?

Es war erfrischend, als im Jahre 1405 endlich eine Auseinandersetzung stattfand, die unter den Eingeweihten für Gesprächsstoff sorgte. «Lucula Noctis» – Glühwürmchen – hieß die Streitschrift, mit der der Dominikanermönch Giovanni Dominici den Freunden der Antike in Florenz den Fehdehandschuh hinwarf: «Diese Schule von Christen – oder soll ich sagen Heiden – wird entrüstet sein, weil ich sage, sie sollen von ihren Manuskripten ablassen. Geheiligte Schriften werden vernachlässigt, um Bücher des Glaubens kümmert man sich nicht. Die Schriften der Heiden sind in Seide gebunden, mit Gold und Silber verziert. Sie werden wie Schätze gelesen, und die Schulen der Christen – Christen nur dem Namen nach – tönen Tag und Nacht – die heiligen Tage inbegriffen – wider von den Worten der Heiden.»

Der Angriff des Dominikanermönchs war keine launische At-
tacke. Er hatte erkannt, wie einflußreich die Theoretiker jenes
Florentiner Zirkels waren, die den Menschen durch Kultur und
Bildung zu seiner höchsten sittlichen Reife führen wollten. Für
Giovanni Dominici, den Vertreter eines starren, orthodoxen
Christentums, lag darin ein Widerspruch, den die Intellektuellen
allerdings vehement bestritten. Für sie waren die von ihnen aufge-
stellten sittlich-ethischen Ziele im weltlichen Bereich fest mit der
bürgerlichen Gesellschaft und im transzendentalen unumstößlich
mit dem christlichen Glauben verknüpft. Leonardo Bruni, der
spätere Kanzler der Stadt, hat es wie eine Beschwörungsformel
allen in die Köpfe gehämmert: Für Christen wie Heiden steht die
res publica, das Allgemeinwohl, im Zentrum ihres Denkens und
Handelns, eine glückliche Übereinstimmung und kein Grund zur
Distanzierung.

Die Formen und Formeln jedoch, in denen sich der Glaube aus-
drückte, blieben nicht sakrosankt. Mancher Humanist hielt sich
nicht mehr an die äußerlichen Verpflichtungen seiner Religion.
Und das fiel auf in einer so kleinen Gemeinschaft. Sowohl bei den
obersten kirchlichen Hierarchen wie beim Volk erregte es Anstoß.
Als Ambrogio Traversari seinen Freund Niccolò Niccoli schriftlich bat, ihm zwei Bücher auszuleihen, nutzte er die Gelegenheit,
ihn an seine Osterpflicht zu erinnern: «Ich kann Dir nicht sagen,
wie sehr ich Dich im Namen unserer alten Freundschaft darum
bitte und es wünsche. Ich kann es nicht ertragen, daß ein enger
Freund, noch dazu einer, der die heiligen Schriften so verehrt, seit
einigen Jahren die heilige Speise nicht mehr empfängt. Denn wenn
unser Glaube nicht immer wieder genährt wird, verschwindet er
unter den Versuchungen des Fleisches.» Es war für die Zeitgenossen so fremd, wie es uns selbstverständlich ist: Daß einer die Kirchenväter mit Überzeugung studieren, persönlich fest im Glauben
stehen, aber die Vorschriften der Kirche eher lässig handhaben
kann.

Doch es gab auch wesentliche Unterschiede zwischen den Gei-
stern. Da lag der Mönch Dominici mit seinem Mißtrauen so falsch
nicht, denn was ihn von Bruni und dessen Freunden trennte, und

zwar sehr entschieden, war die Einschätzung der menschlichen Willensfreiheit. Eine Frage, über die sich genau hundert Jahre später Martin Luther und Erasmus von Rotterdam heillos zerstreiten sollten. Wie der Augustinermönch in Wittenberg beharrte der Dominikaner in Florenz darauf, daß der Mensch keinerlei freien Willen habe, sondern alles im Belieben Gottes stehe. Wie Erasmus kämpfte sein humanistischer Vorgänger Bruni dafür, daß der Mensch Herr seines Geschickes sei und erst über die Erziehung als Individuum und in der Gemeinschaft seine ganze Menschlichkeit erreiche. Zugleich hat Bruni mit diesem Anspruch Möglichkeiten für das Diesseits eröffnet, die einem Christen wie Dominici – und Luther – unerhört, ja verwerflich waren: «Unter den moralischen Lehrsätzen, mit denen man das menschliche Leben bildet und erzieht, stehen gewissermaßen an höchster Stelle diejenigen, die sich auf die Staaten und ihre Regierung beziehen, denn diese Lehren setzen sich zum Ziel, allen Menschen die Glückseligkeit zu verschaffen.» Als Amerikas Gründungsväter 1776 die erste moderne bürgerliche Verfassung entwarfen, stellten sie das Recht auf Glückseligkeit, «the persuit of happiness», ganz obenan.

Der selbsternannte Ankläger der vorgeblichen Heiden war ein interessanter Mann, und weil die Florentiner Bürger – ihre Obrigkeit inbegriffen – eine kontroverse Diskussion liebten, hatte Giovanni Dominici 1399 Zuflucht in Florenz gefunden, als die Venezianer diesen Mönch wegen seiner radikal konservativen Ansichten aus der Lagunenstadt verwiesen. Es entsprach Florentiner Tradition und charakterisierte die für damalige Zeiten erstaunlich offene, flexible Gesellschaft am Arno, in Sachen Religion keinem Fanatismus zu huldigen. Hier war die Inquisition nicht beliebt und fand nur wenige Opfer. Als 1389 kurz nach Ostern Bruder Michele Berti verhaftet wurde, der sich zu den radikalen und deshalb als häretich verfolgten Nachfolgern des heiligen Franz von Assisi bekannte, versuchten Florentiner Notare in den Verhören vergeblich, dessen kompromißlose Aussagen abzuschwächen. Fra Michele wurde zum Tode verurteilt, die Kommune mußte das Urteil ausführen. Es regnete, so daß nicht allzu viele Einwohner am Straßenrand standen, um den letzten Weg des Opfers zu verfolgen. Aber die dort warteten, taten alles, um Fra Michele von seinem Märtyrertod abzubringen. «Bereue! Wünsche dir doch nicht den Tod, du Dummkopf!» riefen ihm die Umstehenden zu. Doch der Mönch blieb standhaft, sagte kein einziges Wort, das vielleicht noch sein Leben hätte retten können. «Ich möchte für Christus sterben», antwortete er den verwirrten und frustrierten Florentinern.

Giovanni Dominici konnte unbesorgt gegen die Auffassungen der führenden Männer dieser Stadt wettern und sie verketzern. Niemand belegte sie deshalb mit dem Bann. Kanzler Coluccio Salutati, der Förderer von Leonardo Bruni, erhielt bei seinem Tod 1406 auf einmütigen Beschluß der Prioren ein öffentliches Begräbnis im Dom, eine große Auszeichnung. Und Giovanni Dominici, zu dessen Predigten in Santa Maria Novella sich Tausende drängten, wurde von der Kommune wegen seiner Bibelvorlesungen an der Universität hoch in Ehren gehalten.

Es spricht für Florenz, daß der unbequeme Mönch Aufnahme in aufgeregten Zeiten fand. Nicht nur steckte man seit einem Jahrzehnt tief im Krieg mit Mailand. 1399 entluden sich hier wie überall in Europa apokalyptische Ängste am Ende des Jahrhunderts in extremen religiösen Gefühlsausbrüchen. Die Geißler, «Bianchi», zogen in einfachen, weißen Gewändern durch das Land. Die rationalen Florentiner hatten übertriebene ekstatische Selbstanklagen stets mit Mißtrauen und Häme verfolgt. Diesmal versuchten die Herrschenden, den Gefühlen ein Ventil zu lassen und trotzdem alles im Griff zu behalten. Ein anonymer Florentiner Chronist hat die Vorkommnisse aufgezeichnet: «Jedermann beichtete, nahm die Kommunion und beschloß, auf eine neuntägige Prozession zu gehen... Die Prioren arrangierten alles auf das beste. Und damit alles ordentlich zuging, begleitete der Bischof von Florenz die Frauen, Mädchen und Jungen und alle Männer auf ihrer Prozession. Und damit sie sich nicht zu weit von der Stadt entfernten, ordneten die Prioren an, daß man jeden Morgen in der Stadt begann... und sie jeden Abend in ihre Häuser in der Stadt zurückkehrten.» Es war gar nicht so leicht, Ordnung zu halten. Der

Chronist nennt die Zahl von vierzigtausend, die sich jeden Morgen singend auf den Weg machten, nach Stadtvierteln, Bruderschaften, Orden getrennt. Die Prioren hatten klug entschieden. Es blieb alles ruhig in der Stadt.

Heiliges und Profanes, himmlisches Streben und weltliches Vergnügen, Frömmigkeit und Profitstreben bildeten auch in diesen Jahren ein engverwobenes und von niemandem in Frage gestelltes Miteinander. Am 22. Dezember 1419 starb in Florenz Papst Johannes XXIII. (Von der römischen Kirche nicht in die offizielle Liste der Päpste aufgenommen.) Das Konstanzer Konzil hatte ihn, nebst zwei weiteren Päpsten, abgesetzt. In Florenz fand er dank seines Hauptbankiers Giovanni de' Medici, der gegen entsprechende Provision den größten Teil sämtlicher Kircheneinkünfte verwaltete, angemessenen Unterschlupf. Baldassare Cossa – so sein bürgerlicher Name – war ein angenehmer und ehrenvoller Immigrant, da er sich mit seinem Nachfolger auf dem Stuhl Petri ausgesöhnt hatte. 300 Florine stiftete die Kommune für ein feierliches Begräbnis des «Kardinals der Heiligen Römischen Kirche». Hunderte von Fackeln brannten im Dom, die Vorsteher der Kommune, der Zünfte, der Gerichte, der Parte Guelfa, der Orden saßen auf Holzbänken um den Katafalk, als das erste feierliche Totenamt für den ehemaligen Papst begann. Der Leichnam war im Baptisterium aufgebahrt.

Florenz erwies sich als gastliche Bleibe für die Heiligen Väter. Seit dem Frühjahr 1419 residierte der in Konstanz gewählte Papst, Martin V., im eigens für ihn und sein Gefolge erweiterten Westflügel des großen Kreuzgangs von Santa Maria Novella. Erst im Herbst des folgenden Jahres war für ihn der Weg nach Rom frei. Das Volk erfreute sich am päpstlichen Pomp, wenn der Nachfolger Christi – von den führenden Männern der Stadt begleitet – durch die Straßen zog, Kirchen einweihte oder Klöster besuchte und in einer besonders prächtigen Zeremonie Florenz die Goldene Rose verlieh. Natürlich waren die Florentiner stolz auf den hohen Gast, aber sie behielten über allem Zauber von Weihwasser und Weihrauch ihren Sinn für das Pragmatische. Wer als treue Tochter der römischen Kirche einen Krieg gegen den Papst hinter sich hatte, dem konnten klerikale Autoritäten nicht den Blick für die Realitäten trüben. Als 1388 der Papst ein Interdikt über Florenz verhängt hatte, ging der Bischof pflichtgemäß in den Palast der Prioren und fragte an, ob er die Maßregelung veröffentlichen dürfe. Die Herren sagten: Nein, er solle nach Hause gehen und niemanden informieren; und wenn er sich nicht daran hielte, würde er nach den Gesetzen der Stadt enthauptet. Der Bischof gehorchte seinen weltlichen Herren.

Gut zwanzig Jahre danach zogen Gruppen von Jungen durch die Straßen und sangen in Hörweite der päpstlichen Gemächer, was ihre Väter offensichtlich dachten: «Papa Martino non vale un lupino!» Leonardo Bruni, der damals noch seinen Lebensunterhalt am päpstlichen Hof verdiente, hatte alle Mühe, den Papst davon zu überzeugen, daß er den Florentinern mehr als die Bohne wert sei. Gar nicht so einfach, denn auch die himmlischen Dinge wurden von den christlichen Kaufleuten unter irdischen Gesichtspunkten bewertet. Als die führenden Männer im Sommer 1421 diskutierten, ob Florenz sich für ein geplantes Konzil als Sitzungsort anbieten solle, war die Stimmung ziemlich einhellig: Das sei nicht nur eine Ehre, sondern vor allem würde eine solche hochkarätige Versammlung von Klerikern und Laien die darniederliegende Wirtschaft der Stadt stimulieren.

«Wenn der Frühling kommt und die ganze Welt aufjubelt, fängt jeder Florentiner an nachzudenken, wie er die prächtige Feier am Festtag von Johannes dem Täufer organisiert... Es gibt Vorbereitungen für die Pferderennen, die Kostüme, die Fahnen und Trompeten. Da sind die Lanzen mit ihren Fähnlein, die Wachskerzen und andere Dinge, die die unterworfenen Territorien der Kommune darbringen... Jeder ist voller Freude. Es gibt Tänze und Konzerte und Liederwettbewerbe und Turniere und andere vergnügliche Aktivitäten. Bis zum Vorabend des Festes denkt niemand an irgend etwas anderes.» Die Chronik des Gregorio Dati, der im Hauptberuf ein erfolgreicher Seidenhändler war, beschreibt die Florentiner Jahre zwischen 1380 und 1405 und das alljährliche Fest des Stadtpatrons in allen Einzelheiten. Nichts Entscheidendes hat sich geändert, seit sein Vorgänger Giovanni

Villani hundert Jahre zuvor in seiner Chronik Florenz als das neue «Athen am Arno» pries, seit Walter von Brienne, Stadtherr für kurze Zeit, 1343 dem höchsten Fest der Republik seinen prächtigen Rahmen gab. Der 24. Juni, das Fest Johannes' des Täufers, ist der Tag, an dem sich Florenz in eine perfekte Bühne für das Miteinander von Heiligem und Profanem verwandelte. Der Tag, an dem die Bürger der freien Kommune in einem gewaltigen Spektakel ihre bruchlose Identität als stolze Florentiner und gläubige Christen in aller Öffentlichkeit beschwören, erneuern, zelebrieren. Der Tag, der bei allen Veränderungen immer aufs neue den Konsens der Gemeinschaft stiftet. Denn in der großen Prozession am Vortag des heiligen Namenstages schreitet der wohlhabende Kaufmann wie das kleine Zunftmitglied. Und selbst wer nur Zuschauer ist, wie die Frauen und die Einwohner ohne Bürgerrecht, steht an diesen Feiertagen nicht am Rande, sondern ist wesentlicher Teil des Ganzen und nicht nur Staffage. Der Johannistag zeigt immer aufs neue die beiden Seelen des Florentiners. Der kühl kalkulierende Händler, der auf Gewinn bedachte rationale Kaufmann zelebriert geradezu süchtig die rauschhaften Feste seines Glaubens, zwei Seiten einer Medaille, die sich vortrefflich ergänzen.

Der weite Platz um San Giovanni und den Dom ist mit kostbaren Tüchern überdacht. Die Zünfte stellen ihre feinsten Waren aus. Die Priester und Mönche ziehen in endloser Prozession mit den Reliquien durch die Straßen. Es folgen die Bruderschaften, viele Mitglieder als Engel verkleidet, singend und Instrumente spielend. Es folgen die Bürger, in sechzehn Nachbarschaftsverbänden organisiert. Alle Straßen sind geschmückt, auf Bänken sitzen festlich gekleidete junge Frauen. Das alles geschieht schon am Vortag. Am 24. füllt sich die Piazza vor dem Priorenpalast mit einer unübersehbaren Menge. Riesige Kerzen, mit Schmuck, Zeichnungen und Figuren geziert, werden herangetragen oder gekarrt und bilden einen Wall von Türmen. Von der Piazza werden sie zum Baptisterium gebracht und dort bis zum nächsten Jahr aufgestellt. Am Abend, wenn es kühler geworden ist, findet das traditionelle Pferderennen, der Palio, quer durch die Stadt von

West nach Ost statt. Der Sieger erhält ein seidenes Tuch, den Palio. Dann gehen alle nach Hause zu einem großen Schmaus. Und
das ist erst der Anfang. Zehn Tage wird insgesamt zu Ehren des
heiligen Johannes gefeiert.

Aber Johannis ist nicht die einzige Gelegenheit, den Alltag hinter sich zu lassen. Auch am Fest der heiligen Reparata bilden die
Florentiner Spalier in den Straßen und verrenken sich den Hals
nach den schnellsten Pferden beim Palio. Kein Mangel ist an Prozessionen, in denen die Bruderschaften auf ihrer Route vom Dom
durch die Stadt und zurück immer wieder anhalten und mit dramatischen Gebärden den Zuschauern Szenen aus dem Leben der
Heiligen oder aus der Bibel vorspielen. Gelegenheiten zu solchen
heiligen Verführungen bietet der kirchliche Kalender genug, und
die Laienspielscharen suchen sich mit gutem Gespür die populärsten heraus. Am 6. Januar 1390 berichtet der Chronist von einem
neuen Fest: «Es wurde in Florenz eine würdige und große Feier
der heiligen Weisen und des Sterns in der Kirche der Mönche von
San Marco gegeben. Die Weisen zogen durch die ganze Stadt, sehr
festlich gekleidet und mit weißen Pferden und Dienern. König
Herodes stand mit seinen Anhängern vor San Giovanni auf einer
geschmückten Plattform. Und als sie an San Giovanni vorbeizo-
gen, gingen sie auf die Plattform, wo Herodes war, und redeten
dort über das Kind, das sie anbeten wollten, und versprachen, zu
Herodes zurückzukehren. Und nachdem die Könige dem kleinen
Kind ihre Gaben dargebracht hatten, aber nicht zu Herodes zurückkehrten, verfolgte er sie und gab den Befehl, viele Kinder in
den Armen ihrer Mütter und Ammen zu töten. Und damit endete
die Feier um fünf Uhr am Nachmittag.»

Es war der Tag der Erscheinung des Herrn, auch Fest der Heiligen Drei Könige, das – von Mailand ausgehend, wo sie ursprünglich begraben waren, bevor ein deutscher Bischof die Reliquien
nach Köln entführte – um diese Zeit überall in Europa an Attraktivität gewann. Im Jahre 1417 erfahren wir von einer Compagnia dei
Magi, einer Florentiner Bruderschaft der Weisen. Sie führt alle
drei Jahre am 6. Januar mit vielen apparati ein festliches Stück «zur
Ehre und Herrlichkeit Gottes und der Hl. Dreifaltigkeit und für

den Ruhm der Stadt und zur Freude und zum Trost aller Bürger» auf und bittet um städtische Zuschüsse. Die heiligen Schauspiele rührten ans Herz und appellierten an die Gefühle. Sie verknüpften die Vorliebe der Florentiner für Gesten und Gebärden, für den gekonnten öffentlichen Auftritt, den Sinn für bella figura mit einer Frömmigkeit, die gemeinsam von allen Gläubigen gelebt und vollzogen wurde. Man betete nicht so sehr zu Hause im stillen Kämmerlein, sondern in den Kirchen. Jede Prozession war ein gemeinsames öffentliches Gebet in vielen Etappen und mit festen Ritualen.

Von einer neuen, intimen Frömmigkeit der Laien, wie sie um die Wende vom 14. zum 15. Jahrhundert in den Niederlanden und am unteren Rhein als devotio moderna entstand, geben die Dokumente und Urkunden und die zahlreicher werdenden «Erinnerungen» – ricordanze – der Kaufleute kaum Nachricht. Bei dem Kaufmann Giovanni Morelli allerdings dürfen wir ausnahmsweise einen Blick hinter die Kammertür werfen.

Im Mai 1406 erkrankt Alberto, der neunjährige Sohn von Giovanni Morelli, mit starkem Nasenbluten. Siebzehn Tage lang quält sich der Junge, umgeben von seiner trauernden Familie. Er kann nicht schlafen, nicht essen und hat ständig Schmerzen. Dann stirbt er. Um Abstand zu gewinnen und den Schmerz zu überwinden, zieht die begüterte Familie für einen Monat in die Villa aufs Land. Der Vater geht für den Rest des Sommers nicht mehr in Albertos Sterbezimmer und betet inständig darum, mit guten Gefühlen an seinen Sohn denken zu können. Umsonst: «Weder ich noch seine Mutter finden Vergessen. Ständig haben wir sein Bild vor Augen, erinnern uns an seine Bewegungen, seine Worte und Taten bei Tag und bei Nacht, beim Mittag- und beim Abendessen, drinnen und draußen, schlafend und wachend, in der Villa und in Florenz.» Es ist eine quälende Präsenz: «Wir haben das Gefühl, er hält ein Messer in seiner Hand, das unser Herz durchbohrt.»

Als sich der Jahrestag des Todes nähert, beschließt Giovanni Morelli, den unerträglichen Zustand zu beenden. Mit einem ausgetüftelten Ritual vor dem Schlafengehen, über dessen Herkunft er sich nicht äußert, will der Vater den Teufel verscheuchen, Kontakt zu seinem Sohn aufnehmen und ihm den Weg ins Paradies frei machen, in dem Alberto offensichtlich noch nicht angekommen ist. Zu den geistlichen Exerzitien außerhalb des Bettes gehören ein Nachthemd, das nicht bis zum Knie geht, außerdem fehlt die übliche Nachtmütze. Vor allem aber hält sich der Vater jenes kleine Bild vor Augen, das Alberto so oft während seiner Krankheit Trost brachte. Es zeigt Jesus am Kreuz mit Maria und Johannes zur Rechten und zur Linken. Morelli geht nach einem festen, dreiteiligen Plan vor. Zuerst versenkt er sich gebannt in bestimmte Teile des Bildes, um den Schmerz der dortigen Personen nachzuempfinden und sich anschließend seiner eigenen Sünden zu erinnern. Davon ausgelöst wird der zweite Schritt, ein heftiges Weinen. Erst danach darf er die Personen auf dem Gemälde um das Entscheidende bitten: die Rettung von Albertos Seele. Der Hilfesuchende wiederholt das Ritual viele Male, erweitert es, bittet Gott um Vergebung, daß er sich so ungeschickt ausdrückt. Am Ende geht er zu Bett mit dem guten Gefühl, auf dem richtigen Weg zu sein.

Doch er findet keinen Schlaf. Der Teufel erscheint und sagt dem Vater, daß er seinen Sohn durch keine Gebete erreichen könne, er solle deshalb lieber über sein eigenes Leben nachdenken. Und Morelli, der sich eigentlich nur auf seinen Sohn konzentrieren wollte, nimmt die Provokation an. Sein ganzes, wie ihm scheint, erbärmliches Leben rollt vor seinen Augen ab. Ihm konnte nichts Hilfreicheres passieren. An den Rand der Verzweiflung gebracht – und doch wie befreit durch diese qualvolle Selbstanalyse –, blickt er auf den Gekreuzigten auf dem Bild und fühlt sich plötzlich getröstet. Er ist nicht allein mit seinen Qualen. Giovanni Morelli fällt in einen tiefen Schlaf.

Der Schlaf bringt dem Vater die Erlösung. Die heilige Katharina, Giovanni Morellis ganz persönliche Schutzheilige, erscheint ihm im Traum, verwandelt einen Vogel in einen Engel, der niemand anders ist als Alberto und ihm sagt, daß seine Gebete erhört wurden. Der Tote und der Lebende haben ihren Frieden gefunden.

MÜTTER SIND GRAUSAM
ODER DIE VERUNSICHERTEN MÄNNER

Im Jahre 1427 faßte die Kommune von Florenz einen revolutionären Beschluß: Allen Beschwörungen und Unkenrufen zum Trotz sollen in Zukunft die Bürger der Stadt und aller angeschlossen Gemeinden im Contado, dem toskanischen Umland, direkt besteuert werden. Eine eigene Behörde wurde eingerichtet, neue Beamte für die arbeitsintensive Aufgabe eingestellt, eine umfangreiche Erhebung zu machen. Der Catasto von 1427, durchgeführt, um die Finanzen von Florenz auf möglichst faire und vor allem solide und berechenbare Einnahmequellen zu gründen, wurde dank seiner gründlichen und umfassenden Anlage eine einzigartige statistische Erhebung, deren Zahlen weit über den ökonomischen Bereich hinausführen und sonst verborgene Lebensbereiche sichtbar machen. Jeder der 60000 Haushaltsvorstände in der Toskana mußte die Fragen des Florentiner Fiskus – die insgesamt 260000 Menschen betrafen – schriftlich beantworten. In Florenz erfaßte die Erhebung 10000 Haushalte mit 40000 Menschen. Besteuert wurden Häuser und Grundstücke, Einnahmen, Bargeld und Renteneinkünfte. Häuser und Vieh zum eigenen Gebrauch und 200 Florine pro Kopf waren steuerfrei. Der Steuersatz lag bei 0,5 Prozent auf 100 Florine. Aus den Zahlen des Catasto läßt sich mühelos ablesen, wie sich der Wohlstand unter den Bürgern am Arno im Jahre 1427 verteilte: Ein Viertel des gesamten Reichtums lag in den Händen von hundert Haushalten, und das bedeutete zu 98 Prozent in den Händen von Männern. 250 bis 300 Florentiner verfügten über fünfzig Prozent des städtischen Kapitals im Bereich von Handel und Industrie. 1649 Einwohner waren nach Abzug aller möglichen Unkosten und Freibeträge mindestens 1000 Florine wert, eine für diese Zeit gar nicht so ungünstige Verteilung des Wohlstands. Rund 3000 Haushalte waren so arm, daß sie keinerlei Steuern zahlten.

Um den Steuerbetrug möglichst in Grenzen zu halten, wurden die eingereichten Angaben aller Haushalte nach Bearbeitung von Beamten in der jeweiligen Nachbarschaft zur Kontrolle laut vorgelesen. Am Ende füllte der Catasto von 1427 genau 66 Bände. Die Arbeit zahlte sich für die Kommune aus. Zwar lief die Prozedur langsam an, aber sehr bald übertrafen die Steuereingänge alle Erwartungen. 1429: 170000 Florine. 1430: 400000 Florine. 1431: 700000 Florine. Und die städtischen Zwangsanleihen entfielen keineswegs. 1431 zum Beispiel erbrachten sie zusätzlich 60000 Florine. Das Geld war allerdings vonnöten: Der Krieg mit Mailand 1424 bis 1428 kostete Unsummen. Und schon ein Jahr darauf begann die Kommune, gegen den entschiedenen Widerstand einer kleinen Gruppe um Niccolò da Uzzano, einen Eroberungsfeldzug gegen Lucca.

Der Catasto von 1427 diente nicht nur der Florentiner Finanzbehörde, er ist eine immer noch nicht vollständig ausgeschöpfte Fundgrube für die Historiker. Denn die städtischen Beamten fragten nicht nur nach Geld und Grundbesitz. Jeder Haushaltsvorstand mußte über alle Mitglieder der Wohn- und Lebensgemeinschaft genaue persönliche Angaben machen. Über jeden Einwohner von Florenz und der Toskana wurde festgehalten: Name, Alter, Stand, Beruf, körperliche und seelische Krankheiten. Als «Name» genügte es, entweder den Beruf, den Spitznamen, den Vornamen oder den Nachnamen anzugeben, da Nachnamen als alleiniger Ausweis generell erst im 16. Jahrhundert gebräuchlich wurden. Die Quantität der Daten macht es möglich, zu differenzieren und über die durchschnittlichen statistischen Biographien von Frauen, Männern und Kindern einen Einblick in den Alltag von Florenz zu bekommen und auch eine Ahnung von den Erwartungen, Ängsten und Pflichten, die jeder aufgrund seines Geschlechts, seiner Stellung in der Familie und seines sozialen Standes durchlebte.

Da jeder Florentiner versuchte, dem Fiskus ein Schnippchen zu schlagen, und seine Einnahmen so niedrig wie möglich ansetzte, ergibt die Rangfolge des Reichtums ein repräsentatives Bild. Nach Berufsgruppen und durchschnittlichem Bargeldguthaben geordnet, führten die Bankiers (8748 Florine) die Rangliste, gefolgt von den Kaufleuten und Wollhändlern (3301 Florine) und den studierten Ärzten (3063 Florine), von denen fünfzig Prozent Immigranten aus dem Umland waren. Der Reichtum bestimmte die Größe der Familie. Der typische Florentiner Haushalt bestand bei denen, die über 800 Florine Vermögen hatten, aus 5,6 Personen. Wer keine Rücklagen hatte, bemühte sich ganz offensichtlich, weniger Kinder in die Welt zu setzen. Hier lag der Durchschnitt bei 3,4 Personen. Das bedeutete aber in jedem Fall, die Mehrheit der Florentiner wuchs in einer Kleinfamilie auf. Bei 59,5 Prozent aller Bewohner lebten zwei Generationen unter einem Dach, bei 26,3 Prozent nur eine Generation, und bei 12,1 Prozent waren es drei Generationen. Die durchschnittliche Lebenserwartung betrug 28 Jahre. Je jünger man war, desto näher der Tod. Von fünf Personen, die den 25. Geburtstag erlebten, hatten immerhin vier noch weitere zwanzig Jahre vor sich.

Das weibliche Geschlecht war in der Minderheit. Auf 100 Frauen kamen 116 Männer. Im Durchschnitt heirateten die Frauen mit 17,6 Jahren. Ihr zukünftiger Ehemann war in der Regel wesentlich älter, nämlich 32 Jahre. Diese Differenz wird durch eine andere Statistik bestätigt: Zwischen 23 und 27 Jahren waren nur 24,5 Prozent der Florentiner Männer verheiratet, aber 95,1 Prozent aller Frauen. (Bei den reichsten Männern lag die Zahl noch niedriger – bei 17 Prozent.) Eine Folge waren alte Väter. Kinder unter einem Jahr hatten im Durchschnitt einen vierzigjährigen Vater. Eine andere Folge: 13,6 Prozent aller Frauen waren Witwen, aber nur 2,4 Prozent der Männer Witwer. Und das, obwohl für Frauen die Verheiratung eine lebensgefährliche Entscheidung war. Gab es Komplikationen während Schwangerschaft und Geburt, konnte ihnen die Medizin kaum helfen. Die geringe Zahl von Kindern in Florenz läßt sich – auch ohne genaue Kenntnisse – nur durch Empfängnisverhütung und Abtreibung erklären, in den Augen von Politikern und Priestern, die sich um den Nachwuchs sorgten, Teufelswerk. Von den Kanzeln wurde diese Methode der Familienplanung unverblümt und drastisch verdammt.

Der Seidenhändler Gregorio Dati, Jahrgang 1362, informiert in seinen «Erinnerungen» über alle seine Ehefrauen, ausgenommen die erste. Mit seiner zweiten Frau Isabetta, von allen Betta genannt, lebte er neun Ehejahre zusammen: «Am 31. März 1393 wurde ich mit ihr verlobt, und am 7. April, Ostermontag, gab ich ihr einen Ring. Am 22. Juni, einem Sonntag, wurde ich im Namen Gottes ihr Mann.» Die Mitgift bestand aus 900 Florinen und dem Einkommen eines ländlichen Betriebs, das war ein gutes Geschäft. Der Kaufmann investierte 800 Florine davon in einen Laden. Betta starb am 2. Oktober 1402 und wurde tags darauf im Familiengrab in Santo Spirito begraben.

Im nächsten Frühjahr heiratete Dati seine dritte Frau Ginevra, eine Witwe. Ihre Mitgift bestand aus 700 Florinen Bargeld und 300 Florinen Einnahmen aus einem Gehöft. «Wir hatten keine Hochzeitsfeier, denn wir trauerten um Manetto Dati (Gregorios Sohn), der in der Woche zuvor gestorben war. Gott gebe uns beiden ein gutes Leben. Ginevra war vier Jahre lang mit Tommaso Brancacci verheiratet, von dem sie einen acht Monate alten Sohn hatte. Sie ist jetzt in ihrem 21. Lebensjahr.» Die Ehefrau hatte noch acht Lebensjahre vor sich. Am 19. März 1405 brachte Ginevra eine Tochter zur Welt, nach weniger als sieben Monaten Schwangerschaft. «Sie hatte nicht bemerkt, daß sie schwanger war... und am Ende war sie nicht fähig, es länger zu halten. Wir tauften das Kind sofort in San Giovanni... Weil wir erst dachten, es sei ein Junge, tauften wir es Agnolo Giovanni. Es starb am Sonntagmorgen, dem 22. März, vor Sonnenaufgang und wurde vor der Predigt beerdigt.» Ginevras Leben endete 1411: «Sie starb im Kindbett nach langem Leiden, das sie mit bemerkenswerter Kraft und Geduld ertrug. Zum Zeitpunkt des Todes, als sie alle Sakramente empfing, war sie völlig klar.»

Die Menschen des Mittelalters lebten in einer Welt scharfer Kontraste. Sie erfuhren die Launen des Wetters ungemildert, Erfolg und Bankrott lagen im Geschäftlichen dicht beieinander, der Übergang vom Leben zum Tod geschah plötzlich und unvermittelt. Kein Wunder, daß der Prediger zu drastischen Worten und Vergleichen griff, wenn er seine Zuhörer aufrütteln und zur Umkehr bewegen wollte. Je deutlicher er die Sünden beim Namen nannte, um so wirkungsvoller der therapeutische Effekt, um so größer der Andrang und der Wille zur Buße. Kindererziehung und Familienprobleme zählten zu den zentralen Predigtthemen, deren sich in den Städten vor allem die Bettelorden annahmen.

Einer der populärsten Prediger seiner Zeit war der Franziskanermönch Bernardino aus Siena, schon sechs Jahre nach seinem Tod 1450 heiliggesprochen. Hoch und niedrig füllten zu Tausenden den Platz vor Santa Croce, wenn er nach Florenz kam. Ein Bettelmönch lebte nicht im theologischen Elfenbeinturm, er sprach mit den Menschen und erfuhr eine Menge im Beichtstuhl. Ihm konnte man nicht vormachen, daß die geringe Kinderzahl Zufall war: «Geh nur zu den Latrinen; geh zu den Ställen; geh zu den Gärten auf dem Land oder in Florenz; geh nur in den Laden zum Barbier oder zum Apotheker, in die Häuser der Doktoren... halte die Ohren offen, und du wirst gellendes Geschrei hören... Es sind die Stimmen der nicht erblühten Knospen, der unschuldigen Kindlein, die ihr in euren Arno geworfen habt und in eure Latrinen... die Schreie der Kinder, die im Leib ihrer Mütter getötet wurden mit Hilfe von Medizinen von Barbieren, Apothekern, Ärzten.» Das waren eindeutige Aussagen zur «Familienplanung». Zerknirscht gingen Frauen und Männer nach Hause – und die Sünde wurde doch nicht weniger in der Welt.

Der Kaufmann Gregorio Dati war 59 Jahre alt, als er 1421 zum viertenmal heiratete: «Ich gab ihr den Ring, und am Sonntag abend kam sie in unser Haus, ohne jede Zeremonie.» Caterina brachte 600 Florine mit in die Ehe, ein wenig Wärme und Versorgung am Lebensabend waren wichtiger als ein möglichst hoher Zuschuß für das Geschäft. Das hatte sich nach etlichen Mißerfolgen stabilisiert. Nicht zuletzt dank der Mitgift seiner früheren Frauen, wie Dati freimütig in seinen Erinnerungen zugibt. Caterina überlebte ihren Ehemann, der 1435 starb.

In Florenz stand die Frau dem Mann weder wirtschaftlich noch legal gleichberechtigt gegenüber. Sie besaß keine eigene, nur eine geborgte Identität und ging bei der Heirat von einem Haus in das andere über, von der Gewalt des Vaters in die Gewalt des Ehemannes. Daran änderte auch die Mitgift nichts, die eine Rücklage für den Fall ihrer Witwenschaft sein sollte. Die Gründung einer eigenen Familie mit Mann und Kindern brachte der Frau keine Sicherheit, vielmehr stand sie nun zwischen zwei Familien und damit oft genug zwischen zwei Interessenverbänden. Sie wurde nämlich nicht vollständig in die Familie ihres Mannes integriert, weil in der patriarchalischen Florentiner Gesellschaft Besitz und Ansprüche aller Art nur in den Nachkommen der väterlichen Verwandtschaft verkörpert und weitergegeben wurden. Gründeten Mann und Frau eine Familie, so war das keine neue, selbständige Einheit, sondern das Paar war mit allen möglichen Nachkommen über den Ehemann fest und ausschließlich an den Familienverband väterlicherseits gebunden.

Zwar war jede Familie froh, wenn sie eine Tochter unter die Haube gebracht hatte – wozu in den gutsituierten Kreisen immer eine Mitgift gehörte. Aber die Familie der Frau beobachtete trotzdem argwöhnisch, wieweit sich der Ehemann – und möglicherweise dessen Verwandtschaft – an der Mitgift bereicherte. Starb der Ehemann vor seiner Frau, fiel die Familie in der Regel auseinander, weil die Frau keine eigene Familie bilden konnte und ihre Kinder gemäß den Gesetzen einer konsequent patriarchalisch strukturierten Gesellschaft automatisch in den Besitz der väterlichen Verwandtschaft übergingen.

Zugleich war eine alleinstehende Frau – ob unverheiratet oder Witwe – eine ständige Bedrohung für die Ehre der Familie, aus der sie kam. Folglich taten Väter und Brüder alles, um die Witwe – ohne ihre Kinder – sofort wieder zu verheiraten. Und forderten deshalb mit allen Mitteln von der Familie des verstorbenen Mannes unverzüglich die Mitgift zurück – nicht selten Lebensgrundlage der verlassenen Kinder. Was für Historiker und Soziologen ein exotisches Forschungsfeld sein mag, war damals Ursache menschlicher Tragödien.

Der Vater von Manno Petrucci starb 1430 an der Pest. Mannos Stiefmutter, Madonna Simona, ist zu diesem Zeitpunkt 34 Jahre alt. Manno hat neben Geschwistern aus der vorangegangenen Ehe seines Vaters auch Halbgeschwister aus der Verbindung mit Madonna Simona. Kaum ist der Ehemann unter der Erde, schicken die Brüder der Ehefrau eine Tante zu der Witwe, um sie zwecks Wiederverheiratung zurückzuholen. Niemand brauchte Manno und seinen Geschwistern zu erklären, was das bedeutete. Sie hatten viele Male in ihrem Umkreis erlebt, wie Familien auf diese Weise auseinandergerissen wurden.

Manno schildert als Erwachsener in seinen Aufzeichnungen, wie er in dieser Situation seine Stiefmutter zum Bleiben zu bewegen suchte: «Madonna Simona, hier sind deine eigenen Kinder. Wir werden sie wie unsere Brüder behandeln und dich, Madonna Simona, wie unsere Mutter. Ach, unsere Mutter, ich bitte dich inständig und unterwerfe mich deinem Erbarmen, denn du kennst unsere Situation. Wenn du uns nicht hilfst, werden wir ohne Vater und Mutter sein und kopfüber ins Elend stürzen.» Am Ende beugt sich die Mutter dem Druck ihrer eigenen Verwandtschaft und sagt den Kindern: «Ich werde tun, was meine Familie beschließt.» Damit ist das Todesurteil über die Familie gesprochen, die sie mit ihrem verstorbenen Mann gegründet hat. Ihre Kinder müssen nicht nur auf Geborgenheit verzichten, sondern sind auch finanziell ruiniert: «Wenn Madonna Simona bei uns geblieben wäre, hätten wir nicht unser Eigentum zum halben Preis verkaufen und unsere Substanz verschleudern müssen, um ihr einen Teil der Mitgift zurückzugeben.»

Da dieses soziale Muster in den allermeisten Fällen rücksichtslos durchgezogen wurde, gab es in Florenz in der Regel nur Stiefmütter und keine Stiefväter. Und viele Waisen, die eigentlich gar keine waren, weil ihre Mutter noch lebte. Nur daß sie ihre Kinder nicht in die Ehe mit einem anderen Mann nehmen konnte. Was diese Kinder, und es waren nicht wenige, erfuhren, war ein Gefühl abgrundtiefer Verlassenheit. Sie sahen in erster Linie nicht die verzweifelte Lage, in die ihre Mutter durch den Tod ihres Mannes gekommen war: von ihrer eigenen Familie zu erneuter Heirat getrieben, um die Mitgift nicht für die Kinder auszugeben, die – obwohl ihre eigenen – grundsätzlich einer anderen Familie zugehörten. Denn die Restfamilie durch eigenen Verdienst über Wasser zu halten war für die Florentiner Frauen der Mittel- und Oberschicht – im Gegensatz zu ihren Schwestern nördlich der Alpen – undenkbar. Die Kinder wußten nichts von solchen Zwängen, sie wären auch kein Trost gewesen. Für sie zählte nur, daß sie von ihrer Mutter im Stich gelassen wurden – für einen anderen Mann.

Auch Giovanni Morelli, der als Vater so sehr um seinen toten Sohn trauerte, daß er über Monate keinen Frieden fand, war als Kind ein solches Schicksal widerfahren. Er hat die seelischen Verletzungen seiner Kindheit nie überwunden und sich bewußt in Erinnerung gerufen, um sie seinen eigenen Kindern zu ersparen. Giovanni war gerade zwei Jahre alt, als sein Vater starb. Die Mutter verließ ihn und seine Brüder und Schwestern, weil sie wieder heiratete. In seinen «Erinnerungen», die Giovanni Morelli vor allem für seine Kinder – sprich: seine Söhne – aufgeschrieben hat, gibt er ihnen mehrere Ratschläge, wie sie verhindern können, daß ihre Kinder als Waisen aufwachsen. Er empfiehlt ihnen, spätestens mit vierundzwanzig Jahren zu heiraten und bald für Nachwuchs zu sorgen. Dann sollen sie alle nur möglichen testamentarischen Vorkehrungen treffen, damit ihre Ehefrau als Witwe die Kinder nicht allein läßt.

Mindestens so entscheidend aber ist ein Lebensgefühl, das Morelli seinen Söhnen aufgrund seiner traurigen Erfahrungen als verlassenes Kind vermittelt: «Ich sage euch dies aufgrund von drei Dingen, die mir widerfahren sind (Tod des Vaters, Verlust der Mutter, Ausbeutung durch Testamentsvollstrecker) und mir Schaden zugefügt haben: Traut niemandem. Macht die Dinge ganz klar und bei einem Verwandten oder einem Freund noch mehr als bei Außenstehenden. Legt alles bei einem Notar fest.» Das unendliche Mißtrauen in den Menschen, das aus vielen bürgerlichen Dokumenten spricht; die stete Warnung der Väter an ihre Söhne, allen, auch den Freunden, gegenüber permanent auf der Hut zu sein – vielleicht ist es auch im weitverbreiteten Trauma früher Kindheit begründet. Sieht man genauer hin, so ist der selbstsichere Florentiner Kaufmann, der kühl und überlegen seine Geschäfte macht, ein gespaltenes, unsicheres Wesen.

Wer sich in seiner Kindheit so total im Stich gelassen fühlt von der wichtigsten Bezugsperson, und es subjektiv zweifellos ist, wird für das ganze Leben von einer tiefen Unsicherheit geprägt, die sich in einem höchst widersprüchlichen Verhalten äußert. Einerseits lehrt ihn die Erfahrung, nur sich selber zu vertrauen und sich auch als Erwachsener im emotionalen Bereich niemals vorbehaltlos auf tiefergehende Bindungen einzulassen. Andererseits treibt gerade der Verlust solcher Bindungen die Sehnsucht nach Freunden, nach verläßlichen Beziehungen mächtig an. Es ist auffällig und typisch zugleich, daß nicht nur Giovanni Morelli in seinen «Erinnerungen» seine Kinder immer wieder auf das soziale Dreigestirn hinweist, das jeder Mann pflegen soll: parenti, vicini, amici. Verwandtschaft, Nachbarn, Freunde sind von Nutzen – sei es für ein gutes Essen oder ein erfolgreiches Geschäft. Sie sind soziales Netz für den einzelnen und Grundlage für den politischen Klüngel im großen.

Überliefert sind die herzzerreißenden Szenen von verlassenen Kindern ausschließlich in den Erinnerungen der Männer – denn in Florenz haben Frauen in diesen Jahren kaum schriftliche Erinnerungen hinterlassen. Es sind die Männer, die unser Bild von der Florentiner Frau prägen – und es kräftig aus männlicher Sicht modellieren: Danach ist sie vor allem ein willenloses Werkzeug in den Händen ihrer ursprünglichen Familie und eine gefühllose Mutter. Aber sollen wir wirklich glauben, daß sich Frauen freudig den erbarmungslosen sozialen Zwängen fügten und ihre Kinder, ob ein oder acht Jahre alt, verließen, ohne daß es ihnen das Herz brach und sie unter tiefen Gewissensqualen litten? Was nicht in den Erinnerungen der Männer steht, aber gar keine Frage ist: Frauen hatten keine Alternative. Es gehörten eine ungeheure Kraftanstrengung und außerordentlich glückliche Umstände dazu, sich diesen ungeschriebenen Geschlechterrollen zu widersetzen und als Frau allein mit Kindern zu leben.

Es ist – natürlich – ein Mann, der uns einen solchen Ausnahmefall schildert. Und da Giovanni Rucellai, Sprößling einer wohlhabenden Kaufmanns- und Bankiersfamilie, weiß, wie ungewöhnlich das Verhalten seiner Mutter ist, verhelt er seine Bewunderung nicht. Caterina war 19 Jahre alt, hatte schon drei Kinder geboren und war wieder schwanger, als ihr Ehemann 1406 mit 25 Jahren starb. Daß es väterlicherseits weder Großvater noch Onkel gab, die Ansprüche auf die Kinder stellten, war ein Glücksfall. Doch Mutter und Brüder der jungen Witwe pochten auf ihre Rechte: «Caterina fè gran risistentia di non rimaritarsi contro al volere dè fratelli e della madre.» Doch Caterinas Widerstand war erfolgreich. Sie ließ sich nicht noch einmal verheiraten und wurde ihren Kindern «Mutter und Vater», wie der Sohn Giovanni sich nach über siebzig Jahren liebevoll erinnert.

Die allermeisten schreibenden Männer allerdings haben keine guten Gefühle, wenn sie an ihre Mutter denken. Sie verpassen der Frau das Image einer «grausamen Mutter», neben der Ruhm und Uneigennützigkeit der frühverstorbenen, idealisierten Väter um so heller erstrahlen. Es ist eine perfide, vor allem Frauen nur allzu bekannte Falle, aus der es keinen Ausweg gibt: Die Gesellschaft bestimmt die Regeln und Rollen, nach denen man zu handeln hat – und brandmarkt anschließend die Opfer als Täter.

Die fehlende Liebe der Mütter und die soviel größere Zuneigung der Väter zu ihren Kindern war Gesprächsstoff in Florenz. Aber es gab auch Nachdenkliche, die diese Klischees nicht vorbehaltlos übernahmen. Einer, Kaufmann und Literat, hat es sogar öffentlich ad absurdum geführt. Dabei sind es Männer, die Giovanni Gherardi di Prato in den Mittelpunkt seines Buches «Paradiso degli Alberti» stellt, das um 1425 geschrieben wird. Er schildert darin den stadtbekannten Gesprächskreis der frühen Humanisten um Luigi Marsili, Mönch im Kloster Santo Spirito, und Coluccio Salutati, Kanzler von Florenz. Aber der Autor läßt auch die Frauen zu Wort kommen, indem er einen klassischen rhetorischen Wettstreit über die angebliche Überlegenheit der väterlichen über die mütterliche Liebe in den Text einbindet. Nur daß in der «Villa Paradiso» die Debatte einen unerwarteten Ausgang nimmt.

Ein junger Mann beginnt den Wettbewerb und vertritt vehement die Meinung, daß Mütter nicht soviel wert sind wie Väter, weil sie ihre Kinder verlassen. Und da sie überhaupt minderwertige Wesen seien, könne ihre Liebe gar nicht so vollkommen sein wie die der Männer. Eine junge Frau mit «großem Verstand und edlen Manieren» antwortet auf diese These und tut das Klügste, was sie tun kann – sie schlägt ihren männlichen Kontrahenten mit seinen eigenen Argumenten: Wenn Frauen nicht so vollkommen sind wie Männer, dann haben sie gar keine Wahl, als den Männern zu gehorchen – was aber noch gar nichts aussagt über ihre wirklichen Gefühle. «Weil Frauen ihre Kinder nicht mitnehmen und auch nicht ohne Schaden allein leben können, besonders, wenn sie jung sind und immer männlichen Schutz brauchen, sind Mütter gezwungen, den besten Kompromiß zu suchen. Aber es gibt gar keine Zweifel, daß sie ständig an ihre Kinder denken und trotz der Trennung ganz eng mit ihnen verbunden sind.» Der Zeremonienmeister gibt sich erstaunt: «Bei unserer Lieben Frau, der Jungfrau Maria. Ich hatte keine Ahnung, daß die Frauen von Florenz natürliche Philosophen sind und über eine so geschickte Rhetorik und Logik verfügen...» Dann erklärt er die Frauen zu Siegern des Wettbewerbs.

Ungefähr zur gleichen Zeit, als der Kaufmann in Prato an seinem «Paradiso» schrieb, machte sich der berühmte Leonardo Bruni – ab 1427 Kanzler von Florenz – Gedanken über die rhetorischen und literarischen Künste. Als literarische Form wählte Bruni einen Brief an Battista Malatesta aus dem Haus der Herrscher von Rimini. Und so durfte die Dame lesen: «Der kunstvolle Vortrag... kann niemals von einer Frau erlernt werden, weil diese, bräche sie gestikulierend in heftiges Geschrei aus, für wahnsinnig und zügellos gehalten werden würde. Wie die Kriege und die Kämpfe, so sind auch Auseinandersetzungen und Streitgespräche auf dem Forum Sache der Männer.» Die Frau als hysterisches Weib, wenn sie ihren Mund aufmacht: Vorurteile haben ein langes Leben, von vielen klugen Männern immer wieder unters Volk gebracht. Mit diesem Verdikt schloß Bruni ohne viel Federlesens die Frauen von dem aus, was für ihn und seine Freunde der Kern menschlicher Bildung ist, die Rhetorik.

Aber natürlich wünschte sich der kluge Zeitgenosse keine ungebildete Frau. Deshalb empfahl Bruni seiner Adressatin die Schriften der frühen Kirchenväter, soweit es die Theologie betraf. «Innerhalb der weltlichen Literatur rate ich dir, zu Cicero zu greifen... Ganz besonders liegt mir daran, daß du die Dichter lesen und verstehen mögest... Homer... Vergil.» Nicht Gherardo di

Prato mit seinen aufmüpfigen Streiterinnen, sondern Leonardo Bruni beeinflußte die führenden Kreise von Florenz mit seinem Frauenbild und sprach damit zweifellos den meisten seiner gutbürgerlichen Geschlechtsgenossen aus dem Herzen. Frauen gehörten ins Haus oder in die Kirche. Sie gingen nicht in den öffentlichen Prozessionen, hatten keinen Platz im feierlichen Begräbniszug. Sie waren keine eigenständigen Personen vor dem Gesetz. Sie mußten ihre Kinder im Stich lassen und wurden nicht selten als Witwen um ihre Mitgift betrogen. Sie konnten in den unteren Schichten als Mägde, Dienstboten, Marktfrauen tätig sein. Sie durften als Lohnabhängige bei der Herstellung von Tuchen als Weberin ihr Geld verdienen – allerdings stets weniger als die Männer. Als Kauffrau oder selbständige Handwerkerin aktiv zu sein – wie in Köln, Paris oder Regensburg – war in Florenz undenkbar. Und wenn die Tochter in den besseren Kreisen keinen Mann fand, landete sie unerbittlich im Kloster.

Das sind die Realitäten. Trotzdem ist die Wirklichkeit nicht nur schwarz oder weiß. Frauen sind im persönlichen Raum nicht nur Sklaven ihrer Männer. Es gibt Arrangements, die beide Partner glücklich machen. Es gibt Männer, die in ihren Aufzeichnungen voller Hochachtung und Wärme von ihren Frauen sprechen. Als Giovanni Rucellai den Tod seiner Frau notiert, ist das keine bloße Formsache: «Es war der größte Verlust, den ich je in meinem Leben hatte oder haben werden.» Und der Kaufmann Luca Panzano schreibt am 5. November 1445, dem Todestag seiner Frau Lucrezia, die ihm elf Kinder geboren hat, in sein Tagebuch: «Das hat mich so betrübt, als ob ich stürbe. Denn wir haben 20 Jahre, einen Monat und elf Tage zusammengelebt... Sie starb im Kindbett. Das Kind war offensichtlich tot geboren... Der Verlust dieser Frau war ein schwerer Schlag. Sie wurde von der ganzen Florentiner Bevölkerung betrauert. Sie war eine gute Frau, sanft und gut erzogen, und jeder, der sie kannte, liebte sie. Ich glaube, daß ihre Seele zu Füßen Gottes sitzt. Denn sie hat ihr Leiden mit Geduld und Demut ertragen.»

Weibliche Reize, weibliche Ausstrahlung machten sich auch Florentiner Männer zunutze, wenn es darum ging, den guten Ruf der Stadt zu mehren. Als 1431 das Heer Kaiser Sigismunds in der Toskana lagerte, wollte sein Gefolge Florenz besichtigen. Das war kein privater Ausflug, sondern eine hochpolitische Angelegenheit, die zudem den Stolz der Florentiner auf ihre Stadt herausforderte. Sie wollten den Fremden nur das Beste bieten und beschlossen, zu ihren Ehren einen Ball auf der Piazza della Signoria vor dem Priorenpalast zu veranstalten. Auf einer Plattform war die Jugend von Florenz versammelt, Mädchen führten einen Tanz vor. Als Höhepunkt des Festes wurden die hohen Gäste von Alessandra Bardi bedient, einem jungen Mädchen aus alter, angesehener Familie. Sie brachte ein Tablett mit Obst und Süßigkeiten, eine Serviette aus Reimser Linnen über dem Arm. Danach, erzählt der Chronist, schenkte sie den Wein aus Krügen ein, als hätte sie nie etwas anderes getan.

Zum bürgerlichen Tugendkodex der Frauen zählen Freundlichkeit und Gehorsam, Anmut und gute Manieren. Die Frauen dürfen eine gute Unterhaltung zieren. Bildung ist erwünscht, auch wenn man ihrem Verstand nicht allzuviel zutraut. Ihre luxuriösen Kleider und ihr Schmuck signalisieren den Reichtum ihrer Familie. Als Teil der Familie werden Frauen zu Grabe getragen und entsprechend im Tode geehrt. Mit den Antiluxusgesetzen von 1384 versuchte die Kommune, provokanten Aufwand bei privaten Festlichkeiten aller Art zu unterbinden. Für Beerdigungen zum Beispiel wurde die Anzahl der Kerzen, Pferde und Fackeln vorgeschrieben. Die Leiche sollte nur in einfaches Leinen gekleidet sein. Doch man konnte sich Sondergenehmigungen von zehn Florinen aufwärts erkaufen. Dann gab es mehr Pferde, mehr Fackeln, und die Toten waren weiterhin in kostbaren Brokat gekleidet und mit Juwelen bedeckt. Zwischen 1384 und 1392 wurden 233 Lizenzen für besonders prächtige Begräbnisfeiern erteilt. Dreißig Prozent davon betrafen Frauen, und von denen wurden sechzig Prozent von ihren Ehemännern zu Grabe getragen. Auch wenn man sich den Lebenspartner nicht hatte aussuchen können, so darf man davon ausgehen, daß die Trauer und der besondere Pomp dieser Ehemänner nicht in allen Fällen bloßes Ritual waren.

Die Frau dominierte das Haus und nicht nur die Küche. Auch

wenn die Kinder die ersten Monate, oft bis zu zwei Jahren, an eine Amme auf dem Land gegeben wurden, lebten sie anschließend in der Obhut der Mutter. Und zwar so ausschließlich, daß männliche Zeitgenossen daran Anstoß nahmen. Nicht zu Unrecht vermuteten sie auf diesem Umweg einen Einfluß der Frauen auf die Gesellschaft, der ihnen nach Tradition und Sitte nicht zustand. Die Mutter sang mit ihren Kindern, spielte mit ihnen, war den ganzen Tag bei ihnen. Sie legte auch bei den Söhnen Wert auf gute Manieren, schöne Kleidung und sah es nicht gerne, wenn sie mit dem Schwert spielten. Den Männern war das verdächtig. So würden Muttersöhnchen produziert, jammerten Theologen, Moralisten, Politiker, und vor allem hätten es Junggesellen zu Hause bei Muttern so bequem, daß sie sich nicht nach Heirat sehnten.

Das allein war schon kein geringer Vorwurf in einer Stadt, deren Bevölkerungszahl stagnierte, ja zurückging. Doch die zweite Schlußfolgerung, die in die gleiche Richtung zielte, war wesentlich brisanter. Diese verweichlichten, verweiblichten Muttersöhnchen erlagen angeblich aufgrund der mütterlichen Erziehung einem Laster, das man damals «Sodomie» nannte. Gemeint war damit – im Gegensatz zu unserem Verständnis – die Homosexualität, zu der Florentiner Männer – glaubt man den Zeitgenossen – offenbar eine besondere Affinität hatten. Nördlich der Alpen sprach man nur vom «Florenzen». (Obgleich die Venezianer in ähnlichem Ruf standen.)

Wenn der beliebte Franziskanermönch Bernardino von Siena wieder einmal in der Fastenzeit in Florenz auf dem großen Platz vor Santa Croce predigte, sprach er auch deutliche Worte über die verführte männliche Jugend: «Und es ist eine schwere Sünde, ihnen ein Wams machen zu lassen, das gerade noch zum Bauchnabel reicht, dazu Beinkleider mit einem Fetzen Tuch hinten und vorn, so daß sie noch genug nackte Haut zu Markte tragen können.» Fra Bernardino kam mehrmals in den zwanziger Jahren an den Arno. Kanzler Bruni lud ihn ausdrücklich ein. Der Kommune war es nur recht, wenn der Mönch den Florentinern gerade in diesem Punkt die Hölle heiß machte. Sie selbst versuchte mit den unterschiedlichsten Mitteln, dieser weitverbreiteten Gewohnheit abzuhelfen. Glaubt man den Klagen, dann konnte damals ein junger Mann nicht durch Florenz spazieren, ohne daß ihm auf den Plätzen und in den Straßen von Geschlechtsgenossen Avancen gemacht wurden.

Der offizielle Kampf gegen die Homosexualität begann 1415 mit der Errichtung von zwei städtischen Bordellen, «um ein schlimmeres Übel durch das kleinere auszurotten». Sie sollten in den Vierteln Santo Spirito und Santa Croce entstehen, aber so, daß «die Ausübung dieser skandalösen Aktivität gut verheimlicht werden kann, ‹wegen der Ehre der Stadt und derer, die dort leben›, wo die Prostituierten ihren Körper für Lust feilbieten». Immerhin, tausend Florine spendeten die Stadtväter für Bau und Ausstattung und holten außerdem noch Prostituierte von auswärts, um die Florentiner durch andere Praktiken von der Homosexualität wegzubringen. Im gleichen Jahr stärkte die Kommune ausdrücklich allen Priestern den Rücken, die das «Laster der Sodomie» verdammten, nachdem Eltern sich beschwert hatten, daß solche Dinge vor ihren Kindern ausgebreitet wurden. 1421 sollte ein Gesetz Heiraten herbeizwingen: Wer mit dreißig Jahren noch keine Frau hatte, würde kein öffentliches Amt erhalten. Es wurde nie angewandt, weil man sonst die notwendigen Posten nicht hätte besetzen können.

1432 machte man den nächsten Anlauf. Eine eigene Truppe – «Beamte für die Polizeistunde» – wurde gewählt und aufgestellt, um jene zu ermitteln und entdecken, die «das Laster der Sodomie betreiben, ob aktiv oder passiv». Der Erlaß für diese Schnüffler setzte zugleich die Strafen fest: Wer zum erstenmal erwischt wurde, zahlte fünfzig Florine. Beim zweitenmal waren es hundert, beim drittenmal zweihundert Florine mit einem Wahlverbot für alle städtischen Ämter auf zwei Jahre. Man wußte offenbar, mit welchen Kreisen man es vor allem zu tun hatte, und wollte auf drastische Weise abschrecken. Denn die Ausführungen gingen weiter: Beim viertenmal mußten fünfhundert Florine gezahlt werden, und der Betroffene wurde auf Lebenszeit von allen Ämtern ausgeschlossen. «Und wer dieses Verbrechen noch einmal begeht..., wird über die öffentlichen Plätze zum Gerichtsplatz geführt und dort verbrannt, damit er stirbt und seine Seele von seinem Körper getrennt wird.» Verurteilt wurde bei eigenem Geständnis oder zwei Augenzeugen oder vier Zeugen, die davon öffentlich Kenntnis hatten. Der Kupferschmied Piero di Jacopo aus der Pfarre San Lorenzo wurde verbrannt, weil er angeblich einen zehn Jahre alten Jungen in sein Haus gelockt und vergewaltigt hatte. Der Junge hatte schwer verletzt einen Doktor aufgesucht. Wer in der Familie hatte den größten Einfluß auf die Kinder? Es war die Mutter, keine Frage. Denn die Familie war der Platz, den ihr die Gesellschaft zuwies. Wo aber blieben die Väter, denen keine Mutter Spiel und Spaß mit ihren Kindern verboten hätte? Sie waren abwesend. Die von ihren erwachsenen Söhnen idealisierten Väter – waren sie nicht schon verstorben – hatten wenig Zeit für ihre Familie. Sie machten auf dem Markt oder im Kontor ihre Geschäfte, führten viele Gespräche, um über die städtischen Angelegenheiten aller Art auf dem laufenden zu sein. Sie reisten für den Familienprofit oder in politischer Mission weit über Land und Meer und waren nicht selten durch einen städtischen Verwaltungsposten innerhalb der Toskana nur Gast zu Hause. Die Väter fehlten ihren Söhnen als Identifikationsfigur, und wie sollten sie in den wenigen Stunden, die sie mit ihren Kindern verbrachten, enge emotionale Bindungen entwickeln? Als der neunjährige Alberto gestorben war, urteilte Giovanni Morelli selbstkritisch über seine Vaterrolle: «Ich habe ihn nicht wie meinen Sohn, sondern wie einen Fremden behandelt.» Und er klagte sich an: «Nie schautest du ihn aufmunternd an. Nie küßtest du ihn, wenn er es wollte. Du quältest ihn mit der Schule und mit vielen strengen Schlägen.» Solche strenge, verkappte Elternliebe war wohl die Regel, nicht die Ausnahme. Wenn nun die Söhne sich nicht so entwickelten, wie die Väter sich das erträumten, was war einfacher, als die Mütter zum Sündenbock zu machen? Nicht die abwesenden Väter mußten Kritik und Verantwortung für ihre Söhne übernehmen. Die Mütter waren an allem schuld.

Sieht man genau hin, so steckten im Verhältnis von Vätern und Söhnen viele Widersprüche. Die Leitfigur war zwar meist abwesend, aber sie warf einen um so größeren Schatten auf die Heranwachsenden. Unendlich lang war die Zeit der Unmündigkeit. Die Jahre zogen sich hin, in denen die Söhne zwar das Geld ihrer Väter ausgeben konnten, aber keinerlei Verantwortung tragen durften. Wenn ein Mädchen heiratete, hatte es – bei allen Einschränkungen – den Status einer Erwachsenen erreicht. Starb sie als junge Ehefrau, wurde sie mit allen Ehren begraben. Bei einem gleichaltrigen jungen Mann, in der Regel unverheiratet, sahen die Statuten der Totengräber von 1376 geringere Gebühren vor, weil man in diesem Fall viel weniger Arbeit hatte. Ein Bürgersohn war in Florenz erst mit dreißig Jahren erwachsen, dann standen ihm politische Ämter offen. Selbständig jedoch war er damit noch nicht. Oft arbeitete er im Geschäft seines Vaters, der weiterhin die Leitung hatte. «Vier von fünf Söhnen warten auf den Tod ihres Vaters», schrieb der Dichter Franco Sacchetti, der mit seiner sarkastischen «Trecentonovelle» über den Florentiner Alltag gegen Ende des 14. Jahrhunderts berühmt wurde.

Und was taten die jungen Herren während der langen Jugendzeit? Sie tyrannisierten ihre Umgebung, um überschüssige Energien aller Art loszuwerden und die Langeweile auszufüllen. Und zwar mit Billigung ihrer Väter, von denen der Chronist schreibt: «Sie sagen, die giovani sollen keine öffentlichen Angelegenheiten diskutieren, sondern ihren körperlichen Lüsten nachgehen.» Moral oder Religion galt ihnen nichts. Und weil das nach der Sitte der Zeit Männern in diesem Lebensalter erlaubt war, wies man ihnen fürsorglich keinen Platz in der Prozession zu. Sie bedrohten Gastwirte und Gäste auf ihren nächtlichen Streifzügen, zerschlugen Statuen, trieben mit verängstigten Mitbürgern Schabernack. Vor allem dachte die männliche Jugend nur an eines – und da reichten die Bordelle nicht aus. Weshalb die älteren Ehemänner in permanenter Sorge um ihre jungen Frauen waren und in Sacchettis Novellen immerzu die Hörner aufgesetzt bekommen.

Man organisierte ritterliche Turniere und Tänze, um die wilde Jugend zu domestizieren. Allerdings beobachteten die Stadtväter solche Ereignisse nicht ohne Argwohn, denn öffentliche Wettbewerbe förderten die Bildung von jugendlichen Banden, die in Kürze unweigerlich in Straßenschlachten gegeneinander antraten.

Das ungebärdige Verhalten der jungen Leute ist ein ständiges Thema in Chroniken und Erinnerungen, ohne daß es gründlich analysiert wird. Man ist hin und her gerissen zwischen Verständnis für das Ausleben überschäumender Kräfte und der Verurteilung von rücksichtslosem Rowdytum. Da tauchen um die Jahrhundertwende auf einmal neue Freizeitvergnügen auf. Die geplagten Väter sehen ihre heranwachsenden Söhne mit anderen Blicken, denn die Söhne erscheinen buchstäblich in neuer Verkleidung und beschäftigen sich mit Dingen, die sie bisher verachtet haben.

Waren bisher die Jungen von ihren Vätern in die Versammlungen der religiösen Bruderschaften mitgenommen worden, wo sie sich nach den Erwachsenen zu richten hatten, entstanden plötzlich eigene Bruderschaften für Jugendliche. Ein Goldschmied gründete 1410 die Bruderschaft von heiligen Erzengel Raphael oder der Geburt Christi, und zwar ausdrücklich für fanciulli, Knaben. Allein dieser Verein hatte 25 Jahre später über hundert Mitglieder, und längst waren andere Vereine hinzugekommen. Papst Eugen IV., der von 1434 bis 1443 in Florenz residierte, erteilte vier Bruderschaften für Jungen seinen offiziellen Segen. Als er 1435 in San Pancrazio die Aufführung einer Bruderschaft über die Geburt Christi besuchte, nutzte der angesehene Ambrogio Traversari, Mönch, Humanist und Berater der Kurie, die Gelegenheit, dem Heiligen Vater die heilsamen Wirkungen solcher Gemeinschaften zu schildern: Wenn sie dort gut erzogen würden, könnten über diese Jugendlichen die Familien gebessert werden.

Das waren neue, revolutionäre Töne in einer Gesellschaft, die bisher nur in den Alten Vorbilder gesehen hatte. Nun wurden die Söhne ihren Vätern als Beispiel vorgestellt. Und tatsächlich: Die Väter waren zu Tränen gerührt, wenn sie ihre Söhne auf der Bühne oder – und beides war neu – in den städtischen Prozessionen als Engel und Heilige verkleidet sahen oder ihren kindlichen Nachwuchs als Christus im Krippenspiel erlebten. Das waren keine gelangweilten Muttersöhnchen, sondern freundliche, anmutige Wesen. Statt mit wilden Raufereien verbrachten sie ihre freien Stunden in ihren eigenen religiösen Klubs, wo sie nicht geduldet, sondern die Hauptpersonen waren und unter der Aufsicht verständnisvoller Priester sich selber organisierten. Man übte sich in rhetorischen Diskussionen ebenso wie in Ballspielen und Theateraufführungen, die heilige Geschichten, sacra rappresentazione, erzählten und in statischer Form schon die Prozessionen belebt hatten. Unmerklich wurde aus einem vernachlässigten, eher lästigen Lebensabschnitt eine höchst ehrenvolle, vorbildliche Zeit. Die Jugend hatte eine neue Rolle gefunden, und die Väter waren beeindruckt von ihren Söhnen. Voller Stolz beugten sich die Alten, Erfahrenen vor denen, die noch lange keine Verantwortung tragen würden und sich doch schon einen soliden, angesehenen Platz in der Gemeinschaft erobert hatten.

Wenn die festlichen Tage vorüber waren, die Prozessionen beendet, die Reliquien wieder an ihrem angestammten Platz, die Fahnen und Standarten eingerollt, die Weihrauchfässer kalt geworden, dann hämmerten die Handwerker wieder in ihren kleinen Läden, die Färber zogen die kostbaren Tuche durch die bunten Laugen, die Bankiers prüften die Kreditfähigkeit ihrer Kunden, der Kaufmann bestellte eine Ladung Gewürze oder Getreide bei seinen Agenten – und ein paar Glückliche beschäftigten sich ausschließlich damit, auf welche Weise sie ihr Geld ausgeben wollten. Und alle, die ein wenig oder auch mehr besaßen, waren eigentlich erleichtert, daß die Heimlichkeiten vor dem Fiskus ein Ende hatten. Zwar hörten die Anekdoten über die trickreichen Versuche der Florentiner, die Steuereinnehmer zu überlisten, nicht auf. Aber der Catasto von 1427 war nur möglich, weil die Bereitschaft allgemein war, Auskünfte über seinen Besitzstand zu geben. Denn nur wer Reichtum hatte, konnte ihn zum Wohle der Kommune ausgeben. Natürlich ging man weiter zu den Predigten der Bettelmönche, die immer noch gegen Luxus und Verschwendung predigten, und wetteiferte darum, in Santa Croce und Santa Maria Novelle eine Grabkapelle für die Familie zu erstehen. Doch die asketischen Ideale des heiligen Franz aus Assisi waren nicht mehr gefragt an der bürgerlichen Tugendbörse. Und die Kaufleute, die Soll und Haben zusammenstellten, um wieder einen dicken Batzen für die schönen Künste oder den Ankauf teurer antiker Manuskripte auszugeben, erhielten unüberhörbar Unterstützung von der geistigen Elite.

Erstaunlich einmütig sangen die führenden Humanisten das Loblied des Reichtums. Coluccio Salutati übernahm aus dem Alten Testament, daß Gott die fetten Herden liebte und nicht die mageren. Leonardo Bruni, der 1420 für Cosimo de' Medici die «Ökonomie» des Aristoteles übersetzte, nannte es einen Beweis der Tugend, wenn der Mensch seinen Reichtum klug und nutzbringend verwaltete. Reichtum, das Fundament des Staates, sei eine moralische Herausforderung. Poggio Bracciolini, einer der klügsten Köpfe im frühen Florentiner Humanistenkreis, der 1403 eine einflußreiche Stelle als Sekretär am päpstlichen Hof erhielt, schrieb ein böses Pamphlet gegen die Moral der Bettelmönche: «Es wende mir keiner von jenen Heuchlern, Schmarotzern, Ungeschliffenen, die unter dem Deckmantel der Religion auf der Jagd nach Speisen herumlaufen, ohne zu arbeiten und sich abzumühen, und den anderen Armut, Verachtung der irdischen Güter predigen, etwas dagegen ein! Wir werden unsere Städte nicht mit diesen Scheinmenschen erbauen können, die im vollkommensten Müßiggang ihr Leben durch unsere Arbeit fristen.»

«Sull' Avarizia» hieß das Pamphlet, in dem Bracciolini 1428 gegen den Geiz der Mönche wetterte, die immerzu Konsumverzicht predigten: «Würde jeder nur so viel produzieren, wie er selbst braucht, würde alle Pracht und Herrlichkeit aus den Städten verschwinden.» Im Jahr zuvor hatte Stefano Porcari, ein Capitano del Popolo, dessen Reden bei den Florentinern so populär waren, daß sie schriftlich verbreitet wurden, der Menge auf der Piazza della Signoria zugerufen: «Woher kommen unsere Kleider? Vom Reichtum... Woher kommt das Essen für uns und unsere Kinder... Woher die Mittel zu einer tugendhaften Erziehung unserer Kinder... Die geweihten Kirchen mit ihrem Schmuck, die Mauern und Türme... die Paläste, Brunnen... die Brücken, Straßen...» Wahrlich, auf alle diese Fragen gab es nur eine Antwort. So trafen sich das Gewinnstreben und die Ausgabenlust der Bürger auf das schönste und nützlichste mit den Idealen der Philosophen. Und alle durften ein gutes Gewissen haben.

Palla Strozzi, um 1376 geboren, war einer der reichsten Männer von Florenz. Sein Vater hatte ein Vermögen im Wollhandel gemacht. Zwar ging der Sohn Partnerschaften mit anderen Banken ein, verstand aber selber kaum etwas vom Geschäft und war klug genug, sich nicht einzumischen. Sogar sein persönliches väterliches Erbe ließ er von anderen verwalten. Auch in der Politik blieb Palla Strozzi lieber im Hintergrund, strebte nicht nach hohen Ämtern. Deshalb war sein Einfluß nicht gering, seine Meinung im Gegenteil sehr gefragt. Am liebsten sammelte er antike Manuskripte, saß in den Unterrichtsstunden von Manuel Chrysoloras, um Griechisch zu lernen, und war unermüdlich damit beschäftigt, die Grabkapelle seines Vaters in der Sakristei von Santa Trinità auszubauen und dort die besten Künstler zu beschäftigen.

Am 8. Juni 1423 notierte Palla Strozzi in seinen Büchern, daß Gentile da Fabriano für sein Altarbild die vereinbarte Restzahlung von 150 Florinen bekommen habe. Fabriano, um 1380 in den Marken geboren, arbeitete seit einem Jahr in Florenz. Sein monumentales Bild für die Strozzi-Kapelle – heute in den Uffizien –, für das er insgesamt 300 Florine bekam, war eine Sensation selbst für Florenz. Kenner und Liebhaber staunten über den Überfluß an Farben und Gold, über die gedrängte Geschäftigkeit bei dieser «Anbetung der Heiligen Drei Könige», wo jeder Stein, jedes Blatt bis ins kleinste Detail gezeichnet war. Unter dem Hauptbild entstanden kleine intime Tafeln, die wie nie zuvor in der Malerei von Licht und Schatten lebten. Noch im gleichen Jahr verzeichnete Strozzi eine größere Ausgabe für die Gewölbe der Kapelle, die mit teurem Azurblau und goldenen Sternen ausgemalt wurde. Und es dauerte nicht lange, da gab der Rentier bei Fra Angelico, zweifellos ein kommendes Genie unter den Florentiner Malern, für die Kapelle von Santa Trinità eine «Kreuzabnahme» in Auftrag. (Sie befindet sich heute im Museum von San Marco.)

Auch ohne Dokumente können wir sicher sein, daß Palla Strozzi manchmal von seinem Haus an der Via Tornabuoni seinen Weg über den Arno nahm und zur Kirche Santa Maria del Carmine am südlichen Ufer spazierte. Dort hatte der Kaufmann Felice Brancacci 1423, gleich nach der ersten Fahrt der Staatsgaleeren, die er als Florentiner Gesandter nach Alexandrien begleitete, für die Grabkapelle seiner Familie ein ehrgeiziges Freskenprogramm in Auftrag gegeben. Den Anfang machte Maso di Cristofano Fini, genannt Masolino, ein Meister des in ganz Europa verbreiteten gotischen Stils. Ab Frühjahr 1425 arbeitete er mit Tommaso di Ser Giovanni di Mone Cassai zusammen, genannt Masaccio. Beide Maler stammten aus dem Arnotal. Ab September trug Masaccio die Verantwortung für das ganze Projekt allein, denn Masolino zog mit einem berühmten Condottiere nach Ungarn. 1428 ging Masaccio nach Rom, wo sich seine Lebensspur verliert. Schon den Zeitgenossen war bewußt, daß der wesentlich jüngere Masaccio – im Jahre 1401 geboren – mit seinen raumfassenden realistischen Figuren in der Brancacci-Kapelle für die Malerei ein neues Zeitalter eröffnet hat. (Die grundlegenden, 1990 beendeten Restaurierungen der Kapelle haben nicht nur Masaccio in alter-neuer Farbigkeit erscheinen lassen, sondern auch Masolino aus dem Schatten des Jüngeren geholt und sein eigenständiges Profil deutlich gemacht.)

Die Geschichten des Petrus aus der Apostelgeschichte, der lehrend, taufend und wunderheilend den Brancacci-Zyklus bestimmt, mag die entschieden propäpstliche Gesinnung des Karmeliterordens widerspiegeln. Mindestens so interessant ist die Darstellung der Parabel vom «Zinsgroschen» aus dem Matthäusevangelium auf dem Hintergrund der aktuellen politischen Situation. Denn in diesen Jahren liegt die vehemente Diskussion über die finanzielle Misere der Kommune und die Entscheidung für die neuen Steuergesetze, den Catasto von 1427. Soll die Geschichte vom «Zinsgroschen» zufällig auf die Wände der Kapelle gemalt worden sein? Als Petrus von den Tempelordnern bedrängt wird, den Tempelgroschen zu zahlen, befiehlt Jesus ihm, ans Meer zu gehen und die Angel auszuwerfen. Der Apostel wird einen Fisch fangen: «Und wenn du sein Maul aufmachst, wirst du ein Zweigroschenstück finden; das nimm und gib's ihnen für mich und dich.» Mit anderen Worten: Schon Jesus hat dafür plädiert, daß die Bürger ihre Steuern zahlen. Eine frohere Botschaft konnten sich die Herrschenden nicht ausdenken, der Künstler hat sie in die Öffentlichkeit gebracht.

Bis heute ist umstritten, in welchem Jahr Masaccio das Fresko der Heiligen Dreifaltigkeit an der linken Wand im Mittelschiff von Santa Maria Novella schuf. Vieles spricht für sein letztes Jahr in Florenz. Auftraggeber war der wohlhabende Bürger Domenico Lenzi, der für sich und seine Frau, beide kniend am Bildrand, etwas Ungewöhnliches bestellte – ein gemaltes Grabmal. Die Lenzi-Familie hatte stets enge Beziehungen zu den Dominikanern von Santa Maria Novella. Im Sommer 1426 wurde ein Lenzi für ein Jahr Prior im Kloster, sein Vorgänger, Fra Alessio Strozzi, bewegte sich gerne in Künstlerkreisen. Und sowohl Domenico Lenzi wie Felice Brancacci waren mit den Strozzi verschwägert. Dies ist wieder nur ein kleiner Ausschnitt, wie sehr sich die Kreise der weltlichen und geistlichen Elite überschnitten. Der Christus im Fresko von Santa Maria Novella – den Querbalken des Kreuzes hält Gott der Vater – kennt keine Schmerzen, Johannes und Maria zu seinen Füßen zeigen keine Trauer. Das Bild verkündet einen stoischen, rationalen Glauben, den die perfekte Perspektive der gesamten Komposition noch unterstreicht. Als hätte Masaccio die Überzeugung seiner gelehrten humanistischen Mitbürger mit genialer Intuition in seine Kunst umgesetzt: Die Wahrheiten des christlichen Glaubens sind so klar wie mathematische Axiome.

Die individuellen künstlerischen Handschriften wurden immer ausgeprägter, die Horizonte immer offener, die Ausblicke immer verblüffender, das Bild des Menschen immer widersprüchlicher. Der Kontrast zwischen den kräftigen Figuren des Masaccio und der eleganten Erotik des bronzenen «David» von Donatello ist mit Händen zu greifen. Ob der Bildhauer, ein Freund Brunelleschis, wirklich homosexuell war, wie die Zeitgenossen flüsterten, ist mit Sicherheit nicht zu sagen. Ob die Bronzestatue – heute im Bargello – wirklich David darstellt oder vielleicht den Gott Hermes – keiner weiß es. Keinen Zweifel aber gibt es, daß diese männliche Figur anatomisch von typisch weiblichen Zügen geprägt ist. Ein androgynes Wesen, das sich nicht an die traditionelle Geschlechterprägung hält. Hier wird kein Macho als Ideal präsentiert, sondern ein Mann mit femininen Zügen. Vielleicht ist es kein Zufall, daß Donatello auch ein weibliches Gegenstück aus Bronze geschaffen hat. Seine Judith, die Holofernes schon den

Hals durchschnitten hat, stößt noch einmal zu – mit männlicher Kraft. Die Geschichte der Judith war ein beliebtes Motiv der Bildhauer und Maler. Niemals zuvor aber ist sie mit solcher blutigen Entschlossenheit gestaltet worden und mit weiblichen Zügen, die nicht von den üblichen Schönheitsmerkmalen des schwachen Geschlechts gezeichnet sind. (Donatellos Bronzegruppe, über Jahrhunderte auf der Piazza della Signoria plaziert, steht heute im Liliensaal des Palazzo Vecchio.)

Ganz ungestört konnte selbst Palla Strozzi nicht der geistigen Muße und seinen künstlerischen Vorlieben frönen. Im Spätsommer 1424 schickt ihn die Kommune zusammen mit Giovanni de' Medici nach Venedig. Die außenpolitische Lage ist verzweifelt. Am 30. Juli hat das florentinische Söldnerheer bei Faenza von den Mailänder Truppen eine vernichtende Niederlage erlitten. Nur ein Bündnis mit Venedig, das von beiden Seiten noch niemals in Betracht gezogen war, kann die Gewichte zugunsten von Florenz verschieben. Aber der neue Doge Francesco Foscari lehnt ab.

Im Frühjahr 1425 folgt die nächste militärische Niederlage. Die monatlichen Militärkosten allein steigen auf 60000 Florine. Trotz aller Aufträge für Maler, Bildhauer und Architekten zahlen die Strozzi und Brancacci, die Pazzi und die Lenzi und viele andere führende Familien Unsummen in die Staatskasse. Sie wissen zu gut, es geht um ihr Überleben. Am 9. Oktober wird das Heer auf dem Schlachtfeld von Anghiari bei Arezzo erneut geschlagen, nur sechs Tage später muß der Kurier schon wieder eine Niederlage melden. Wie viele kann Florenz noch einstecken? Die Militärkosten pro Monat erhöhen sich auf 80000 Florine.

Die Florentiner warten auf das Wunder, das ihnen in den vergangenen Jahrzehnten mehrfach aus der Krise half, wenn sie am tiefsten drinsteckten. Es ereignet sich im Dezember 1425: Die Venezianer entscheiden sich nun doch für das Bündnis mit Florenz. Die Stadt am Arno verpflichtet sich, monatlich 100000 Florine für eine neue Armee aufzubringen. Sie sind gut angelegt. Im Jahre 1428 schließt Mailand Frieden.

Der Klüngel lebt
oder Im Bann der Medici

Im Jahre 1436 kehrte eine neunundzwanzigjährige, hochschwangere Witwe in ihre Heimatstadt Florenz zurück. Zwei Jahre zuvor war sie freiwillig ihrem Mann Matteo Strozzi nach Pesaro ins Exil gefolgt. Jetzt war er tot, wie drei ihrer fünf Kinder an der Pest gestorben, und Alessandra Macinghi Strozzi fest entschlossen, sich nicht wieder zu verheiraten, sondern von Florenz aus mit Hilfe ihrer Söhne die Ehre ihres Hauses wiederherzustellen. «Rifare la nostra casa» war ihr einziges Lebensziel, wie sie später in einem ihrer zahlreichen Briefe an die Söhne schrieb.

Matteo Strozzi war nur einer von über siebzig angesehenen Bürgern, die der Bannstrahl des Cosimo de' Medici getroffen hatte. Auch Palla Strozzi, der sich stets aus allen politischen Händeln heraushielt, und Felice Brancacci, in dessen Familienkapelle von Santa Maria del Carmine nun die Malerarbeiten stockten, mußten sich 1434 neue Quartiere außerhalb von Florenz suchen. Als die Fraktion der Albizi nach dem Frieden mit Mailand 1428 schon ein Jahr später in einen neuen Krieg gegen Lucca zog, der 1433 für Florenz im Desaster endete, fanden sich die Gegner unter der Führung einer Familie zusammen, die inzwischen zur reichsten in der Stadt geworden war, aber bisher geschickt jeden Anschein von politischem Ehrgeiz vermieden hatte: die Medici. Oberhaupt der Medici war seit dem Tod seines Vaters 1428 Cosimo, und er wurde Erbe eines Vermögens, das – alles in allem – rund 200000 Florine umfaßte.

Die Anhänger der Albizi ließen sich nicht täuschen, manipulierten 1433 die Wahl der Prioren, nahmen Cosimo gefangen und ächteten ihn im Herbst mit dem Bann. Doch es half nichts. Zu viele führende Florentiner sahen in diesem gebildeten, zurückhaltenden Bankier des Papstes und erfolgreichen internationalen Kaufmann den kommenden Mann am Arno. Als die Bürger in

Florenz erfuhren, daß der Gebannte in Venedig von den Regierenden wie ein Staatsgast empfangen wurde, mehrte das nur den Ruhm Cosimos. Im Oktober 1434 hob eine neue Mehrheit im Palast der Prioren den Bann auf, der Medici-Troß konnte heimwärts ziehen.

Das alte Spiel begann von vorn. Wer von den Albizi und ihren Freunden nicht freiwillig die Stadt verließ, dem wurde mit dem Bannspruch nachgeholfen. Allerdings ließ Cosimo die traditionelle Zurückhaltung der Sieger fahren. Ohne persönlich in Erscheinung zu treten, denn er hatte kein politisches Amt inne – und so sollte es auch bleiben –, sorgte er dafür, daß rigoroser als je unter dem Regime der Albizi tatsächliche und potentielle Gegner der Medici das Territorium räumen mußten. Nicht wenige wurden hingerichtet.

Und damit die Politik von Florenz nach innen und nach außen in Zukunft die Interessen der Medici und ihrer Anhänger zur alleinigen Richtschnur hatte, wurden die institutionellen Manipulationen der letzten Jahre durch eine der beliebten Sonderkommissionen sanktioniert. Legal war es seit Beginn der Republik, die Namen der als Kandidaten für das Priorenamt gewählten Bürger per Los in jene sieben Beutel zu befördern, aus denen – alle zwei Monate – die neuen Prioren gezogen wurden. Von nun an präparierten zehn accoppiatori die ledernen Beutel in der Sakristei von Santa Croce, wo die Franziskaner sie seit alters in Verwahrung hatten. Das heißt, die Namenszettel kamen nicht mehr per Los, sondern durch die Hände der «Kuppler» in die Endauswahl, bevor man die Beutel für den letzten Wahlakt feierlich in den Priorenpalast trug. Und die accoppiatori – für fünf Jahre gewählt – machten keinen Hehl daraus, daß sie etliche Kandidaten, um des Friedens in der Stadt willen, per Hand aus dem Wahlprozeß aussonderten. Cosimo de' Medici konnte sich auf seine «Kuppler» verlassen.

Nicht alle gewöhnen sich an die neue Ordnung im Innern. Auch Cosimos Außenpolitik ist umstritten. Er hat sich mit Mailand, dem alten Erzfeind, verbündet, und hält durch dick und dünn an dieser Allianz fest. 1457 wird in Florenz eine Verschwörung aufgedeckt, die Anführer werden hingerichtet. Schon ein Jahr später gibt es neue Verhaftungen, weitere angebliche Gegner trifft die Verbannung. 1460 wird ein angesehener Jurist verhaftet und stirbt im Gefängnis. O per disagi o per tormenti – man zieht vielsagend die Schultern hoch, wenn das Gespräch darauf kommt. «Ob durch Entbehrungen oder Folter» – da war nur ein kleiner Schritt. Und eines haben die Florentiner sehr schnell erfahren: Dieser feinsinnige Cosimo, der großzügig Suchaktionen nach antiken Manuskripten finanziert, dessen Unternehmen zum größten Bankhaus Europas expandiert und zur Jahrhundertmitte rund 100000 Florine auf der Haben-Seite zählt, handelt rücksichtslos und entschlossen, wenn es um die Macht geht. Das muß auch Alessandra Strozzi, deren Mann als Opponent der Medici im Exil gestorben war, bitter erfahren.

Filippo, der älteste Sohn, lebt nach der Rückkehr seiner Mutter an den Arno fünf Jahre in Florenz und ist noch keine 13 Jahre alt, als er 1441 die Stadt wieder verläßt, um sein Glück zu machen. Zwar ging der Bann für den Vater nicht auf die Kinder über, doch ein Strozzi konnte in Florenz unter den Medici vorläufig nichts werden. Abgesehen von Einsamkeit und Heimweh in der Ferne, hat Filippo die besten Voraussetzungen, um Karriere zu machen: Er muß nur von einem Verwandten zum anderen reisen, denn die Strozzi sind als erfolgreiche Bankiers und Kaufleute über ganz Europa verstreut. Filippo lernt von der Pike auf in Palermo, Barcelona, Brügge und Neapel, wo es ihm am besten gefällt und er sich als Bankier niederläßt. Die Mutter verkauft in der Zwischenzeit in Florenz Ländereien und Schmuck und schickt den Erlös ihrem Sohn als Grundstock für seine Geschäfte. Sie weiß, gemäß den ungeschriebenen Gesetzen der Florentiner Gesellschaft sind ihre Söhne das wichtigste Kapital. Alessandra Strozzi hat deshalb keine Bedenken, ihre Töchter ein wenig unter dem Rang der Familie zu verheiraten – wenngleich natürlich ehrenhaft –, um die Mitgift zu senken. Freimütig nennt sie in einem Brief an Filippo die ausgehandelten 1000 Florine eine «Handwerker-Mitgift».

Doch 1458 erleiden die Hoffnungen der Mutter auf Rehabilitierung einen schweren Rückschlag. Durch die Verschwörungsversuche mißtrauisch gemacht, läßt Cosimo den Bann für die

Exilierten von 1434 auf die Söhne ausdehnen, und zwar für 25 Jahre. Alessandra Strozzi ist so frustriert, daß sie überlegt, Florenz den Rücken zu kehren und zu Verwandten nach Bologna zu ziehen. Sie will endlich Filippo wiedersehen, der tatsächlich sein Glück gemacht hat und in Neapel ein angesehener Geschäftsmann und Bankier geworden ist, mit allerbesten Kontakten zur königlichen Familie. Doch Filippo rät ihr dringend auszuhalten. Sein Patriotismus ist unerschütterlich. «Ich war traurig», schreibt er seiner Mutter aus Neapel, «... aber sie haben es nur getan für den Frieden der ganzen Stadt.»

Filippo ist jung, er kann warten. In Padua muß ein anderer Strozzi seine Hoffnungen begraben, die Vaterstadt wiederzusehen. Palla Strozzi ändert sein Testament und faßt den für einen Florentiner ungewöhnlichen Beschluß, auch als Toter nicht mehr zurückzukehren und auf die letzte Ruhe in der Familienkapelle von Santa Trinità, für deren Ausbau und Verschönerungen er die besten Künstler engagiert hatte, zu verzichten. Der verschärfte Beschluß des Cosimo trifft auch seinen Schwiegersohn Giovanni Rucellai, den Sohn jener Caterina Rucellai, die als Witwe ihre Söhne allein wie «Vater und Mutter» großgezogen hatte.

Ob Alessandra Strozzi oder Caterina Rucellai, die nun miteinander verwandt sind: die Kraft der Mütter, sich einer Wiederverheiratung zu widersetzen, ihre Kinder nicht der väterlichen Verwandtschaft zu überlassen und ihren ganzen Ehrgeiz in die Erziehung des Nachwuchses – und das heißt vor allem ihrer Söhne – zu setzen, muß eine Herausforderung für diese Söhne gewesen sein. Auch Giovanni Rucellai, 1403 geboren, hat als junger Mann zwischen 1413 und 1423 aus eigener Kraft Karriere gemacht. Bella richezza nennt er in seinen Aufzeichnungen späterer Jahre, dem «Zibaldone Quaresimale», die Früchte seiner Arbeit. Er wurde Partner in der viertgrößten Bank am Arno und handelte mit Gewürzen, Seide «und vielen anderen Dingen». 1451 ist er der drittreichste Mann in der Stadt. Viele gute Geschäfte machte Giovanni Rucellai mit einem Strozzi-Schwager in Venedig, wo er sich oft und gerne aufhielt. Auf dem Weg dorthin hat Giovanni stets Palla Strozzi besucht und in Florenz, wo er aufgrund dieser Verwandtschaft ein Außenseiter war, dem Ämter und öffentliche Ehren verwehrt blieben, nie seine Kontakte zu seinem Schwiegervater geleugnet. 1455 erfährt er, daß die «Kuppler» seinen Namen aus dem Beutel für die Priorenwahl entfernt haben.

Doch wie Filippo Strozzi gibt Giovanni Rucellai nicht auf: Es ist sein Sinnen und Trachten, eines Tages wieder in aller Öffentlichkeit ein ehrenhafter Bürger von Florenz zu sein. Und beide Männer haben Gründe für ihren Optimismus. Auch wenn Cosimo de' Medici Härte gegenüber seinen Opponenten zeigt, so weiß er doch, daß die Zeit unversöhnlicher ideologischer Gegensätze zwischen den führenden Familien vorbei ist. Sie haben zu viele gemeinsame Interessen, und sie sind alle überzeugt, daß der Ruhm jeder einzelnen Familie das Ansehen der Stadt vergrößert und auf die gesamte Führungsschicht zurückstrahlt. Man hat gelernt, Kompromisse zu machen. Nicht starre orthodoxe Positionen kennzeichnen den Umgang der Reichen und der Mächtigen miteinander, sondern Flexibilität und Offenheit. Und die Familie Medici tut gut daran, sich einer breiten Zustimmung bei den großen Familien zu versichern, wenn sie auf Dauer herrschen will. Cosimo leidet schwer unter der Gicht, sein Sohn Piero ebenfalls. Es sind nicht wenige Tage, an denen die beiden gleichzeitig das Bett hüten müssen. Deshalb ist es nicht verwunderlich, daß hinter den Kulissen, die eine unnachgiebige Politik demonstrieren, Signale der Versöhnung ausgehen. Und bald zeigt sich auf offener Bühne, daß die Feinde von gestern wohl in naher Zukunft Freunde werden.

Schon Mitte der fünfziger Jahre haben die Medici Kontakt zu Filippo Strozzi, der in Neapel in der Verbannung lebt, aufgenommen. Er soll sich in ihrem Sinn bei Hofe verwenden und für die Medici Geschäfte anbahnen. Im April 1461 geht eine Neuigkeit wie ein Lauffeuer durch die Stadt: Bernardo Rucellai, Giovannis ältester Sohn, verlobt sich mit Nannina de' Medici, einer Enkelin des Cosimo. Da muß nichts kommentiert werden. Mit einem Schlag ist Giovanni Rucellai wieder gesellschaftsfähig. Auch bei den Strozzi tut sich etwas, das allen klarmacht: Die Zeit der Verbannung ist bald vorbei.

Anfang Februar 1464 hat es geschneit in Florenz. Und während in der Stadt darüber geredet wird, daß es mit Cosimo wohl zu Ende geht, nutzt die Jugend in diesen Breiten die seltene Laune der Natur, um sich zu amüsieren. Es ist schon dunkel, als ein Trupp junger Männer zum Haus der Marietta degli Strozzi zieht, eine sechzehnjährige unverheiratete Enkelin des Palla Strozzi. Die Herren, die sich von Fackelträgern und Trompetern begleiten lassen und deren kostbare Kleidung keinen Zweifel über ihre Herkunft läßt, beginnen eine Schneeballschlacht. Das Fenster öffnet sich, Marietta erscheint und wirft die Schneebälle, die zu ihr hinauffliegen, zurück. Die Menge, die dem fröhlichen Schauspiel zusieht, applaudiert und weiß, daß hier nichts dem Zufall überlassen ist, auch wenn man gerade übermütig in der ganzen Stadt die Tage des Karnevals feiert. Tatsächlich ist dies nur der Anfang.

In der Nacht des 14. Februar macht sich wieder ein Zug auf zu Mariettas Haus, und diesmal ist es ein Spektakel von allerhöchstem Rang. An der Spitze reitet Bartolomeo Benci, um «jener Dame» die Ehre zu erweisen. In seinem Gefolge acht Ritter, deren Pferde von Decken aus Seide und Brokat umhüllt sind. Den acht jungen Herren zugeordnet – ebenfalls in prächtigen Kostümen – sind 150 junge Leute. Außerdem begleiten Musiker, Fackelträger und vier Zeremonienmeister, davon zwei aus der Familie Strozzi, den Zug. Und natürlich jede Menge Volk, das sich dieses Ereignis nicht entgehen lassen will. Einige Männer tragen auf ihren Schultern ein großes Schaubild mit den Wappen der Benci und der Strozzi, von einem hölzernen Herzen gekrönt, «il trionfo d'amore». Natürlich erscheint die Dame am Fenster – und der brennende «Triumph der Liebe» erleuchtet die Nacht.

Zwei Jahre später, im Juni 1466, wird auf der Piazza zwischen dem Haus von Giovanni Rucellai und der neu erbauten Familienloggia eine Woche lang die Hochzeit von Bernardo Rucellai und Nannina de' Medici gefeiert. Der gesamte Platz ist von einem hölzernen Parkett bedeckt. Feinste dunkelblaue Tuche spannen sich vom Haus zur Loggia, um vor der Sonne zu schützen, dazwischen Girlanden aus Rosen und Blattwerk. Die Häusermauern werden von Gobelins verdeckt. Musiker mit kleinen Trompeten und Querpfeifen spielen auf. Das Essen für die insgesamt fünfhundert

Gäste wird im Rucellai-Haus gekocht. Unter den Hochzeits-
geschenken vom Land befinden sich unzählige Kälber, Gänse,
Fische und viele Liter Wein. Trotzdem schreibt der Brautvater in
sein Tagebuch: «La spesa fu grande.» Ja, die Ausgaben waren gewaltig. Doch das Geld ist gut angelegt. Denn Giovanni Rucellai
konnte später notieren: «Seit ich mit den Medici verwandt bin,
wurde ich geehrt, geschätzt und gut angesehen.»

Im gleichen Jahr, im November 1466, wird noch eine Hochzeit
gefeiert, die Zeichen setzt. Im September war der Bann gegenüber
den Söhnen der Exilierten aufgehoben worden, Filippo Strozzi
kehrte endlich heim. Seine Mutter hatte die Braut schon lange und
sorgfältig ausgesucht und dem Sohn nach Neapel geschrieben:
«Halte die Juwelen bereit, prächtige, denn wir haben eine Frau
gefunden. Da sie schön ist und zu Filippo Strozzi gehört, muß sie
auch wunderschöne Juwelen haben. Denn so wie Du in anderen
Dingen zu Ehren gekommen bist, darfst Du auch hier nicht sparen.» Filippo war mit 37 Jahren selbst für Florentiner Verhältnisse
kein junger Bräutigam mehr. Doch für den zukünftigen Ehemann
hatte die nüchterne Alessandra Strozzi einen Rat: «Un uomo,
quando è uomo, fa la donna donna.» Was die Braut Fiametta Adimari, die 1477 nach der Geburt ihres sechsten Kindes sterben
wird, dazu sagte, wissen wir nicht. Doch die traurige Weisheit,
daß erst «der Mann, wenn er ein Mann ist, die Frau zur Frau
macht», bestätigt Nannina de' Medici, die im Sommer 1466 die
Frau des Bernardo Rucellai geworden war, nach dreizehn Jahren
Ehe in einem Brief an ihre Mutter: «Wer nach seinen eigenen Vorstellungen leben will, darf nicht als Frau geboren werden» - non si
vole nascere femina chi vuole fare a suo modo. Selbst von den
Frauen der Oberschicht gibt es so gut wie keine Zeugnisse über ihr
Leben. Nannina ist eine der ganz wenigen Ausnahmen: Wir dürfen aus ihrem knappen, eindeutigen Seufzer schließen, daß sie
nicht glücklich geworden ist, denn sie fügt bitter hinzu, daß
Bernardo sich nicht um sie kümmert.

Bernardo Rucellai war ein gebildeter Mann, von den besten
Lehrern der Stadt unterrichtet. Die Archäologie faszinierte ihn. In
Rom studierte er mit Akribie die Zeugnisse der Antike, nahm

eigenhändig Maß beim Gang durch die Ruinen, verglich Kunstwerke untereinander. Sein Buch «De Urbe Romana», eine Topographie des alten Rom, erweist ihn als Kenner und keineswegs nur als dilettantischen Liebhaber. 1471 machte er eine ausgedehnte Romreise mit seinem Schwager Lorenzo de' Medici. Es war eine Männergesellschaft, in der die zukünftige Florentiner Elite aufwuchs, die ihre Ideale prägte. Nichts hatte sich geändert seit den Tagen des Leonardo Bruni, der von Frauen Kenntnisse in Literatur und Theologie erwartete und geistreiche Gespräche. Lorenzo schätzte seine Mutter, eine Frau aus dem Hause der Tornabuoni, die Verse schmiedete, doch selbstverständlich keine Stimme in den öffentlichen Angelegenheiten hatte. (Mochten sich Vater und Sohn auch vielleicht hinter verschlossenen Türen bei ihr Rat holen. Wir wissen es nicht.) Frauen durften als Kurtisanen die festlichen Gelage der Florentiner Staatsgäste schmücken. Frauen hatten beim Eintritt in die Gotteshäuser die linke, die «schlechtere» Tür zu benutzen und sich im Innenraum der Kirchen hinten und getrennt von den Männern zu versammeln. Frauen blieben eine Ware, allerdings eine kostbare, ein wichtiger familiärer Posten im Kampf um die Macht. Denn es ist Nannina de' Medici, die durch ihre Heirat mit Bernardo Rucellai eine ganze Familie wieder gesellschaftsfähig macht. Es ist Clarissa, aus dem einflußreichen römischen Geschlecht der Orsini, die Lorenzo de' Medici die höheren gesellschaftlichen Weihen gibt und beste politische Verbindungen mit in die Ehe bringt. Trotzdem: Als Clarissa im August 1488 stirbt, schreibt der Mailänder Gesandte in Florenz nach Hause: «Sie ist vor drei Tagen gestorben, aber ich habe die Nachricht nicht sogleich weitergegeben, weil sie mir nicht von Bedeutung erschien.»

Am 1. August 1464 kam für Cosimo de' Medici das Ende. Fünf Jahre zuvor hatte Papst Pius II. bei seinem Besuch in Florenz gesagt: «Cosimo guida tutto.» Und so war es. Dieser Mann, der so tat, als sei er nur ein privater Bürger unter Gleichen, herrschte über alle und alles in Florenz. Piero, der Sohn und Nachfolger, schien aus weichem Holz geschnitzt. Alte Gegner fanden sich zusammen, um den Umbruch zu nutzen. Im Frühjahr 1466 unter-

schrieben vierhundert Bürger einen Eid, der die Rückkehr zum
alten republikanischen Regime forderte. Die Politik solle wieder
im Palast der Prioren gemacht werden und nicht in dem der Medici. Aber was nach Bürgerkrieg aussah, war nur ein kurzes, er-
folgloses Aufbäumen. Luca Pitti, einer der Anführer, wechselte
im August die Fronten. Und eine Volksversammlung auf der
Piazza della Signoria, von dreitausend Medici-Soldaten umzingelt, stattete die Herrschenden mit allen gewünschten Vollmachten aus. Es gab Verhaftungen, Verbannungen.

Am 1. Dezember 1469 stirbt Piero de' Medici. Am nächsten Tag
sammeln sich rund siebenhundert Anhänger der Familie in der
Kirche San Antonio. Nach kurzer Beratung gehen sie zum Palast
der Medici in der Via Larga (heute Via Cavour) und bitten die
beiden Söhne des Verstorbenen, Lorenzo und Giuliano, sich wie
ihr Vater um die Stadt und den Contado zu kümmern. Giuliano ist
17 Jahre alt, Lorenzo wird am 1. Januar 1470 seinen 21. Geburtstag
feiern – Kinder, gemessen an den Regeln und Traditionen der Florentiner Gesellschaft. Was bewog die Führung dieser Stadt, erfah-
rene, standesbewußte Männer, etwas noch nie Dagewesenes zu
tun: Einer Familie in dritter Generation hintereinander, und noch
dazu diesen Jünglingen, Florenz anzuvertrauen?

Piero de' Medici war wohl nicht so schwach, wie er vielen Zeitgenossen erschienen ist. Doch das Fundament der Medici-Macht
hat Cosimo gelegt. Er hat es sorgfältig getan, gut getarnt und dabei
viele unterschiedliche Interessengruppen und soziale Schichten an
die Politik seiner Familie gebunden. Cosimo war ein Meister des
Florentiner Klüngels. Trotz aller Härte den Ausgleich mit der traditionellen Elite zu suchen war das nächstliegende Gebot der
Klugheit, die Aussöhnung mit den Rucellai und Strozzi ein typi-
sches Beispiel. Zugleich besaßen die Medici ein Gespür für den
Nutzen des kleinen Mannes, seit einer aus der weitverzweigten
Familie 1378 den Aufstand der ciompi ausgelöst hatte. Cosimo
wußte, daß jeder, der in Florenz Macht ausübte – und sei er noch
so reich und noch so hoch geboren –, einen festen Rückhalt in dem
Stadtviertel brauchte, wo seine Familie zu Hause war und wo er
sich bedingungslos auf ein dicht geknüpftes Netz von Abhängig-

keiten verlassen konnte. Vicinanza, Nachbarschaft, hieß noch immer das Zauberwort, das Verläßlichkeit und Solidarität durch dick und dünn versprach. Die Reichen sorgten im Viertel nicht nur für die Armen, sondern verpflichteten sich eine breite Schicht von Handwerkern und kleinen Geschäftsleuten, denen sie mit Gefälligkeiten und Beziehungen das Leben erleichterten.

Um diese Basis zu erweitern, hatte Cosimo eine geniale Idee: Er schuf – unabhängig von den traditionellen städtischen Schwerpunkten um Dom und Priorenpalast – für sich und seine Familie ein neues urbanes, politisches Zentrum. Und das war zum erstenmal in der Geschichte von Florenz kein öffentlicher Raum – keine Kirche, kein kommunaler Bau –, sondern ein Privathaus, die Residenz der Medici. In der Steuererklärung für den Catasto von 1457 nennt Cosimo de' Medici zum erstenmal «un palagio per nostra habitazione con chorte e orto drito, murato intorno». Die erste Familie ist also umgezogen, in einen Palast zwischen der Via Larga (Via Cavour) und der Via de' Ginori schräg gegenüber von San Lorenzo «mit Innenhof und Garten dahinter, von einer Mauer umgeben». 25 Häuser mußten dem Neubau weichen. Kein Bürger in Florenz hatte sich jemals ein Haus von solchen Ausmaßen geleistet. Es begann mit elf Räumen im Keller für die Vorräte, im Erdgeschoß lagen vierzehn Räume um den Innenhof, es folgten zwanzig Räume im ersten Stock nebst einer Privatkapelle. Niemals zuvor gab es in der Stadt einen so großen Innenhof mit Säulenarkaden und Loggien, der nicht kommunalen Zwecken diente, sondern für die Mußestunden eines Privatmannes gedacht war.

Der monumentale Medici-Bau wurde nicht nur zum offiziellen Machtzentrum der Kommune, wo illustre Gäste der Stadt mit Vorliebe Quartier nahmen und die Gesandten fremder Staaten ihre Aufwartung machten. Hier führte Cosimo, der niemals in den Priorenpalast ging, mit seinen Vertrauten bei Tisch oder im schattigen Garten die entscheidenden politischen Gespräche. Der Palast war Teil eines kühnen Gesamtplans, der dem gesamten Stadtviertel, Ausfallstor zum Norden und noch ohne urbanes Profil, einen Mittelpunkt gab und damit den Bewohnern eine Identität, auf die sie stolz waren. Die Medici förderten drei wichtige Kirchen im Viertel – Santissima Annunziata mit dem hochverehrten Marienbild, San Marco mit Kloster und San Lorenzo –, die von Tradition und Ansehen her ein Eigengewicht zu Dom und Baptisterium bildeten, ohne daß man dem einflußreichen Förderer unziemliches Konkurrenzdenken hätte vorwerfen können. Und die breite Via Larga längs der Vorderfront des Palazzo war wie geschaffen als via triumphalis für seine Bewohner. Und Cosimo selbst zog die Fäden, um solche Pläne mit Leben zu füllen.

Kaum zurück aus dem Exil, nahm das Oberhaupt der Medici die Compagnia dei Magi, die Bruderschaft der Weisen aus dem Morgenland, unter seine Fittiche. Immer prächtiger wurden die Aufzüge am 6. Januar, dem Fest der Heiligen Drei Könige, denn die Gelder flossen reichlich. Und der Patron ließ es sich nicht nehmen, selber im königlichen Gefolge mitzuziehen, mal in kostbaren Pelz, mal in goldene Gewänder gekleidet. Was einst als kindliche Aufführung vor dem Platz zwischen Dom und Baptisterium begonnen hatte, war ein buntes, bedeutungsvolles Schauspiel geworden. Die drei Könige wurden zu Schutzherren der Medici. Im Auftrag des Cosimo malte Benozzo Gozzoli 1459 den prächtigen Aufzug der drei Weisen vor toskanischer Landschaft als Fresko in der Privatkapelle des Palastes. Im Kloster San Marco hatte Fra Angelico die Privatzelle Cosimos mit der gleichen biblischen Geschichte, der Auftraggeber sichtbar im Gefolge der heiligen Männer, geschmückt. Der Glanz der Könige fiel wie von selbst auf ihre Förderer. Mehr noch: Waren nicht die Medici selber wie Könige, wie Zauberer über Florenz gekommen und hatten den Ruhm der Stadt verbreitet? War nicht mit ihrer Herrschaft Florenz endgültig zum Abbild Jerusalems geworden?

In den unsicheren Jahren nach dem Tod Cosimos wird der Dreikönigskult gezielt eingesetzt, um die Macht der Medici zu stärken. Die heilige Geschichte verwandelt sich endgültig in ein Politspektakel. Die schier endlose Prozession des 6. Januar beginnt an der Piazza della Signoria und endet auf dem Platz vor San Marco, wo ein hölzerner Bau den Palast des Herodes symbolisiert. Er ist mit Teppichen, teuren Stoffen, Girlanden geschmückt. Ein reges Kommen und Gehen der Hofgesellschaft zum Thron des Herodes, der eine freundliche Majestät ist und nichts von einem brutalen Kindermörder an sich hat, unterhält die Zuschauer bis zum Eintreffen der Weisen. Ähnliches geschieht in den drei Palästen der Könige, deren Bauten diplomatisch auf drei Stadtviertel verteilt sind.

Das exotische Schauspiel an jedem 6. Januar, dem Tag der Erscheinung des Herrn, befriedigt ganz unterschiedliche Bedürfnisse und Interessen. Die Compagnia dei Magi war ein elitärer Klub, der bürgerlichen Oberschicht vorbehalten, und zwar den Alten wie den Jungen. Die Kinder der führenden Männer produzierten sich bei der Prozession in den Gewändern ihrer Väter, ahmten sie nach mit Masken, Gebärden und Bewegungen. Und weil man sich von Markt und Piazza kannte, wurde das heilige Fest für die Zuschauenden ein amüsantes Ratespiel: Kommt da ein Pazzi-Sprößling oder ein Frescobaldi? Die Väter aber waren wieder einmal gerührt, die Zukunft ihres Hauses anmutig und am Glanz der herrschenden Familie teilhabend in aller Öffentlichkeit zu präsentieren. Es gab inzwischen kein städtisch-religiöses Ritual mehr ohne die Teilnahme der Jugend von Florenz.

Es ist leicht, die Nase zu rümpfen und diese festlichen Aufzüge als hohlen Schein zu entlarven. Was so offensichtlich nach dem Motto «Brot und Spiele» organisiert wurde, verfehlte auch bei der geistigen Führungsschicht seine Wirkung nicht. Der rationale Florentiner ließ sich gerne beeindrucken, wenn etwas schön und kostbar war und seinen Augen stilvoll dargeboten wurde. Vespasiano da Bisticci, gelehrter Buchhändler und beliebter Gast in den intellektuellen Zirkeln der Stadt, notierte 1461 begeistert den Aufbruch einer Florentiner Gesandtschaft unter Leitung des Piero Pazzi nach Frankreich: «Ich kann sagen, daß zu meinen Lebzeiten kein Gesandter Florenz mit so viel Pomp verlassen hat wie Messer Piero. Er selbst und seine Diener und Jungen trugen außergewöhnliche Gewänder mit Juwelen, und es gab so viele schöne Pferde, wie man sich nur denken kann. Ich glaube, niemand hätte sich in allem mehr hervortun können. Und weil die Regierung davon erfahren hat, bat sie ihn, durch die Stadt zu ziehen, damit der popolo diesen einmaligen Prunk sehen konnte.»

Mehr als ein Jahrhundert zuvor, im Jahre 1347, hatte der Chronist Giovanni Villani dem Abzug einer Gesandtschaft an den ungarischen Hof zugesehen: «Jeder der Gesandten war auf Kosten der Kommune in eine rote Robe, mit Eichhornpelz abgesetzt, gekleidet... Es gab mehr als hundert beladene Pferde und Maultiere. Man kann sich nicht erinnern, daß zu Lebzeiten eine so reiche und ehrenhafte Gesandtschaft Florenz verlassen hat.» Der Sinn für Qualität, für ein Ritual, das politischen und ästhetischen Ansprüchen genügte, hatte sich den Florentinern tief eingeprägt. Und weil ein solches Ritual kein Spiel war, sondern ernst genommen wurde, stiftete es ein Gefühl der Gemeinschaft unter den Bewohnern von Florenz – egal ob mit oder ohne Bürgerrecht, ob hohes oder niederes Volk. Juwelen und kostbare Gewänder symbolisierten sehr konkret die Ehre und den Wohlstand der gesamten Kommune.

Nicht umsonst hatte Cosimo de' Medici Papst Eugen IV., der seit 1433 am Arno residierte und aus seinem Wohlwollen für die Medici kein Hehl machte, gebeten, das geplante Vereinigungskonzil mit der griechischen Kirche nach Florenz einzuberufen. Konnte es höhere Weihen, prächtigere Zeremonien geben? Das Konzil kam dann 1438 in Ferrara zusammen. Doch Cosimo ruhte nicht, bis die Gottesmänner aus Ost und West die heilige Versammlung im Januar 1439 nach Florenz verlegten. Die Kommune stiftete 4000 Florine für die Verpflegung der hohen Gäste, und Cosimo, der Bankier des Papstes, gab der Kurie pro Monat 1500 Florine Vorschuß für die allgemeinen Kosten.

Die Investition zahlte sich aus, denn am Arno war sechs Monate lang die Welt zu Gast. Ein solches Schauspiel hatten die Florentiner in ihren Mauern noch nicht gesehen. Voller Neid konstatierten sie, daß die siebenhundert griechisch-orthodoxen Bischöfe, Prälaten und Mönche aus Konstantinopel, allen voran der achtzigjährige Patriarch Joseph, sehr viel prächtigere liturgische Gewänder trugen als ihre Kollegen von der römischen Kirche. Und wenn der byzantinische Kaiser Johannes VIII. Palaeologus sich mit seinem Gefolge zur Sitzung ins Kloster von Santa Maria Novella begab, gingen den Florentinern die Augen über. Der Patriarch starb im Juni und wurde in Santa Maria Novella mit allen Ehren begraben. Doch er hatte noch seine Signatur unter eine Urkunde gesetzt, die die Spaltung der christlichen Kirche für nichtig erklärte und in der die orthodoxen Vertreter die Oberhoheit des römischen Pontifex anerkannten. Allerdings konnten sich außer dem Patriarchen nur 33 Geistliche zu dieser Anerkennung durchringen. Mehr aus bitterer Notwendigkeit, um Unterstützung gegen die vorrückenden Türken zu erhalten, denn aus Überzeugung. Die Versöhnung der getrennten Brüder war von kurzer Dauer. Um so länger lebte die glanzvolle Versammlung in der Erinnerung der Stadt.

Weil Cosimo wußte, daß keiner nur Statist sein möchte, entschied er sich für einen politischen Schritt, der zur Zeit des Ciompi-Regiments ein revolutionäres Signal war und deshalb nach seinem Scheitern sofort rückgängig gemacht worden war. Ab 1445 durften die kleinen Handwerker, die keine eigene Zunft hatten und denen jeder Zusammenschluß streng verboten war, sich in Bruderschaften organisieren. Die Scherenmacher und Wollwäscher machten den Anfang. Zuerst als stolzes Fußvolk für die immer zahlreicher werdenden Festlichkeiten, dann durften sie sich eigene, gemeinsame religiöse Aufgaben setzen. Konnte es für einen Florentiner Ehrenvolleres geben? Cosimo hatte klug kalkuliert – und es war wohl kein Zufall, daß diese Bruderschaften vor allem im Viertel um den Medici-Palast entstanden.

Die Experten sind sich gründlich uneinig über die wirtschaftliche Lage in diesen Jahrzehnten. Was für die einen steter Niedergang ist, nennen die anderen Prosperität. Die Steuererhebung von 1457/58 setzte einen Mindeststeuersatz von 0,15 Florin auf 100 fest. Er galt für mehr als die Hälfte der Bevölkerung. Tausende mußten sich als miserabili durchs Leben schlagen, um Almosen bitten, sich von den städtischen Getreidestiftungen ernähren. Die Pest, die alle paar Jahre die Stadt heimsuchte, fand bei den kleinen Leuten die meisten Opfer. In solchen schlechten Zeiten lag die Sterblichkeitsrate bei den Kindern der Findelhäuser über fünfzig Prozent. Es war das unvorhersehbare Auf und Ab der Konjunktur, die Willkür der Natur, die plötzliche Arbeitslosigkeit, worunter jene am meisten litten, die am wenigsten besaßen, die sich täglich ihren Unterhalt neu verdienen mußten. Blieben die Unwägbarkeiten fern, hatte das Familienoberhaupt Arbeit, dann ging es den kleinen Leuten von Florenz gar nicht so schlecht im Vergleich zu ihren Schicksalsgenossen sonst in Europa. Allerdings wissen wir nicht, wie sie ihr Leben sahen. Wir können uns der Mehrheit der Florentiner nur sehr indirekt über ihre Arbeitgeber nähern. Der Kaufmann Andrea Banchi, 1372 geboren, ist ein typischer Vertreter seines Standes. Schon Großvater und Vater waren im Seidenhandel tätig. Er hat das Geschäft ausgebaut und vom Boom dieses Gewerbes profitiert. Die adligen Höfe Europas wie die hohen Beamten des türkischen Sultans verlangten Luxuswaren, man kleidete sich nicht mehr in Wolltuche, sondern in Samt und Brokat. Die Moden der Farben und Muster wechselten schnell. Wer auf dem internationalen Markt mithalten wollte, mußte eine gute Nase haben. Und dieser Markt dehnte sich von Brügge bis Konstantinopel. Andrea Banchi reiste viel, nach Genf und Rom, nach Paris und in die Abruzzen, immer auf der Suche nach neuen Märkten und neuen Kunden. Offenbar erfolgreich, denn 1460 war er unter den zehn größten Florentiner Steuerzahlern der reichste Seidenkaufmann. Sein Privathaus lag in der Via dei Bardi am südlichen Arnoufer, sein Geschäft in der Via Por Santa Maria. Banchi besaß sechs Bauernhöfe, eine Menge Land, einen Weinberg und baute sich südlich von Florenz eine burgähnliche Villa. Weil sich achtzehn seiner Geschäftsbücher erhalten haben, wissen wir auch einiges über die Menschen, die für ihn arbeiteten.

Im Prinzip war bei der Produktion – ob Wolle oder Seide – alles beim alten geblieben. Der Rohstoff, in diesem Fall die Seide, ging zwar durch viele Hände, blieb aber von Anfang bis Ende Eigentum des Kaufmanns. Da die meiste Arbeit außer Haus geschah, war es nur folgerichtig, daß die Seidenweber und Zwirner, die Färber und Näher im Umkreis des Ladens wohnten, nur wenige Minuten entfernt. Deutlich unterschieden war die Arbeit von Männern und Frauen, die in diesem Gewerbe ihr Brot verdienten. Die Frauen webten den billigeren Taft und kamen auf rund 30 Florine im Jahr. Die Männer bearbeiteten den teuren Samt, oft mit Brokat versetzt, und verdienten bis zu 170 Florine. Viel mehr hatte ein

Vizemanager der Medici-Bank auch nicht. Die Damastweber machten im Schnitt 70 Florine. Zwischen 14 und 17 Weber hat Andrea Banchi regelmäßig beschäftigt. Zwei Zeichner kümmerten sich um die Muster seiner Stoffe. Es fällt auf, daß seine Arbeiter wenig wechselten. Sie fuhren nicht schlecht mit ihm. Der Kaufmann zahlte den üblichen Lohn prompt und versuchte nicht, ihn durch Naturalien zu ersetzen, eine Unart vieler Arbeitgeber. Außerdem konnte man Öl und Wein von Banchis Gütern zu günstigen Preisen kaufen.

Die meiste Rohseide wurde vom Kaspischen Meer nach Florenz eingeführt, es folgten Spanien und Italien, wo man in diesen Jahren erstmals Maulbeerplantagen mit Seidenraupen anlegte. Regelmäßig fuhren Florentiner Galeeren ins östliche Mittelmeer. Die Eroberung Konstantinopels durch die Türken 1453 brachte nur eine kurze Unterbrechung. Die Florentiner Kaufleute hatten keine Skrupel, ihren venezianischen Konkurrenten die Geschäfte mit den Ungläubigen zu verderben. Die Schiffe waren immer gut gefüllt. In Richtung Westen lagerten neben der Rohseide Pfeffer und Indigo, Nelken, Weihrauch und Ingwer im Rumpf. Auch Sklaven für die Florentiner Haushalte waren an der Tagesordnung. Andrea Banchi zum Beispiel besorgte sich ein Tatarenmädchen. Zurück nach Osten segelten die Galeeren mit kostbaren Tuchen, mit Mandeln, Zinn, Papier und Seife. Als der hochbetagte Andrea im Oktober 1426 in Florenz stirbt, begleitet sein zwanzigjähriger Enkel gerade eine Ladung nach Konstantinopel. Das feierliche Begräbnis, im Testament in allen Einzelheiten festgelegt, kostet achthundert Florine. Die Trauergemeinde für den ehrbaren Kaufmann labt sich an gewürztem Brot, Kuchen und Kapaunen und trinkt den weißen Trebbiano dazu.

Die Kommune weiß, was sie den Seidenwebern verdankt. Steuererleichterungen werden ausgeschrieben und die Kaufleute ermahnt, die Spezialisten gut zu behandeln. Die angenehmen Arbeitsbedingungen sprechen sich herum, sogar nördlich der Alpen. In Florenz wächst die Kolonie der Textilarbeiter aus Flandern und Deutschland, die bei der Kirche Santa Maria del Carmine ihre eigene Bruderschaft unterhalten dürfen. Das Spektrum der Einwanderer aus den unteren Schichten nach Florenz hat sich vom 14. zum 15. Jahrhundert grundlegend geändert. Waren es früher vor allem Menschen aus dem bäuerlichen Gürtel um die Stadt, kommt ein Viertel der Immigranten nun aus entfernten Städten wie Genua, Mailand, Bologna. Und viel mehr Frauen als früher sind darunter. Auch das Ausland ist stärker vertreten, wobei die Arbeiter aus Deutschland und Flandern über siebzig Prozent stellen, und davon sind wiederum siebzig Prozent Seidenweber. Sie haben übrigens keine Schwierigkeiten, eine Florentiner Frau zu finden, und von Unruhen unter den Einheimischen ist nichts bekannt. Auch das Baugewerbe kann nicht klagen. Gut 25 Prozent sämtlicher Zunftmitglieder und über zehn Prozent aller Arbeiter verdienen auf diesem Sektor ihr Geld. Der Medici-Palast ist nur der erste in einer langen Reihe, Santo Spirito und San Lorenzo sind große Baustellen. Ein Vorarbeiter dort kann es auf bis zu sechzig Florine im Jahr bringen. Auf dem freien Markt bieten Steinmetze fertige Kapitelle und Konsolen an, der Bauherr kann wählen. Maurer organisieren Abbau und Transport der Steine aus den Steinbrüchen. Auch hier ist der Verdienst nicht schlecht. Allerdings wird der Lohn an die meisten Arbeiter täglich ausgezahlt, und das bedeutet: Täglich kann man seine Arbeit verlieren. Übrigens sieht man in Florenz – im Gegensatz zum übrigen Europa, wo sie für fünfzig Prozent weniger Geld als die Männer Steine und Abfall tragen und Mörtel rühren – keine Frauen und Kinder auf den Baustellen. Die Stadt boomt. Was will man mehr.

Den alteingesessenen Familien ist von ihrem Status nichts genommen worden, sofern sie sich mit der ersten Familie der Stadt arrangiert haben. Und hatten die Medici nicht offenkundig den Ruhm ihrer Vaterstadt auf Europas Bühne gemehrt? Waren die Florentiner früher hinaus in die Welt gereist, hatten sich an den wichtigsten Knotenpunkten Europas erfolgreich niedergelassen und sich doch immer als zweitrangig gefühlt, so kam nun eine internationale Gästeschar in die Stadt am Arno. Und die Dichter von Florenz priesen Cosimo de' Medici als neuen römischen Augustus. Ein goldenes Zeitalter hatte begonnen.

Jugend ist Trumpf
oder Zu Tränen gerührt

Cosimo de' Medici war nicht nur ein meisterhafter Taktierer hinter den Kulissen. Er bereitete mit ebensoviel Umsicht und Erfolg eine öffentliche Bühne für seine Familie – in Florenz und in Europa. Niemals zuvor hatte die Stadt am Arno so viele illustre Gäste in ihren Mauern beherbergt. Zwar erwiesen alle der Signoria vor dem Palast der Prioren in feierlicher Begrüßung ihre Reverenz – ob der Kaiser aus Deutschland, der Papst aus Rom oder der Herzog aus Mailand –, und niemals drängte Cosimo sich bei solchen Gelegenheiten in den Vordergrund. Aber jeder Florentiner am Straßenrand wußte, mit wem diese Besucher die entscheidenden Gespräche führten, und kein prominenter Besucher versäumte es, Florenz und der Welt kundzutun, wer in Wahrheit diese Stadt regierte. Die Bescheidenheit des Dynastiegründers war Teil eines Mythos, den er noch über den Tod hinaus pflegte. Cosimo verordnete sich per Testament ein schmuckloses Begräbnis – jene eindrucksvolle Einfachheit, die hohe Herren sich leisten können. Zumal wenn sie gut vorgesorgt haben.

Am 6. Januar 1450 fand in San Giovanni, dem Baptisterium der Stadt, eine Taufe statt, die durch ihre hochkarätige Gesellschaft Aufsehen erregte. Taufpaten waren dabei weder Verwandte noch Freunde der Familie, strenggenommen nicht einmal Menschen aus Fleisch und Blut, sondern Institutionen. Die weltlichen Prioren der städtischen Regierung vertraten die Kommune, die Abgesandten aus den Nachbarschaftsverbänden die Stadtviertel, der Erzbischof von Florenz und der Prior von San Lorenzo die Kirche. So begann der Kult um eine Person, die eines Tages selber Ritualobjekt und Gegenstand religiöser Verehrung ihrer Mitbürger werden sollte. An jenem Januartag 1450 wurde Lorenzo de' Medici aus der Taufe gehoben, der als der Prächtige in die Geschichtsbücher eingegangen ist. Strahlender Mittelpunkt einer

Epoche, die Europas Völker gemeinsam zu den großen zählen. Piero, der Vater, regierte nur fünf Jahre und starb ohne Nachruhm. Lorenzo, mit dem jüngeren Bruder Giuliano umgehend zum Nachfolger gekürt, schließt in bewußter Steigerung an die Aufbaujahre des Großvaters an. Und es ist Cosimo, der über viele Jahre die Erziehung seines wirklichen Nachfolgers planen und lenken konnte.

Mit dem Tag der Taufe wurde deutlich, daß diesem Erben allerhöchste Ziele gesetzt waren, die weit über die bürgerlich-republikanischen Traditionen der Stadt hinausgingen. Und es dauerte nicht lange, daß diese Ansprüche eingelöst wurden. Seit man denken konnte, wurden politische Ämter in Florenz keinem anvertraut, der jünger als dreißig Jahre war. Nun zog ein Kind hinaus, um die Bürgerrepublik zu vertreten. Mit fünf Jahren machte Lorenzo seine erste Reise in die Welt, in der er sich zu Hause fühlen sollte und deren Glanz und Anerkennung zurückfiel auf die Vaterstadt. Das Kind aus Florenz machte seine Aufwartung am Hofe des Herzogs von Mailand. Mit zehn marschierte der Junge in einem festlichen Umzug durch Florenz. Mit vierzehn gehörte Lorenzo zum Begrüßungskomitee für den Herzog von Anjou, anschließend absolvierte er Besuche beim Papst in Rom und dem König von Neapel.

Natürlich war es Stadtgespräch am Arno, mit welchen Schätzen und in welcher Kleidung der jugendliche Held auszog und wie er in der Fremde aufgenommen wurde. Voller Stolz verbreiteten die Anhänger der Medici, wie mit Lorenzo der Ruhm von Florenz sich an Europas Höfen festigte. Denn überall machte der Erbe eine gute Figur, ein fürstlicher Repräsentant unter seinesgleichen. Die Prioren paßten sich 1456 nur den Realitäten an, als sie offiziell das Amt eines Florentiner Zeremonienmeisters begründeten, das bei Königen, Päpsten und Fürsten schon lange selbstverständlich war. Francesco Filarete, 1419 als Sohn eines Barbiers geboren, ausgewiesener Medici-Freund, ein gebildeter Literat, übernahm für 36 Florine im Jahr als erster diese Stelle. Seine Alltagspflicht war es, die Prioren bei ihren Banketten im Palazzo mit Versen und Liedern zu unterhalten. Doch vor allem mußte er sich den hohen Gästen widmen – bei ihrem Empfang, ihrer Unterhaltung, ihrem

Abschied oder – falls diese unverhofft in der Stadt zu Tode kamen – ihrer Beerdigung. Ein schwieriges Geschäft, wo ein falsches Kopfnicken, ein Schritt abseits vom Wege, ein spontaner Griff zum Hut diplomatische Verwicklungen zur Folge haben konnte. Filarete versah sein Amt gut. Die Gäste dankten es ihm mit Geschenken und manchem Extraflorin. Die Florentiner für Festlichkeiten, für Pomp und Prunk zu begeistern war keine Kunst, sondern lange Tradition. Unter den Medici wurde alles nur noch prächtiger, noch größer, noch teurer. Und jedes Ritual, jede öffentliche Darbietung richtete sich konsequent auf einen Punkt. Aus einem Kreis, der die Bewohner im Ablauf der Prozessionen, Pferderennen und Aufzüge verbunden und zusammengeschlossen hatte – die Zünfte und Bruderschaften, die Nachbarschaftsverbände und Ordensgemeinschaften, die städtischen Beamten und den weltlichen Klerus –, wurde eine Pyramide. Und es gab keinen Zweifel, wer den höchsten Platz einnahm. Als Lorenzo de' Medici im Februar 1469 ein Turnier auf dem Platz vor Santa Croce gab, wußte jeder vorher, wer der Sieger sein würde. Doch die Regeln des Rituals mußten eingehalten werden: In Florenz betete das Volk für den Sieg des jungen Herrn, in Rom fastete seine Verlobte Clarissa Orsini für ihn. Und bevor Lorenzo den Siegerkranz erhielt, demonstrierte er, wie sehr er ein Mitglied der europäischen Fürstenfamilie geworden war: Durch die Straßen nach Santa Croce ritt der Neunzehnjährige, dessen samtener Überwurf mit Perlen bestickt war, auf einem Pferd, das der König von Neapel ihm geschenkt hatte. Dann wechselte er für den Kampf auf ein Pferd des Herzogs von Ferrara, und das Wappen an seiner Rüstung zeigte überdeutlich, daß sie vom mailändischen Herzog kam.

Im Juni 1469 erlebte Florenz das größte Fest, das je eine Familie in dieser Stadt gefeiert hatte. Lorenzo, von dem jeder wußte, daß er ein Verhältnis mit der schönen, verheirateten Lucrezia Donati hatte, heiratete. Drei Tage lang herrschte Ausnahmezustand. Die ganze Stadt war zu Gast bei den Medici, alle Geschenke an die Brautleute wurden an die Bürger weiterverteilt. Der Palazzo Medici war umlagert von Zaungästen, die sich das Kommen und Gehen der Festgesellschaft, der Tänzer und Tänzerinnen, der Musiker und Gesandten nicht entgehen lassen wollten. Am dritten Tag endete die Fröhlichkeit mit einem Gang des Brautpaares und aller Freunde zur Messe in San Lorenzo. Die Braut hielt ein kostbares Gebetbuch in der Hand. Ein jeder konnte es sehen und weitererzählen: Es waren goldene Zeiten für Florenz und die Medici.

Der Kult der Jugend, der sich in Lorenzo so strahlend manifestiert, hat zweifellos durch ihn die höheren Weihen bekommen, sich auf ungeahnte Weise verselbständigt. Doch es ist nicht zu entwirren, was Ursache und Wirkung, was Anlaß und Folge war und zu welchen Teilen sich religiöse und weltliche Strömungen gegenseitig beeinflußten. Denn die erste Familie hat dieses Phänomen nicht ins Leben gerufen. Sie nutzt – allerdings auf sehr geschickte Weise – eine Entwicklung, die sich schon um die Jahrhundertwende andeutete: als Kinder und Jugendliche nicht mehr lästige Zeitgenossen sind und kaum gesellschaftsfähig, sondern als Darsteller in öffentlichen Schauspielen ihre Väter tief beeindruckten. Der Papst persönlich hatte vier religiöse Bruderschaften für Jugendliche anerkannt, die inzwischen ihren festen Platz bei den Florentiner Prozessionen einnahmen. Die neue, vorbildliche Rolle der Jugend, zu der die eigenen Väter aufsehen, hat sich durchgesetzt.

Am 23. Juni 1454, dem Vorabend des traditionsreichen Johannisfestes, wird die offizielle Parade der edifizi, das sind Schaubilder, von Menschen dargestellt, von den Schülern der Domschule angeführt. Es folgen die Mitglieder von zwei religiösen Jugendklubs als Engel, ganz in Weiß gekleidet. Dann erscheint der erste Schauwagen, auf dem eindrucksvoll der Erzengel Michael steht, über ihm Gottvater in einer Wolke. Auf der Piazza della Signoria angekommen, führen die Jungen um den Erzengel das erste Schauspiel des Tages auf: eine Schlacht, bei der Luzifer mit seinem bösen Gefolge aus den himmlischen Gefilden vertrieben wird. In dieser Prozession dominiert endgültig die neue über die alte Zeit. Die Jugend hat sich einer Feier bemächtigt, die einst die Bewohner von Stadt und Contado jedes Jahr aufs neue an die Kommune band. Das Johannisfest war ein religiöser Staatsakt der Bürgerrepublik, das trotz aller Veränderungen sich dem höfi-

schen Zeremoniell versperrte, welches nun gefragt ist. Was Großvater und Vater sich nicht erlaubt hätten, kann der Enkel wagen.
Im Jahre 1473 entzieht Lorenzo der Prozession am Johannistag
seine Gunst und veranlaßt eine radikale Kürzung der städtischen
Ausgaben für das höchste Fest von Florenz. Niemand nimmt groß
Notiz von diesem Affront, man geht zur Tagesordnung über. Das
Volk sucht sich neue, königliche Vergnügungen.

Wer in den siebziger Jahren aufmerksam durch die Straßen von
Florenz geht, entdeckt hier und da ungewohnte Steine am Boden,
die offensichtlich Markierungen darstellen. Und tatsächlich, es
sind Grenzsteine – von Grafschaften, Herzogtümern, Königreichen. Mit wohlwollender Zustimmung der städtischen Obrigkeit – und das bedeutet der Medici – ist am Arno die Welt auf den
Kopf gestellt: In den Stadtvierteln sind Bruderschaften des popolo
minuto entstanden, nach weltlich-fürstlicher Hierarchie organisiert, mit selbstgewählten Königen, Herzögen und Grafen an der
Spitze. Und um die Grenzen zwischen Phantasie und Realität
vollends zu verwischen, dürfen die jeweiligen Territorien innerhalb der Stadt markiert werden. Diese Bruderschaften der kleinen
Leute geben Aufführungen, treffen sich zu gemeinsamen Andachten in ihrer Kirche und tragen phantasievolle Namen. Die Bruderschaft Re della Macine, des «Mühlsteinkönigs», hat sich im Viertel
um den Medici-Palast etabliert. Von «potenze di plebi» sprechen
die Quellen der Zeit, aber ohne jede Spur von Aufgeregtheit. Vielleicht haben sie sich selbst als neue Kraft des Volkes in einer neuen
Ordnung gefühlt, die kleinen Leute, die Graf und König spielen
dürfen. Sie sind nützliches, farbenfrohes Fußvolk für den Hof des
fürstlichen Lorenzo, der sich nicht lumpen läßt und mit vielen
Gefälligkeiten dienen kann. An die Träume ihrer Vorfahren, der
ciompi, des popolo di Dio, scheint keine Erinnerung geblieben.

So unumschränkt, wie er im Innern regiert, bestimmt Lorenzo
die Außenpolitik der Kommune. Das schwankende Gleichgewicht der Kräfte zwischen Mailand und Venedig, Florenz, Neapel
und dem Kirchenstaat ist 1454 im Frieden von Lodi mühsam ausbalanciert worden, der dem größten Teil der italienischen Halbinsel einige ungewöhnlich friedliche Jahrzehnte bringt. Als 1472

mit Sixtus IV. ein Franziskanermönch den Stuhl Petri besteigt, huldigt Florenz dem neuen Heiligen Vater mit einer prunkvollen Gesandtschaft, die von Lorenzo angeführt wird. Doch bald schon kommt Sand in das politische Getriebe zwischen der Kurie und den Medici. Sixtus IV., Sohn eines kleinen Fischers bei Genua, hat ehrgeizige Pläne für seine Familie, in den Herren von Florenz sieht er keine Verbündeten. Statt der Medici beruft er die Pazzi zu neuen Verwaltern der päpstlichen Finanzen. Die Allianzen bilden sich schnell nach altem Muster: Florenz, Mailand und Venedig auf der einen, Papst und Neapel auf der anderen Seite. Römische Politik, Florentiner Widerstandsgeist, persönliches Machtstreben und Rachegelüste finden sich zu einer Verschwörung, wie sie Shakespeare nicht besser hätte arrangieren können.

Am Ostersonntag 1478, der Priester im Dom zu Florenz hebt gerade die Hostie zur Wandlung, gibt es ein zuerst kaum beachtetes Handgemenge gleich hinter dem Hochaltar, wo die führenden Männer ihren Platz haben. Es dauert nicht lange, da bricht ein Tumult aus, die Menge stürzt in Panik ins Freie. Am Altar liegt Giuliano de' Medici erstochen in seinem Blut. Sein Bruder Lorenzo hat sich hinter die sicheren Türen der Sakristei flüchten können. Florenz ist im Aufruhr. Doch nicht, wie die Verschwörer hofften, um sich gegen die Medici zu erheben. Nein, wie ein Mann schreit es nach Rache für die Untat an seinen Göttern. In Windeseile weiß ein jeder, wer hinter diesem Komplott steht: der Erzbischof von Pisa, ein Neffe des Papstes, und die Pazzi-Familie. Die Menschenjagd beginnt.

Am Abend erlebt die Menge auf der Piazza della Signoria ein makabres Schauspiel: Aus den Fenstern des Priorenpalastes hängen kopfüber der Erzbischof von Pisa in vollem Ornat und drei Pazzi-Angehörige. Und das ist erst der Anfang. In den nächsten Tagen und Wochen werden in Florenz und in der Toskana über achtzig Anhänger der Verschwörer auf grausame Weise zu Tode gebracht. Lorenzo ist außer sich. Er verbietet den ersten Todgeweihten einen Priester beim letzten Gang. Und er beauftragt über die Kommune den Maler Sandro Botticelli, für vierzig Florine die Gehängten an die Außenwand des Palazzo del Popolo zu zeichnen. Solche pittura infamente – entehrende Malerei – hat Tradition in der Stadt. Weit über den Tod hinaus sollen diese Schandbilder die Verbrecher im übelsten Gedächtnis der Menschen halten. Lorenzo besteht darauf, einen Mitverschwörer, der sich nach Konstantinopel retten konnte, wenigstens im Bild hängen zu sehen. Doch der Einfluß der Medici reicht bis zum Sultan am Bosporus. Bernardo di Bandino Baroncelli wird im Dezember 1478 an Florenz ausgeliefert und hängt wenig später aus einem Fenster am Palast des Bargello – in türkischer Kleidung, um die Schmach zu vergrößern.

Niemals zuvor hat die Obrigkeit von Florenz so grausam gewütet, das Recht so willkürlich in die eigene Hand genommen. Die Moral verkommt nicht ungestraft. Wurden zwischen 1420 und 1478 in Florenz im Durchschnitt jährlich sieben Menschen zum Tode verurteilt – eine geringe Zahl für diese Zeiten –, steigt die Zahl danach auf elf. Und die ehrenhafte Art der Hinrichtung, die sich für alle Verurteilten eingebürgert hatte – nämlich mit dem Schwert «wie die Könige zu sterben» –, muß der quälenderen Art des Erhängens weichen.

Der Papst reagiert sofort und exkommuniziert Lorenzo. Doch dem bestätigt eine Versammlung bedeutender Theologen nach eingehender Beratung im Dom von Florenz, er solle den Bannstrahl aus Rom ignorieren. Die Könige und Fürsten Europas gratulieren dem wunderbar Geretteten und beteuern ihre Solidarität. Ein Krieg beginnt. Mal siegen die Söldner aus Rom und dem verbündeten Neapel, mal die aus Mailand, Venedig und Florenz. Gegen Ende des Jahres 1479 ist die Stimmung nicht gut in der Stadt. Die Pest geht um. Und egal, was Theologen und Juristen sagen, die Gläubigen wagen nicht, gegen das Interdikt des Papstes die Kommunion zu empfangen. Da setzt Lorenzo alles auf eine Karte und macht sich heimlich auf nach Neapel, um mit dem Feind einen ehrenvollen Frieden zu schließen. Was kaum einer weiß, Filippo Strozzi, der im Königreich gute Verbindungen aus der Zeit seiner Verbannung hat, war vorausgereist und hatte diplomatisch den Weg geebnet. Im März 1480 kommt Lorenzo de' Medici mit einem Friedensvertrag zurück. Florenz jubelt ihm zu und ist endgültig erleichtert, als sich auch der Papst versöhnt gibt und am Jahresende das Interdikt aufhebt.

Wenn Lorenzo in die Toskana aufbricht, um in einem der Bäder Erleichterung von der Gicht zu finden, die ihn wie Vater und Großvater schwer plagt, hat er eine Entourage von über fünfhundert Reitern um sich. Die Menschen drängen sich am Weg, wollen nur einen Blick von ihm erhaschen, hoffen auf magische Kräfte. Vor seinem Palast in der Via Larga warten die Bürger tagelang auf eine Audienz, und erscheint Lorenzo, richtet ein paar freundliche Worte an die Wartenden, ist es ein Ereignis fürs Leben. Wenn der Bruder des Königs von England an den Arno kommt, wird er natürlich von den Medici in ihrem Palast bewirtet. Hier holen sich die Gesandten der Stadt und die Boten fremder Mächte ihre Aufträge, ohne daß irgendwelche Protokolle gemacht werden. Hier heiraten die Söhne und Töchter der besten Familien, und es gibt keine großzügigeren Gastgeber als die erste Familie. In den Palast kommt am Abend Bartolomeo Scala, seit 1465 Kanzler von Florenz, und bringt aus dem Priorenpalast die Korrespondenz der Kommune, um den wahren Herrn der Stadt auf dem laufenden zu halten. Der Kanzler weiß manches zu erzählen, das nur für vier Ohren gedacht ist. Scala, ein Müllerssohn aus der Toskana, der nach Florenz zum Studium ging, war Privatsekretär der Medici, bevor er in sein hohes Amt gelangte. Seine Kontakte sind für die Herrschenden unbezahlbar, zumal es für diesen Staatsdiener keine Frage ist, wem er dient. Als Lorenzo in einer seiner Villen das Landleben genießt, schreibt ihm der Kanzler: «Ich mußte immer tun, was ich für meine Pflicht hielt – gegenüber dem Staat und gegenüber Dir – was für mich immer dasselbe war.»

Der Staat, die Kommune, das war nun endgültig und unaufhebbar Lorenzo und seine Familie. Das Geschick von Florenz hing daran, im Guten wie im Schlechten. Und die Geschäfte der Medici liefen gar nicht gut. Die Filiale in London mußte schließen, aus Brügge zog man sich zurück. Wenn auch der König von Frankreich im Bankhaus der Medici von Lyon zu Mittag aß, so konnte man die allerhöchste Gunst nicht in Bares umwandeln, das den Medici immer dramatischer fehlte. 1482 erhielt Lorenzo durch ein besonderes Komitee eine Steuerermäßigung. Es tagte im geheimen, denn allen Beteiligten war klar: Würde die wahre Finanzlage der ersten Familie offenbar, hätte Florenz drastisch an Kredit verloren. Es fehlen präzise Unterlagen, doch der Verdacht ist wohl nur zu berechtigt: Lorenzo hatte keine Skrupel, die zunehmenden Verluste seiner Familie durch den Griff in städtische Kassen auszugleichen.

Einen Tag nach San Giovanni, am 25. Juni 1484, erließ die Kommune ein Gesetz, das den Bürgerstolz dieser Stadt, deren republikanische Fassade auch unter den Medici unberührt geblieben war, ins Herz traf: Aus dem Baptisterium, der religiösen und politischen Keimzelle von Florenz, mußten alle cose pubbliche, alle Symbole und Reliquien der bürgerlichen Vergangenheit entfernt werden. Die neuen Götter wollten die alten nicht mehr neben sich dulden, auch wenn diese längst ausgedient hatten. Mit den Fahnen, Kerzen und kostbaren Tüchern, die jedes Jahr am Johannistag nach San Giovanni gebracht wurden, sollte eine ganze Epoche aus dem Gedächtnis verschwinden. Die Spannungen zwischen Realität und Ideal, mit denen die Bewohner von Florenz immer gelebt hatten, waren nicht mehr erwünscht, wollten nicht mehr ertragen werden. Trotz aller vielfältig-bunten Äußerlichkeiten herrschte Uniformität wie nie zuvor.

Gab es keinen, der protestierte? Wo war die Opposition? Waren jene, die sich zu den Einflußreichen zählten, gleichgeschaltet? Das sind Fragen von Außenstehenden. Für die Zeitgenossen waren sie offensichtlich überflüssig. Nicht nur, daß Florenz im Glanz der Medici erstrahlte. Der Mann an der Spitze der Stadt hatte von jung an außer dem schönen Schein auch den Geist gepflegt und das Erbe jener intellektuellen Zirkel übernommen, für die Florenz seit dem Ende des vergangenen Jahrhunderts berühmt war. Lorenzo hatte die allerbeste Ausbildung genossen, die seine Vaterstadt bieten konnte, und er wußte damit umzugehen. Hatte man schon Cosimo als Nachfolger des römischen Augustus gepriesen, stand der jugendliche Held vollends im Zenit einer goldenen Zeit.

Das Konzil von Florenz im Jahre 1439 hatte nicht nur eindrucksvolle Bilder für das Auge produziert, sondern viele kluge Männer zusammengeführt. Theologen und Philosophen, Kenner der Antike aus Ost und West trafen sich zum erstenmal in nie gekannter Zahl. Die Plätze und Straßen, die Gärten und Innenhöfe müssen erfüllt gewesen sein von Diskussionen und intellektuellem Gedankenaustausch. Kaum zehn Jahre später, um die Jahrhundertmitte, waren die Pioniere des frühen Florentiner Humanismus tot. Der große Leonardo Bruni starb 1444. Die Männer um Lorenzo, die sich mit dem Erbe der Antike beschäftigten, es nicht weniger leidenschaftlich pflegten und zu entdecken suchten wie ihre Vorgänger, gehörten einer anderen Generation an, nicht nur den Jahren nach.

«Gute Männer mischen sich nicht ins öffentliche Leben, solange der Staat gut regiert wird.» Der Mann, der solche Weisheiten predigte, war Marsilio Ficino, der neue, wenngleich zurückhaltende Star am Florentiner Philosophenhimmel. Cosimo de' Medici hatte ihn entdeckt und gefördert und dem Sohn seines Arztes nach dem Medizinstudium ab 1462 freie Hand gelassen, sich dem Studium des Griechischen zu widmen. Kaum hatte er darin die besten Kenntnisse, begann Ficino in der Villa von Careggi, von keinen finanziellen Sorgen geplagt, sein Lebenswerk: die Übersetzung der Werke Platos ins Lateinische. Es war kein Zufall, sondern ein Programm, das nicht besser in die Zeit gepaßt hätte. Und ein Kontrastprogramm zu dem, was eine Generation zuvor die Intellektuellen von Florenz angetrieben und gelehrt hatten.

Für die Männer, die sich einst im Kloster Santo Spirito, bei Ambrogio Traversari in Santa Maria degli Angeli, bei Niccolò Niccoli oder Leonardo Bruni trafen, ging es um irdische Utopien. Im Zentrum ihres Denkens standen die res publica und die Frage, wie der Bürger – durch Bildung und Kenntnisse – ihr am besten dienen könne. Es war eine aktive, politische Moral, die diese bürgerlichen Humanisten predigten, und Cicero als bester Vertreter der römischen Republik ihr Lehrmeister. Während Florenz im Krieg mit den Despoten lag, blieben Freiheit, Gleichheit, Gerechtigkeit die Leitsterne der Republik, mochte auch die Herrschaft der wenigen innerhalb der Stadtmauern von solchen Idealen weit entfernt sein.

Für Marsilio Ficino war der alte Streit um das ideale Lebensziel – eine vita activa oder eine vita contemplativa – längst entschieden.

Wer sich auf die Unsterblichkeit der Seele konzentrierte, lebte fern dem Trubel der Straßen und Märkte, mischte sich nicht in die Geschäfte der Regierenden. Nicht die Erde, der Himmel beschäftigte die großen Geister nach der Jahrhundertwende. Ficino, der sich 1473 zum Priester weihen ließ und vor dessen Plato-Büste in der Villa von Careggi ein Ewiges Licht brannte, entwarf eine «Theologia Platonica». Er ist der Erfinder der platonischen Liebe, die für ihre Seligkeit keines irdischen Unterpfands bedarf. Ficino steht im Mittelpunkt jener informellen «platonischen Akademie», die sich zu geistreichen Mahlzeiten traf, meist durch die Anwesenheit des Lorenzo de' Medici geehrt.

Einige wenige hatten die Herausforderungen der Väter angenommen. Giannozzo Manetti, ein Schüler von Bruni und Traversari, lernte außer Griechisch bei einem Juden Hebräisch. Der reiche Florentiner Kaufmannssohn, sehr fromm und ein berühmter Redner, wurde von seiner Vaterstadt auf schwierige politische Missionen geschickt. Doch bald geriet er in Gegensatz zur Medici-Politik, paßte sich nicht an und ging 1453 ins Exil. Alamanno Rinuccini, 1426 geboren, hielt das Banner der libertà hoch, nannte die Freiheit die Bedingung allen Lebens und Lorenzo einen Tyrannen, der die Moral der Bürger verdarb. Sein Haus wurde ein Anziehungspunkt der wenigen, die ihr Mißfallen am Lauf der Dinge nicht verbargen. Aber Rinuccini, ebenfalls aus angesehener Familie, lag jede aktive Konsequenz seiner politischen Opposition fern. So ließ man ihn gewähren. Er war ein Außenseiter. Die Anschauungen der führenden Philosophen ergänzten sich mit den neuen Realitäten in Florenz und der Politik der Herrschenden, als wären sie füreinander geschaffen worden. Die neue geistige Elite blieb gern im Hintergrund des fürstlichen Hofes der Medici, rieb sich nicht an den Widersprüchen, sondern hob sie auf im Unendlichen.

Der Begabteste von allen war der reiche Giovanni Pico della Mirandola, der von 1463 bis 1494 ein kurzes, widersprüchliches, umtriebiges Leben führte, das schon vor seinem Tod Legende wurde. Wie kein zweiter prägte Pico – und das, was Zeitgenossen und Nachwelt aus ihm machten – den Mythos der Renaissance als einer Zeit, in der das Individuum ins Zentrum der europäischen

Geschichte rückt. Er sprach von der Würde des Menschen, der keinerlei Bedingungen unterworfen ist, alles sein kann – Tier, Pflanze, Engel, Gott. Pico faszinierte das Judentum. Er vertiefte sich in die Lehren der Kabbala und war überzeugt, die unterschiedlichen Wahrheiten zu einer einzigen Lehre verbinden zu können. Der römischen Kirche machte das keinen Eindruck. Im Gegenteil: 1486 tat sie Pico in den Bann. Der stürmische Denker war tief betroffen und mühte sich, die Gunst des Heiligen Vaters wiederzugewinnen. Denn ob Plato oder Kabbala, darin unterschied sich diese Generation von Humanisten in nichts von ihren Vätern: Sie wollten treue Söhne der Kirche sein und glaubten, daß die endgültige Wahrheit, der sie auf der Spur waren, nur die christliche sein konnte.

Daß Glaube und Rationalität sich nicht ausschließen, daß man lieber der Toleranz als dem Fanatismus huldigte, war ein Erbteil Florentiner Lebensart. Warum sollte der Fromme auf seinen Verstand verzichten? Der rechnende Blick des Kaufmanns und das Vergnügen an Spott und Ironie hatten am Arno keine Ausnahme bei heiligen Dingen gemacht, man ließ sich von Autoritäten nicht blenden. Als die Kommune 1459 Papst Pius II. als Staatsgast empfing, Hetzjagden auf der Piazza della Signoria und nächtliche Turniere bei Fackelschein vor Santa Croce veranstaltete und festliche Gelage mit ausgesuchten Kurtisanen, kommentierte der Chronist: «Die Angelegenheit war von Hoffart gezeichnet, nicht von Heiligkeit. Sie hat uns ein Vermögen gekostet.»

Im Frühling besuchte Herzog Galeazzo Maria Sforza mit seiner Frau Bona von Savoyen Florenz. Beide wohnten als persönliche Freunde bei den Medici. Alle anderen Kosten übernahm die Stadt. Das Mailänder Gefolge an Höflingen, Vasallen, Kämmerern, Rittern und Räten füllte die Straßen und Gasthäuser. Man wußte kaum wohin mit den Pferden, Maultieren und Falknern. Die Steigbügel der Gäste waren vergoldet, die Sättel mit Juwelen verziert. Ging man nach dem Kalender, gab es keine Festlichkeiten in diesen Tagen, beherrschten Andacht und Besinnung mehr als sonst die Stadt, denn es war Fastenzeit. Den Herzog und seine Gastgeber kümmerte das wenig. Schnell sprach es sich herum, daß sie bei ihren Mahlzeiten nicht auf Fleisch verzichtet hatten. Eine schwere Sünde in diesen heiligen Wochen. Als sich die hochgeborene Schar im Kloster Santo Spirito traf und einer Theateraufführung beiwohnte, die das Wunder des Pfingstfestes lebendig machte, symbolisierten echte Flammen die Ausgießung des Heiligen Geistes. Pech war nur, daß sie sich nicht bändigen ließen und die Kirche bis auf den Grund niederbrannten. Die Florentiner wunderte das gar nicht: Strafe muß sein.

Ihren kühlen Kopf glaubten die Florentiner auch dann zu bewahren, wenn sie den Zeichen der Sterne folgten. Sie unterschieden sorgsam zwischen astrologischem Aberglauben und jener Kunst, die der Mathematik verbunden war und die besten Geister faszinierte. Als Filippo Strozzi den Bau eines gewaltigen privaten Palastes mitten in der Stadt in Angriff nahm, datierte er den Beginn der Ausgabenbücher auf seinen Geburtstag, der nach astrologischen Berechnungen unter einem besonders günstigen kosmischen Einfluß stand. Und für die Grundsteinlegung am 6. August 1489 um 6 Uhr 30 in der Frühe hatte er unter anderem den Erzbischof von Florenz und Marsilio Ficino konsultiert, die bereitwillig Auskunft gaben.

Wer stolz auf seinen Verstand ist, muß darüber nicht das Herz vernachlässigen. Wie eh und je drängten sich die Florentiner zu den Predigten der Bettelmönche, die den sündigen Bürgern die Leviten lasen und an Hölle und Fegefeuer erinnerten. Im Frühjahr 1488 predigte Fra Bernardino da Feltre die Fastenzeit über im Dom von Florenz. Immer wieder kam er auf die Juden zu sprechen, denen er vorwarf, in der Stadt Wucher zu treiben und so den Christen das Blut auszusaugen. Nun hatten die Prioren den Juden 1430 erlaubt, sich in einer begrenzten Zahl – es sollten nicht mehr als siebzig sein – in Florenz niederzulassen. Zwar mußten sie innerhalb der Stadtmauern ein großes gelbes O als Erkennungszeichen tragen. Aber das galt auch ihrem eigenen Schutz, den die städtische Obrigkeit garantierte. Zudem wurde der jüdischen Gemeinde das Recht verbrieft, in ihren Häusern und Synagogen gemäß ihren Riten zu leben und die Bücher ihres Glaubens zu besitzen und zu studieren.

Fra Bernardino steigerte seine antijüdischen Angriffe von Tag zu Tag. Schließlich ermunterte er die Kinder und jungen Männer unter seinen Zuhörern, die Juden aus der Stadt zu vertreiben. Nach der Predigt marschierten fast dreitausend Jungen zu einem jüdischen Geschäft und waren drauf und dran, es zu stürmen, als die Polizei eintraf. Eine Proklamation wurde verlesen, daß die Väter für die Gesetzlosigkeiten ihrer Söhne zu haften hätten. Trotzdem dauerte es über eine Stunde, bis die Ordnungshüter den Tumult unter Kontrolle hatten. Dann wurde der Franziskanermönch vor die Prioren in den Palast gebracht, und eine heftige Diskussion begann. Fra Bernardino verlangte totale Redefreiheit auf der Kanzel, weil nur auf diese Weise alle Seelen gerettet würden. Er konnte die Prioren nicht überzeugen. Noch in der Nacht begleiteten städtische Diener den Mönch mit Fackeln bis zum Stadttor, wiesen ihn hinaus und verboten ihm, jemals wieder in Florenz zu predigen. Eine Frömmigkeit, die Aufruhr in die Kommune brachte, war den Florentinern suspekt und wurde nicht geduldet, denn die Kosten-Nutzen-Rechnung fiel zu eindeutig aus.

Gar nicht verdächtig, sondern erwünscht war es, die Emotionen zu bewegen, um eine private Frömmigkeit zu befördern. Es ist die eine Seite des Florentiners, daß er nur auf sich selber baut, sogar seinen Freunden mißtraut und rituelle Formen und diszipliniertes Auftreten verinnerlicht hat, um die Widersprüche und Abgründe des Lebens zu überbrücken. Die Kehrseite skeptischer Rationalität und Vereinsamung ist die Sehnsucht nach einem religiösen Erlebnis, bei dem der einzelne seinen Gefühlen in der Gemeinschaft freien Lauf lassen kann. Der tägliche Gang zur Kirche war selbstverständlich, der Auftritt berühmter Prediger in den großen Kirchen oder der Kathedrale ein besonderes Ereignis. Heutige Gottesdienste, ob katholisch oder protestantisch, sind dagegen ärmliche Veranstaltungen. Zum Vergleich laden eher baptistische Gottesdienste bei den Schwarzen im tiefen Süden der Vereinigten Staaten ein.

Im Florenz des 15. Jahrhunderts begleiteten die Gläubigen im Gotteshaus den Gang der heiligen Handlung mit spontanen Reaktionen. Es herrschte Leben in der Kirche. Während der Predigt wurden laut Fragen an den Priester gestellt, die Antworten mit neuen Unterbrechungen angereichert. Ein guter Prediger hatte sein Publikum in der Hand, provozierte Jammern und Klagen, gemeinsame Rufe wie «Amen» und «Misericordia» und führte die Gläubigen zu einem emotionalen Höhepunkt. Er war nicht nur ein rhetorisches Ziel der Predigt, sondern oft jener Augenblick, an dem der Schleier von einem heiligen Bild gerissen, das Kreuz oder die Hostie hoch erhoben wurde. Und jeder wußte, wenn es ein Wunder gab, ein göttliches Zeichen – dann in diesem Augenblick. Statuen begannen zu weinen, Hostien Blut zu schwitzen, Lahme zu gehen. Niemand bezweifelte, daß geweihte Gegenstände und Reliquien magische Kräfte besaßen. Da war es nur konsequent, mit ihnen ökonomisch umzugehen. Zu den größten Heiligtümern der Florentiner, auch wenn sie außerhalb ihrer Stadt in Verwahrung war, zählte die Madonna von Impruneta. Ein heiliges Bild, das seine Kräfte nur entfaltete, wenn es innerhalb der Stadtmauern in feierlicher Prozession durch die Straßen getragen wurde, um Regen zu erbitten, die Pest zu verscheuchen oder andere Katastrophen abzuwenden. Im Jahre 1435 erließ die Kommune ein Gesetz: «Heiligen Objekten... erweist man in der Regel größere Reverenz, wenn man sie selten sieht. Die ehrwürdigen Prioren... möchten deshalb verhindern, daß die einzigartige Verehrung für Unsere Frau von Impruneta dadurch gemindert wird, daß man sie zu oft nach Florenz bringt...» Wieder einmal verband sich das Himmlische problemlos mit dem Profanen.

Beliebt wie in alten Zeiten waren die religiösen Bruderschaften. Es gab die traditionellen Laudesi-Gemeinschaften, die sich nicht so sehr auf ein Viertel konzentrierten, sondern deren Mitglieder über die ganze Stadt verstreut lebten. In den Laudesi waren Handwerker und kleine Geschäftsleute zu Hause, meist verheiratet und einer unkomplizierten Frömmigkeit verpflichtet. Ein bißchen altväterlich ging es bei ihnen zu, während draußen die dröhnenden jugendlichen Festlichkeiten zunahmen, jedes religiösen Sinnes entleert. Auch viele jüngere, unverheiratete Männer – vor allem der Oberschicht – suchten Zuflucht in Oasen jenseits der lärmenden Welt. Allerdings trieb es sie eher zu den strengen Bruderschaften, vor allem den Geißlern. Die Statistiken der Geißlerbruderschaft San Paolo aus dem Jahre 1480 haben sich erhalten. Von den 206 Mitgliedern sind weniger als 50 Prozent verheiratet, der Durchschnitt um die 25 Jahre alt, am Übergang zur Welt der Erwachsenen, der sicher auch eine Krisenzeit war. Auch hier traf man sich aus allen Vierteln der Stadt. Eine der wenigen Möglichkeiten, dem Klüngel der Nachbarschaft zu entfliehen und zugleich nützliche Beziehungen für die Zukunft zu knüpfen, denn alle Brüder kamen aus reichen, etablierten Familien.

Die religiösen Zusammenkünfte der strengen Bruderschaften werden, von Einzelheiten abgesehen, überall so abgelaufen sein, wie sie die Statuten der Compagnia di Sant' Antonio Abate von 1485 schildern. Am Eingang des Bethauses begrüßt der zuletzt Gekommene den Nachfolgenden, jeder ein Glied in einer unendlichen Kette. Der Begrüßende darf ins Innere gehen, betet vor dem Altar ein Ave Maria und ein Pater Noster und begibt sich dann in ein Nebenzimmer, den Schlafraum. Dort legt er seine Kleider ab und streift das Gewand der Bruderschaft – mit Kapuze und einer Öffnung am Rücken – über. Wenn er zurück in den Betsaal geht, ist er einer unter Gleichen, seiner Rolle als Vater, Ehemann, Bruder, Unternehmer ledig, frei von allen Verpflichtungen und Regeln. Im Dämmerlicht legt jeder seine Beichte ab – öffentlich. Ein harter Brocken für Florentiner Kaufleute, bei denen Mißtrauen oberstes Prinzip ist. Kein Wunder, daß jeder sofort aus der Bruderschaft ausgeschlossen wird, der außerhalb dieses mystischen Bundes plaudert. Es folgen Gebete und die Friedenshymne. Dann werden alle Kerzen bis auf die vor dem Bild des heiligen Antonius gelöscht und lederne Peitschen verteilt. Wenn der dramatische Akt der Selbstkasteiung unter lauten Litaneien beginnt, geht auch das letzte Licht aus. Nach der Geißelung gehen die Mitglieder nebenan in den Schlafraum und legen sich auf einfache Matten. Am nächsten Morgen noch ein gemeinsames Lied, ein letztes Ave Maria, und das Leben kann neu beginnen.

Das ganze Leben aber stand unter göttlichem Vorbehalt. Jederzeit konnte sich alles durch himmlische Fügung ändern, daran gab es für alle Florentiner keinen Zweifel. Diesen Vorbehalt vorausgesetzt, durfte man planen und kalkulieren. «Wenn Gott mir Zeit läßt, will ich etwas Erinnernswertes schaffen.» Das schrieb Filippo Strozzi, der den Schwur seiner Mutter Alessandra, die Ehre des Hauses wiederherzustellen, so glänzend wahrgemacht hatte. Im Jahre 1471 war er nach Lorenzo de' Medici der reichste Mann in der Stadt mit einem Barvermögen von rund 30000 Florinen. Zwölf Jahre später hatte Filippo 120000 auf der hohen Kante. Er war ein sehr religiöser Mann, die Vergänglichkeit alles Irdischen hatte er als Kind erfahren, 1473 mußte er seinen Erstgeborenen begraben. Doch auch ihn hatte die Sucht der Mächtigen befallen, dem Tod ein Schnippchen zu schlagen. Sein angeheirateter Verwandter Giovanni Rucellai hatte sich ähnliches vorgenommen. «Zur Ehre Gottes, zur Ehre der Stadt und zur Erinnerung an mich» entwarf er ein gewaltiges Bauprogramm. Als das Geld knapp wurde, trennte sich Giovanni, ebenfalls einer der reichsten Bürger von Florenz, sogar von seiner toskanischen Lieblingsvilla mit einer Plantage von über 3000 Maulbeerbäumen, auf denen eifrige Raupen Rohseide produzierten.

Beide Männer waren überzeugt: Wer sich in Stein verewigt, wird für immer im Gedächtnis der Menschen bleiben. Sie haben recht behalten. Ihr Lebenswerk ist bis heute unübersehbar. Mit dem Geld des Giovanni Rucellai wurde die bis dahin nackte Front von Santa Maria Novella mit einem strengen Marmormuster verkleidet und – eine einmalige Werbung – weithin sichtbar mit dem Namen des Stifters und seinem persönlichem Wappen versehen. Filippo Strozzi starb 1491, zwei Jahre nachdem er den ersten Stein in die Baugrube geworfen hatte. Der neue Palast, gerade knapp mannshoch, hatte schon 8000 Florine verschlungen. In Strozzis Testament stand, das Vorhaben um jeden Preis zu vollenden. So geschah es, und der riesige Palast westlich der Piazza della Repubblica ist heute beliebter Schauplatz für repräsentative Ausstellungen aller Art.

Die alten Familien blieben die besten Patrone der Künste. Filippo Strozzi hatte 1487 mit Filippino Lippi einen Vertrag geschlossen, der für 300 Florine die Strozzi-Kapelle in Santa Maria Novella ausmalen sollte. Auch dieser Auftrag kam erst nach Filippos Tod zur Ausführung. Domenico di Tommaso Bigordi, genannt Ghirlandaio, malte die Grabkapelle der Familie Sassetti in Santa Trinità aus und den Hauptchor von Santa Maria Novella für die Familie Tornabuoni. (Beide Familienoberhäupter standen als Manager im Dienst des Bankhauses der Medici.) Die biblischen Geschichten und Legenden des heiligen Franz erzählen vor dem Panorama von Florenz, auf seinen Straßen und Plätzen, das Leben von selbstbewußten, bürgerlichen Männern und Frauen und ihrem wohlgeratenen Nachwuchs.

Die Kirchen waren noch immer das Herz von Florenz, der Ruhm ihrer Prediger kam dem Ruhm der Stadt zugute. Ähnliches mag Lorenzo de' Medici gedacht haben, als er zu Beginn des Jahres 1490 den Dominikanerorden bat, den auswärtigen Mönch Girolamo Savonarola in das Florentiner Kloster San Marco zu schikken. Das Hauskloster der Medici lebte im Schatten der berühmten Kongregationen von Santa Maria Novella und Santa Croce. Ein bißchen Aufwind und Antrieb konnte nur recht sein. Vielleicht hatte auch Lorenzos Freund Pico della Mirandola seine Hand im Spiel. Ihm war dieser Mönch, der im privaten Gespräch große Freundlichkeit ausstrahlte, aber auf der Kanzel mit strenger Entschiedenheit auftrat, aufgefallen.

Girolamo Savonarola, 1452 in Ferrara in eine Kaufmannsfamilie geboren, 1475 gegen den Willen des Vaters Mönch geworden, kam nach Florenz und begann im Kloster San Marco über die Offenbarung des Johannes zu predigen. Sehr schnell festigte sich sein Ruf als «Prediger der Verzweifelten», denn Savonarola nahm entschieden Stellung gegen soziale Ungerechtigkeiten. Der Mönch geißelte die Unsummen, die die Reichen ausgaben, um sich durch protzige Bauten unsterblich zu machen, und versprach ihnen göttliche Bestrafung. Die Armen, rief er aus, würden durch Steuern ausgebeutet, mit denen die Reichen ihre Huren bezahlten. Überall verachte man das Gesetz brüderlicher Liebe. Wie zu alten Zeiten waren die Florentiner betroffen, ließen sich reumütig ihre Sünden aufzählen. Von Mund zu Mund ging die Propaganda für diesen wortgewaltigen Prediger. So sehr schwoll die Zahl seiner Zuhörer an, daß er eingeladen wurde, in der Fastenzeit 1491 im Dom zu predigen. Savonarola nutzte die Gelegenheit und wurde konkreter in seinen apokalyptischen Andeutungen. Gottes Rache würde nicht nur ganz Italien vernichten, sondern ganz besonders «diese Region». Und Florenz war auserwählt, aber nicht um belohnt zu werden, sondern um Gottes Heimsuchung zu erfahren. Die Gläubigen gingen erschüttert nach Hause. Es war eine geistliche Umkehr, die der Mönch verlangte. Savonarola rief mit keinen Wort zum Umsturz der bestehenden politischen Verhältnisse auf. Das war Gottes Sache. Aller weltlicher Tand würde von selber zunichte werden – und zwar bald. Deshalb mahnte er die Unterdrückten zur Geduld und versicherte zugleich, daß ihr Los bald ein Ende haben werde. Denn Gottes Gericht war nahe.

So groß die Erschütterung war, die Herrschenden konnten ruhig schlafen. Savonarola provozierte sie nur bis zu einem gewissen Punkt: «Ich kündige oft die Erneuerung der Kirche an und zukünftige Heimsuchungen, aber immer auf der Grundlage der Schriften. Denn so kann mich niemand beschuldigen, es sei denn, er will vom Pfad der Gerechtigkeit abweichen.» Das schrieb Savonarola im März 1491 einem Mitbruder in einem vertraulichen Brief. Vier Monate später wählten die Mönche von San Marco ihn zu ihrem Prior. Der Mann aus Ferrara hatte ihr Vertrauen gewonnen und gab auch dem wichtigsten Mäzen des Klosters keinen Grund zur Klage. Das Reich, das Savonarola herbeisehnte, war zweifellos nicht von dieser Welt.

Am Ende des achten Jahrzehnts kam das alte Johannisfest bei Lorenzo wieder zu Ehren. Eine herrscherliche Laune oder die Einsicht, kein besseres Vehikel zu haben, um den eigenen Machtanspruch – in eingängige, eindeutige Bilder verpackt – der Öffentlichkeit zu demonstrieren und in historischen Dimensionen zu verankern? Die Idee für den Festumzug des Jahres 1491 entwikkelte Lorenzo selbst, und nach seinen Entwürfen baute die Bruderschaft vom Stern fünfzehn Wagen mit lebendigen Schaubildern, von Ochsen gezogen. So erlebte das Volk von Florenz am Tag jenes Heiligen, der im härenen Büßergewand Jesus im Jordan getauft hatte, ein Lehrstück aus der heidnisch-antiken Geschichte: den Triumph des römischen Konsuls Aemilius Paulus, erzählt nach Plutarch. Lorenzo stiftete fünf Schwadron Reiter in voller Rüstung; die Triumphwagen, carri trionfali, wimmelten von römischen Feldherren und Männern in Toga und Tunika. Wieder einmal genoß Florenz einen Höhepunkt. Doch er war seltsam spannungslos, wie alle diese fürstlichen Feiern. Dämonen und Teufel haben keinen Platz in goldenen Zeiten. Nicht zufällig war schon Jahre zuvor beim Aufzug der drei Weisen aus dem Morgenland Herodes als freundlicher König erschienen und der Kindermord der biblischen Geschichte gestrichen worden.

Lange ist es her, daß die kleinen Leute vom südlichen Arnoufer die ganze Stadt zum «Inferno» einluden, das sie voller Dramatik auf Booten und Flößen im Arno spielten. Damals, im Mai 1304, war die hölzerne Carraia-Brücke unter der Last der Zuschauer zusammengebrochen. Es gab Tote, und die Florentiner spotteten, daß viele schneller ins Höllenfeuer gelangt seien, als sie gedacht hätten. Glatt und spannungslos sollten fast zweihundert Jahre später die festlichen Abbilder paradieren. Doch zugleich bot Lorenzo mit dem Aufzug von 1491 seiner Stadt ein raffiniertes, doppelbödiges Gleichnis: Wie hinter den republikanischen Fassaden seit Jahrzehnten ein einziger regierte, so kündete der Prunk, mit dem der Held einer vorbildlichen heidnischen Republik an einem christlichen Gedenktag gefeiert wurde, vom Ruhm eben jenes Alleinherrschers. Konnte es noch eine Steigerung geben?

Im Frühjahr 1492 wird Giovanni de' Medici, Sohn des Lorenzo, in seiner Vaterstadt empfangen wie kein Fürst und Kaiser vor ihm. Über dreihundert Florentiner erwarten ihn draußen vor dem Tor. Dicht an dicht stehen die Menschen in den Straßen, als der Siebzehnjährige – demütig auf einem Esel – zur Piazza della Signoria reitet, wo die Prioren auf ihn warten. Denn es gilt einen jungen Mann zu ehren, dem der Vater schreibt: «In deiner Person sehen wir die größte Würde, die unser Haus jemals hatte.» Giovanni de' Medici ist soeben als Jüngster in das Kardinalskollegium der römischen Kirche aufgenommen worden. Die Florentiner Dankprozession für diese Ehre nimmt kein Ende. Aus den Häusern hängen die Wappen der Medici. Feuerwerke machen den Himmel über dem Arnotal taghell. Wieder ist es der ersten Familie gelungen, mit dem Triumph ihres Hauses ganz Florenz zu erhöhen. Der Vater jedoch, geheimer Urheber solcher Auszeichnung, ist so krank, daß er im Palazzo Medici nur einen kurzen Blick auf das überbordende Festbankett seines Sohnes werfen kann.

Mitte März zieht Giovanni nach Rom, seine neue Heimstatt. In der Nacht vom 4. auf den 5. April kommt über Florenz ein schwerer Sturm mit Hagel auf. Donner grollt, und der Blitz schlägt einen breiten Riß in die Domkuppel. Die Menschen erwarten Unheil, und die Prediger nutzen die günstige Gelegenheit. Savonarola spricht von einem Zeichen für Gottes kommenden Zorn. Sehr viel drastischer warnt der Franziskaner Domenico da Ponzo seine Zuhörer: Wenn die Florentiner nicht bis zum August Buße getan hätten, würden die Straßen voller Blut sein. Drei Tage später, am 8. April 1492, stirbt Lorenzo de' Medici in der Villa in Careggi, wo schon sein Großvater Cosimo auf den Tod wartete. Auch das Pulver aus zerstoßenen Perlen und Juwelen, das ihm seine Hausärzte verschrieben, konnte dem Dreiundvierzigjährigen nicht mehr helfen.

Diesmal müssen sich die Anhänger der Medici nicht zu einer Krisensitzung versammeln. Die Herrschaft der Familie ist gefestigt, ebenso die Position von Florenz nach innen und nach außen. Nirgendwo zeigt sich Widerstand, als Piero de' Medici umgehend mit der Machtfülle seines Vaters ausgestattet wird. Er ist 22 Jahre alt. Ein großer, sportlicher Mann, der sehr bald zu erkennen gibt, daß er lieber auf Jagden und Tänze geht, statt sich mit den Geschäften des Staates abzuquälen. Die überläßt er mehr und mehr seinen Günstlingen – unbekannte Emporkömmlinge in den Augen der Männer aus den alten, vornehmen Familien von Florenz. Überraschend schnell verschlechtert sich das Klima in der Stadt. Schon nach einem Jahr berichten die Gesandten vom Arno an die Höfe Europas, daß sich etliche Fraktionen gebildet haben, die Piero nicht gut gesonnen sind. Keine Frage: Er hat nicht das Format seines Vaters. Als plötzlich das prekäre Gleichgewicht auf der Halbinsel zwischen Mailand, Venedig, Florenz, Neapel und dem Papst aus der Balance gerät und die Außenpolitik Fingerspitzengefühl verlangt, ist Pieros Scheitern vorgezeichnet.

Zum Entsetzen der Florentiner schlägt sich der junge Medici im neuen Machtkampf ohne Grund auf die Seite des Königs von Neapel und damit gegen Frankreich, den uralten Verbündeten. Als der französische König dann aber mit 30 000 Mann bis in die Toskana vorgedrungen ist, verläßt Piero im Oktober 1494 heimlich die Stadt, fällt vor dem Gegner auf die Knie und kapituliert. Als die Nachricht nach Florenz gelangt, ruft die Signoria eine Versammlung aller führenden Männer in den Palast, darunter viele Medici-Anhänger, die nun ihr Mäntelchen wenden. Pier Capponi erklärt, es sei an der Zeit, die Tyrannei zu beenden und zu einer freien bürgerlichen Regierung zurückzukehren. Niemand widerspricht. Am 8. November ist Piero wieder in der Stadt. Am nächsten Morgen wird ihm der Zutritt zum Priorenpalast verwehrt, aus den Fenstern schallt der Ruf: «Popolo e libertà!» Die Glocke im mächtigen Turm des Palazzo della Signoria ruft das Volk zusammen. Nur mit Mühe kann der Regent sich einen Weg durch die feindliche Menge nach Hause in die Via Larga bahnen. Während die Prioren 20 000 Florine auf ihren Kopf setzen, fliehen Piero und Giovanni de' Medici durch die Porta San Gallo in Richtung Bologna. Es ist der 9. November 1494. Vor genau sechzig Jahren, im Oktober 1434, bat die Regierung von Florenz Cosimo de' Medici, aus dem Exil in Venedig heimzukehren und die Geschicke der Stadt in seine Hände zu nehmen.

Savonarola brennt
oder Ein Sündenbock für die Republik

Die Nachricht vom Sturz der Medici verbreitet sich innerhalb weniger Stunden in der ganzen Toskana. Noch am 9. November vertreiben die Pisaner die verhaßten Florentiner aus der Stadt. Montepulciano, Arezzo und andere eingemeindete Städte im Contado werden diesem Beispiel folgen. In kürzester Zeit fällt das Florentiner Territorium, hundert Jahre zuvor so teuer und zäh erobert, auseinander. Am 17. November reitet der neue Herr von Florenz mit seiner Soldateska durch die Stadttore. Der Wald von Lanzen läßt nichts Gutes erwarten, obwohl die Bürger den Fremdling als Befreier begrüßen. Aber Karl VIII., auf dem Weg nach Neapel, will den Florentinern den Frieden diktieren und Piero de' Medici als Verbündeten von seinen Gnaden am Arno wieder in die alten Rechte einsetzen. Doch der König von Frankreich stößt auf den entschlossenen Widerstand der führenden Männer. Es kommt zu Zusammenstößen zwischen Soldaten und Bürgern, die Atmosphäre ist geladen. In dieser ziemlich ausweglosen Situation bittet die Kommune Girolamo Savonarola, den Dominikanerprior von San Marco, bei Karl VIII. die Interessen von Florenz zu vertreten.

Am 21. November 1494 steht der Mönch vor dem König und redet ihm furchtlos ins Gewissen: Er, Karl, sei das Instrument Gottes und müsse schnellstens weiterziehen, um Neapel zu befreien. Wenn er statt dessen Florenz bedrohe, werde er Gottes Zorn auf sich ziehen. Und er, der Mönch, habe alles dieses in seinen Predigten vorausgesagt. Der König ist beeindruckt. Man einigt sich, die Medici werden nicht zurückkehren. Karl verläßt mit seinem Heer am 28. November 1494 friedlich die Stadt. Florenz war wieder eine Republik und ihr Held Savonarola.

Der Mönch von San Marco ging in die Geschichte ein als religiöser Finsterling mit stechendem Blick, ein Symbol für fanatischen Übereifer. Seine Florentiner Zeitgenossen haben einen anderen Menschen erlebt, und sie hätten wohl schwerlich so inbrünstig einem Monstrum angehangen. Savonarolas Auftritt am Arno, seine Macht über die Kommune, sein kometenhafter Aufstieg und sein bitteres Ende sind ohne Beispiel in Europa. Doch es war keine einseitige, keine erzwungene Zuneigung. Savonarola und Florenz – das war eine große, stürmische Liebe. Der Mönch hatte nichts als das Wort, aber er nutzte es mit traumwandlerischer Sicherheit, so daß die verborgenen Sehnsüchte der Florentiner und die prägenden Traditionen ihrer republikanischen Geschichte in einem furiosen Finale zusammenfanden.

Florenz war frei. Jedermann sprach von einem Wunder. Das half allerdings nur kurzfristig über die Realitäten hinweg: Viele Geschäfte blieben geschlossen; es gab keine Arbeit und kein Brot. Natürlich zerstritten sich die führenden Männer sofort über die Möglichkeiten, wie man Florenz jetzt regieren solle. Die Spannung hatte eher noch zugenommen. Bürgerkrieg lag in der Luft.

Aber einen Ort gab es in der Stadt, da standen sie alle friedlich und eines Sinnes Schulter an Schulter, Bankiers und Handwerker, Rechtsanwälte, Arbeiter und Unternehmer. Sie alle hörten ergriffen zu und hofften auf eine Botschaft, die einen Weg aus der Krise wies. Es war der Dom, wo Fra Girolamo Savonarola im Advent 1494 fast täglich vor über zehntausend Menschen predigte. Und er enttäuschte sie nicht.

Am 10. Dezember sagte der Prior von San Marco seinen Zuhörern: «Ich verkünde der Stadt diese gute Nachricht. Florenz wird herrlicher, reicher, mächtiger sein als jemals zuvor... Es wird sein Reich ausdehnen und weltliche und geistliche Macht besitzen.» Nicht nur in Italien, nein, in der ganzen Welt. Denn Florenz sei «Gottes auserwählte Stadt». Sie müsse dieses Angebot nur annehmen, dann würde Gott Öl des Mitleids in die Wunden träufeln und jede Hilfe bringen. Die Florentiner, denen Savonarola als Prophet einer apokalyptischen Botschaft vertraut war, müssen sich sehr verwundert haben. Das waren ganz neue Töne. Aber warum sollten sie darüber ins Grübeln geraten, wenn der Arzt, der ihnen gestern noch mit drastischen Operationen drohte, ihnen nun eine menschenfreundliche Medizin verabreichte? In diesen Dezemberwochen 1494 wurde Savonarola, der Prophet des Untergangs, zum Hoffnungsträger von Florenz. Der radikale Pessimist, der bisher seine Anhänger aufgefordert hatte, sich total von der Welt abzuwenden, zeigte sich auf dem Hintergrund beängstigender Realitäten als radikaler Optimist. Nicht mehr den Verzicht auf alles Irdische verkündete der Mönch den Bürgern von Florenz, sondern höchst weltliche Herrlichkeiten – und sprach ihnen damit aus dem Herzen.

Ob die Wollarbeiter, die einst als «Volk Gottes» mehr Gerechtigkeit für die Arbeiter von Florenz forderten, ob Humanisten oder Chronisten, ob Prediger oder Literaten, ob Republikaner oder Medici-Freunde: seit zwei Jahrhunderten war die Republik Florenz für ihre Bewohner das «neue Jerusalem», das «neue Rom», «Athen am Arno», ein Vorbild für alle Welt. Und die Bürger priesen ihre Heimatstadt um so lauter, beharrten um so entschiedener auf diesem Anspruch, je tiefer die Stadt in der Krise steckte. Fra Girolamo, der Mönch aus Ferrara, kannte sich gut aus in der Florentiner Psyche. Er rührte mit seinen Versprechungen an dieses Erbe und setzte der Stadt ein Ziel, das alle Parteien freudig akzeptierten. Doch wußte Savonarola auch, daß er mehr tun mußte, um die brisante politische Situation zu entschärfen.

Nur zwei Tage nach den allgemeinen Verheißungen zukünftiger Größe nahm der Mönch Partei im Streit der politischen Meinungen und stellte sich eindeutig auf die Seite der Reformer, die eine fortschrittliche Republik wünschten. Am 14. Dezember predigte Savonarola wieder im Dom: «Ich glaube, es gibt keine bessere (Regierungsform) als die der Venezianer, und ihr solltet diesem Beispiel folgen... Glaube, Florenz, das ist die Zeit, die Kirche und deine Stadt zu reformieren, wie ich gesagt habe... Schaffe deine neue Regierung, und auf diese Weise wird Gott überall in der Welt verherrlicht werden.» Das Wort des Savonarola wurde Gesetz, weil es mehrheitsfähig war. Am 24. Dezember 1494 gab sich Florenz eine neue Regierungsform, den governo civile. Die wichtigste Institution bildete, nach venezianischem Vorbild, der Große Rat. Er zählte rund 3300 Mitglieder. Das waren – bei 70000 bis 90000 Einwohnern – 20 bis 25 Prozent der männlichen Bevölkerung, eine für damalige Verhältnisse ungewöhnlich breite Repräsentanz. Die Spannung in der Stadt löste sich, die Bürger akzeptierten die neue Ordnung. Wenn es Widersacher gab, so schwiegen sie und verhielten sich still. Savonarola hatte sich um Florenz verdient gemacht.

Der Prior von San Marco, dessen Bußpredigten in den Jahren der Medici die Guten von den Bösen trennen sollten, war zum Einiger der Stadt geworden. Jede seiner Predigten, jedes Wort seiner Mitbrüder, die in seinem Namen auf der Kanzel standen, wurde in dieser Zeit zum Tagesgespräch. Auf dem Markt und beim festlichen Bankett, in den Läden und Tuchhallen, am Wechseltisch und beim Notar gab es nur ein Thema. In den Tagebüchern und Erinnerungen der Kaufleute, in den Briefen und Depeschen der Botschafter spiegelt sich das Bild einer Stadt, in der ein Mann die Szene beherrscht. An ihm aber scheiden sich um die Mitte der neunziger Jahre die Geister nicht, sondern sind erfüllt von Lebensmut, Zuversicht und eigentümlicher Anspannung. Denn große Dinge stehen bevor.

So wie man noch vor kurzem zum Palast der Medici in der Via Larga pilgerte, ist das Kloster San Marco, nur wenige Minuten die Straße hinauf gelegen, das neue Zentrum der Stadt. Nicht nur die Anhänger Savonarolas, die im politischen Geschäft etwas zu sagen haben, suchen Rat bei ihm oder gehen – was häufiger ist, um jede direkte Beeinflussung nach außen zu vermeiden – zu einem seiner Vertrauten im Kloster. Es wird schick, den Gottesdienst bei diesen Dominikanern zu feiern, die Mönche haben großen Zulauf. Vor allem die Franziskaner sehen das mit scheelen Blicken. Piagnoni, Heuler, Winseler, werden die Anhänger Savonarolas bald genannt, weil ihnen die Tränen bei den Auftritten ihres Idols so locker sitzen. Noch ist es eine Ehrenbezeichnung, mit der sich die Mehrheit der Florentiner gerne schmückt.

Während man am Arno Nabelschau betreibt und auf die eigene Seligkeit konzentriert ist, geht die große Politik weiter. Der Papst, Venedig und Mailand verbünden sich zu einer Liga und rufen den habsburgischen Kaiser Maximilian ins Land, um die Franzosen aus

Italien zu vertreiben. Florenz aber lehnt es weiter ab, seinen alten Verbündeten fallenzulassen. Das Jahr 1495 vergeht. Doch die Liga bleibt nicht untätig, und am Horizont künden sich vertraute Konstellationen an: Florenz, umgeben von Feinden. Da bietet Savonarola seiner Stadt neue Aktivitäten, aufregenden Gesprächsstoff für die Piazza. Was sich zu Beginn des Jahrhunderts abzeichnete, im Jugendkult der Medici-Epoche sich glanzvoll fortentwickelte, führt dieser Mönch an seinem Ausgang zu einem Höhepunkt: Die Kinder von Florenz übernehmen das Regiment.

Eine Prozession wie die vom Palmsonntag 1496 hat die Stadt am Arno noch nicht gesehen. An der Spitze des festlichen Zugs gehen ungefähr achttausend Jungen unter den Bannern der Stadtviertel, nach denen sie getrennt aufmarschiert sind. Alle tragen weiße Gewänder, schwenken ein rotes Kreuz in der Hand, die Köpfe sind mit Olivenzweigen bekränzt, die Haare züchtig bis an die Ohren abgeschnitten. Die Jungen im Alter von sechs bis sechzehn Jahren folgen einem Tabernakel mit dem Bild Christi. Hinter den Jungen kommen die gleichaltrigen Mädchen, dann erst die Priester, die Prioren und hohen Beamten von Florenz, schließlich die Eltern der Kinder, Männer und Frauen. Alle rufen immer wieder: «Lang lebe Christus, unser König.» Die ganze Stadt ist auf den Beinen. Die ekstatische Stimmung steckt an. Erwachsene Männer beginnen plötzlich am Straßenrand zu tanzen und rufen: «Viva Cristo!»

Seit Wochen hat Savonarola seine Jungen auf diese Prozession vorbereitet. Manche wundern sich. Hatte der Mönch die heiligen Spektakel, die sacra rappresentazione zu Zeiten der Medici nicht als Teufelswerk verdammt und verboten? Das Pferderennen am Tag von Johannes dem Täufer abgeschafft? Das stimmt, aber Savonarola ist deshalb keiner, der den Frommen jedes religiöse Vergnügen nimmt. Florenz muß nicht in Sack und Asche gehen. Im Gegenteil: Der Mönch bietet den Bewohnern, was sie seit jeher schätzten: Zeremonien, Rituale, dramatische Auftritte und triumphale Gesten. Was im Laufe der Jahrhunderte sich immer mehr mit weltlichem Inhalt füllte, von den Medici-Herrschern perfekt zur eigenen Propaganda genutzt, wird unter Savonarolas

Kommando wieder zu einem ausschließlich sakralen Schauspiel. Feierte Lorenzo de' Medici den Triumph des Aemilius Paulus, läßt Savonarola Geschichten aus dem Alten Testament einstudieren und als «Triumph des Glaubens» durch Florenz ziehen, von Sandro Botticelli künstlerisch beraten. Die wichtigsten Akteure bei diesen neuen alten Aufzügen sind die Jungen von Florenz, denen der Mönch unerhörte Dinge sagt: Sie würden die Stadt bekehren und eines Tages sogar den Älteren Ratschläge erteilen. Seit das Wort des Savonarola gilt, prägen seine Jungen das Straßenbild. Wohlgeordnet ziehen sie durch die Stadt. Soldaten Gottes, die Almosen für die Armen sammeln und unter dem Klang der Trompeten mit ihren Schätzen in den überfüllten Dom einziehen, wo sie als eigene Gruppe, von der Menge separiert, dem Gottesdienst beiwohnen. Polizisten Gottes, die über die Moral der Bürger wachen. Wenn der Schritt der jungen Garde auf dem Pflaster ertönt, raffen die Spieler an den Straßenecken ihre Karten zusammen, laufen die Prostituierten mit schnellen Schritten zurück in ihre Häuser, ziehen die ehrbaren Frauen ihre Kapuzen noch tiefer ins Gesicht. Wieder hat Savonarola nichts grundsätzlich Neues eingeführt, sondern eine Tradition aufgegriffen und in den Dienst seiner Botschaft gestellt. Längst ist es selbstverständlich, daß die Jungen in eigenen Bruderschaften organisiert sind und in dramatischen Schaubildern den Älteren während der Prozession als Vorbild hingestellt werden. Mit Lorenzo hatte die Jugend selbst das Zepter übernommen. Unter Savonarola artikuliert sich erstmals laut Protest gegen diesen neuen Kult. «Wehe der Stadt, die von fanciulli, von Knaben, regiert wird», donnert der Augustinerpater Gregorio de Perugia 1495 von der Kanzel in Santo Spirito.

Die Hitze des Sommers 1496 lastet schwer auf Florenz. Die Nahrungsmittel gehen zur Neige. Immer weniger Waren finden den Weg in die Stadt, während sich von Süden feindliche päpstliche Soldaten nähern. Die Venezianer haben mit ihrer Flotte den Hafen von Livorno blockiert, um auch dieses Schlupfloch nach Florenz zu stopfen. Im Oktober ordnet die Kommune den feierlichen Umzug der Lieben Frau von Impruneta an. Savonarola predigt im Dom: «Ich habe euch gesagt, die Kirche wird erneuert. Und so wird es sein. Ich habe euch gesagt, Florenz wird gesegnet sein und ein größeres Reich besitzen als je zuvor. Und ich bekräftige das.» Da meldet ein Kurier, daß Florentiner Galeeren die Blockade durchbrochen haben. Lebensmittel sind auf dem Weg. Ein Zeichen des Himmels. Gott läßt – wie schon so viele Male zuvor – seine auserwählte Stadt nicht im Stich. Die Nachricht erweist sich als Gerücht. Aber der erneute Eindruck von der Wunderkraft des Propheten hat schon seine Wirkung getan. Immerhin: Die feindliche Armee zieht sich aus der Toskana zurück.

Wenn der Prior von San Marco sich zum Dom aufmacht, um dort zu predigen, drängt sich die Erinnerung an jüngst vergangene Zeiten auf. Savonarola ist auf Schritt und Tritt von einer Leibwache umgeben wie vor ihm nur Lorenzo de' Medici. Und wie bei dem vergötterten Lorenzo drängen sich die Menschen um den Mönch, suchen seine Berührung, um Anteil zu haben an seinen magischen Kräften, an seinem Charisma.

Im Januar 1497 gehen die jugendlichen Anhänger des Savonarola von Haus zu Haus, klopfen an jede Tür und sammeln «unehrbare Gegenstände». Der Mönch hat ein bruciamento angekündigt, ein gewaltiges «Feuer der Eitelkeiten», in dem alle irdischen Laster symbolisch zu Asche geläutert werden. Am 7. Februar, Fastnachtsdienstag, ist der große Tag. Die Florentiner strömen auf die Piazza della Signoria, wo die Schätze der jugendlichen Sammler pyramidenförmig an einem zwanzig Meter hohen Holzstoß befestigt sind. Vom Fuß bis zur Spitze bilden sie eine siebenstufige Treppe in der Rangfolge ihrer Gefährlichkeit für das Seelenheil, eine Anspielung auf die sieben Todsünden. Es beginnt mit harmlosen Masken und Perücken, humanistische Schriften folgen, darunter Petrarca und Boccaccio, dann kommen Toilettenutensilien, Musikinstrumente, Karten und Glücksspiele, Kunstgegenstände wie Bilder und Statuen und ganz obenauf Karnevalsmasken und eine Teufelsfigur nebst Schlange. Ein venezianischer Kaufmann bietet 20000 Gulden für den ganzen Aufbau. Er hat offenbar nicht begriffen, daß dies kein Spiel, keine öffentliche Volksbelustigung ist. Flammen verschlingen den irdischen Tand.

Der wachsenden äußeren Bedrängnis begegnet Savonarola mit dem Appell an steigende Anstrengungen im Innern, um Gottes Wohlverhalten zu erzwingen und die Prophezeiungen seines Dieners Wahrheit werden zu lassen. Als Karl VIII., dem die Stadt – nicht ohne die Rückendeckung Savonarolas – so unerschütterlich und gegen alle politische Vernunft die Treue hält, im Februar 1497 die Fronten wechselt und sich mit der Liga verbündet, kennt Savonarolas Enttäuschung keine Grenzen: «Wenn er nicht tut, was er tun muß, wird er verworfen, Gott wird ihn töten.» Doch solche harten Worte über den Verrat des französischen Königs halten so manch einen in Florenz nicht vom Nachdenken ab. Ist diese enge Koalition wirklich ein Segen für Florenz gewesen? Muß man die bisherige Übereinstimmung zwischen Priorenpalast und Kloster in jedem Fall gutheißen? Vielleicht sollten die weltlichen Herren mehr Unabhängigkeit gegenüber dem geistlichen Vorsteher von San Marco zeigen. Sogar die Frage, ob Savonarola der Stadt mehr schade als nütze, ist nicht mehr tabu. Die Meinungsmacher spalten sich unmerklich in zwei Lager. Auf den Märkten und in den Häusern verbreitet sich das Gerücht, der Papst wolle den übereifrigen Mönch exkommunizieren. Unter dem Schutz der Franziskaner sammelt sich eine Truppe aus jungen Männern, compagnacci, zwischen 20 und 30 Jahren, die die Predigten Savonarolas und seiner Dominikanermönche mit Zwischenrufen oder krachenden Böllern stören, die Kanzeln beschmieren. Im Mai ereignen sich im Dom während einer Predigt Savonarolas tumultartige Szenen. Wahrscheinlich war es ein Mordversuch.

Am 18. Juni 1497 wird in allen Florentiner Kirchen – von den Gotteshäusern der Dominikaner abgesehen – feierlich die päpstliche Bulle verlesen, mit der Savonarola, Prior von San Marco, exkommuniziert wird. Sie schärft den Bürgern ein, daß alle, die mit dem Gebannten freundschaftlich verkehren oder weiterhin seinen Predigten zuhören, ebenfalls exkommuniziert sind.

Nun sind die innerstädtischen Fronten klar. Doch obwohl viele mit einem solchen Verdikt gerechnet haben, kehrt trotzdem keine Ruhe ein in der Stadt. Die Treue vieler Florentiner zu Savonarola, der Glaube an seine göttliche Sendung und seine Verheißungen für die Kommune lassen sich von päpstlichen Machtworten so schnell nicht einschüchtern. Der Borgiapapst Alexander VI. besitzt ohnehin keine Glaubwürdigkeit bei vielen Christen. Mag das Leben in Florenz in diesen Sommerwochen durch Mißernten, unerschwingliche Lebensmittelpreise und Seuchen für die allermeisten ein Alptraum sein, es fehlt nicht an Vertrauen, unerklärliche Zeichen weiterhin im Sinne des Mönchs zu deuten. Luca Landucci, Apotheker, Gewürzhändler und Chronist dieser bewegten Jahre, notiert in seinem Tagebuch, daß von den über dreißig Toten, die an der Pest starben, alle Männer über zwanzig waren. Keine Knaben, fanciulli, seien darunter, die Savonarola zu den Auserwählten zählte. Landuccis Schlußfolgerung: «Dies schien die Vorhersage des Mönchs über die Erneuerung der Kirche und der Welt zu bestätigen.»

Im August kommt es zu einer politischen Kraftprobe. Männer aus angesehenen Florentiner Familien sind verhaftet worden unter dem Verdacht, einen Umsturz im Sinn der Medici zu planen. Einige werden ins Exil verbannt. Für fünf der Gefangenen fordert jene politische Fraktion, die aus ihrer Treue zu Savonarola nie einen Hehl gemacht hat, die Todesstrafe. Andere plädieren für Nachsicht und Aufschub. Die Hardliner setzen sich mit scharfen Reden durch, und der Scharfrichter vollzieht umgehend sein Werk. Sofort taucht das Gerücht auf, der Prior von San Marco wollte diese Köpfe rollen sehen.

Savonarola hat sich nach San Marco zurückgezogen, ist für Monate nicht mehr in den Straßen zu sehen. Wird er sich unterwerfen? Kann es noch einen Kompromiß mit dem Papst geben? Weihnachten predigt Savonarola wieder in seinem Kloster. Und einige Tage nach dem Fest der Heiligen Drei Könige organisiert er dort eine prächtige Prozession, bei der die Mönche in kostbare Gewänder gekleidet sind, Fackeln und rote Kreuze in den Händen halten. Soll die Magie der Weisen aus dem Morgenland, einst die königlichen Patrone der Medici-Herrscher, nun den Mönch von San Marco in höchster Bedrängnis schützen?

Noch provokanter verstößt Savonarola gegen die päpstliche Bulle, als er am 11. und 18. Februar 1498 wieder in der Kathedrale predigt. Das Signal des Geächteten an Freund und Feind ist eindeutig: «Ich sage euch: Eine glorreichere Zeit war niemals und nie eine glücklichere als gegenwärtig, denn glorreiche und große Dinge wollen wir bewirken, und Gott wird uns beistehen. Wir haben das Schlachtfeld betreten und wollen kämpfen und siegen um jeden Preis.» Es ist eine Kampfansage. Das Domkapitel hat alle Gläubigen gewarnt, dem Exkommunizierten zuzuhören. Es kommen auch merklich weniger Gläubige. Und selbst Luca Landucci, ein Anhänger des Fra Girolamo, schreibt in sein Tagebuch: «Viele blieben fern aus Angst vor Exkommunikation. Sie sagten: ‹Giusta vel ingiusta, timenda est.› Ich gehörte zu denen, die nicht hingingen.» Der Mönch hatte aufgehört, ein Faktor der Einheit zu sein. Nun spaltete er die Kommune. Familien und Freunde zerstritten sich. Die politischen Diskussionen wurden immer heftiger. «Gerecht oder ungerecht, es ist zum Fürchten», was auf die Stadt zukommt, wenn wir einen Geächteten schützen, sagten die einen. Es wird einen Aufstand in der Stadt geben, wenn wir Savonarola fallenlassen, argumentierten die anderen.

Es war eine sehr ernsthafte Debatte. Die meisten leugneten nicht, was die Stadt, was die neue und immer noch schwache Republik von Florenz diesem Mönch verdankte. Man suchte nach einem Ausweg, während das Ansinnen aus Rom immer drängender wurde, den Exkommunizierten auszuliefern, damit er auf päpstlichem Territorium gerichtet würde. In den Kirchen von Florenz kam es fast täglich zu Handgreiflichkeiten, wenn Anhänger Savonarolas erschienen. Die Priester unterbrachen so lange die Messe, bis die Gebannten aus dem Gotteshaus gejagt waren. San Marco bekam keine Almosen mehr. Wir werden behandelt wie die Juden, klagten die Mönche.

Am 25. März 1498, dem Fest Mariae Verkündigung und Beginn des neuen Jahres in Florenz, wartete ein Prediger in Santa Croce mit einer Neuigkeit auf. Der Franziskaner forderte von Savonarola, sich der Feuerprobe zu stellen. Der Gang durchs Feuer sollte offenbaren, auf wessen Seite Gottes Segen ruhte. Am 7. April hatten die Florentiner Gelegenheit, auf der Piazza della

Signoria einem religiösen Schauspiel beizuwohnen. Sie hingen aus den umliegenden Fenstern und drängten sich auf hölzernen Tribünen. Auch die Vertreter der Kommune sahen zu. Ein Holzstoß war aufgeschichtet. Die Dominikanermönche marschierten in langer Prozession auf den Platz, um ihren Mitbruder zu stärken, während in der anderen Ecke die compagnacci der Franziskaner drohend Aufstellung nahmen. Savonarola war anwesend, aber er sollte für das Gottesurteil von zwei treuen Jüngern vertreten werden, während zwei Franziskanermönche die Gegenseite repräsentierten. Doch die Entscheidung zog sich hin, da jede Partei versuchte, die andere psychologisch zu verunsichern. Die Franziskaner protestierten, weil die Kutten der Dominikaner durch Magie feuerfest gemacht worden seien. Die Dominikaner brachten die Franziskaner in Rage, indem sie laut zum heiligen Franziskus beteten. Die Diskussion um die Modalitäten der Feuerprobe nahm kein Ende, bis die Dunkelheit und ein heftiger Regenguß dem Spektakel ein Ende setzten, bevor es begonnen hatte. Die Wut der Geprellten und Neugierigen hätte Savonarola auf dem Rückweg ins Kloster fast das Leben gekostet.

Am nächsten Tag, es war Palmsonntag, rotteten sich die Enttäuschten zusammen, schon auf dem Weg nach San Marco gab es Tote. Ein paar Agitatoren halfen nach, als das Kloster gestürmt wurde. Zur gleichen Zeit berieten die Stadtväter in ihrem Palast und erklärten Savonarola schließlich zum Rebellen. Er wurde mit zwei seiner Anhänger in der Klosterbibliothek verhaftet, bevor die aufgebrachte Menge sich zum Richter und Henker machen konnte. Während der städtischen Beratung am folgenden Tag, dem 9. April 1498, erhob sich keine Gegenstimme, als beschlossen wurde, den Mönch «mit Sorgfalt» zu befragen; «peinliche Befragung» nannte man das im deutschen Sprachraum. Jeder wußte, daß damit die Folter gemeint war.

Noch vor der Dunkelheit wurde Savonarola zum erstenmal auf die Streckbank geführt, wo man ihm die Gliedmaßen auseinanderzog; zum erstenmal brannten ihm die Knechte glühende Eisen ins Fleisch. Viele Male mußten Savonarola und seine zwei Vertrauten die Tortur ertragen. Am Ende hat er ein Geständnis unterzeichnet: daß er nicht, wie so oft behauptet, der Gesandte Gottes sei und Gott nicht zu ihm gesprochen habe.

Am 20. Mai trafen aus Rom die Vertreter des Papstes ein und inszenierten ihren eigenen Prozeß. Die Qualen begannen von vorn. Der Prior von San Marco bekannte sich erneut schuldig, ein allgemeines Konzil gefordert, im geheimen mit anderen Regierungen verhandelt und gegen den päpstlichen Bann verstoßen zu haben. Doch während eines Verhörs brach das Opfer, gebrochen zwar, aus dem erwarteten Ritual aus. Savonarola warf sich seinen Peinigern zu Füßen, widerrief sein wichtigstes Geständnis und schrie: «Wenn ich leiden muß, dann will ich für die Wahrheit leiden. Was ich gesagt habe, habe ich von Gott empfangen. Gott, du schickst mir diese Strafe, weil ich dich verleugnet habe. Ich habe dich verleugnet, ich habe dich verleugnet, ich habe dich verleugnet aus Angst vor der Folter.» Der Schrei der Verzweiflung drang nicht durch die Mauern des Gefängnisturms. Fra Girolamo Savonarola, Fra Domenico und Fra Silvestro wurden verurteilt – weil sie Häretiker und Schismatiker waren und weil sie neue Lehren, cose nuove, gepredigt hätten.

Am 23. Mai 1498, einem Mittwoch, kamen wieder einmal Tausende auf die Piazza della Signoria. Die gleichen Menschen, die über dreieinhalb Jahre jedes Wort aus Savonarolas Mund wie eine göttliche Botschaft aufgenommen hatten, wurden Zeugen eines tödlichen Schauspiels. Der Mönch, der Florenz eine glänzende Zukunft vorausgesagt und die Stadt – zur Freude ihrer Bewohner – als das «neue Jerusalem» in den Himmel gehoben hatte, sollte wie ein gemeiner Verbrecher erst enthauptet und dann verbrannt werden. Doch es ging nicht einfach um die ordentliche Vollstreckung eines Urteils oder um das politische Kalkül der Kommune, mit der Hinrichtung in Florenz dem Papst Paroli zu bieten. Es war, als ob eine Gemeinschaft zusammenfand und eine Zeremonie ertrug, die einem öffentlichen Exorzismus gleichkam. Als ob eine ganze Stadt sich von dem reinigen müsse, was einst ihre eigene, inbrünstig geglaubte Vision gewesen war. Nein, es schrie keiner an diesem Morgen auf der Piazza «Kreuzigt ihn», als ob man sich noch erinnerte, wie man diesem Mönch einst das Hosianna zugejubelt hatte. Es war eher wie ein Opfergang für beide – für Savonarola und für Florenz, das so sehr seine Stadt geworden war; zu verbrennen, was man einst angebetet hatte.

Vor aller Augen wurde der Mönch über Stunden degradiert, die geistlichen Gewänder, in die man ihn noch einmal gekleidet hatte, wurden ihm Stück für Stück durch den Bischof abgerissen. Das alles geschah auf der angebauten Tribüne, der Ringhiera, vor dem Priorenpalast, wo die Prioren auf einem Podium saßen und dem schaurig-feierlichen Akt zusahen. Von der Ringhiera war am Abend zuvor eine hölzerne Tribüne bis in die Mitte der Piazza gebaut worden. Dort hatte man am Ende auf einer Rundung einen mächtigen Baumstamm mit einem Querholz aufgerichtet, von einem mächtigen Gerüst abgestützt. An diesem Holz wurden die drei Mönche aufgehängt, nachdem die Prioren laut das Todesurteil bestätigt hatten. Einer der Gehenkten litt große Qualen, weil der Strick nicht schnell genug angezogen worden war.

Der Chronist Luca Landucci, ein Augenzeuge, schrieb in sein Tagebuch: «Und als die drei gehängt waren, in der Mitte Frate Girolamo, und gegen den Palast gewendet, erhoben sie sich schließlich vom Podium auf der Ringhiera, und da ein Reisighaufen auf jenem Rund aufgeschichtet war, auf dem sich Bombardenpulver befand, legten sie Feuer an genanntes Pulver, und so entzündete sich der Reisighaufen mit dem Krachen von Raketen und Büchsenschüssen, und in wenigen Stunden waren sie verbrannt, so daß ihnen die Beine und die Arme nach und nach abfielen.»

Der Obrigkeit war sehr daran gelegen, daß von diesem Mönch keine Reste, keine Reliquien blieben. Der Henker und seine Helfer schleppten immer neues Holz heran und schürten unentwegt das Feuer, bis die toten Körper vollständig zu Asche verbrannt waren. Luca Landucci, dessen Idol hier so schändlich zu Tode kam, erlaubt sich selbst in seinem Tagebuch nur sehr versteckt eine eigene Meinung: «Hierauf ließen sie Karren herkommen und jede mindeste Asche zum Arno führen, damit nichts von ihnen gefunden würde... Und dennoch gab es solche, die jene Kohlen wieder herausnahmen, die auf dem Flusse schwammen; so viel Glauben war in einigen guten Menschen; aber sehr insgeheim und auch mit Angst geschah es, weil man nichts darüber reden durfte, noch etwas sagen, ohne Gefahr des Lebens; denn sie wollten jede Erinnerung von ihm auslöschen.» Der Sündenbock für ein außergewöhnliches Kapitel Florentiner und europäischer Geschichte war vor aller Augen gerichtet.

Die Ära Savonarola – der lange ersehnte Aufbruch einer Stadt nach Utopia und das Ende ihres charismatischen Führers – ist der spektakulärste Akt im kurzen dramma furioso der neugeborenen Florentiner Republik. Drei Jahre später bestellt die Kommune bei Michelangelo jenen monumentalen David, dessen Kopie – wie einst das Original – heute den Eingang zum Priorenpalast auf der Piazza della Signoria bewacht. Donatellos Skulpturgruppe «Judith und Holofernes» wurde vom ehemaligen Palast der Medici in der Via Larga zur Piazza transportiert, ein weiteres Zeichen republikanischer Entschlossenheit, den äußeren Feinden zu wehren. Aber wird man im Innern Frieden stiften können?

In diesen turbulenten Jahren las man in der Stadt am Arno voller Stolz die Briefe eines stadtbekannten Bürgers, die er aus der «Neuen Welt» in die Heimat schickte. Amerigo Vespucci hatte als kaufmännischer Leiter einer mediceischen Handelsfirma in Sevilla sein Glück gemacht und gehörte zu den Ausstattern der dritten Reise des Kolumbus über den Atlantik. Im Jahre 1499 begleitete er eine spanische Expedition nach Südamerika an die Küste von Trinidad und in die Mündung des Amazonas. Für den König von Portugal erforschte er 1501 die brasilianische Küste. Amerigo Vespucci war ein Kind des humanistischen Florentiner Bürgertums, ein erfolgreicher Kaufmann, naturwissenschaftlich gebildet und ausgewiesen als Kartograph. Ihm kam der geniale Gedanke, daß sich jenseits des Meeres ein neuer Kontinent, eine andere Welt erschloß. Und so ist er nicht ohne Hintersinn zum unfreiwilligen Namensstifter der beiden Amerikas geworden. Seine Schilderungen dieser fernen exotischen Länder wurden in seiner Vaterstadt Florenz als ein weiterer Beweis für den Anbruch eines neuen Zeit- und Weltalters gewertet. Es galt nur auszuhalten gegen eine Übermacht von Feinden.

Aber die Republik Florenz hatte sich zuviel vorgenommen in

diesem ersten Jahrzehnt des 16. Jahrhunderts, das zum Aufmarschgebiet europäischer Mächte in Italien wurde. Denn hier schien sich zu entscheiden, wer in der Alten Welt das Sagen hatte. Der Kaiser aus Deutschland kämpfte gegen Venedig, die Franzosen eroberten die Lombardei, Spanien wurde 1504 endlich Herr über ganz Unteritalien mit Sizilien. Im Sommer 1512 zog Giovanni de' Medici, römischer Kardinal und Sohn des großen Lorenzo, mit Hilfe spanischer Truppen in Florenz ein. Die Republik hatte sich ergeben. Im Frühling 1513 wurde Giovanni in Rom zum Papst gewählt. Als Leo X. regierte er die Stadt am Arno aus der Ferne.

Der Krieg um Italien fand kein Ende. Franz I. von Frankreich und der Habsburger Karl V. hießen nun die Protagonisten. Vier Kriege führten sie südlich der Alpen. Als Karls deutsche Landsknechte und seine spanische Soldateska 1527 beim «Sacco di Roma» eine Woche lang in der Ewigen Stadt wüteten und Papst Klemens VII., ebenfalls ein Medici, Gefangener des Kaisers wurde, nutzte Florenz die vermeintliche Gunst der Stunde. Es war noch Glut in der Asche: Noch einmal wurde am Arno die Republik ausgerufen, Hochstimmung ergriff die Bürger wie zu Zeiten Savonarolas. Florenz weihte sich Christus dem König. Vergebens. Zehn Monate dauerte die Belagerung durch das Heer Karls V., der sich inzwischen mit dem Papst versöhnt hatte. Im August 1530 war es endgültig vorbei mit der Republik am Arno. Von Habsburgs Gnaden wurden die Medici installiert, erst als Herzöge, ab 1569 als Großherzöge der Toskana. Und sie blieben es bis zum Jahre 1737.

«Viva il popolo» hatten die Bürger von Florenz 1250 gerufen und sich in einem blutigen, innerstädtischen Krieg aus kaiserlicher Gewalt befreit. Gut 250 Jahre lang blieben «popolo e libertà» die Fixsterne am republikanischen Himmel von Florenz, mochten die irdischen Verhältnisse auch weit von solchen Idealen entfernt sein. Der Glaube, daß ihre Stadt für etwas Besonderes auserwählt sei, kam den Bürgern nie abhanden. Und er versetzte Berge. Florentiner Kaufleute und Bankiers machten die Stadt am Arno zur Finanzmetropole Europas. Und weil sie überzeugt waren, daß ihr

Geld nirgendwo besser angelegt war als in den Werken unvergänglicher Schönheit und geistiger Anstrengung, wurde Florenz ein Zentrum von Kunst und Kultur. Es gab viele Schattenseiten in dieser Kapitale. Stets herrschten nur wenige, die Reichen und die Mächtigen. Der Wohlstand blieb ungerecht verteilt, auch in der Republik. Doch diese Stadt, deren Bürger grenzenlosem Lokalstolz frönten, war zugleich weltoffen, ihre führenden Männer kannten die Welt und fühlten sich in Flandern oder der Provence ebenso zu Hause wie am Arno. Sie versuchten, Ernst zu machen mit der Lebenserfahrung, daß man auf engem städtischem Raum miteinander auskommen mußte, sollte nicht auf immer die Gewalt herrschen. Es mußte einen Ausgleich der Interessen geben, auch wenn er nur wenige betraf. Nur unter dieser Voraussetzung konnten die Geschäfte der Kaufleute, von denen alle profitierten, Gewinn bringen. Kompromisse waren keine Schande. Florenz wurde eine Metropole urbaner mittelalterlicher Lebensart.

Was man verloren hatte, zeigte sich erst nach dem Ende der Republik. Der herzogliche Musterstaat in der Toskana baute Straßen, legte Sümpfe trocken und förderte den Handel. Doch die neuen Medici-Herrscher regierten ihre Untertanen mit Furcht und Schrecken. Brutale Justizurteile, Spitzel der Polizei und der Inquisition gehörten zum Alltag. Wer eine abweichende Meinung vertrat, schwieg besser. Kein spöttisches Wort flog mehr über die Straße oder die Piazza. Wer öffentlich lästerte oder bettelte, fand sich unversehens als Sträfling auf einer staatlichen Galeere wieder. Der Klerus, geprägt von der Gegenreformation, hatte in diesem zentralistischen Staat größeren Einfluß als je zuvor. Kein Bürgerkomitee entschied mehr über Künstler und Bauvorhaben. Ein städtischer Wettstreit wie einst zu Zeiten Ghibertis und Brunelleschis war undenkbar. Die höfische Epoche hatte begonnen, wo Rituale nicht mehr verbanden, sondern trennten. Kunst und Kultur wurden von oben gefördert, aber zugleich streng reglementiert. Erlaubt war, was den absolutistischen Herrschern der Toskana gefiel. Für Florenz begann eine neue Zeit, die in vielem Rückschritt bedeutete. «Popolo e libertà» – das war der Aufbruch zu neuen Ufern.

P. Abrams, E. A. Wrigley (Hg.): Towns in Society, 1978

P. Antal: Florence Painting and its Social Background, London 1948

R. Arbesmann: Der Augustinereremitenorden und der Beginn der humanistischen Bewegung, Würzburg 1965

G. Argan: From Van Eyck to Botticelli, New York 1964 Aspects of the Renaissance. A Symposium, Austin 1967

U. Baldini (Hg.): Santa Maria Novella, Urach 1982

P. Bargellini: La splendida storia di Firenze, Florenz 1967

H. Baron: Das Erwachen des historischen Denkens im Humanismus des Quattrocento, Historische Zeitschrift 147, Jahrgang 1932

ders.: Franciscan poverty and civic wealth as factors in the rise of humanistic thought, Speculum XIII, Jahrgang 1938

ders.: The Crisis of the Early Italian Renaissance, Princeton 1966

ders.: From Petrarch to Leonardo Bruni, 1968

E. Battisti: Giotto, Genf 1960

ders.: Cimabue, Pennsylvania 1967

M. Baxandall: Giotto and the Orators, Oxford 1971

ders.: Die Wirklichkeit der Bilder. Malerei und Erfahrung im Italien des 15. Jahrhunderts, Frankfurt 1977

Ch. Bec: Les marchands écrivains. Affaires et humanisme à Florence 1375–1434, Paris 1967

ders.: Les Livres Florentines 1413–1608, Florenz 1984

M. B. Becker: Florentine politics and the diffusion of heresy in the trecento, Speculum XXXIV, Jahrgang 1959

ders.: The republican city state in Florence: an inquiry into its origin and survival 1280–1434, Speculum XXXV, Jahrgang 1960

ders.: Church and state in Florence on the eve of renaissance, Speculum XXXVII, Jahrgang 1962

ders.: Florence in Transition, 2 Bde., Baltimore 1967/68

L. Bellosi, E. Castelnuovo, A. Conti, M. Ferretti, C. Ginzburg, G. Previtali, G. Romano, S. Settis, B. Toscano, F. Zeri(Hg.): Italienische Kunst. Eine neue Sicht auf ihre Geschichte, 2 Bde., Berlin 1987

H. Belting: Bild und Kult. Eine Geschichte des Bildes vor dem Zeitalter der Kunst, München 1990

H. Belting, D. Blume (Hg.): Malerei und Stadtkultur in der Dantezeit, München 1989

B. Berenson: Rumor and Reflection, London 1952

ders.: Drawings of the Florentine Painters, Mailand 1961

K. Bering: Baupropaganda und Bildprogrammatik der Frührenaissance in Florenz, Rom, Pienza, Frankfurt 1984

A. Beyer (Hg.): Florenz, Frankfurt 1983

V. d. Bisticci: Die Lebensbeschreibungen berühmter Männer des Quattrocento, hg. v. P. Schubring, Jena 1914

D. Blume: Wandmalerei als Ordenspropaganda. Bildprogramme im Chorbereich franziskanischer Konvente Italiens bis zur Mitte des 14. Jahrhunderts, Worms 1983

G. Boccaccio: Das Dekameron, Frankfurt 1972

W. Bode: Florentiner Bildhauer der Renaissance, Berlin 1921

W. Bombe (Hg.): Nachlaßinventare des Angelo da Uzzano und des Lodovico di Gino Capponi, Hildesheim 1972

E. Borsook: The Mural Painters of Tuscany from Cimabue to Andrea del Sarto, London 1960

A. Borst: Barbaren, Ketzer und Artisten. Welten des Mittelalters, München 1988

W. Braunfels: Der Dom von Florenz, Freiburg, Olten 1964

ders.: Brunelleschi und die Kirchenbaukunst des frühen Humanismus, Basel 1981

ders.: Kleine italienische Kunstgeschichte, Köln 1984 Festschrift Walter Braunfels, hg. v. F. Piel, J. Traeger, Tübingen 1977

V. Breidecker: Florenz oder: Die Rede, die zum Auge spricht. Kunst, Fest und Macht im Ambiente der Stadt, München 1990

A. Brown: Bartolomeo Scala, Chancellor of Florence 1430–1497, Princeton 1979

G. A. Brucker: The Medici in the Fourteenth Century, Speculum XXXII, Jahrgang 1957

ders.: Florentine Politics and Society 1343–1378, Princeton 1962

ders.: The Society of Renaissance Florence. A Documentary Study, New York 1971

ders.: The Civic World of Early Renaissance Florence, Princeton 1977

ders.: Florenz 1138–1737. Stadtstaat, Kulturzentrum, Wirtschaftsmacht, München 1984

ders.: Florenz in der Renaissance. Stadt, Gesellschaft, Kultur, Reinbek 1990

F. Brunelleschi: La sua opera e il suo tempo, Florenz 1980
A. Buck: Matteo Palmieri, Köln, Graz 1965
ders. (Hg.): Zu Begriff und Problem der Renaissance, Darmstadt 1969
ders. (Hg.): Petrarca, Darmstadt 1976
ders.: Humanistische Lebensformen, Basel 1981
ders.: Die Antike-Rezeption, Weinheim 1983
J. Burckhardt: Die Kultur der Renaissance in Italien, 1860, Neuausgabe
    Stuttgart 1960
P. Burke: Die Renaissance in Italien, Berlin 1984
ders.: Städtische Kultur in Italien zwischen Hochrenaissance und
    Barock, Berlin 1986
ders.: Die Renaissance, Berlin 1990
A. G. Carmichel: Plague and the Poor in Renaissance Florence,
    Cambridge 1986
E. Castelnuovo: Das künstlerische Porträt in der Gesellschaft,
    Berlin 1988
F. Chabod: Machiavelli and the Renaissance, London 1958
D. S. Chambers: Patrons und Arts in the Italian Renaissance,
    London 1972
A. Castel: Art et humanisme à Florence au temps de Laurent le
    Magnifique, Paris 1959
ders. u. a. (Hg.): The Renaissance, London 1982
S. K. Cohn, Jr.: The Laboring Classes in Renaissance Florence,
    New York 1980
B. Cole: Giotto and Florentine Painting, New York 1976
ders.: Agnolo Gaddi, Oxford 1977
ders.: Masaccio and the Art of Early Renaissance Florence, London 1980
ders.: The Renaissance Artist at Work, New York 1983
ders.: Italian Art 1250–1550, New York 1987
Ch. D. Cribaro: Urban Planning and Administration in Florence
    1400–1600, Ann Arbor 1985
R. Davidson: Geschichte von Florenz, Bd. 1–4, Berlin 1896–1927
C. T. Davis: Education in Dante's Florence, Speculum XL, Jahrgang 1965
J. Del Lungo: La donna fiorentina del buon tempo antico, Florenz 1906
L. DeMause (Hg.): Hört ihr die Kinder weinen. Eine psychogenetische
    Geschichte der Kindheit, Frankfurt 1977
Donatello e il suo tempo, Florenz 1968
S. Y. Edgerton, Jr.: Pictures and Punishment. Art and Criminal
    Prosecution during the Florentine Renaissance, Cornell 1985

W. v. Egmond: The Commercial Revolution and the Beginning of Western Mathematics in Renaissance Florence 1300–1500, Ann Arbor 1976

C. Elam: Lorenzo de Medici and the Urban Development of Renaissance Florence, Henley-on-Thames 1978

K. Elm: Stellung und Wirksamkeit der Bettelorden, Berlin 1981

E. Ennen: Frauen im Mittelalter, München 1984

G. Fossi: Firenze. Itinerario storico-artistico nella città dell' Umanismo, Florenz 1987

D. Fraser, H. Hibbard, M. J. Lewine (Hg.): Essays in the History of Art presented to Rudolf Wittkower, London 1967

R. Fremantle: Florentine Gothic Painters, London 1975

E. Garin: Der italienische Humanismus, Bern 1947

ders.: Italian Humanism, Philosophy and Civic Life in the Renaissance, Oxford 1965

ders.: Astrology in the Renaissance, London 1982

ders.: Umanisti, artisti, scienziati. Studi sul rinascimento italiano, Rom 1989

ders. (Hg.): Der Mensch der Renaissance, Frankfurt 1990

C. Gilbert: The Archbishop on the Painters of Florence 1450, Art Bulletin XLI, Jahrgang 1959

ders.: Florentine Painters and the Origins of modern Science, Mailand 1966

J. Gill: The Council of Florence, Cambridge 1959

M. P. Gilmore: Humanists and Jurists, Cambridge 1963

W. Goez: Geschichte Italiens in Mittelalter und Renaissance, Darmstadt 1988

R. A. Goldthwaite: Private Wealth in Renaissance Florence, Princeton 1968

ders.: The Building of Renaissance Florence. An Economic and Social History, Baltimore 1980

E. H. Gombrich: Die Kunst der Renaissance, Stuttgart 1968

M. Goodich: The Unmentionable Vice. Homosexuality in the Later Medieval Period, Santa Barbara 1979

C. Grayson (Hg.): The World of Dante, Oxford 1980

L. F. Green: Chronicle into History, Cambridge 1972

A. Grote: Das Dombauamt in Florenz 1285–1370, München 1959

J. R. Hale: Die Medici und Florenz, Bergisch-Gladbach 1961

ders. (Hg.): A Concise Encyclopaedia of the Italian Renaissance, London 1981

F. Hausmann: Zwischen Landgut und Piazza. Das Alltagsleben von
Florenz in Niccolò Machiavellis Briefen, Berlin 1987

D. Hay: The Age of the Renaissance, London 1986

ders.: Renaissance Essays, London 1988

P. Herde: Politik und Rhetorik in Florenz am Vorabend der
Renaissance, Archiv für Kulturgeschichte XLVII, Jahrgang 1965

ders.: Dante als Florentiner Politiker, Wiesbaden 1976

D. Herlihy: Cities and Societies in Medieval Italy, London 1980

D. Herlihy, Ch. Klapisch-Zuber: Les Toscans et leurs Familles, Paris 1978

E. Hertlein: Masaccios Trinität. Kunst, Geschichte und Politik der
Frührenaissance in Florenz, Florenz 1979

L. H. Heydenreich: Studien zur Architektur der Renaissance,
München 1981

G. Holmes: The Florentine Enlightenment 1400–1450, London 1969

ders.: Florence, Rome and the Origins of the Renaissance, Oxford 1986

K. W. Humphreys: The Library of the Carmelites at Florence at the End
of the 14th Century, Amsterdam 1964

I. Hyman: The Palazzo Medici and a Ledger for the Church of San
Lorenzo, New York 1977

E. F. Jacob: Florentine Families and Florentine Diaries in the
Fourteenth Century, Papers of the British School at Rome XXIV,
Jahrgang 1956

F. C. Jaher (Hg.): The Rich, the Well Born, and the Powerful. Elites and
Upper Classes in History, Urbana 1973

O. Karrer (Hg.): Franz von Assisi. Legenden und Laude, Zürich 1945

B. Kempers: Kunst, Macht und Mäzenatentum. Der Beruf des Malers in
der italienischen Renaissance, München 1990

D. Kent: Household and Lineage in Renaissance Florence: The Family
Life of the Capponi, Ginori, and Rucellai, Princeton 1977

ders.: The Rise of the Medici: Factions in Florence 1426–1434,
Oxford 1978

F. W. Kent, P. Simon (Hg.): Patronage, Art and Society in Renaissance
Italy, Canberra 1987

R. S. Kinsman (Hg.): The Darker Vision of the Renaissance, Berkeley 1974

J. Kirshner, A. Molho: Women, Family, and Ritual in Renaissance
Florence, Chicago 1985

Ch. Klapisch-Zuber: Women, Family, and Ritual in Renaissance Italy,
Chicago 1985

R. u. T. Krautheimer: Lorenzo Ghiberti, Princeton 1957

G. *Kreytenberg:* Der Dom zu Florenz. Untersuchungen zur
Baugeschichte im 14. Jahrhundert, Berlin 1974

P. O. *Kristeller:* Studies in Renaissance Thought and Letters, Rom 1956

ders.: Renaissance Thought and its Sources, New York 1979

Th. *Kuehn:* Emancipation in Late Medieval Florence,
New Brunswick 1982

H. H. *Lamb:* Klima und Kulturgeschichte. Der Einfluß des Wetters auf
den Gang der Geschichte, Reinbek 1989

C. M. d. *La Roncière:* Florence, centre économique regional au XIVième
siècle, Aix en Provence 1976

ders.: Prix et Salaires à Florence au XIVième Siècle, Rom 1982

J. *Larner:* Culture and Society in Italy 1290–1420, London 1971

J. *Le Goff:* Wucherzins und Höllenqualen. Ökonomie und Religion,
Frankfurt 1988

G. *Leinz:* Die Loggia Rucellai, Bonn 1977

R. W. *Lightbown:* Donatello and Michelozzo. An Artistic Partnership
and its Patrons in the Early Renaissance, London 1980

D. C. *Lindberg:* Science in the Middle Ages, Chicago 1978

W. *Lotz, L. L. Möller (Hg.):* Studien zur toskanischen Kunst. Festschrift
für L. H. Heydenreich, München 1964

J. *Lucas-Dubreton:* So lebten die Florentiner zur Zeit der Medici,
Stuttgart 1961

H. *Lutz:* Humanismus und Ökonomie, Weinheim 1983

M. *Mc Carthy:* Florenz, Köln 1983

N. *Machiavelli:* Geschichte von Florenz, Zürich 1986

A. *Macinghi Strozzi:* Lettere ai figliesuli. Tempo di affetti e di mercanti,
Mailand 1987

M. E. *Mallett:* The Florentine Galleys in the Fifteenth Century,
Oxford 1967

A. *Manetti:* The Life of Brunelleschi, Pennsylvania 1970

A. *Martindale:* The Rise of the Artist in the Middle Ages and Early
Renaissance, New York 1972

L. *Martines:* The Social World of the Florentine Humanists 1390–1460,
Princeton 1963

ders.: Lawyers and Statecraft in Renaissance Florence, Princeton 1968

ders.: Violence and Civil Disorder in Italian Cities 1200–1500,
Berkeley 1972

ders.: Power and Imagination. City-States in Renaissance Italy,
New York 1979

M. Meiss: Painting in Florence and Siena after the Black Death, Princeton 1951

M. Migiel, J. Schiesari (Hg.): Refiguring Woman. Perspectives and Gender and the Italian Renaissance, Ithaca 1991

H. A. Miskimin, A. Herlihy, A. L. Udowitsch: The Medieval City, London 1977

A. Molho, J. A. Tedeschi: Studies in Honor of Hans Baron, Florenz 1971

C. Molinari: Spettacoli fiorentini del Quattrocento, Venedig 1961

B. Nagel: Lorenzo Ghiberti und die Malerei der Renaissance, Frankfurt 1987

I. Origo: «Im Namen Gottes und des Geschäfts». Lebensbild eines toskanischen Kaufmanns der Frührenaissance. Francesco di Marco Datini 1335–1410, München 1986

dies.: Der Heilige der Toskana. Leben und Zeit des Bernardino von Siena, München 1989

G. Pampaloni: Firenze al tempo di Dante. Documenti sull' urbanistica fiorentina, Rom 1973

E. Panofsky: Renaissance and Renascences in Western Art, Uppsala 1960

K. Park: Doctors and Medicine in Early Renaissance Florence, Princeton 1985

S. Partsch: Profane Buchmalerei der bürgerlichen Gesellschaft im spätmittelalterlichen Florenz, Worms 1981

G. Pinto: Il libro del Biadaiolo. Caresti e annona a Firenze dalla metà del '200 al 1348, Florenz 1978

E. Piper: Der Aufstand der Ciompi, Berlin 1978, Neuausgabe 1990

ders.: Der Stadtplan als Grundriß der Gesellschaft. Topographie und Sozialstruktur in Augsburg und Florenz um 1500, Frankfurt 1982

G. Ponte (Hg.): Sacre rappresentationi fiorentine del Quattrocento, Mailand 1974

J. Pope-Hennessy: The Interaction of Painting and Sculpture in Florence in the Fifteenth Century, London 1969

G. Previtali: Giotto e la sua bottega, Mailand 1967

G. Rabuse (Hg.): Gesammelte Aufsätze zu Dante, Wien 1976

W. Raith: Florenz vor der Renaissance. Der Weg einer Stadt aus dem Mittelalter, Frankfurt 1979

M. Raphael: Tempel, Kirchen und Figuren, hg. v. H.-J. Heinrichs, Frankfurt 1937

S. Raveggi (Hg.): Ghibellini, Guelfi e popolo grasso, Florenz 1978

F. E. de Roover: The Story of the Alberti Company of Florence
   1302–48, Business History Review 32, Jahrgang 1958
ders.: The Rise and Decline of the Medici Bank 1397–1494,
   Harvard 1963
ders.: Andrea Banchi, Florentine Silk Manufacturer and Merchant in the
   Fifteenth Century. Studies in Medieval and Renaissance History 3,
   Jahrgang 1966
C. Roth: The Jews in the Renaissance, Philadelphia 1959
W. Rotholz: Das politische Denken der Florentiner Humanisten,
   Kastellaun 1976
N. Rubinstein: The Government of Florence under the Medici
   1434–1494, Oxford 1966
ders.: Florentine Studies. Politics and Society in Renaissance Florence,
   London 1968
Franco Sacchetti: Die wandernden Leuchtkäfer. Renaissancenovellen
   aus der Toskana, 2 Bde., Berlin 1988
J. Russell Sale: Filippino Lippi's Strozzi Chapel in Santa Maria Novella,
   New York 1979
E. Santini: Compagnie e mercanti di Firenze antica, Florenz 1957
W. B. Scaife: Florentine Life during the Renaissance, Baltimore 1893
F. Schevill: History of Florence from the Founding of the City through
   the Renaissance, New York 1961
J. v. Schlosser: Leben und Meinungen des florentinischen Bildners
   Lorenzo Ghiberti, Basel 1941
B. Schultz: Art and Anatomy in Renaissance Italy, Ann Arbor 1985
M. A. Schulvass: The Jews in the World of the Renaissance,
   Chicago 1973
Ch. S. Singleton: Art, Science and History in the Renaissance, Baltimore
   1967
B. Stahl: Adel und Volk im Florentiner Dugento, Köln, Graz 1965
W. Stedman Sheard, J. T. Paoletti (Hg.): Collaboration in Italian
   Renaissance Art, New Haven 1978
J. N. Stephens: Heresy in Medieval and Renaissance Florence, Past and
   Present 54, Jahrgang 1972
ders.: The Fall of the Florentine Republic, Oxford 1983
Touring Club Italiano: Firenze e dintorni, Mailand 1974
M. Trachtenberg: The Campanile of Florence Cathedral, New York 1971
R. C. Trexler: Synodal Law in Florence and Fiesole 1306–1518,
   Vatican City 1971

ders.: The Foundlings of Florence 1395–1455, History of Childhood Quarterly I, Jahrgang 1973

ders.: The Spiritual Power: Republican Florence under Interdict, Leiden 1974

ders.: In Search of Father: The Experience of Abandonment in the Recollections of Giovanni di Pagolo Morelli, History of Childhood Quarterly 4, Jahrgang 1976

ders.: The Magi enter Florence, Studies in Medieval and Renaissance History I, Jahrgang 1978

ders.: The Libro Cerimoniale of the Florentine Republic, Genf 1978

ders.: Public Life in Renaissance Florence, New York 1980

ders.: Studies in the History of Florence and New Spain, Rom 1987

Ch. Trinkhaus (Hg.): The Pursuit of Holiness in the Late Medieval and Renaissance Religion, Leiden 1974

I tumulti dei Ciompi. Convegno Internazionale di Studi, Florenz 1979

B. L. Ullman: The Public Library of Renaissance Florence, Padua 1972

ders.: Studies in the Italian Renaissance, Rom 1973

W. van Egmond: The Commercial Revolution and the Beginnings of Western Mathematics in Ren. Florence 1300–1500, Ann Arbor 1976

M. Vannucci: The History of Florence, Rom 1988

G. Vasari: Lebensläufe der berühmtesten Maler, Bildhauer und Architekten, Zürich 1974

P. Veyne: Geschichtsschreibung – Und was sie nicht ist, Frankfurt 1990

R. S. Walker: Florentine Painted Refectories 1350–1500, Ann Arbor 1981

M. Warnke (Hg.): Bildersturm. Die Zerstörung des Kunstwerks, München 1973

D. Weinstein: Savonarola and Florence. Prophecy and Patriotism in the Renaissance, Princeton 1970

R. Weiss: The Renaissance Discovery of Classical Antiquity, Oxford 1969

R. E. Weissman: Ritual Brotherhood in Florence, New York 1982

R. Wittkower: The Architecture of Humanism, London 1962

M. Wundram: Frührenaissance, Baden-Baden 1977

K. Zimmermanns: Florenz. Ein europäisches Zentrum der Kunst. Geschichte, Denkmäler, Sammlungen, Köln 1987

K. G. Zinn: Kanonen und Pest. Über die Ursprünge der Neuzeit im 14. und 15. Jahrhundert, Opladen 1989

ORTSREGISTER

Die Örtlichkeiten von Florenz sind *kursiv* gesetzt.

Umschlag- und Einbandgestaltung Büro Hamburg
(Ausschnitt «Hochzeitstruhe des Maestro Cassone Adimari»,
15. Jahrhundert, Florenz, Accademia/Istituto Fotografico, Antella)
Foto der Autorin Sonja Calvert
Karten auf den Vorsatzseiten M. M. Holst
Satz Garamond (Linotronic 500)
Gesamtherstellung Clausen & Bosse, Leck